〈戦前戦中〉外交官の見た回教世界

〈戦前戦中〉外交官の見た回教世界

笠間杲雄著作選集

笠間杲雄 著

書肆心水

目次

回教徒

回教徒及び回教民族の現状　90

回教徒の人物　114

沙漠の国

大東亜の回教徒

〈戦前戦中〉外交官の見た回教世界

笠間杲雄著作選集

凡　例

一、本書は笠間杲雄が著した以下の著書から本書書名に適う部分を集めて一書にしたものである。

『回教徒』一九三九年、岩波書店刊行（岩波新書）

『沙漠の国』一九三五年、岩波書店刊行

『青刷飛脚』一九四一年、六興商会出版部刊行

『大東亜の回教徒』一九四三年、六興商会出版部刊行

『回教徒』は本文のすべてを収録した。「回教雑聞」の部は『青刷飛脚』中の「回教雑聞」の章である。『沙漠の国』には多数の写真が掲載されているが、そのほとんどを省いた。

一、本書では新漢字、新仮名遣いを使用した。異体字関係にある漢字は現今一般的なもののほうを使用した。「廿」は便宜的に「二十」に置き換えた。

一、踊り字は「々」のみを使用した。二の字点は「々」に置き換えた。

一、現今漢字表記が避けられる傾向があるものは仮名に置き換えた。例、印度。

一、送り仮名を現代的に加減した。

一、読み仮名ルビを加減し、句読点を補ったところがある。

一、鍵括弧の形状の使い分けは現今通行のものを使用した。

一、二行割の注記は本書刊行所によるものである。

一、頻出する、各書において表記の異なる語は統一した。例、アラビヤ／アラビア。（その処置に伴って表記を変更した語がある。例、リビヤ→リビア。）全体として片仮名語の表記不統一がかなり多いが、どの表記に統一すべきか判断しがたいため、表記統一は広く知られる国名・地域名に限った。

一、誤った認識と見るべき記述に対して特に注記はしていないが、ごく基本的な事柄で簡単に示せるものについては「（ママ）」のルビを以て示唆したところがある。

回教徒

一九三九年刊行

大慈大悲のアㇽラーの御名において、
万有の主、大慈大悲の御神、審判の日の主たるアㇽラーに栄光あれ。
われらなんじに仕えまつり、なんじが御護を希う。
おおけなくもわれらを正しきもの、或いはなんじが御恵をたまわんものの道へみちびきて、
なんじが怒りたまい、またさまよえるものの道へとみちびきたまうことなかれ。
（コーラン、序章《ファーティハ》）

序言

回教徒といえばアラビア夜話を想い起すほど、遠い国の親しみのない宗教信者と考えられる。しかし三億に近いアジア民族が回教徒であり、満支、蒙疆から西亜やアフリカまで、この信徒が一種の防共の鎖を結び、南洋からインド、エジプトに至る我が国の貿易線に沿うて住んでいる現実の民族であることを知るときに、我々は今更ながら我が国において回教及びその民族について認識の欠けているのを痛感する。東亜に新しき秩序を樹立し、アジア興隆の指導者を以て任ずる日本国民が、その宗教法においてすら今日なおアジア民族の宗教たる回教をキリスト教と同列に置かないと言うに至っては、唖然として驚くの外ない。これは今なお西欧人の作った旧体制のもとに、多くは不幸なる存在を続けているアジア民族を指導する日本人の天与の使命を、自ら進んで拋棄すると宣言したことにも当るのである。

この書はかくの如き我が国人の認識不足を是正する目的を以て書かれた読本である。学者に対する研究書では無い。従って回教世界についての一般的手引書たることを目的とし、成るべく通俗平易を旨とした。例えば固有名でも「コーラン」、「マホメット」の如く、真実の発音と違うものでも、通用の読み方を採用したのである。

この書の資料となったものは主として西欧人の著書と筆者自身の体験とであるが、邦文では外務省調査部刊行の回教事情所載の記事等をも参照した。

回教と回教徒の生活を認識するのは刻下の緊要であり、この書が我が国民の一人でも多くにこの点で多少とも関心を促す役に立つならば著者の望みは足りるのである。

昭和十四年三月一日　著者識

大慈大悲のアㇽラーの御名において宣べよ、
アㇽラーは唯一のものなり、アㇽラーは一切を護るものなり、アㇽラーは生みしことなく、生まれしこともなし。アㇽラーに較ぶべきもの世にはあらじ（コーラン、一一二、一）

回教総説

一　回教という名称

本書の題名にも書いた通り、日本では、マホメットを教祖とするこの宗教を回教と呼んでいる。これは、支那で一般に用いられる名称を転用したものであるが、日本でこの名称を用いるのは謬りでないまでも、あまり適当ではない。回教というのは回々教の略で、回々の宗教という意味である。しかし元来この宗教の正しい名称は、「イスラーム」というのであって、これは、アラビア語の「アスラーマ」から来て神に帰依する意味であり、しかも神に帰依して、人に善根を施し、迷うことなく、平和な心を持つ人の事をムスリムと呼ぶのである。現在ヨーロッパでは、回教徒のことをモスレム、ムスルマンとかミュズルマンと呼びなすのもこのためであり、又イスラーム教を教祖の名に因んでマホメット教と呼び、キリスト教に対比せしめ、教徒をマホメダンと呼んでいる。支那の回教徒自身も回々などと呼ばれるのを喜ばず、イスラームの意味をとって、清真教、伊斯蘭等と称し、又ムスリムを漢訳して、穆民などという名称を用いる位であって、回教という名称は、支那と、日本において通称として用いられるだけである。何故イスラーム教を回教、或いは回々教と呼ぶかということを次に述べよう。

通説によると、回教、即ち回々教の回々《ホイホイ》という字は、回鶻《ウイーグル》（回紇）民族を通じて回教が支那に伝わったため、回鶻の宗教という意味で、これを回々教、回教、その地域を回部等と呼ぶようになったといわれている。

ところがこの回々という文字の現れた歴史を調べてみると、大体宋末元初の頃であって、しかもその当時の中央アジアの旅行記等には、回々という文字と並んで回鶻という文字が用いられ、両者が著しく混同されており、更にこの回鶻《ウイーグル》を畏兀児《ウイーグル》その他のあて字で記してある。こうなると、どうも、通説の回々は回鶻から来たという説が一寸怪しく思われてくるのである。そのためか明末に到ると、支那の回教学者の中には、回々の解釈に種々説を立ててあれはイスラーム教の本義である、アラーの神に帰依する意味を現したもので、回とは帰の意味であり、回々と重ねたのは、身体がこの現世の汚れから脱して、精神が神の世に回り帰る意味なのだと真しやかに説く者が現れて来た。その後も外国人がこの問題を色々研究して種々説を立てているが、どうも臆説の範囲を出ないようである。

結局この問題は歴史上から検討してみるより外はない。

回教と支那との交渉は唐初まで遡ることが出来るが、当時の支那人はアラビア人を大食人、或いは天方人と呼んで、別段宗教的に特殊な民族とは考えなかったらしいのである。その後安禄山の大乱によって、西域における唐の勢力は全く衰え、更に現在の西蔵の地に起った吐蕃が西域諸国と唐との交通を遮断することになり、東西の交通は、五胡十六国時代、宋代を通じてほとんど絶えてしまった。しかるにその後元が勃興して南北支那を統一し、東西の交通が回復されるに及んで、再び支那と西域とは交渉するに到ったのである。唐代において支那の知っていた回鶻人というものは決して回教を信奉したものではなく、景教やマニ教（摩尼）や祆教の支配下にあったものであったが、（この回鶻はトルコ種であり、むかしは仏教を信じていたが、時代を累ねて大抵の宗教を一わたり信じた民族である。）今や元朝時代に交渉を再開した回鶻人は既に東漸し来たったイラン民族と混交した雑種となり、イスラームの勢力下に圧倒されて、中央アジアの一部を除き、回教文化圏内に融合されてしまっていた。従って唐時代の古典的観点からこれを見るときには、甚だ回鶻人らしくないものとなっていたであろう。支那人は、これ等のイスラーム化された回鶻人をも、他のイスラーム化されたトルコ、イラン等の雑種民族と一緒に、唐代の回鶻民族の子孫と考えた。即ち久しい間の東西交通遮断がこの認識不足を生んだものらしい。しかも一方には、今なおイスラーム化されない、回鶻の子孫が残存している。ここに、回々と回鶻或いは畏兀児の使い分けが始まったものではあるまいか。即ちイスラーム化された各種民族を回々と称し、イスラームの洗礼を蒙らない唐代回鶻の残りのものを畏兀児と区別して呼びはじめたのであろうと思われる。勿論これも決定的なものではないが、有力な一説として考うべきものであろう。

こう見てくれば、回教は回々の宗教、回々は回鶻から変じたものという通説にも、多少の根拠が無いとは言えないのである。

何れにしても、世界のイスラーム信徒を総称して回教徒というのは、通称としては不都合とも言えないが、日本などでは正確に言う場合は、避けた方がいいと考える。

二　マホメットの生涯

マホメット（正しいアラビア音ではムハッマッドに近い）は西紀五七〇年八月二十九日、今日のメッカの地に誕生したと伝えられている。彼の家は、当時メッカの町を支配していた有力なコレーシュ族の一家族であるハシーム家に属し、彼の祖父にあたる人物は、十人官の職に就いていた。マホメットが生まれた時には、父のアブド・ウルラーは既にこの世の人でなく、母のアーミナが一人残っていた。彼の母はこれまたアラビア族中の名門ワハブ系の人であったが、マホメットが六歳の時に永眠した。彼の家は名門ではあったが貧しく、母が彼に残してくれた遺産はわずかに一人の女奴隷と一頭の羚羊にすぎなかったといわれている。この不幸な孤児はその後三年間、祖父のアブド・ウル・ムッタリブの膝下で養われたが、祖父の死後は、彼の叔父アブ・ターリブの手に託されて、その家庭に起臥する身となった。

不思議なことに、マホメットの一門は名門であるに拘らず、ほとんど例外なく貧乏で、この叔父のターリブもまたその例に洩れなかったから、マホメットは、親切な待遇は受けたけれども、貧しい叔父を助けて、或いは家畜を監督し、或いは使い走りをしなければならなかった。かくしてマホメットは青年時代の十数年をすごしたから、読み書きは勿論、算術すら十分習得する時間を持たなかった。若い時から、こうした逆境に育った結果、彼は万事考え込む内気な性質になったと云われている。

しかしこの内気な青年にも幸運が向いて来た。彼は二十五歳の頃に、当時メッカに居た富裕な商人の寡婦ハディジアに手代として雇われる身となった。勤勉な彼はアル・アーミン（律義者）という綽名を与えられるほどの信用を蒙り、主命によって、広くシリア地方に商用のため旅行をした。彼がキリスト教徒やユダヤ教徒と接触して、新鮮な宗教意識を知ったのはこの頃のことであった。彼は間もなくハディジアと結婚した。当時彼の妻は四十歳であったと伝えられている。

彼はこの結婚によって、一人の愛妻と巨万の富を得て、一躍メッカの人々から注目されるようになった。ハディジアは既に結婚生活によって二人の子を持っていたが、マホメットの理想の妻として彼に侍し、幸福な家庭生活が展開された。マホメット自身の血を承けた子供等もまた生まれた。マホメットは家富み、愛すべき妻子を有する幸福な商人となった。こうした幸いな結婚生活は十五年続き、二人の間には三男四女があげられた。

しかし、この満ち足りた生活も、マホメットを心から幸福にはしなかった。生まれつき考え込む癖のある内気な性質、衣服の端に眠っている猫を起すに忍びず席を起たなかったといわれるほどの優しい心の持主であるマホメットの心を痛めるものが彼の周囲に充ち満ちていた。

マホメットの生活していた当時のアラビアの世界、又メッカの町はどんな有様であったか。当時メッカの町は、アラビアの隊商のメトロポリスであった。メッカの支配階級であるコレーシュ族は豪商アブ・スフヤーンを中心として一種の独占団体を構成し、貿易の巨利を独占していた。そうして、これらの豪商は彼等の富と権力とを濫用して、あらゆる手段を講じ民衆を圧迫し、豪奢と不徳の生活を享楽していた。貧富の懸隔は甚しく、貧しきものは、恐るべき嬰児殺しを常習として何等恥づるところないまで堕落していた。物質的に恵まれぬ彼等の求めたものは、宗教的慰安であった。

これすらも、徒らに古風な伝統と低級な迷信に彩られた奇怪な邪宗であった。神聖なるべきアラビア族の崇拝の中心たるカーバの神殿には、嫌厭すべき偶像崇拝が盛んに行われ、しかも民衆の指導者たるべきコレーシュ族の豪商連は、これを奇貨として、これへ参詣する数千数万の巡礼者から多額の参拝料、神託料、或いは奉納の供物を公然と掠めていた。

名門に生まれながら、幼時から貧苦と闘い、生活に苦しみ悩む人々の姿をまざまざと見たマホメットが、これらの社会的、宗教的、経済的の不正に無関心でいられなかったことは容易に想像出来る。しかも彼が商人としてシリアを旅行した当時、注入されたキリスト教、ユダヤ教の健全、新鮮な教義を顧みるとき、アラビア族の堕落のあまりにも甚しく、その民衆の姿はあまりにも悲惨だった。かくして周囲の矛盾に煩悶したマホメットは自己だけの安住の地に止まり、おのれひとりの幸福な家庭に閉じこもり得なかった。彼はかくして、夜毎にメッカの近郊ヒラーの丘にある洞窟に静坐して、深い瞑想の中に、この大問題を解決せんとする運命に立ち到った。

マホメットはこの通り四十歳近くまでは、メッカに住んで極めて平凡な商人として、むしろ商売に巧みに成功している。中年になって、何人《なんびと》も感ずる世界苦を彼も四十近くなって感じ出したので、日本人ならば隠遁するか、仏門に帰依するか、俳諧風流三昧になる時代に、マホメットは忽然と職業を抛って、日常の生活に倦怠を感じ出し、鬚も剃らず、衣服も替えず、沙漠の中を彷徨し、洞窟の中に籠って瞑想に耽ったのである。

マホメットはこの年まで、別に天才的なひらめきもなく、普通人と異った特徴もなく、聡明で内気で正直で、容姿に気を遣い、一人の妻に貞操を守る律義一遍な男だった。

しかるに一度彼が瞑想生活に入り、一夜、アラーの神の啓示を得ると、たちまちの間に気質が大変化を来たし、一夜にして神の使徒となり、次いで天才的政治家となり、更に後には輝かしき武将となったのである、また性的にも、革命に近い大変化を示し、一人の妻を守った男が多妻主義を堂々と行ったのである。もっとも宗教の始祖には、世を距てて、様々の伝説や、有難やの附会した架空の事蹟が加わって真実を枉《ま》げるものが多いが、マホメットの場合は特にそれが著しいことは注目すべきであろう。

マホメットはかくの如く一夜アラーの啓示を得た。そうして右のような性格的変化を生じた。彼が先ずその受けた啓示を物語った相手は愛妻のハディジアであった。ハディジアは、マホメットが、神から予言者としてこの世に遣わされた運命の人であることを心から信じた。マホメットは妻の言葉によって大いに慰められた。彼はようやく公然と神の啓示を説いて周囲の人々を、誤れる生活から救済せんとした。愛妻の次に、マホメットの信仰に入ったのは、叔父の息子である従弟アリーであった。それから、勇敢なハムザ、信仰の強いアブ・バクル、善良な奴隷上りのバレル等があった。しかし彼の前には荊棘の道があった。道を説く事十年にして、信者は未だ百人にも満たなかった。しかも彼等の多くは、窮迫せる貧民、社会的に無視されている奴隷が多かった。これらの団体が持つ宗教が、支配者であり、富裕であるコレーシュ族に快く容れられるはずがない。街頭に立って、彼等の社会悪を攻撃し、偶像崇拝の非を叫ぶマホメットは、猛烈な排斥と迫害を蒙るに到った。六一五年には約百人に近い回教徒が、この迫害を避けて、エチオピアのキリスト教国へ移住しなければならなかった。しかしマホメットは今や往年の内気な商人ではない、今や獅子の如き気魄と勇気を持つ神の予言者なのだ。彼は敢然とメッカに止まった。そうしてかずかずの迫害と嘲罵を蒙りつつも説教を続けた。しかしその努力に対して酬いられるところは極めて少なかった。

　しかし彼の行手に又幸運の雲が現れた。それはヤスリブ即ち現在のメジナの町であった。

　当時ヤスリブとメッカとは敵同志の関係にあった。即ちアラビア族が南北二つに分離して、おのおの大種族同盟を形成して相争った。メッカは南に、ヤスリブは北に、しかもヤスリブの農業都市としての貧弱さは、メッカの商業都市としての繁栄を常に羨望するのであった。即ちヤスリブの市民の胸は常に不満と嫉妬に燃えていた。マホメットの説教を聞いて魅惑されたヤスリブの二人の市民は、更に他の市民を動かしてマホメットの信徒にした。かくの如くにしてようやくその数は増して行った。ヤスリブの市民は、マホメットの教徒に親切な保護を与え、以前エチオピアに移住した回教徒を含む百五十名はヤスリブに移住した。七十五名のヤスリブ市民が代表に選ばれてマホメットに正式の招待を伝えて来た。ヤスリブの町はマホメットを迎えて、メッカの町に対抗せんとしたのであった。

マホメットはこの正式招待に応じて、西紀六二二年七月十六日、密かにアブ・バクルと共にメッカを出た。彼は、これをコレーシュ族に知られることを懼れたが、早くもことは洩れ聞えて、彼は三日間猛烈な追撃を背に受けながら、ようやくヤスリブの町に入ることが出来た。これがいわゆる「ヘジラ」の経過である。回教徒はこれを以て紀元元年としているのである。

ヤスリブの町は大いにマホメットを歓迎した。彼の入市を記念すべく、町名は予言者の町、メディナト・ウン・ナビ、略してメジナと呼ばれるに至った。

マホメットはメジナにおいては、予言者たると共に、又町の長となった。そうして非凡な政治家としての手腕を示し始めた。

彼のメジナへの聖遷と共に、マホメットの態度は一変する。メッカにおける消極的説教者は今や一変して積極的伝道者となった。彼の忍従的態度は一変して闘争的態度となった。

マホメットは、回教の宗教運動を明確に意識しないユダヤ人のヤスリブ市民をも治めねばならなかった。彼はいわゆる「ヤスリブ聖約」を設けて、回教徒の政治的団結を堅くし、来るべき聖戦に備えた。そうして、従来行わなかった、回教の形式的方面、即ち祈禱場を設けるとか、勤行に関する規律などを設けて、回教の形式的完成に努めた。

メッカはメジナを悪《にく》んだ。幾度か、他種族と聯合してこれを陥落しようとした。時にはメジナ城内のユダヤ人を味方に引き入れた事すらあった。しかしユダヤ人は追放され、メジナは無事に守られた。ヘジラ第九年には、回教徒とキリスト教徒の間に条約が締結された。そうして回教徒の勢力圏内においてはキリスト教徒の生命、財産、信仰は保護された。

メッカとメジナの間の戦は一進一退、容易に終結しなかった。西紀六二八年両市間に十年間に亙る休戦条約が締結された。マホメットはこれを機会にメッカから移った人々を連れて、久方振りでカーバの神殿に参詣した。先にマホメットを迫害したコレーシュ族の人々は、予言者と共に聖廟に詣づる人々を遥かの山上に避難して徒らに傍観していたと伝えられている。

マホメットの堂々たる態度は痛くメッカの市民を魅惑し、続々と彼の下に帰依するものが増えていった。

西紀六三〇年、メッカの人々が、メジナの同盟市の住民を多数殺害したのを原因として、両市間の平和は破られた。メッカ征服の聖戦は火蓋を切られた。今や輝かしき武将として、マホメットは一万の精鋭を率いてメッカへ向った。メッカはほとんど一戦を交えずして、マホメットの聖旗の下に降り、カーバの神殿からは汚らしい偶像の群が一掃された。マホメットの久しい念願であったカーバ神殿の恢復はここに完成された。

回教はその後怒濤の如くアラビアの諸都市に氾濫して行った。新たに改宗した町々へは伝道師が一人ずつ送られた。メッカ恢復後二年、西紀六三二年に、マホメットは十万の信徒を従えてメッカのカーバへ最後の巡礼を行った。彼が有名なアラエット山上の説教を試みたのは実にこの時だった。

マホメットは、彼の最後の説教を聴かんとして集れる十万の信徒に対して、諄々と説いた。彼は、妻を愛せよ、奴隷を優遇せよ、回教徒は同胞であると叫んだ。説く所甚だ平凡の如くであるが、しかもその六十年の体験より出づる一言々々は人々の肺腑に貫徹した。

同年六月八日、マホメットは死んだ。彼は死の三日前まで、祈禱を司会し、最後迄義務を怠らなかったと伝えられている。

三　コーラン（聖経）

読めよ、いと高き神、その筆もて教えたまう
人のかつて知らざりしところを教えたまう　（コーラン、九六、三―五）

回教の聖典として、経典として回教徒の遵奉する「聖なる書」コーラン（アラビア語の発音ではクラーンに近いが、通称に従う）は「読誦さるるもの」の意味であって、回教徒の日常生活の規律であり、信仰箇条を示すものとして、汎く教徒間の尊敬と信奉の目的となっているが、コーランは全部メッカで使用されたコレーシュ族のアラビア語で書かれ、凡てメッカにおいてはヒラーの洞穴、メジナでは各所で、マホメットが予言者の資格の下にアラーから啓示された言葉であると信ぜられ、天使ガブリエルが、神の言葉をマホメットに伝え、これをそのまま記述したものといわれている。

このコーランの編纂は、あたかも仏陀入滅後弟子達が集って結集を行ったと同じように、マホメット歿後、アブ・バクルが第一世教主《カリフ》となったときに、第二世教主《カリフ》オマールの勧めに従って、マホメットの秘書であったゼイド・イブン・タービトに命じて、それまで椰子葉、羊皮、白盤骨等に心覚えに記されていたものを細大洩らさず手写せしめて編纂し、初めて完全なものにしたと云われており、マホメット死後二十年にしてようやく完成したと伝えられている。

しかしながら、第一回の結果がなお不十分であったため、更に第三世教主《カリフ》オスマーンが第二回結集に従事し、用語をマホメットが用いたメッカの方言に統一して、出来上ったものが現在用いられているコーランである。

コーランには種々の名称があり、数えれば五十余に上るが、その中よく用いられるものを挙げると、

クルアーン・カリーム（高貴なるコーラン）

クルアーン・シェリーフ（同意）

アル・フルカーン（信者と不信者を明らかに区別するもの）

キターブル・アジーズ（親しむべき書）

キターブル・ムビーン（明らかなる証《あかし》の書）

アル・キターブ（唯一の書）

等と呼ばれている。

その内容は章《スーラ》と句《アーヤ》とから成り、章は百十四、句は章によってその数を異にするが、少ないものは第百三章、百八章、

百十章の如きわずか三句、多いのは第二章の二百八十六句、章によって様々である。文体は中世アラビアの散文詩の形式を採り、各句美しい一種の韻を踏んであり文学としても立派なものである。コーラン中の全章名を挙げると（括弧内は句数）

第一章　開巻（七）メッカ
第二章　牝牛（二八六）メジナ
第三章　イムラーン（一九九）メジナ
第四章　婦人（一七七）メジナ
第五章　食卓（一二〇）メジナ
第六章　家畜（一六六）メッカ
第七章　アラー（二〇六）メッカ
第八章　功徳（一六六）メッカ
第九章　後悔（一二九）メジナ
第十章　ユーヌス（一〇九）メッカ
第十一章　フード（一二三）メッカ
第十二章　ユースフ（一一一）メッカ
第十三章　雷（四三）メッカ
第十四章　イブラヒム（五二）メッカ
第十五章　ヒジル（九九）メッカ
第十六章　蜜蜂（一二八）メッカ
第十七草　イスラエル（一一一）メッカ

第十八章　洞窟（一一〇）　メッカ
第十九章　マルヤム（九八）　メッカ
第二十章　ター・ハー（一三五）　メッカ
第二十一章　諸予言者（一一二）　メッカ
第二十二章　巡礼（七八）　メッカ
第二十三章　信者達（一一八）　メッカ
第二十四章　光（六四）　メジナ
第二十五章　フルカーン（七七）　メッカ
第二十六章　諸詩人（二二七）　メッカ
第二十七章　蟻（九三）　メッカ
第二十八章　物語（八八）　メッカ
第二十九章　蜘蛛（六九）　メッカ
第三十章　ギリシア人（六〇）　メッカ
第三十一章　ロクマーン（三四）　メッカ
第三十二章　屈身礼拝（三〇）　メッカ
第三十三章　同盟（七三）　メジナ
第三十四章　サバー（五四）　メッカ
第三十五章　天使達（四五）　メッカ
第三十六章　ヤー・シーン（八三）　メッカ
第三十七章　等級（一八二）　メッカ

第三十八章　サード（八八）　メッカ
第三十九章　仲間（七五）　メッカ
第四十章　信者（八五）　メッカ
第四十一章　ハー・ミーム（五四）　メッカ
第四十二章　忠告（五三）　メッカ
第四十三章　装飾（八九）　メッカ
第四十四章　煙（五九）　メッカ
第四十五章　跪坐（三七）　メッカ
第四十六章　砂丘（三五）　メッカ
第四十七章　マホメット（三八）　メジナ
第四十八章　勝利（二九）　メジナ
第四十九章　部屋（一八）　メジナ
第五十章　カーフ（四五）　メッカ
第五十一章　風（六〇）　メッカ
第五十二章　シナイの山（四九）　メッカ
第五十三章　星（六二）　メッカ
第五十四章　月（五五）　メッカ
第五十五章　慈悲神（七八）　メッカ
第五十六章　出来事（九六）　メッカ
第五十七章　鉄（二九）　メジナ

第五十八章　論争者（二二）　メジナ
第五十九章　追放（二四）　メジナ
第六十章　試練（一三）　メジナ
第六十一章　列序（一四）　メッカ
第六十二章　集会（一一）　メジナ
第六十三章　偽信者達（一一）　メジナ
第六十四章　詐欺（一八）　メジナ
第六十五章　離婚（一二）　メジナ
第六十六章　禁止（一二）　メジナ
第六十七章　王国（三〇）　メッカ
第六十八章　ペン（五二）　メッカ
第六十九章　真実（五二）　メッカ
第七十章　出現（四四）　メッカ
第七十一章　ノア（二八）　メッカ
第七十二章　精霊（二八）　メッカ
第七十三章　包衣（二〇）　メッカ
第七十四章　毛布を着た者（五六）　メッカ
第七十五章　復活（四〇）　メッカ
第七十六章　運命（三一）　メッカ
第七十七章　派遣者（五〇）　メッカ

第七十八章　報告（四〇）　メッカ
第七十九章　引く者（四六）　メッカ
第八十章　渋面（四二）　メッカ
第八十一章　蓆巻（二九）　メッカ
第八十二章　分割（一九）　メッカ
第八十三章　少量（三六）　メッカ
第八十四章　不和（二五）　メッカ
第八十五章　星座（二二）　メッカ
第八十六章　暁星（一七）　メッカ
第八十七章　最高（一九）　メッカ
第八十八章　優勢（二六）　メッカ
第八十九章　早朝（三〇）　メッカ
第九十章　市（二〇）　メッカ
第九十一章　太陽（一五）　メッカ
第九十二章　夜（二一）　メッカ
第九十三章　正午（一一）　メッカ
第九十四章　拡席（八）　メッカ
第九十五章　無花果（八）　メッカ
第九十六章　凝血（一九）　メッカ
第九十七章　全能の夜（五）　メッカ

第九十八章　明確（八）メッカ
第九十九章　地震（八）メッカ
第百章　駿馬（一一）メッカ
第百一章　災難（一一）メッカ
第百二章　過多（八）メッカ
第百三章　午後（三）メッカ
第百四章　讒謗者（九）メッカ
第百五章　象（五）メッカ
第百六章　クライシュ（四）メッカ
第百七章　必要（七）メッカ
第百八章　豊富（三）メッカ
第百九章　不信者（六）メッカ
第百十章　助力（三）メッカ
第百十一章　焔（五）メッカ
第百十二章　唯一神（四）メッカ
第百十三章　暁（五）メッカ
第百十四章　人々（六）メッカ

以上の如く、マホメットのメッカ時代と、メジナへの移住後との二種があり、「メッカの章」と「メジナの章」の二つに普通分類されているが、「メッカの章」が大半を占めている。

各章の初めには必ず「慈悲深きアラーの名の下に」という文句がある。

以上の中重要な章を列記すれば、
「メッカの章」では、開巻、家畜、雷、蜜蜂、洞窟、ター・ハー、巡礼、蟻、ヤー・シーン、カーフ、出来事、凝血、唯一神、人々、の諸章、
「メジナの章」では、牝牛、イムラーン、婦人、食卓、の諸章である。

中でも代表的なものは、開巻の章で最もよく読誦され、次には、唯一神、人々、洞窟の諸章もまた有名で、ヤー・シーンの章は葬儀の折などによく読誦される。

コーランの要素について興味ある点は、即ち回教がその成立に際してユダヤ教、サビー教を土台にし、これにキリスト教の思想を加えたことで、コーラン中の章句によってこの事実は窺い得られるのである。即ちユダヤ教徒、キリスト教徒の名は牝牛の章、食卓の章に現れ、イエスの名もまたイムラーンの章に記されてある。しかもコーラン中には、旧約聖書中の諸々の予言者アブラハム、イスマエル、イザーク、ヤコブ、ヨブ、ヨナ、アーロン、ソロモン、ノア、ダビデ、モーゼ、ヨゼフ、ザカリア、ヨハネ、エリヤ、ロト、エリーシャ等の名が、婦人、家畜の章中に散見し、いよいよ回教が、ユダヤ教、キリスト教と共に同一の神を信仰しつつあることを裏書きしている。即ちマホメットも神の前の予言者として、イエス・キリストと同じ位置にあることは甚だ面白い。

コーランの内容は、回教徒の義務、道徳的規範、回教法律、禁断戒律等を含み、単なる宗教的文献たる以上に社会規律の範疇でもある。これ等の事項は、章を改めて回教の教義戒律、或いは回教徒の習慣を語る時に述べることにし、ここでは、コーランの翻訳について一言して見よう。

コーランをアラビア語以外の言葉に翻訳することは、久しい間禁ぜられていた。それはアラビア語は神から選ばれたる神聖な言語であって、これを他の国語に翻訳するのは神聖を瀆すもの、神意に背くものとされていたのである。

コーランの最初の翻訳は、西紀一一四三年頃、レチナの英人ロバートなる者がダルマチアのドイツ人ヘルマンと協力して共訳したラテン語のものであったが、これはその後四世紀の間世に現れず秘められて、一五四三年初めてバーゼル

で出版された。その後、イタリア語、ドイツ語、オランダ語等の訳が続々現れたが、一六一六年ニュールンベルグのシュヴァイガーが最初のドイツ訳を完成し、一六四七年には立派な仏訳がリエルの手で出来上った。英訳はリエルの仏訳をアレキサンダー・ロスが一六四九年から一六八八年にかけて重訳し、更に有名なセイルのコーランが一七三四年に初版を公刊し、その後版を重ねた。一八六一年にはロッドウエルの手で、年代順に章を排列した英訳が出来上り、一八八〇年にはケンブリッジ大学のパーマー教授がコーランを英訳してオックスフォード・プレスから出版している。その他一八四四年にウルドゥ語の訳本がインドのアラーハバードで出版され、現在は、スペイン語、スエーデン語、ロシア語、ペルシア語、トルコ語、ジャワ語、マレー語、支那語、日本語等あらゆる国語に訳されている。

トルコは回教諸国のうちでは率先して、トルコ語で祈禱や誦文や説教を始めたので、不世出の英傑ケマル・アタチュルクの祭政分離に伴う一大革新を断行したのである。従ってコーランのトルコ訳は汎く用いられている。

ついで一九三六年にエジプトのアズハール回教大学で、アラビア語以外に公定の翻訳を認めることになり、学者を集め委員を任命して、英仏語版のコーラン編輯に着手した。これも回教史上劃期的の事実であり、近くこの企てが日本版にも適用され、委員が委嘱されるはずである。

現存の邦訳も二種類ほどあるが、英語からの重訳で、いずれも完全では無い。将来の公定版を俟《ま》つべきである。

四　回教の教義・信仰と勤行

回教の本来の正しい名称であるイスラームという言葉は前に述べた通りアラビア語のアスラーマ即ち神の命に服従するの意から由来したものであって、回教の提唱するところは、唯一神アラー（アルラー、アルラーフ、アルラーハ）に対する絶対帰依であるから、そのためイスラームと名づけられたものである。

回教徒は、現在の世界の一切の諸相、日常社会生活は、各個人精神まで、凡てこのアラーの支配下に在ると信じて疑わない。この観念は回教の根本をなす大切なものである。

回教教義の主体をなすものは、二つある。即ち、「信仰《イーマン》」と「勤行《アマル》」である。

信仰は、これを内容的に分析すると、「神」「天使」「経典」「予言者」「来世」「天命」に対する六信であり、勤行は「祈禱」「礼拝」「断食」「喜捨」「巡礼」の五行（五基又は五功ともいう）となる。

信仰の六信（「神」「天使」を一つにして五信ともいう）から説明するが、第一の「神」の信仰とは次の如きものである。

アラーの外に神なく、アラーは全智全能の絶対神であり、何人《なんぴと》もこれに抵抗することの出来ぬ最大の唯一神である。アラーの恵みは、種族と言語を超越して、一切万物に及ぶものである。

第二の「天使」の信仰とは、アラーに奉仕する清浄無垢の霊魂である天使が存在する。天使は夥多あるが、中でも四大天使は最も貴い。即ち、復活の天使ジブリール、保護の天使ミーカール、死を司る天使アズラーイール、復活のとき喇叭を奏するイスラーフィールの四天使である。その他にも、常に人間の左右にあって、そのあらゆる善悪を記録するムアキバット、人間が死去したときに、その信仰の有無を試問するムニカル、ナキールの二天使も存在する。何れもつねに人間の行動を牽制して、善の実現へ導く天使である。

第三の「経典《キターブ》」の信仰とは、コーランのみを指すのではない。アラーは人間の祖先としてのアダム以来各時代に天使ジブリールを介して、それぞれその時代の予言者に天啓を示している。従ってかかる天啓の記録の集成が、ここにいう経典である。全部で百四巻に上るが、その中最も神聖なものは、モーゼへ与へられた五書、ダビデへの詩篇、キリストへの聖書、マホメットへのコーランである。従って回教徒とユダヤ教徒とキリスト教徒は、いわゆる「経典の民」と称せられる。シーア派ではこの他にザラッストラ（ゾロアスター、拝火教、祆教）教をも加えている。しかし、コーランはこれらの経典中でも特別な意義を持ち、コーラン以外の経典は、わずかに天啓の一部を伝うるに過ぎないが、コーランのみは完全な記録であると主張している。即ちコーランの完全性と優越性を特に強調している。コーランそのものの内容に関しては前章を参照されたい。

第四の「予言者《ナビー》」に関する信仰も、経典と相関聯するものであるが、即ち、アラーの神は、神意を人類に語るため、古来多くの予言者《ナビー》、使徒《ラスール》を世に送った。その中最も偉大なものは、アダム、ノア、アブラハム、モーゼ、キリスト、マホメットの六人で、マホメットこそは最大最終の予言者であり、その言行はアラーの神自らの啓示であるというのである。しかしこの場合マホメットを飽くまで人間であるとし、神人両性の具備者でもなく、又神人両界の中間に位する特権者でもないと考えているところに、キリスト教と異なる回教の特徴がある。もっともシーア派の一部には、マホメットをアラーの神の権化であるとする思想が相当濃厚であることは別に述べる。

第五の「来世《アヒラット》」の信仰とは、この世の生を終えた者は、死の天使アズラーイールの手に委ねられて、ムニカル及びナキール両天使の手で、信仰の有無を試みられ、また生前の功罪を質《ただ》される。そうして死者は霊体として復活の日を待つ。即ち最後の審判《サーア》の喇叭が鳴り響くとき、凡ゆる者は復活《キャーマ》の悦びを迎え、アラーから正しい最後の審判を受けて、善人は浄土《ジアンナ》へ、悪人は地獄《ジアハンナム》へ堕される。

しかしマホメットは来世と現世を截然と区別せず、来世は現世の継続であるから、来世においても現世同様精進と修業をなすべきものであり、現世の悪業も、来世の修業の功徳によって消滅し、地獄の苛責も決して永久的のものではないと説いている。信仰のために流す血は浄土へ生まれる重大な原因となるものであるとも言っている。この点我が国の浄土真宗の教義を聯想せしむるものがある。

第六の「天命《カダル》」とは、アラーは宇宙の力の根元であり、万象はその妙技である。万物の生滅は神の御旨によるもので、如何なる些細なことも、凡て神意である。アラーの神には絶対帰依し、人には慈悲忍辱を守れ、これこそは無碍無障の平和、安心立命の境地を開拓するものである。これを信仰するのが予言者の教えであるが、同時にマホメットは、単なる宿命論を説くのではなく、いわゆる人事を尽して天命を待つ立場が回教の天命の本義だと言っている。

以上は信仰の説明であるが、回教は実践的宗教である。回教徒は信仰を抱く以上は、前に述べた五つの勤行を行わなければならない。

第一は「祈禱《シャハーダ》」である。

「アラーの外に神なく、マホメットはアラーの予言者《（ママ）》なり」という句を誦唱する。

第二は「礼拝《サラート》」である。

これは回教徒の最も重大な勤行であって、毎日五回、黎明（晨礼）、正午少し過ぎ（晌礼）、午後日没前（晡礼）、日没直後（昏礼）、夜（宵礼）、の五度行わねばならない。これを行う前には先ず己が身を清浄にする。清浄は大、小、二種あって、大浄《グスル》は全身、小浄《タハーラ》は面と手足を浄めるのである。普通水を用いるが、水のない場合は清い土（例えば沙漠の砂）に触れた両手で面と手足を浄める動作だけで代え得る。

一週の中の金曜日は特に回教徒にとり神聖な日で、この日は回教寺院へ参拝し、公式礼拝を挙行する。

礼拝は、身を浄めた後、回教の大本山メッカのカーバ神殿即ち支那で言う天房（又天堂、天方とも呼ばれる）の方角（キブラ、奇布拉）に面して行われる。

この礼拝の意義は、神を常に憶い、感謝を怠らぬと共に、人格練磨、精神的修行を目的とするものである。日に五回、礼拝の時間が来ると、回教寺院の一部にある尖塔《アナラ》又は光塔（ミナレ、ミナレット）にムエッズィンという一種の役僧が上って、アザンという礼拝への呼びかけ（宣礼）をやる（支那北支等には光塔のない清真寺も多い）。丁度日本の追分のような感じのする美しい声で呼ぶ。東西に向って二度ずつ警告する。回教徒はこれを聞いて、時のある者は寺院へ行き、行けないものはその場でお祈りをするのである。

アザンは次のような文句である。

アラーは至大なり、アラーは至大なり、

アラーは至大なり、アラーは至大なり、

我はアラーをおきて崇むるものなきを誓う、我はアラーをおきて崇むるものなきを誓う、

我はマホメットがアラーの使徒なるを誓う、我はマホメットがアラーの使徒なるを誓う、
（右を向いて）いざ礼拝に参ぜよ、いざ礼拝に参ぜよ、
（左を向いて）いざ礼拝に参ぜよ、いざ礼拝に参ぜよ、
アラーは至大なり、アラーは至大なり、
アラーの外に神なし。

第三は「ラマザーンの断食《サウム》」である。これは「回教暦第九月のラザダー」の月に三十日間の断食を行う勤行であるが、別章に詳説して置いた。

第四は「喜捨《ザカート》」である。

これは礼拝に次ぐ重い勤行であって、アラビア語では正義とか浄化とかの意味であるが、その本旨は、神への奉仕報恩として貧者に恵み善根を積むと共に、教団の相互扶助的作用をなさしめるもので、一般回教徒は年収の四十分の一を喜捨せねばならぬ義務的規定がある。

第五は「巡礼《ハジジュ》」である。

これは、回教暦の第十二月にメッカの霊場へ参詣することである。回教徒は一生に一度はメッカに巡礼すべきものとされている。このメッカ巡礼は、回教徒の重要な勤行であり、且つ大切な年中行事の一つであるから、ラマザーンの断食と同様、特に章を別にして、詳しく述べてある。

回教徒が入信する儀式は厳格に云えばいわゆる割礼である。これはユダヤ、アラビア両民族ともに共通のセミチック人種に存する一種の生理的原因から出たものらしい。旧約聖書にイスラエルは割礼する人で、異邦人は割礼なきものとして区別せられている。

キリスト教の洗礼というものが、ギリシア思想の影響をうけて、多分に秘密結社の入会式のような印象を与えるようになったと同じく、回教徒の割礼もユダヤから出て、一種の宗教的意義を帯びるようになったものらしい。

多くの回教国民は、幼児に対して早く割礼を授けるようである。医師がやる場合もあり、理髪師のようなものが消毒をしながら鋏を使う場合もある。回教の三大標語を唱えながら、僧職のものが立会うのを常とする。そして日本のむかしの元服のような御祝いがある。

中年以後の入信は異教徒の改宗の場合で、同じく割礼を受けるものは左の標語を唱える。

アラーは偉大なり（Allah akbâr）

アラーのほかに神なし（La ilâha il-Allâh）

マホメットはアラーの使徒なり（Mahammad ar-Rasûl-ullâh）

支那の回教徒や支那で入信した日本人の信徒などには割礼を受けずに入信の標語をアラビア語で唱えただけのものが多い。日本の回教徒の章に述べる有賀氏の一派の如きは勿論割礼などを授からないのである。

以上、甚だ簡単ではあるが、回教の教義を略述した。

最後に、以上の回教の信仰、勤行には、ユダヤ教、キリスト教、或いはアラビア民族間において信仰された拝星教《ザビー》の影響が甚だ強く香っていることである。二、三の例を挙げると、予言者中に、ユダヤ教の経典たる旧約、キリスト教の経典たる新約の両聖書中の主なる予言者が何れも数えられること、或いはコーラン中に、これ等旧新約両聖書中に説かるる多くの歴史的事実、伝説が述べられてあること、或いは回教の戒律、法律等においても、ユダヤ思想と酷似せる多くの点を見出し得ることである。回教がユダヤ、キリスト両教から何を受け入れたか、その比較研究もまた意味深き題目たるを失わない。

五　回教の宗派

マホメットは生前すでに弟子に向って、回教が後世多くの宗派に分れることを予言したといわれている。又アブダラ

・イブン・オマルは、「イスラエルの子等のなせし如く、我が弟子も多くの宗派に分れん。イスラエルの子等は七十二派に分れたり。我が弟子は七十三派に分れん。然れども唯一の真派を除きて、他は皆地獄に堕ちん」と言ったと伝えられている。回教を俗に七十三派というのは、この伝説から由来するのであるが、事実は予言者の予言よりも五派多い七十八派に分れ、更に人によっては百四十派或いは三百派に分ける人もある。

しかしこれを大別して見ればスンニー（又スンナ）、即ち正統派とシーア（又シーイ）即ち分離派とに二大分することが出来るのであって、現在世界の全回教徒約三億のうち九一パーセントはスンニー派に属し八パーセントがシーア派、一パーセントがその他となっている。

スンニー派に属する民族は、トルコ、アフガン、アラビアの大部、インド北部の回教徒、南洋及び支那の回教徒等であり、シーア派に属するのは主としてイラン即ちペルシア人である。スンニー派はマホメットから出た教主《カリフ》が、オマール、アブ・バクル、オスマン、アリーの四代に伝わり、モアヴィエ家に正統に相続されるものと信じている。この正統派の教主権の問題で、シーア派は、マホメットからその女婿アリー即ち第四代の教主を経て、その二子ハッサンとホッセン（フサイン）とに伝わり、その子孫がこれを継承すべきものと信じている。この両派は当時相抗争して血を流し、又このためイラン人は西トルコと争い更にアフガンと戦った位で、両派の分裂は実に教主の正位相続権に関する信仰の相違から来たものである。

シーア派とスンニー派は、この教主権の相続問題の外に、信仰箇条の細かな点で種々相違している。例えばスンニー派は、マホメットが偶像を排斥したので、一切の人物を現わす肖像、彫刻等を偶像として排斥する。そのため正統派の回教寺院には、予言者も天使も聖徒も何等絵姿はなく生物の形は絶対に絵にも彫刻にも残っていないほどだ。しかるに同じ偶像排斥の回教徒でもシーア派のイラン人はこれと趣を異にして、ペルシア絨緞等には、動植物は勿論、時には帝王の肖像すら織り込んだものがあり、密画等も精巧な人物描写をやっている。その他一般に戒律に対してもシーア派はスンニー派に比して自由であり、ラマザーンの断食の如きも、イランでは往々にして平気で酒を飲むといった風がある。

イランのシーア派は特に興味ある題目であるから章を別にして詳述する事として、本章ではスンニー派即ち正統派中の特色ある各分派の主なものを紹介することにする。

スンニー派は前述した如く、第四代の教主アリーの後継者問題からシーア派と分れたのであるが、この派の業績はアッバス王朝の第二代のカリフ、アンスールが築いたものである。スンニー派はこれを更に四派に小分することが出来る。即ちハナフィーヤ派、シャーフィーヤ派、マラキーヤ派、ハンバリーヤ派がこれであり、何れも西紀八世紀頃から出現したものである。

これら四派は何れも回教の根本的教義戒律に対しては意見を等しくするのであるが、コーランの釈義に対する考え方のため対立するに到ったものである。

即ち第一のハナフィーヤ派は西紀七〇二年にクーファの市に生まれた導師《イマーム》アブ・ハニーファを創始者とするものである。この人物は回教法学の権威であり、且つハナフィーヤ法典の創始者である。この派はコーランにおいて明文で法則を提示していない場合には、回教法学者の個人的見解を尊重する、即ちコーランの解釈に理性を以てその欠陥を補わんとする哲学を有するものである。

第二のシャーフィーヤ派は西紀七六七年にパレスチナのアスカロンに生まれた法学者導師マホメット・イブン・イドリース・アス・シャーフィーを創始者とする。この派は回教法学の原理を創始したもので、コーランの教義を解釈する上に一定の文理解釈で類推を認めるものである。

第三のマラキーヤ派は西紀七一四年にメジナに生まれた導師マーリク・イブン・アナスにより立てられ、アブ・ハニーファに対立する一派で、理性を排斥して飽くまで口伝による記録に依頼することを主張している。

最後のハンバリーヤ派は西紀七八〇年にバグダッドに呱々の声を挙げた導師アブー・アブディラー・アハマッド・イブン・マホメット・イブン・ハンバルの立てたもので、主としてシャーフィーヤ派の影響を受けてはいるが、しかもシャーフィーヤ派とは反対の立場を固守し、回教史上しばしば流血を以てその頁を彩っている。

以上の四派はコーランの解釈や実践的な方面では多少異なるが、回教の本質から見れば同一であり、今日ではほとんど原則上の相違を区別することすら困難なほど相類似している。今日ハナフィーヤ派はトルコ及び中央アジア、その他のトルコ族、マラキーヤ派は、北部及び西部アフリカ、シャーフィーヤ派はエジプト、又はアラビア、南インド、東アフリカに、ハンバリーヤ派は東部アラビアとアフリカの一部にそれぞれ信徒を有している。

スンニー派に対して反抗するものに、イランのシーア派と、もう一つワッハーブ派がある。この派は十八世紀においてアラビア系のアブド・ウル・ワッハーブが提唱した新宗派である。この宗派は今日サウディ・アラビアの国教として確乎たる地位を占めているが、これは一つの既成回教に対する反動的覚醒運動であり、原始回教への復帰を主張する禁慾主義的教派で、往々キリスト教の清教徒的新教《プロテスタント》に譬えられる一派である。

六　イランのシーア派

前章において述べた如く、イランのシーア派は、正統派のスンニー派とその教主《カリフ》相続権の問題から分裂したものである。シーア派の信仰では、この神聖な教主権はアリーから出て十二人の導師《イマーム》に伝わり、しかもその最後の者を除く十一人の導師はことごとくシーアの信仰のために犠牲となって命を殞《おと》している。従ってシーア派はコーランを解釈する際これ等の殉教せる導師達の残した様々の註釈や決議をコーランに加えて共にこれを信じている。即ち将来第十二代の導師は予言者の最後の相続者としてこの世に現れ、回教を大改革して世界の信徒をことごとく一つの宗派に結合するものと信じ、この最後の聖者をマハディ（正導者）と呼んでいる。この回教統一の信仰は正統派のスンニー派も同じく持っており、歴史上往々自ら称してマハディと名乗る者が現れたことがある。今から五、六十年前にもアフリカのスーダン地方に自称マハディが現れて、世界の回教徒の中にはこれを推し立てて指導者たらしめんとした者もあったが、エジプトをも征服しない中に世を去ってしまった。蘭領インドにも同様の人物が現れたこともあったが、オランダ官憲の弾圧で一撃の下に消滅してしまった事件もある。今でもなお回教徒はマハディの御来臨を、丁度キリスト教徒がキリスト再臨を待つ如くに待望しているのである。

同じ回教であるがシーア派はスンニー派に比較すると非常な相違がある。単に教主権相続問題で意見を異にするだけではない。偶像排斥の同じ回教の信仰を有しながら、スンニー派は生物の形を画き彫ることを許さないのに、イランのシーア派では精巧な人物の密画さえ存在する。水一滴喉を通しても禁に触れるラマダーンの断食にイランの高官のうちには平然と酒杯を手にするものもいる。凡てが自由生活を認めるものである。シーア派教徒の自由主義は、恐らくイラン人自身の血の中に潜む国民性から出ているのであろう。元来イラン人は想像力に富み、審美眼にすぐれた人種で、トルコ人等と違い思索力もあり、個性の判断による意見を持ち、与えられた法則や戒律に表面は従っても、独自な立場を棄てず、自己の信念を堅持している。戒律を守ることがこんなに自由であるから、信仰は大したことはなかろうと思うとそうでない。トルコ等では以前から回教寺院や聖蹟へ異教徒の外国人を入れて相当の観光収入さえ挙げているのに、近年までイランでは寺院の内部へ異教徒は絶対に入れず、イランのイスパハンの帝王寺に公然最初に入った非信徒の外国人は筆者で、当時（一九二九年）はまだ何人《なんびと》も入って居なかった。しかも総督の案内で護衛に警視総監がついてくれた程の危険を冒した位である。（拙著『沙漠の国』参照）

イランにおける回教徒の風習には、興味の深いものが多いが、中でも特に感じるのは、イラン人の回教に改宗した以前からの風俗を現在でも混交していることである。即ち拝火教《ゾロアスター》（紀元前一千年頃イランに出た宗教改革者の提唱したもので、インドに遁れたパーシーの宗教である。今日でもイランの少数住民がこれを信じている）の教義から受け継いだ様々の風習がある。例えば回教暦は陰暦だから第一月モハルラムは毎年違った季節になるのである。あたかも日本の旧暦とよく似ている。しかるにイラン人はこのアラビア式回教暦を採用せずに、新年だけは拝火教時代の通り春分を元日にし、一年の出発点とする。これをノーヴルーズ（新日）と呼び、三月の二十一日、又は二十二日に当るのである。その起源は回教以前のイラン人の宗教から来ていることが明白である。自然の春と新年が一緒であるから、老幼男女、晴着をつけてなごやかな春風の裡に、嬉々としてこれを祝うのである。

右の如くイランのシーア派数徒は、頑迷なる狂信と弾力ある寛容との相交錯した状態を示している。

イラン人の芸術的、思索的国民性は、回教にも一つの神秘的要素を加えた。今日のイラン人は大部分シーア派の回教徒であるが、時々その分派の中に回教徒と思えないほどの異色が現れている。例えば絨緞や密画などでも、イランのものは厳格な回教主義を離れている。スンニー国民の作った絨緞は幾何学的の図案が多いが、イランでは花鳥獣類をも描き、時には人物をも題材にしている。サラセン文化も多分にイラン文明からから受け入れたことも史上疑いないところである。

かの有名な天幕作りの詩人オマール・ハイヤムの如きもそうである。彼はシーア派の一派ハケミ派の回教徒であるが、回教の教義が絶対の禁酒主義を強要するのに、彼の詩は薔薇と葡萄の美酒を讃美している。酒と女の世界を礼讃している。しかも彼も教徒としては予言者の名を敬い、脆いて祈りを唱えたのであった。

今日もハケミ派は多くの信徒を有してイランでは有力であるが、この派にも神秘的な要素が多分にある。イランには二千年の昔からスーフィー教というほとんど汎神論的な信仰があり、実在しているものは、心即ち精神だけで、個人は宇宙の魂と同化し、その一つであるから、死後の魂は万有の中に融け込むという思想がある。ハケミ派の哲学も多分にその影響を蒙り、マホメットの生涯に行った奇蹟を否認し、悪魔の存在を否定し、悪人に対する死後の苛責等は信じない。

もう一つ同じくシーア派であるが、神秘的な一派がある。この信徒をノセイリース（ノサイル）と言っているが、彼等はシーア派初代の教主アリーの神性を信ずる一派で、アリーに神性を付与し従ってマホメット以上にこれを高めようとするもので、キリスト教の神性説を借りた形跡がある。この教徒はイランの西北部の半漂泊部落に限られており、勿論正統派からは迫害されている。

その他にもダーリー派といって、予言者とアリーを信じ、一種の汎神論で婦人共有を信仰するものもあるが、勿論これを実行している訳ではない。又モシュレクと名づけて表面は一神論でも実際は多神論で自然崇拝を信仰しているものなどもいる。

イランのシーア派の中で最も注意すべきものはバハイ派である。これは新シーア派のシャイフィー教派を樹立したアフマッド・アッサーイーの教説から由来するものであるが、その創始者はイランのアリー・マホメットである。彼は予言者及び正導者《マハディ》の精神を体現していると公言して、自ら導師と信徒の間に立って、回教圏を支配しようとしたがイラン政府に処刑され、その後弟子の一人バハー・アルラーツが新説を説いて、シーア派の教派的立場を拋棄し、自ら全世界の使徒を以て任じ、或いは世界平和を説き或いは寺院の不用を論じたため、生活の大半を牢獄に暮らしてこの世を去り、その後彼の長子アブバースが父の業を継いで、世界主義と平和主義を力説し、回教を世界宗教にまで押し進めんとして多大の反響を呼び起した。今日この派の勢力はすこぶる成長し、イラン、アラビアのみならず、その教義はキリスト教的色彩の濃いため、バハイ教の名でアメリカ、ドイツまでも流布し、更にアメリカから日本へ伝道に来たのは世人の知る通りである。

最後に筆者がイランで見た、シーア派の年中行事中の最大の祭り、教主アリーとその子のホッセインの受難を追慕する行事を紹介して本章を終ることにする。

アリーは言う迄もなくマホメットの女婿であり、その子ホッセインと共に、同じく教主の位を覘《うかが》っていたヤズイドの手で殺された。殊にホッセインはケルベラの戦で悲壮な戦死をした。今でもモハルラムの一日から十日までイランでは盛大な儀式が執行されるが、最後の十日目に行われる、アリー、ホッセインの追悼祭は世にも凄絶なもので、この聖者の受けた迫害の惨苦を自ら体験しようというので、信者が思い思いに刃物で己が肉を裂き血を流す祭なのだ。こんな狂信的な行事は年を逐うて衰れ《(ママ)》て行くのは勿論である。

筆者が一九二八年に逢着したのは、丁度テヘランから五百キロメートルばかり南のバフチャリーの部落であったが、これは話に聞いたよりも余程穏かであった。祭式十日間の中九日間は、ホッセインが一族郎党を引き連れてイラクに向わんとする進車の行列が町中を練り廻る。昔ながらのペルシア風の金銀鏤《ちりば》めた甲冑を着け、馬鎧華やかな乗馬に跨ってホッセインに扮した男が練り歩く。太鼓を鳴らして、大きな声でアリー、ホッセインと怒鳴る大変な騒ぎである。十日目にはいよいよ最後の大芝居が演ぜられる。ホッセインの屍と称するものを行列で運び見物はことごとく狂わんばかりに号哭悲歎する。ホッセインの大棺の上には娘と覚しい若い乙女が坐って、乱れ髪、土や草に塗《まみ》れながら、父の屍に腕を投げて泣き悲しむ。これに続くホッセインを破った敵の酋長ヤズイド等の一軍は頭から足の爪先まで赤づくめで、我が国の芝居の赤面というわけである。その赤い敵車の中にただ二人緑色の着物を着た子供が赤い縄で引き立てられて行く。これは当時ホッセイン方の信徒の子供が迫害を受けた表象だ。その後からまた他の軍隊が行く。こうして堵《かき》の如く並んだ大衆の喚呼の中をモハルラムの行列は練り行くのである。

七　回教諸国の興亡

マホメットが二十五年間の奮闘によって、彼の勢力は全アラビアに及び、西南はパレスチナを境とし、東南はペルシア湾に至る半月形の沃土は、ことごとくアラー神の名を讃える回教の国となった。そうして彼は、東ローマ帝国遠征軍の勇ましい出発を眼前に見ながら、最後の息を引きとったのであった。

マホメットを失った後、附近の諸部族は直ちに叛乱を起した。回教に帰依したばかりの人々は、四方に蜂起して、さしもの回教も危機に瀕したのであった。この危機を救うべく立ったのは、アブ・バクルとオマル（ウマル）の二人であった。

二人は全アラビアを支配すべきものはクライシュ（コレーシュ）族たる者に限るという正論を携げて、民心の結束に奔走し、両者は妥協して、アブ・バクルはマホメットの最初の後継者として第一代の教主《カリフ》に選挙された。しかしマホメット亡き後の動乱は容易に熄まない。中央政権の暴政に不満を感じ、重税を憤る者等は、当時四方に雲の如く現れた

「偽予言者」に導かれて、コーランを捏造し民心を煽動した。かつてはマホメットの本拠たりしメジナすら異教徒の栄える場所となった。アブ・バクルは自己の危険を顧みず、メジナの町へ使者を派遣して、その正道に戻ることを慫慂した。しかし使者は殺され、アブ・バクルは嘲笑を買ったばかりであって、老いたるアブ・バクルはここにおいてマホメットの遺志を継いでシリア遠征を決行した。精鋭の向うところ背教の徒は四散し、軍律固くして一物をも掠めず、婦女子を苦しめざる回教軍の前に人民は心から服した。かくして一年余の間にアラビア全土の鎮定は完成され、かくして回教帝国の経営の基礎は堅固になった。しかしアブ・バクルは既に老年であったため、教主たること二年にして西紀六三四年病歿し、オマルが第二世教主となった。

　オマル治下の回教国は、北方ヒラ国を討ち、カルデア国を征服し、更にイラン国軍の侵入を機会として、西紀六三六年カデッシャに戦を交え、六四二年には徹底的にこれをネハワンドの戦に撃破して、屈服せしめた。その他ヤルムック河畔の一戦にはヘラクリウス王を一敗地に塗《まみ》れしめてシリアを奪い、六三五年にはダマスクスを陥れた。

　西紀六四四年に、勇敢、聡明、高潔を以て鳴る第二世教主オマルがイラン人の一奴隷に暗殺されると、オスマンが第三代教主に選挙された。彼はオンマヤ家の名族であった。元来オンマヤ家はマホメットの属するハシム家とは仇敵の関係であったが、オスマンは、ヘジラの当時既に回教に帰依したので、教主に選ばれたのであった。時正に七十歳に垂《なんな》んとする老人である。

　オスマンは余りに自己の眷属を優遇して、不公平な態度をとったため、民衆の反感を買い、内部に叛乱が勃発した。慓悍なベドウィン族は、コレーシュ族を嫉んで、他の不平分子を集め、メジナにオスマンを襲撃してこれを殺した。しかもかかる内訌にも拘らず、回教国の勢威は隆々として発展し、当時の回教軍は、実に東はオクスス河、アフガンより、西はトリポリにその足跡を印し、海軍は遠くキプロス（サイプラス）を占拠した。

　オスマンの後を継いだのは、マホメットの従弟で且つその女婿であるアリーであった。彼は第四世教主に選挙されたが、ようやく回教内に勢力争いを生じて、当初の団結力を欠くに到り、オンマヤ家の一族は、アリーがオスマンの死を傍観したとて彼を非難した。アリーは謙譲な人物であったが、彼に反抗する者が次第に生じ、アリーがオンマヤ家の頭首アブ・スフヤンの子ムアイヤからシリア長官の職を奪わんとして、却って逆襲され、勢威ようやく衰えた。彼は時局収拾のためクーファに遷都したが、衰勢は挽回出来ず、イラクにおいてさえ威信全く地に堕ちて、遂に六六一年に暗殺せられた。彼の死後長男のハッサンが後を継いだが、彼の温厚なるを機会に、オンマヤ家は益々勢力を拡大し、彼は遂に、オンマヤ家の一人シリア総督のムアイヤ（ムアヴィヤ）に屈して隠退した。かくして教主の職はオンマヤ家の支配するところとなった。一見選挙の形式を保ちつつムアイヤは、実際はこれをオンマヤ家の世襲専制的独占とし、政府はダマスクスに遷され、国家元首はシリアの傭兵の保護の下にあった。

西紀六八〇年ムアイヤが歿すると、息子のエジト（ヤゲー）が後を継いだが、一方正統派は、ハッサンが敵に屈服した後、その弟ホッセイン（フサイン）をアリーから数えて第二世教主に戴き、エジプトにおいてオンマヤ家と拮抗していた。メソポタミヤの回教徒が、ムアイヤの死後、叛乱を企て遥かに使を派遣してホッセインの来援を請うたので、彼はメソポタミヤから出馬して、再び中原に鹿を逐わんとしたが、途中オンマヤ軍に計られて遂にケルベラの一戦に一族郎党と共に全滅した。かくしてマホメットの最後の血は大半滅びてしまったのである。彼のこの無慙な死は、アリーを始祖とするシーア派にとって忘るべからざる記念日として今日もなお祭日の行事として、盛大なムハラム祭が行われている。これは別章イランのシーア派を参照されたい。

アリーの治世及びその後の内訌で、回教帝国の発展は大なる支障を蒙り、ムアイヤの治世は、東はインダス河、西はツニシヤに達したのみであったが、その後オンマヤ王朝の第六世教主ウエリドの時代には、アフリカの北岸なるベルベル族を破り、更にその足跡は大西洋岸に及んだ。即ち七一一年には、ベルベル族とアラビア軍（モール人）は一隊となってジブラルタルを陥れ、スペインを征服して回教国とした。更にアル・カリードの治世後半期においては、回教軍は支那トルキスタンの国境に進軍し、東南インダス河を過《よぎ》って今日のパンジャップ地方に侵入し、ムルタンを占領した。七二〇年にはピレネー山脈を越して、ロアール、ローヌ河地方に及び、七三二年にはカロロ・マルテルとシャローンに戦って破られ、スペインに敗退した。史家ギボンは、もしこの戦に回教徒が勝っていたならば、オックスフォードの学生はコーランを学ばねばならなかったろうと歎じている。

しかし第八世紀の中葉から中央アジアは大動乱を生じた。それは、マホメットの叔父アル・アッバスの子孫が首領となって、ここにアッバス家とオンマヤ家は、血を以て血を洗うような惨ら《（ママ）》しい勢力争いが始まった。アッバス家は随処勝利を占め、オンマヤ家の唯一の生存者はスペインに逃れ、ここに華やかなゴルドーバ帝国を建設した。アッバス家はバグダッドにおいて東方教主の帝国を樹立し、その治世、実に西紀七五六年から一二五八年に及んだのであった。このバグダッドの教主は、第一世第二世共にマホメットの叔父アル・アッバスの曾孫にあたる兄弟であった。アル・マンスール時代にバグダッド（神に授かった町）が建設され、イラン文化を摂取して見事な花が咲いた。これは、アリー以来のシーア派がイランに関係深いことも与って力があった。ハルン・アル・ラシッドの時代においては文化もその絶頂に達し、アラビアン・ナイトの主人公として今日に伝わっているが、当時アッバス王朝は、西アジアからエジプトまでその勢力を振ったものであった。

さしも豪華を極めたバグダッドの教主王朝は一二五八年ジンギス汗の孫フラグの侵入にあって没落し、その一族の一人は、エジプトのカイロに遁れ、エジプトのサルタンによって教主たることを承認されて、第八世に到ったが、一五一七年、オスマン・トルコの皇帝ソルタン・セリム一世に正式にその職を継承させ、セリム一世は、予言者の杖、外套、封印、歯、鐙等を所有して、ここに正式に教主たることを正統派のスンニー派より承認されて、一九二四年三月、新興トルコのムスタファ・ケマル（後のアタチュルク）により廃止さるるまで、この教主帝国は継続した。

スペインのゴルドーバ帝国も第十一世紀まで栄えたがその後内乱を生じて、四、五の小国に分裂して終り、また第十世紀においては、北アフリカにファチマド家の教主王朝が成立して、一時シシリー、ゼノアを支配し、大いに学問芸術の保護者として勢を示したこともあった。

第十一世紀の末葉から第十二世紀に亙って、十字軍の遠征が頻りに行われ、回教の学都たるトリポリは焼かれ、イエルサレムはしばしば回基両軍の争奪の的となって荒廃し、一〇九九年、キリスト教軍の占領当時虐殺された回教徒七千名と称せられる惨状であった。多年の十字軍戦役に疲弊せる回教王国へ侵入して来たものは、中央アジアの荒野を無人の境を行くが如く席巻し来たれる蒙古族と、これに追われつつ西へ向ったトルコ族であった。かくして蒙古族はバグダッド王朝を滅ぼし、トルコ族は小アジアの一角を占拠して、ようやく勢力を増した。蒙古の世界帝国の崩壊と共に、オスマン・トルコは頓に力を得て、一三六一年にはアドリアノープルを陥れ、一四五三年にはコンスタンチノープルを攻落して、東ローマ帝国を滅ぼし、一五二一年には更にベルグラードを抜いてウィーンに迫り、一六八三年の同市附近の戦に敗れてようやく衰退を示し始めた。

他方スペインはゴルドーバ王朝の亡びた後、グラナダのみは栄えて、二世紀の久しきに亙り、学術と文化との炬火を燦然と輝かしていたが、その後キリスト教徒のいわゆる聖戦に敗れて、一四九八年、回教徒のムーア族は或いは殺され、或いはアフリカに逃れて、長くイベリア半島から迹《あと》を絶った。

インドに対する回教軍の侵入は前述せる如くであるが、その後の経過に関しては、別章インドの回教徒を参照されたい。又支那に関してもその回教との交渉及び伝来については、支那の回教徒の章に詳説するから、ここでは省くことにする。

最後に今日の世界における回教徒の情勢を簡単に述べて置く。

現在、全世界の回教徒は、概数約三億二千万と推定されているが、その中独立国を形成せるものは人口約七千百三十万、即ち全体の二〇%に過ぎず、その内訳は次の如くである。（単位百万）

トルコ　二〇・〇
イラン　一五・〇
アフガニスタン　一〇・〇
イラク　三・〇

エジプト　一五・〇
サウディ・アラビア　四・五
イエメン　三・〇
アルバニア　〇・七
計　七一・三

半独立国、即ち西洋諸国の保護下にあるものは約百七十万、即ち〇・五％である。

ハズラマウト　〇・四
トランス・ジョルダン　〇・五
オーマン　〇・六
計　一・七

残る大部分は純然たる西洋諸国の植民地、領土であって、人口約二億三千八百万、比率は七五％、その内訳は左の如くである。

英国に属するもの（九千五百六十万）
インド　七七・五
マレイ　二・五
アデン地方　〇・四
パレスタイン　〇・九
スダン（エジプト・イギリスの共同領域）　四・五
ソマリランド　〇・四
ケンヤ・ウガンダ・タンガニカ　一・五

ナイジェリア　七・七
その他　〇・四
計　九五・七
仏国に属するもの（二千六百二十万）
アルジェリア　六・五
チュニス　二・六
モロッコ　六・〇
シリア　二・五
インド支那　〇・三
仏領西アフリカ　六・四
仏領東アフリカ　一・〇
ソマリランド　〇・三
マダガスカル　〇・七
計　二六・二
伊国に属するもの（五百五十万）
リビア（トリポリ・キレナイカ）　〇・六
ソマリランド　四・七
エレトリア　エチオピア　〇・三
計　五・五
オランダに属するもの（六千万）

蘭領東インド　六〇・〇
スペインに属するもの（七十万）
スペイン領西モロッコ　〇・七
ソ連に属するもの（二千万）
中央アジア・コーカサス　二〇・〇
支那辺境地方（二千万）
総計　二億三千六百八十万人
なおその他世界各地に少数民族として散在するものは、
支那本国　一〇・〇
満洲国　三・〇
シャム　〇・四
フィリッピン　〇・五
ユーゴスラビア　一・五
ブルガリア　〇・三
ルーマニア　〇・二
ギリシア　〇・一
総計　千六百万人
以上の如くである。
この回教圏分布を一瞥して見ると、トルコ、アラビア、アフガニスタンを中心とし、西はモロッコまでの赤道以北のアフリカ一帯は、その稠密さにおいて中心地と異らず、更に北インド、中央アジアから北支に連なり、北はバルカン、ロシアから、南はマレイ、蘭領インド、フィリッピンに及び、相当の広汎な地域に亙っている。

汝等の分として死は定められたり
何者もこれを改むるを得ず
また汝等の如き他のものと替えらるるを妨げ得じ
また汝等の知らざる姿にて再び出づるを妨げ得じ
我等の前の創造のことを知るもの
何すればこそ想をここに廻らさざる　（コーラン、五六、六〇―六二）

ゆらぐともし灯に送られし幼児にも似て
暗夜の途を辿らんと
人々はこの世を歩む
そのともし灯はいく度か情欲の嵐に消えん
されどまた幾たびもそをともすは
門辺に見送る神にやあらなむ　（オマール・ハイヤム『ルハイヤット』より）

回教徒の生活

一　回教の戒律

回教の戒律は、他の高等な宗教とほとんど大差はない。回教の罪悪は、大小に分類されるが、大罪は、アラーに対する不信、神恩の忘却、殺生、邪淫、窃盗、飲酒、偽証、偽誓、不孝、貪婪、魔法、変態的行為等が挙げられる。

食物に関しては、ハラール、即ち如法と、ハラーム即ち不如法（大禁）とが定められているが、鳥獣を屠殺する場合においても、一定の法式があり、これを破ったものはハラームなりとされて、食用に供せられない。また豚肉は不浄として、決して回教徒の食卓に載せられない。鴉片や酒類もすべてハラームである。喫煙も禁ぜられているが、時にはハラールとして特別に取扱われることもある。煙草はマホメット時代には無かったので、コーランには勿論書いてない。即ち後世の解釈で禁断を準用するのであるが、これは一般に守られていない。

この食物のハラームに関して、面白いのは、支那では、回教徒の出入する宿屋、飲食店等には凡て、「教門」又は「清真館」等という招牌が門口に掲げられていることである。これは、回教徒が豚肉を食わぬこと、牛肉も食わぬことはないが一般に羊肉を常食とし、しかも回教徒の手で正規の呪文を唱えながら屠殺したものでなければ食ってはならぬこと、蝦、蟹、鰻の類その他肉食獣の肉は食ってはならぬこと等の戒律があるため、かく招牌を掲げて、安んじて回教徒が食事をとれるようにしているのである。このため北支方面の回教徒には、屠殺者が甚だ多いと聞いている。

昨年東京回教寺院落成式に、アラビアから参列したフッセイン王子の歓迎のため日本人側が催した晩餐会に、回教徒の連中には羊の肉を出しながら、直ぐ隣で日本人がハムを食べたので、回教徒の連中がすっかり憤慨して退席すると言いだしたのを目撃したことがあった。又或る日本料理の席で、蝦の天婦羅や蛤の御汁や、蟹等を出したので、甚だ困った。日本では回教の認識が足らず、回教の戒律に迂闊であるためと解ったが、厳重な戒律を守る信徒は、非常に不愉快を感ずるのである。

なお戒律と関係のある事柄は、信仰と勤行その他の章に多数述べてあるから参照されたい。

二　回教の暦

回教の暦は古代からのアラビアの暦法を用いて一年を計算するので、太陽暦と一致しない。その差は一年約十一日で、太陽暦より日数が少ないのである。回教暦の計算の根本は陰暦であり、新月の出現を毎月の一日とし、太陽の西に没する時刻を一日の初めとする。

一年を十二月に分けることは太陽暦と同様で、月毎に名称を附している。即ち次の如くである。

一月　モハㇽラム　三十日
二月　サファㇽ　二十九日
三月　ラビー・ウル・アウワル　三十日
四月　ラビー・ウス・サーニ　二十九日
五月　ジュマーダ・ル・オーラー　三十日
六月　ジュマーダ・ス・サーニ　二十九日

七月　レジェップ　三十日
八月　シャアバーン　二十九日
九月　ラマダーン　三十日
十月　シャッワール　二十九日
十一月　ズー・ル・カアダ　三十日
十二月　ズー・ル・ヒッジャ　二十九日
　合計　三百五十四日

しかしこれらの名称は回教が発生してから出来たものではなく、それ以前にアラビア人の間に用いられたものであって、現在でもエジプト、シリア等において、太陽暦を用いながら、毎月に一々名称を附している。回教暦と同じものが古来アラビアにあった事は、マホメットの誕生が「ラビー・ウル・アウワル」即ち三月の十二日であったと伝えられているのによっても明らかで、当時既にこの名称が用いられていたことを示すものである。

回教暦の十二月の中、神聖な月が四つある。それは、モハルラム、レジェップ、ズー・ル・カアダ、ズー・ル・ヒッジャの四つの月であって、この四つの月については、コーランの第九章懺悔の三六句中に、

「これ等の月は神聖なものである。これ等の月に、もし他の神を拝する者ども凡てが汝等を攻めたならば、汝は凡て彼等と戦え。神は神を尊敬する者を保護する。」

といった意味のことが記されてある。

アラビアには最初閏年がなかったのであるが、西紀四一二年頃にアラビア人がこれを案出し、三年おきに一ヶ月ずつ置くことにして、マホメット時代にも存在していた。

回教暦の月名の起源、及びその月々の行事を簡単に説明すれば、

一月のモハルラムというのは「禁止されたる」又転じて「神聖なる」という意味を持つ月で、この月は争闘、戦争を

することを禁止する事から生じたものであり、回教徒はこの月を非常な吉月と考え、マホメットも、「この月の木曜、金曜、土曜に断食する者は、地獄から釈放され、この月の最初の夜を寝ずに過した者は前年の凡ての罪悪を赦され、又この月の最初の一日を断食した者は来たる二ヶ年間罪悪が避けられる」といったと伝えられている位である。この月の最初の十日間は、回教の一派たるスンニー派は、アダムとイヴ、天国と地獄、生と死が創造された日と信じている。

二月のサファルは「空虚」を意味する。それはこの月にはアラビア人が家を空虚にして戦争に赴いた故事に由来するものであるといい、一説には、「黄色」の意味から出たのだともいう。それは、丁度最初のこの月が秋に当ったため木々の葉が紅葉し黄色になっていたとも伝えている。回教徒にとってこの月は一年中最も不吉な月と信ぜられている。その理由はアダムがエデンの園を逐われたのはこの月だというのである。マホメットが病を得たのもこの月だという伝説すらある。

三月のラビー・ウル・アウワルは「春」という意味で、暦が初めて作られた時が「春」であったからだという。

四月のラビー・ウス・サーニは「次の春」という意味で、三月の継続を示している。

五月のジュマーダ・ル・オーラーは、この名称について種々議論はあるが、定説では水の氷結する季節の意味だという。

六月のジュマーダ・ス・サーニは「次の氷結」で五月の続きを意味する。

七月のレジェッブは、前に述べた神聖な四つの月の一つであるが、これは「尊敬」を意味し、回教徒はこの月に敬意を表して、レジェッブ・ル・ムラッジブ（尊敬すべきレジェッブ）と呼んでいる。この月の最初の金曜日の夜は礼拝に一夜を明かすのである。

八月のシャアバーンは「分離」の意味で、一名シェル・イ・ナビー（予言者の月）とも称せられる。これはこの月に水を求めて分散して歩いたことから由来するものであるが、或る説によれば、この月、人々が掠奪に出掛けて成功したため、かく名づけられたとも伝えられている。この月の十五日はシャッブ・イ・バラート（記録の夜）と呼ばれ、この夜は神が各人の一年中になすべき凡ての行動を記録すると信ぜられている。

マホメットが回教徒に徹夜して百回の屈身礼拝を繰り返すように命じているのはこの夜である。

九月のラマダーンは、「暑くなる」というアラビア語の動詞「ラマダ」から出たもので、最初名称を附けた当時暑い月であったためとされている。この月に回教徒は有名な行事である断食を行うが、これはこの月の暑さが人の罪をみな焼いてしまうからだとの理由もあるくらいである。ラマダーンの行事に就いては別章に詳しく述べることにしてここでは省く。

十月のシャッワールは「尾」の意味である。これは七、八ヶ月間孕んだ駱駝が尾を上げる月で、狩猟の月であるとも云う。アラビア人はこの月に婚約するのは不吉であるとしたのを、マホメットはこれを無視してアーイシャと結婚している。前に述べたラマザーンの断食明けの祭りがこの月の第一日に行われるが、これも別章で詳説することにしよう。

十一月のズー・ル・カアダとは「休戦の月」の意味で古代のアラビア人はこの月は戦わない習慣があった。即ちこの語の本当の意味は「定住すること」即ち家にあって平和な仕事に従事することから来たものである。

十二月のズー・ル・ヒッジャは一年の神聖な月の一つであり、「巡礼の月」の意味である。回教徒はメッカのカーバは世界各地から巡礼をするのはこの月であって、他の月に聖地メッカを訪問しても、巡礼の価値はないとさえされている。この巡礼の行われるのは、この月の七、八、九、十の四日間であるが、十日はイード・ウル・アドハー（犠牲祭）と称して特に大切な日である。巡礼に就いても別章において詳説することとした。

因みに昨年即ち西紀一九三八年三月三日は回教紀元一三五七年モハルラムの一日に当っているのである。

三　ラマダーンの断食

ラマダーン（トルコではラマザーン）、即ち回教暦の第九月は「貴いラマダーン」と呼ばれる神聖な月の一つであり、この月は、有名な回教の行事、断食が行われる。

コーランの第九七章「全能の夜」の章にも、

「確かに我等はコーランを『全能の夜』に下せり。而して我等は汝等に、『全能の夜』が何たるかを教えん。『全能の夜』は一千の月に優る。而してその夜に神の命によりて天使と精霊は降る。而して夜が明けるまで平安は保たれる。」

と記されている。この「全能の夜」とは、ラマダーンの月の、二十一、二十三、二十五、二十七、二十九の各日の夜の名称であり、これ等の夜は回教徒は神を讃え、神に感謝し、コーラン全部を暗誦する。

又コーラン第二章牝牛の一八五節に、

「ラマダーンの月はコーランの啓示せられたる月なり。」

と記され、即ちマホメットがアラーの神からコーランを授かった月として、回教徒にとっては「祝福の月」である。

元来ラマダーンはアラビア人の間では、商業上の便宜のため設けられた平和の月、休戦の月であったのであるが、回教暦に採用されると共に、マホメットと結び付いて、「神聖な月」となり、更に「断食の月」となった。「サウム」即ち断食は回教の五行の一つとして厳格に守らるべき戒律であるが、これは教祖マホメットが、ヒラーの洞窟で一ヶ月間断食苦行した後、聖なるコーランを天使ガブリエルの手を通じてアラーの神から授かったその時の苦行を忍ぶためのものである。従って一切の快楽、慾望を禁じ、ただ専心神を念じて勤行するのであって、本来の商業上の便宜の月は皮肉にも経済活動すら禁ぜられているのである。「サウム」はラマダーンの一ヶ月間、日出から日没まで完全に潔斎することによりて厳修されるのが本旨であるが、現世に生活し活動する生きた人間には甚だ困難なため、暁《ソボ》の祈り以前に食を採り、日没《マガリブ》時の祈りの後に再び食事することを許されている。しかし日中は全く断食し、茶や水を飲むことは勿論、唾を飲むことすら厳禁されている。暁の祈りの前と日没時の祈りの後との間は食事を採ってもよいと云うが、この時間は往々極めて短時間であり又不自然でもあるから、仲々食事をとるのも楽ではない。又身を清めるために口を洗うが、この場合誤って水を咽喉に通せば、やはり断食の禁を犯したことになる。

断食はユダヤ、キリスト、仏教等すべての宗教にあるが、回教のは熱帯の沙漠の衛生思想から起り、忍苦休養の鍛錬である。ただ現代思想とは相容れないものが多く、国によっては、その励行さるる程度を異にしている。それでもトルコ、イランを除けば大体において、この季節には公の宴会などを行わないことになっている。

この断食の勤行はどんな順序で行われるかというと、回教徒は日が没して一日の行が終ると日没時の定時の礼拝を終り、「イフタール」（開斎の食）を採り、その後回教寺院に詣でて特別の礼拝を行い、その夜を清く送り、日出の直前に「サフール」（軽餐）を採り、再び翌日の断食行に入るのである。これが三十日間継続されるのであるから、楽な仕事ではない。殊に回教暦は陰暦であるため、ラマダーンの断食は春夏秋冬の嫌なく到来する。従って昼の間の長い夏は甚だ困難である。しかしこの断食によって回教徒の信仰心は著しく深められ、その信徒間の団結も非常に強められることは事実である。欧洲人は時にラマダーンは回教の信仰復興期だ等と評するが、甚だ適切な言葉と思われる。

しかし夏期は老人や病人、幼児婦女子等は到底この苦行に堪え得ないため、マホメットは次の如き除外例を設けている。即ち、

女子にして子供を生んでから四十日以内ならばラマダーンの断食をする必要はない。

重病者、或いは嘔吐をなす病者の如きは断食を免じ全快後日を改めてする。

旅行中は断食の必要なく、帰着後或いは滞在期間の関係で改めて断食をする。

聖戦に参加している勇士は断食をする必要はない。

三十日の断食が済むと、即ち断食の明けた回教暦の第十月、「シャッワール」の第一日の早朝には特別の礼拝が行われ、三日間に亙っていわゆる断食祭りが催される。この祭りはイード・ゥル・フィトル（ラマダーン明けの祭）或いはイード・ゥル・ラマダーン（ラマダーン祭）イード・ス・サダカ（慈善祭）、イード・ス・サギール（小祭典）等とも云われているが、人々は暁の鐘の音を聞いて、回教寺院へ行き、そこで導師《イマーム》の指導の下に合同礼拝を行い、その後導師

は一場の説教をする。その意味は大抵一定している。

「慈善深きアラーの名に於いて、アラーは彼の慈悲深き胸を断食せし者に開き、彼が天国へ行くことを喜ぶ。アラーは何ものよりも偉大にして唯一である。アラーは偉大である。凡てのものは彼を称讃す。アラーはラマダーンの月に断食せし者を慈しみまた寵愛し、報酬を与える。又アラーはこの月に聖典コーランを我々の予言者に授けた。而してアラーは彼を信ずる者に平和を与えんがために天使を遣わす。我等はこの祭典に際し、アラーに多大の感謝を惜しまない。我等はアラーが唯一なることを証する。かくして我等はアラーの喜びの下に天国の内に入るを許される。マホメットや他の名ある凡ての予言者はアラーの下僕である。アラーの寛大なる加護によりマホメットとその家族の上に、世界が終るまで永久の平和と安寧があるであろう。アラーは偉大にして唯一である。アラーに称讃あれ！曰く『今日の祭典は汝等を祝福するものなり』と。しかしたとい汝等が断食したとて、今日の祭典に相応しき布施をせねば何等酬いはない。おお信ずる者よ、アラーの意に従って施しをなせ。それは汝等回教徒たる者の義務である。アラーは『ラマダーンの月こそ尊ぶべき月なれ』と曰うた。何故ならば他の月に無い『全能の夜』があるからである。この夜に天使ガブリエルを初め諸天使が天より降り、朝が再び訪れるまでこの夜を守り留るからである。アラーは曰えり、『コーランは人を正しく導く書であって、これを守ると否とによりて正しきと誤れるとの岐路生ず』と。おお正しき信者よ、神意に従え。而して断食せよ。アラーは偉大なり。アラーに称讃あれ。コーランはアラーの言葉であり、我等を益し又我等に知識を授ける。アラーは礼拝さるべきもの、又指導者であり、慈悲者であり、賢者である。」

説教が終ると、回教徒は各々自宅に帰り、砂糖菓子を作り、親戚その他隣人を招待して共に神に感謝して犠牲を捧げる。又貧しい者に施しをする。トルコ族がこの祭りを「シェケリ・ベイラムィ」（砂糖祭り）とも呼ぶのはこのためである。この祭日は年に一度の回教の大祭即ち回教暦第十二月八日から聖地メッカで行われる大祭後の祝典（イード・ゥル・アドハー、犠牲祭、トルコではクルバム・ハイラムィ）と共に二大祝典とされ、丁度我国の正月の如く、人々は着飾り室内を装飾し、知人の家に挨拶に廻り、或は賀状や贈物を交換して歓び合うのである。町々はどの店も美しく飾り立て、回教寺院の尖塔《ミナレット》には沢山の灯明がつき、芝居も興行物も夜更けるまで木戸を開き、酒店も料理屋も一年中の書入れ時である。お祭中の訪問は身分によって面倒な作法があり、上流の家では、下僚や出入の者に食事を饗し祝儀を与えるが、これを「歯の借料」、即ち御馳走を食べて貰ったお礼といって与えるのである。この日祭りの饗応はいわゆる東洋風で、日本支那などの旧時代や田舎の風習に消《に》ているのである。

四　メッカ巡礼

メッカ巡略は回教徒の勤行中最も重大なものの一つである。それは回教暦の第十二月に、メッカの霊場、即ちカーバの神殿へ参詣することであり、この行事は、この月の七日から十日に至る四日間極めて厳粛に行われる。巡礼者は神の前には万人無差別であるという回教の精神に従って、貴賤貧富の別や、民族の区別は一切なく、上下二枚からなる縫目なしの簡素な衣服（巡礼服《エヘラム》）を着し、凡ての点で同一の生活を営むのである。祭典の行事は、後に詳述する如く、カーバ神殿の周囲を七回めぐるタワーフに始まり、次いでサファー及びマルヴァの二丘陵の間を七回往復し、次いでメッカを距る二十五キロメートルほどのアルファット山に向って巡礼を試み、同山において熱狂的な勤行をなすのである。アルファット山における勤行が済むと信者は路を辿ってムッダリッフと称する平原に到り、いわゆる巡礼中の神聖大会を行い、各回教国からの巡礼者がこの機会に各々熱弁を揮って回教徒覚醒の宣伝を行う。この神聖大会が終ると、互に巡礼の無事を祝し合い、回教一流の豪華な饗宴が開かれ、山羊緬羊を屠って大宴会を催す。かくしてメッカの巡礼は終るのであるが、更に信徒の多くは、第二の聖地であるメジナに向って五百キロメートルもある沙漠を突破して遠征巡礼を行うのである。

回教徒は一生に一度は必ずメッカの本山に巡礼すべきものとされているから、マホメットのメッカ征服以来今日に到るまで一千三百余年間、毎年回教暦の第十二月には世界各地からメッカへ詣でんものと集り来る回教徒の数は夥しいもので、年々二、三十万人から四、五十万人を数え、そのために特別の航海が行われ、或いは汽車により、駱駝の背をかり、或いは徒歩により、近きはアラビアから、遠きは、支那、中央アジア、南洋などから、万里を遠しとせずして蝟集して来る。このメッカ巡礼をめでたく終了したものはハジの称号を得て、特別のターバンを頭に巻くことを許され、帰国後もその地方の回教徒間に長老として尊敬されるため、回教徒は万難を排して巡礼に赴こうとするのである。なおこの第十二月の大巡礼、即ち「ハッジュ」に参加出来なかった回教徒は、自分の都合のよい時期に聖地巡礼を行うのであるが、これは小巡礼、即ち「ウムラ」と呼ばれている。

巡礼は真実の回教徒たるを要するのは勿論で、メッカに入る前に役人の取調べが始まる。回教名、本籍、父親の宗教、母親の宗教、回教になった年月、更にコーランの第何章を暗誦せよ、一日中の宗則は何々等と、厳重な訊問がそれからそれと続けられる。前述の如くメッカは異教徒絶対入国禁止の地だ。異教徒が入国すれば聖地を汚した廉で立ちどころに撲殺されるのである。かつて日本の青年回教徒がスパイの嫌疑を受け、その後も厳重な取り扱いを受けたことがある。一つは語学力の不足と回教自体の知識が足りないため仮装の信徒と疑われるのである。

異教徒を入れない当然の結果として、サウディ・アラビア国に駐箚《ちゅうさつ》する外交官は、首府のメッカに住まず、紅海の港ジッダに駐在している。

巡礼の紀行に従えば、関門を通過した信徒はやがて、カーバの聖殿の周囲にたち並ぶ大寺院ハレムに近づく。縦六百フィート、横四百六十五フィートの廻廊建築で、六基の尖塔《ミナーレ》が高く聳えている。三十九の門があり、東門を正門として、「聖者の門」と呼んでいる。聖殿カーバはこの大寺院の中心にあり、そのカーバから放射線状に大理石の石畳が敷き詰めてあって、その上に、礼拝用の敷物スジャダを敷いて、多くの教徒が或いは礼拝し、或いは端坐する。

カーバの神殿は、「神の家」として、聖都メッカの中心にあり、聖都中の聖廟である。高さ四十フィート、縦五十五フィート、横四十五フィート、黒花崗岩の大石材を重ねて積んだ六面四方体の建築で、日本で方石殿などと呼ぶ人がある位だ。入口は東壁の南寄りに地上約七フィートの高さの処にあり、入口の扉は、厚い銀板に彫刻を施したもので、殿内は窺い得ないが、三基の十角柱がこれを支えて、真に一点の塵も止めぬ清浄さである。殿内の内壁は、コーランの経文を金糸で刺繍した絢爛たる帳が張り廻してある。外部の石壁にも見事な絹に金糸で経文を刺繍した大帳が四面に引き廻してある。信者は履物を下足番に預けて神殿に額く。神殿の入口に近い東南隅には、有名な黒石がある、漆黒の隕石で、毎年の大祭に数十万の巡礼がこの黒石に接吻するので、諸所に凹みが出来ている。

カーバの近くで、案内者が交替する。と、その案内者の声に応じて、巡礼は経文を唱えながら疾走したり、緩行したりして、カーバの周囲を七回廻るのである。即ち前に言ったタワーフだ。これが済むと、聖人イブラヒムの廟堂の前に立って礼拝する。これでハレムの最初の勤行が済む。

ハレムを出ると、すぐ近くにあるサファー山とマルヴァ山との間を七回往復する勤行をせねばならない。山といっても高々六十フィートの小丘で、両丘の間約二町位は石畳が敷いてあって、両側に売店が並んでいる。両丘の麓にはアーチ型の門があって、そこへ達する毎に「ビスミルラッヒル・アラーホ・アクベル」を三唱する。

大祭は、回教暦の十二月八日から十日までの三日間に行われる。これをクルバンという。クルバンの数日前になるとメッカの町は巡礼で一杯になる。十万人入っても未だ隙間があるというハレムの大寺院も、立錐の余地のない大混雑で、駱駝もいつの間にか数が増えて到る処に蹲《うずくま》っている。家々はミーナの谷で年一回使用するテントを検べるために張ってみる。大祭中の炊事道具の準備をする。メッカの商人は大祭中は、メッカの店を閉じて、アルファット山のテント村のバザーとミーナの谷のバザーに出張して、一年中の書入れ時に十分儲けようとする。

メッカからアルファット山までは自動車で二時間だが、駱駝や徒歩では九時間かかる。自動車を用いない巡礼や、駱駝に商品を積んだ商人達はその前日からメッカを出発する。

メッカの町を出るとすぐ、再び沙漠で、相変らずの禿山だ。自動車、駱駝、徒歩、思い思いに恐ろしい灼熱の砂上を巡礼経を唱えながら行進する。早くも疲労や日射病で斃《たお》れた人々の死体が白布で捲かれ、板に載せられて運ばれてゆく。

聖地で巡礼中死ぬことは最も潔き死とされ、死にゆく本人にとっては、こんな嬉しいことはないとなっている。

自動車は午近く、ミーナで中憩する。ミーナの町は一年に三日大祭の時だけ開かれ、後は空虚のまま棄てられている町である。その後は約二時間、夕靄の中から、白いテント村がポッカリと浮び出る。案内者が「アルファット」と呼ぶその指先の方に、小さな山が見えて来る。人類発祥の地と回教徒の信じているアルファット山である。

この人類発祥の地に礼拝して、唯一神に犠牲を捧げるのが、この大祭の重要な行事である。アルファット山は、アダムとハウワ（回教のイヴ）が邂逅した場所であり、またノアの洪水のときに原始人が他の動物と避難した山だとも伝えられている。

アルファット山の麓はテントで一杯で、果物、薬、煙草、飯、羊肉等を売る店も隙間なく並んでいる。巡礼は、マホメットが始めて神に祈りを捧げた場所に立って礼拝をする。かくして大祭第一日の行事は終る。

明くれば大祭第二日、この日は、巡礼全部は勿論、メッカの市民は必ずアルファット山に詣って祈禱することになっている。

未だ夜も明けやらぬ中に朝食をとる、直径二尺程ある煎餅のような菓子を油で揚げて砂糖汁をつけたものをとると、一同テントの外に出て、経文を唱え始める。やがて一同はアルファット山に登ってゆく。山の高さは百フィート位、一木一草もない。全山白衣の巡礼に蔽われて、その中に婦人の黒い巡礼姿が点々と見える。巡礼の人々は山頂で礼拝を済まし下山する。祈禱の時間の間は、極暑のテントの中で経文を唱えていなければならない。日射病や疲労や衰弱で死ぬ者も続々とでて来る。中にはアルファット山の岩間に端坐して灼熱の太陽を全身に浴びて死を待っているかのような老人もある。

やがて苦熱の昼もすぎて太陽が西に傾きかける頃になると、アルファット山のテント村がざわめき出す。テントを畳んで次のムッダリッフの平原に移るときが来たのである。約一時間半でムッダリッフに着く。その夜は露営である。毛布を砂地に敷いて、メッカに向って一日の最後の礼拝をする。巡礼はここで七個の小石を拾わねばならぬ。これは、後にミーナの谷で、イブリス打ちをするためである。イブリス打ちというのは悪魔払いの意味である。

夜明けが近づくと再び自動車の人となる。そうしてミーナの谷に着いた頃は、もう大祭第三日の空がほのぼのと明け初むる時分だ。夜が明けると巡礼は案内人に伴われて、イブリス打ちに行く。

イブリスというのは、セメントで固めた、悪魔に型どった石で、一町程の間隔を置いて三個立っている。その悪魔の前で、先刻ムッダリッフで拾った七つの小石を悪魔の石に投げつけるのである。

それから巡礼は道傍の床屋で剃髪をする。頭の刈り方は宗派によって違うが、剃髪が終ると大祭は八分通りすましたことになり、巡礼服《エヘラム》を新調の衣服と着替えてもよいことになっている。そうして新参の巡礼は初めて「ハッジ」という称号をもつことになる。

再び巡礼はメッカに帰る。そうして服を更めてハレムに入り、カーバ神殿を七回廻るタワーフを行い、サファーとマルヴァ両丘の間を七走する行事も初めの日の如くやる。そうしてそれが終るとミーナの谷の犠牲祭に行くのである。この大祭の第三日は一年中で最大の御馳走の日で、羊肉を色々に料理して食卓を賑わすのである。毎年そのために十数万頭の山羊や緬羊が屠られるのである。巡礼達はアラビア風に立膝をして、この羊肉の料理を賞玩する。こうして大祭三日は無事に済んでも、大祭後三日間はミーナの谷に滞在しなければならぬ掟がある。大祭後三日間中の最も大切な行事は、第一に現在の王イブン・サウド王の謁見式である。これは各国の代表者数十名に対して行われる。その他の巡礼は三日間ミーナの谷で、友人知己を訪問し歓を尽すのである。

なお回教徒の世界的結合を目的とするいわゆる国際神聖大会がこの三日間に亙って催される。この会合においては、各国の代表者達が各所に座談会や演説会を催し、各自の国の社会、政治、経済、思想その他の問題を掲げて、或いは批判し、或いは攻撃し、或いは慷慨し、或いは悲憤して、熱弁を振い、被圧迫民族はその解放と自由を叫ぶのである。かかる会合が三日間に亙り、数十数百ヶ所で開かれるのであって、これは世界的回教徒運動の上から注目すべき一現象である。これ等の会合の決議や申合せが本国に伝えられ、それがやがて種々の運動となって現れる。三億に近い東洋民族を動かす意味で、興亜の使命をもっている我が国の青年回教徒を訓練するについてもこの行事には大きな示唆がある。

大祭が終ると巡礼はメッカを去ってメジナへ参詣に行くのが順序であるが、回教の掟がこれを強制している訳ではない。しかしシリアやパレスタイン地方の人々はメッカからメジナに詣り紅海に面したヤンポー港から乗船して帰国するものが多い。

以上メッカ巡礼について煩雑を厭わず記述したのであるが、これは独り回教の最大行事であるためのみならず、アジア民族の政治経済的団結の点で想像以上の重要性を持っているからである。

> 神は王座の下に宝を隠したまう、これを開かん鍵こそは詩人の舌なれ　（マホメット聖伝《ハディス》より）

五　回教の科学

今日の日本人はややもすると科学を西洋人の発明したものと考えている。これは大きな間違いだ。例えば第十世紀から十一世紀の西洋はいわゆる暗黒時代であって、一部の僧侶のみがわずかに学問の伝統を維持していた程度であって、残りの人間は、貴族も平民も無学で、誠に文明人とは思えなかった。他方その当時のアラビアは如何かというと、実に万華一時に開くが如き絢爛たる文明を持っていた。

紀元七世紀から八世紀にかけて驚くべき速度で発達して行った回教徒帝国は、その文化を、ローマ、ギリシアから摂取したことは疑いない。八世紀後半の教主《カリフ》アル・マンスール時代において、ギリシアの科学文献が、アラビア語に翻訳されて、更にこれを土台としてアラビア独自の科学が成立して行ったのである。アラビアの科学の中枢をなすものは、地理、星学、数学、静力学、光学、化学、博物学等であるが、この中化学を除けば大体、ギリシア科学とその部門を等しくするのである。これほどアラビア科学が発達したことは今日欧洲語における科学の用語が夥しくアラビア語源であることを見れば思い半ばに過ぎるだろう。

アラビアの地理学研究は、先ず地図の製作を必要とした所から出発した。東はインド、西はスペインに至る広大な領土には、政治上軍事上、地図の必要なことは言うを俟《ま》たない。更に、インド、又その東の支那に至る、アラビア商人の活躍も、少なくともギリシア人の知らない地図を要求する。更に回教徒は何処に居ようと、毎日メッカへ向って礼拝せねばならない。この方向を誤らぬためには、自分の現在地を地図で識る必要がある。こうしてアラビアの地理学は発達を促された。西紀八二七年には、アッバス朝の教主アムーシの命令で地球の大きさを測定することが行われ、更に今日から見ても、余り誤差の多くない緯度の計算が十三世紀初頭に行われた。これ等の研究を基礎にして、ギリシアの地理学が訂正され、アレクサンドリヤのプトレマイオスの地理学は正された。更にアラビア人の手でインドが半島であること、又支那の存在も確認されるようになったのである。

星学においては、ギリシアの学問を継承しつつ、その遊星軌道の研究を開始し、部分的ではあるが、プトレマイオスを遥かに凌駕する研究をやっている。

更に数学においては、ギリシア人の用いた数学がローマ数学と同様、原始的で、計算上不便であったのを、インド、支那方面に商人として活動したアラビア人が、インドの数学や記数法が実際上非常に便利なのを発見して、これを採用し、ここにインド数学を輸入して、ギリシア数学をインド数学、殊に代数と三角により媒介することになった。而して第十一世紀にはカルヒーの代数書が現れ、特殊な高次方程式を解し、且つ級数の求和を研究してギリシア代数を一歩前進させる結果になった。代数学《アルジェブラ》はアラビア語で「アル」は冠詞「ジェブラ」は分数を積分する意味である。三角法に関しても、アラビア人はインドとギリシアを統一して現代三角法の基礎を樹立した。

更に医学も相当の発達を遂げた。アラビアン・ナイトの中にも、額を縫合する話がある位で、外科の発達振りが判るのである。アルコール（アラビア語で「アル」は冠詞「コホル」はアンチモニーを粉末にしたもの、即ち最淡の成分の意味から出ている）等もアラビア人から西洋人に伝来したものであり、航海術も非常に優れたものであることは、支那の唐朝時代既にアラビア人が来航して貿易を行い、天方人の異名を以て呼ばれている記録から見ても明らかである。元時代の支那の政府の財政顧問はほとんど凡てアラビア人、トルコ人であった。即ち彼等が財政学、経済学の専門家であったことも明らかであり、後年スペイン、ポルトガルが東洋において、植民史上輝かしい活動をなし得たのも、実はイベリア半島に七百年間占拠していたモール人即ち回教国の文化を彼等が継承して、コロンブスを出しマゼランを生み、ヴァスコ・ダ・ガマを出現せしめたということが出来るのである。航海上の用語はアラビア起源のものが多い。提督(admiral, amiral)もアラビア語の「アミール」即ち「エミール」(総統、酋長の意)から出ている。

「光は東方より」(Lux ex Oriente)とは、欧洲における中世紀の暗黒時代が、アラビアから知識を得たことをいうのであるが、アラビアは、ヨーロッパにおいてほとんど消滅したギリシア、ローマの文化を保存し、これを改良し、更に自ら求め得たるインド、支那の文明をこれと融合せしめて、実に東西文化の橋渡しをなしたものであって、十字軍遠征の如きも、見方によっては西欧の野蛮人が東洋の文明国へ知識吸収に行ったと云い得るのである。軍事的にも回教国の軍隊が優秀であったことは、西紀一四三五年のコンスタンチノープル(今日のイスタンブール)攻囲戦当時、オスマン・トルコの軍隊が、アドリアノープル製の重量七百トン、千二百オッカ(一オッカは一二八二キログラム)の弾丸で、射程一キロメートル、六十人の人夫と百頭の牛に曳かせたという、当時としては、世界大戦の四十二サンチ以上の大砲を以て、大いに籠城軍を悩ましたことが記録にあるのでも知られる。

言語学の方面から言っても、アラビア語には思想的な言葉が多く含まれており、例えば心理学、哲学等の抽象的用語も、アラビア語中には存在し、或いは同じ馬という意味の語でも百数十を数え、日常語にも五十位は必要というほどの複雑な言語である。これは並々ならぬ文化の発達していた証拠である。かくの如く回教徒の故郷たるアラビアが昔から沙漠と隊商の野蛮な国だと思うのは大なる認識不足である。

六　回教の法制

回教の法制といっても、根本はコーランであるから、政教一致、即ち回教の宗教上の指導者が同時に法律上の指導者であって、学者、導師、何れも同一の集団に属するのである。回教の法学者は「ファーキーフ」と呼ばれ、その学問《イルム》を取扱うところから「アーリム」とも呼ばれ、この「アーリム」が法官として立つ時には「ムフティ」となるのである。この「ムフティ」の長官が「シァイフ・ゥル・イスラーム」（回教総監）であり、直接裁判を管掌するものは「カーディ」という。トルコの「ホジァ」、イラン或いはインドの「ムルラ」（マウラー）もまた「アーリム」の一種である。即ち、政教を分離せるトルコ、イラン等を除き、これ等の人々は宗教上は僧正に等しく、法律に関する限り法官となるのであるが、回教においては職業的僧侶は認めないから、学者と法律家、裁判官を兼ねたものと見て差支えなかろう。

回教国家の確立と共に、次々に起り来る新たな問題を解決するためには、マホメットの残した言行、或いは慣習、これをスンナというが、これだけでは十分でなくなった。即ちこれを、その時と場合に応じ、事情に従って、解釈適用する必要を生じ、回教の法学者や政治家は、その豊かな才能と理性によって革新《ビタ》を許すべき理論を提出し、合同決議《イジマ》によってこれを改革する路を開いたのである。このため、コーランの法制の解釈方法上の主義の相違から、スンニー派にも小別が出来、各々四人の法学者の名を冠した、ハニーファ、シャーフィ、ハンバル、マーリクの四派を生じた。マーリク派は、公共の福祉を第一要件とし、ハニーファ派は事情酌量を判断の規準とするが如き、その一例である。この事は回教の宗派の章にも書いたから参照されたい。

回教の法制中でも、最もコーランに基いて明文を有するものは身分法、特に相続法であり、最も興味あるものは婚姻法であるが、婚姻法に関しては、回教徒の結婚の章で詳説するから、ここでは、身分法中の主要部分たる相続法に関して簡単に説明することにしよう。

トルコの如き欧洲最新の民法とほとんど同一の法制を採っている国の外、回教国は今日でも原始的な親族相続制を適用している。

回教法制の相続法の著しい特徴は、男女間に権利上大なる不平等の存することであって、これは、スンニー、シーア、両派何れも同一である。その一例を挙げて見ると、仮りに被相続人が男女各一人ずつの子を残して死んだ場合、男子は常に女子の二倍の相続権を有するのである。一人娘の場合でも、父の財産の半ばしか相続出来ず（シーア派では多少違った実例もある）、他の半分は、その他の相続人、即ち、死者の兄弟とか、その子供などへゆくのである。もっとも数妻から出た子女は、この点凡て平等の待遇を受ける。

父に娘一人、孫娘一人あった場合、財産の半分は前述の如く娘に行き、六分の一は孫娘にゆく。その残余は、兄弟、叔父にゆき、兄弟、叔父のないときには、その子供達に行く。

被相続人に数人の女子があった場合、最年少の娘は相続しない。叔父の方が権利があるのである。但し一人息子の場合は全相続権を独占し、孫に当る男女も叔父も一切相続権が無い。

妻は子や孫のある場合に相続財産の八分の一、無い場合に四分の一を受け、夫は妻の財産の四分の一を継承する。相続の順位は姑《しばら》く略し、とにかく、回教の法制における女子の身分法上の地位は男子に比べると著しく劣り、孫娘は時には、叔父や遠い従兄弟が分配に預るのに、自分は何等参加せぬことすらある。

この著しい差別待遇の原因は、歴史的のものである。歴史上多くの時代において、アラビア、トルコ等の民族は、男子に扶養の義務を負わした結果、女子は何等財産を所有する必要がなかった。父の死後も男子はその姉妹を扶養する慣習が古くから存在した。女子に独立の財産を認めた場合すら、一家を維持する責任は男系にあったのである。

しかし、回教国民の近代化と共に、この伝統的宗教法も最早維持し得なくなり、一九一二年にはトルコにおいて、聖典に背かない範囲で身分法の改正が夙に行われていた。その後も文明の進展と共に、益々旧法制は解体の一途を辿り、現代においては回教相続法制は、伝統的法源をようやく離脱して近代化しつつある過程にありということが出来る。しかしトルコの如き民法を明文で規定している以外には、全く前述の伝統的法制を棄て切れずにいるという状態にあるのである。

相続法以外、百般の旧来の慣習法も、近代文明の洗礼を受けて、右に述べたと同様の運命を辿りつつあることは言うまでもない。

七　回教と経済生活

回教の教義、戒律、それから又、必然的に生じて来る風俗、習慣、規律等が、経済上如何なる影響を及ぼすものであるかを、概説するのが本章の目的である。

回教の信条は、キリスト教と異なり、人間の意思については、一般に宿命的であり、従って人間の意思の自由を教義上束縛する傾向がある。即ち回教は来世における報償という教えを以て教徒に臨み、一切の教徒は聖法《シャリーア》に則って日常生活をすることを厳重に教えられている。即ち回教国家においては、原則上国民が二つの階級に分たれ、（一）は剣を執って支配する回教徒の階級、（二）は武具を携えて政治に関与することは許されぬ代り経済生活に従事し、信教の自由を与えられた異教徒の階級に分たれていた。あたかも我が国の徳川時代における武士と町人にも似た制度が行われたのである。その結果この厳格な規律が弛緩した後においても、伝統的に経済上の権利は異教徒に握られ、回教徒は経済的に窮迫せるものという一般的結果を生じたものである。

この制度から必然的に生じ来る第二の問題は、兵役である。往時は回教徒のみが武器をとり、異教徒は人頭税を支払って、その保護を受けた。その結果異教徒は兵役免除による課税という一つの重荷を負うたが、一方回教徒は、血税を国家に支払う義務を有し、最も活動すべき元気の盛んな青年時代を軍隊に召集されて、経済生活を中断せられ、不断の戦に犠牲者も多く、又偶々生還し得た者も、生活難に悩み、徒らに異教徒の経済的搾取の餌食となることが多く、働き手を奪われた農村や家族は疲弊して零落するの惨苦を嘗めたのであった。この関係は、帝国時代のローマ自由農民の等しく蒙った悲惨な運命である。

回教の聖法中には、彼等の経済生活に影響を及ぼす多くの規律がある。第一に喜捨は回教の五行（教義の章参照）の一として、信徒たる者の固く守るべき義務となっている。慈善行為はそれ自体立派な行為ではあるが、これが過度に行われるときには弊害を生じる。慈善行為の盛んなため、回教徒の間では労働を求める努力が弱められ、乞食の如きも、人から施物を受けても感謝する念なく、これを当然の権利であるかの如き態度を示すに到るのである。この結果、回教の聖なる戒律が経済生活上、非常なる悪影響を及ぼしつつあることは明らかである。

もう一つ経済生活を阻害する戒律として著しいものは、ラマダーンの断食である。この風習に関しては別章において詳説したが、このためあらゆる商業交通は停止され、官庁その他の活動も阻まれる。しかも期間が満一ヶ月に亘り、昼間は一切食物をとらず、睡眠し、夜に入って饗宴を開くのであるから、経済上甚だ面白からぬ影響を及ぼすのは当然である。

更に回教の法制上、経済生活を同じく阻害するものに、相続法がある。（回教の法制参照）。即ち元来公平を尊重する立場から、その分配法が古来精密に確定されており、最も大なる財産といえども、これを細分せしめる結果、経済的には甚だ不都合な事態を生じている。

又法人の財産に関する法制にも特殊な規定がある。即ちこれは神聖なる財団、いわゆる「ワクフ」であるが、これは元来ビザンチン帝国に行われた慣習が回教社会に採用されたものであって、教会その他の目的のため、生産資本の一部たる豊饒な土地、商店、水車、隊商の宿泊所、その他各種の不動産を流通から除き去って、永久に公共用の財団として保存するものである。これは不確実な個人所有を排除する意味において必要な制度ではあったが、時の移ると共に、都市区域のみならず農耕地までも大規模に「ワクフ」化されたため、回教諸国において土地を荒廃せしめ、且つ労働に従事せずして収入を受ける人々の数を増加せしめた点において経済生活上甚しい悪影響を及ぼした。

現に回教国家にはワクフ大法というものがある。皆この宗教団体の公共財産を管理するために設けられている。

回教の法制では、金融の禁止、即ち利子の禁止が重要なものとなっている。今日でも敬虔な教徒間では、金利生活を好まず、銀行利子すら受け取ることを潔しとしない風習があるため、銀行業或いはこれと同種の保険業の如きは回教国においては発達困難である。

更に、回教は、一定の機会、特に結婚等の場合に、饗宴を盛大に行うことを聖法として規定している。そのため男子より女子へ贈物、饗宴の費用等が巨額に上り、貧しい階級はこれがため苦しみ、富める者も不必要な浪費を余儀なくせられ、宗教上重要視せられる虚礼のため、国民経済上重大意義ある貯蓄資本が犠牲にされている。娘三人嫁にやれば家が潰れるという喩えも回教国では如実に見られるのである。

回教の聖法、教義を遵守するに熱心な余り教養の低い教徒は、聖法の命ずる規律に相反する近代経済改革に反対し、ために回教諸国の経済的発達を阻害しつつあることも注意すべきであろう。

以上観じ来れば、回教は専ら経済に敵対し、経済的発達は回教と縁のないこと、極言すれば回教は金に縁のない宗教たるの観がある。

勿論これは厳正な教義戒律上からの話であって、実際上は、旧態を依然墨守することは現代の世界経済機構が許さぬため、各国共にかかる窮屈な制度が行われている訳ではない。特にケマル・アタチュルク出現以来のトルコの如きは正に刮目すべき経済発展を遂げており、インドのイスマイル派の如きは、早くも金融方面における戒律改正の必要を痛感して、現在のイスマイル派の導師、アガ・ハーンの如きは、世界屈指の金融資本家として令名ある位であるが、全体として見た回教徒の社会は、経済的に見て他の宗教、例えばキリスト教等に比して実に数世紀に亙る発達段階の差のある事実は否定出来ないのである。

八　回教徒の婚姻

回教徒の婚姻もまた、聖典コーランによって規律されていることは、他の百般の社会風習と同様であるが、近代まで回教諸国の婚姻法は、一言にしていえば男尊女卑の取り扱い方をしていた。

学者の考証によると、マホメットの真意は、決して男子に一方的な優越権を与えるものでなく、却って種々の点で、後世のキリスト教国の法制にも勝る男女平等権を認めていた。今日でさえも、回教の風習によれば、妻は婚姻のために法律上の制限能力者にはならない。唯いずれの国でもあるように、政治や裁判の権利を男子が独占してから、回教国民も教祖マホメットの遺訓を男子の解釈によって、男子に有利で、女子には不利益な取り扱い方をしたのである。

婚姻についてコーランの教えるところは、

「自ら養い得るより多くの女を娶ることなかれ、二人三人四人を以て足らしめよ。これを平等公平に扱い得ざらんときは一妻を娶るべし。」

とある。

回教といえば直に世人が聯想する多妻主義の根拠は実にここにあるのであって、通常人は四人を限度とし、近代トルコなどにあっては、人間として多妻をことごとく公平に扱うことの不可能から、一夫一婦を守っているものも多数である。もっともトルコは後述の如く今では多妻を法律で禁じている。

婚姻の年齢については、回教国の多数は、男十二歳、女八歳を以て婚姻を結ぶことにしていた。回教の起源は極熱のアラビアであり、多数の回教徒が主として熱帯に近い国にあった理由で、特に年齢の制限は低いのであるが、早婚を東洋や未開国の風習と解するのは必ずしも当らない。欧洲でも昔は甚だしい早婚時代があった。

トルコの新民法は大体西欧と同じ民法の結婚法を採用しているが、更に新しいイラン新民法は、婚姻年齢について面白い過渡期的規定を採用し、即ち男子十八歳、女子十五歳を、最低年齢とするが、裁判所は所轄官庁の要求に基いて、例外を許可するのである。即ち身体の発育上結婚生活に適する男女は、最低年齢以下でも、官憲の検査を経て早婚の許可を裁判所に要求することが出来る。イランでは従来は、父又は父系の尊族《ヴァリー》は如何なる年齢の子女をも結婚せしめ得たのである。

イラン民法では独立婚姻能力を十八歳以上の男子に認めているが、女子は父又は尊族の承認を必要とする。唯十八歳以上の女子で、父又は祖父の承認が得られないときは、公証人を通じて父又は祖父に、婚姻の相手方の男子の姓名と婚資《マハル》（説明後述）の金額を通告して、この通告後十五日にして公証人は婚姻を挙行することが出来る。

回教における多妻主義はしばしば非難の的になるが、マホメット出現以前のアラビアでは、妻は夫の財産の一部と見做され、甚だ悲惨な生活を送っていたのを、マホメットが現れて初めて女性の地位向上を訓《おし》えたのである。女性の人格を認め、妻の数を制限し、男子に多少の優越権は留保したが、婚姻を一の対等の契約と認める基礎観念を作ったのである。婚姻と同時にその条件を契約とし、一定の金額を直ちに女子に与えるか、または婚姻解消の際に、夫の負担たるべき賠償金を予め決定して、これをミヒル或いは婚資《マハル》と称したことなどは、何れも回教が女性を優遇する趣旨から出たもので回教国の多数に共通する制度である。

しかるに回教の伝来以前に既に華々しい文化を有していたイランでは、却って回教のために古代の輝かしい女性の地位が低下したらしい。例えばササン王朝には女帝があり、婦人は今日以上に独立の人格を認められ、ほとんど男子と同様の地位にあったからである。

近世まで回教諸国では多妻主義は経済上の必要ないし便宜でもあった。即ち農耕牧畜を生業とするこれらの民族は人間の「手」を最も要求し、多妻は経済力の拡張を意味したのは当然である。しかし近代に到ると共に反対の現象を招来し、経済上の考慮と女性の覚醒から、これらの国民の実際生活上、多妻主義は著しい制限を受け出したのである。

トルコ民法は前述の通り絶対の一夫一婦主義であるが、イランは過渡期的規定として若干の制限を以て例外的に四人まで多妻を認めている。その絶対条件の一は先婚婦人の自由意思による同意である。今日の女性が夫に第二妻、第三妻等を娶る同意を安々と与えるはずがないから、多妻主義はこの条件だけでも追々消滅するであろう。

シーア派のイランにだけ存在する特殊の婚姻に、有期結婚（シッカット）または臨時結婚と称するものがある。これも勿論正式の適法婚姻であるから、生児はことごとく嫡出児である。イランの識者はこれを人間性に立脚した合理的法制だと主張し、国民の間に売淫を防ぐ効果のあることを誇っている。（拙著『沙漠の国』参照）。役人等が任務を以て或る期間住居する土地において正式に僧侶を通じて式を挙げるのである。但しその条件として、（一）期限は明示して九十九年を超えないこと、（二）婚資《マハル》の金額を明示すること、を新民法は規定している。

この婚姻の特色は、当事者両方共に、遺産相続上の問題の絶対に起らないことであり、特別の契約ある場合を除き、妻は期限到来、即ち離婚後も絶対に扶養《ナファーガー》を受ける権利を持たないことである。

しかしこの婚姻は現代では外国人が考えるほど行われていない。女性としても、同一社会層に属する男子の有期妻に甘んずるわけもないし、生児も法律上は嫡出でも、実際は差別待遇を受ける場合が多いから、今日はイランでもこの制度の全廃、又は通常結婚へ改める運動が相当盛んに行われている。

婚姻の適法たるべき条件に関しては、すべての回教国民が必ずしも同一の制度を持っている訳ではない。トルコは全然欧洲に倣い、イランは回教の伝統以外に特殊の規定を設けている。

一般には生理的条件として、近親結婚を禁ずる外、乳兄弟姉妹の結婚を禁じている。これは回教法の特例で、同一の乳に養われたものを近親と認めるのである。

社会的経済的条件としては、大多数の回教国では、未だに回教徒の女子が異教徒の妻になることを禁じている。男子については制限は無い。なおイランでは回教徒たると否とを問わず、イラン国民たる女子が外国人と結婚する場合は政府の許可を必要とする規定がある。このほか官吏や留学生が外国婦人を娶る際には、特許を要する制度もあり、又メッカ巡礼中の婚姻が宗教上の理由で一切無効であることは、何れの回教国も同一である。

婚姻の解消が、死亡、離婚、有期婚の期限到来等により生ずるのは当然であるが、回教国の離婚に関する法制は種々な点で我々の眼に異様なものが多い。

コーランには、夫が妻を遺棄することを戒めて、

「真の信仰あるものよ、罪もなき女を用済みの道具（敝履）の如く捨て、わずかなるものを与えて去らしむるを許さず。汝これを扶養すべし。」

とある。

しかし多数の回教法制は、夫が一方的意思だけで妻を離婚することを認め、わずかに婚姻の当初約束した前記の婚資《マハル》を与えるに過ぎない。新民法以前のトルコではこのほかに三ヶ月分の扶養《ナファーガー》を与える規定があった。多数回教国では今日も大体同様である。

妻の意思によって婚姻の解消をなし得る場合は、婚姻契約に明文を以てこの権利を妻が留保している場合に限られているが、この権利の実行されたことはほとんど無い。ただ以前でも多妻主義を実行しないトルコの多数の家庭では、離婚は全く例外的であって、特殊の原因のある場合のほか、世間は一般に離婚男子を多少軽視する傾向があった位である。この意味においてはアナトリア・トルコ人の家庭は道徳的に高尚であったと言い得る。

トルコ新民法の離婚法は全く近代的規定であるが、イランの新民法はこれといささか趣を異にし、結婚解消を解放《タラーグ》と拋棄《ファスフ》とに分けている。解放は、夫の一方的意思で二人の証人の前で妻に対して正式の解放を言い渡すものであり、多少の動機により妻に或る程度までこの権利を与えている明文もある。例えば一方が他方と融和しない場合、双方嫌い合う場合等が、挙げられる。しかしこの場合も妻の方から若干の賠償金を提供して夫に自由を求め、夫が上記の手続で解放するのである。

イランではそのほか、夫が妻を扶養しないとき、または悪質の伝染病に罹ったとき等は、妻は直接裁判所に訴えて夫の解放権を行使させることの出来る場合も認められており、夫が承諾しないときには裁判所が代行するが、いずれの場

合も裁判上の離婚と同様の形式で、何処までも夫の権利を行使させようとする点に、回教伝統に忠実な立法者の苦心が認められる。夫が長期に亙って不在の場合、他の妻を娶った場合も前記の場合に準ずるのである。

第二の抛棄《ファスフ》とは有期婚姻が期限満了以前に、夫の一方的意思で解消される場合で、期限付の妻の存在するイランではしばしば行われるものである。

さて結婚解消の結果は、妻は権利として婚資を取得することになるが、生児はその契約のない場合は乳児以外は夫に帰属することになる。婚資の取得方法については国により慣習が異なるが、イランの民法にはやや詳しい規定がある。例えば、婚姻実現以前に妻が離婚するときは妻は半額を受ける権利があり、半額以上を受取済の場合は、その超過額だけを現金または実物で夫に返す義務がある。有期結婚もまた同様であるが、実現不可能による婚姻無効の場合は妻は一切婚資を受ける資格はない。

この婚資の制度は回教法制特有なもので、或る意味では離婚を困難ならしめるに役立つものである。

今一つ興味ある回教の婚姻規定は、離婚した妻を再び娶る場合である。新民法出現前は、トルコでもイランでも、解消後三ヶ月以内は、何等手続を経ずに再びもとの鞘に納まることを許した。三回まで同一の方法が許されるが、三回以上の場合は奇妙な法制が存在していた。即ち三回の離婚後、なお同一女子を娶るときには、「ヒルレ」という条件が要る。即ち四回目に娶るときには、先ず妻を他の男子に一度嫁せしめた上で、直ちに離婚せしめた後でなくては結婚することを許されない。但しこの第三者たる男子との結婚は一夜だけでもいいのであるから、仮装の結婚も行われ得るが、この法制を定めた教主《カリフ》の精神は、男子のわがままに対して若干の苦痛を与え反省させるためであったと想像される。

最後に回教の結婚式の一斑を紹介して本章を終ろうと思うが、以下紹介するところは、諸国において近代式の法制を採用した以前のものである。回教の伝統を忠実に尊重厳守した形式であるから、今でも近代化していない若干の地方に存在している。トルコやイラン、エジプトなどにはほとんど無いものと解すべきである。

回教では結婚に対して父その他尊族の意思が絶対権力を持つのであるから、男子といえども将来の妻の顔を見ることは許されず、花嫁も一生の伴侶者たる未来の夫を覆面を通じて見る法令を与えられるだけである。そのため三々九度がめでたく済んだ後、新夫婦が一室に対坐したときに、始めて覆面が取りさられる。その瞬間花嫁があまりの人三化七の御面相に新郎が呆れ且つ失望の余り家出した話すら坊間しばしば伝えられている位である。

結婚の申込みは通例男子側から行うが、その場合男子側の年長の親族が、娶らんとする女子の両親を訪問して婚姻を申し入れる。上流階級では一定の方式により、次の如き意味の辞句を用いる慣習が厳格に守られる。

「神の命に依り、予言者の允許を得、若者何某に、貴家の娘何某を申し受けたし。」

娘の親は若者の身分人柄を取り調べ、承諾の意を伝えると、許嫁時代が始まる。

許嫁の証拠としてその身分によって指輪を交換し、両家は互に訪問して贈物を交換する。地方の習慣によって一定しないが、スミルナでは、男子側からクルバン・バイラムの大祭日に美しい牝牛と刺繍を贈る例がある。そうして約束の出来た許嫁同志は、結婚の日まで顔を見せることはない。

いよいよ婚姻となっても、娘の親は決して婚資即ち約束金を与えない。ただ一定の嫁入仕度をさせるだけである。婚資は男子の側から与えるものであることは前に述べた。

婚礼の儀式は町村の役僧がこれを執り行う。結婚式の当日新郎は両親近親と二人の証人に伴われて式場に行き、新婦がその親族や証人に伴われて来るのを待っている。一同が揃うと、役僧は新郎に対し、娘何某と結婚する意思があるか如何かと尋ねる。新郎は三度繰り返して「然り」と答える。新婦は大抵隣の控えの間に居るが、これも同様役僧に尋ねられて、「然り」と答える。そこで役僧はコーランの一節を読誦し、アラーの徳を讃え、新郎新婦の前途を祝福して式はここにめでたく終る。

我が国や欧米と違い、この式が終って直ちに夫婦が同棲を始めるのではなく、多くは三日間、稀に一ヶ月間夫婦はそれぞれ親の家に留り、しかる後に本当の結婚が始まるのである。その時に始めて新郎は新婦の顔を視ることが出来る。

結婚式から結婚の事実上始まる日までの数日間は新婦はかなり忙しい。親族や友人が集って、化粧や髪結い、爪磨きを始める。祝客が繁く出入する。その客人たちを煙草や飲物でもてなさなくてはならぬ。客人たちは花嫁の嫁入仕度を賞め、嫁入姿を讃え、もてなしの音楽や踊りを賞翫する。新婦の親は唯一人娘の部屋に居残り、来客に食事や飲物をすすめ、或いは祝儀の金を分配する。やがて夕方の祈りの時間になると、新郎は友人達と共に寺院に参詣し、その帰りを待って訪客と共に賑やかな一夜を送る。

新郎が新婦の部屋に入るときは、手土産として種々の贈物を持ってゆくのが慣例である。贈物を与えた後に、新夫は起って祈りを捧げ、新婦もやはり起立して黙禱する。それが終ると松明を持って部屋まで送って来た附添人が出て行って、ここに夫婦は初めて夫婦として対坐することになるのである。

イランで行われる新婚の初夜の女人の心得は特に面白い。

花嫁は寝間に導かれる。花聟は別室で侍女達としばらく待たされる。その場合如何なことがあっても、侍女達と狃《な》れ狃れしく振舞ったり、悪戯《ふざ》けたりすることは禁物である。

花聟は室に入って花嫁の側に座を占め、嫁の右脚を聟の左脚の上に、右手を聟の手の上に並べて、女が上手に出ることを示す必要がある。このとき聟は祈禱のために二度俯伏《ひれふ》さねばならない。そうして洗盤と水入が運ばれ、女の右脚と男の左脚を並べて洗い浄め、手も同様にする。そこで聟は嫁に腕を貸して新婚の寝床に連れ行き、彼女の頭から綿の種子を撒きちらす。この夜雨ふれば聟の前途に幸多いと云われる。

新婚の両人は香気のある種を口に含んでおくことも、新婚の夜の「おきて」であり、また鏡とコーランとを視ることも必要である。綿の種子を撒くのは運勢を卜《うらな》うためでもある。二人が寝室に入るとき、あらゆる楽器で音楽を奏し、女達は祝詞の詩を大声で繰り返す。美しい女が花嫁の寝衣を運んでこれを投げつけるのも、夫の貞操を誓わせる「おきて」であり、新婚両人が一つの枕を用いるのも幸運と云われている。

翌日は皆が集って楽を奏し踊るのであるが、嫁の晩餐は母親の家で屏風の後で仕度する「おきて」になっており、当日は樟脳と薔薇水と焼種を一緒に花嫁に与えると男の児を生むとも伝えられている。婚礼のとき、嫁の親戚は必ず菓子の類を贈物として聟の家へ持って行く。

花嫁は四十日間、毎日五回の正規の祈禱を免除され、もしラマダーンの断食日に結婚したならば、特に祈禱も断食も懈《おこた》ってよいことになっている。

回教徒の厳粛な祈禱断食の戒律が、特に新婚の花嫁にだけ寛恕されるのは甚だ面白い。戒律が如何に厳守されているかを実際に知る者には、回教でも特にシーア派のイランにおいて、この人間性を重んじた慣例の存在することに深い興味を感ずるのである。

九　回教の女性生活

浄土は母の脚下に在り　（マホメットの語）
妻は夫の衣にして、夫は妻の衣なり　（コーラン、二、一八七）

回教の伝統では、教祖マホメットの聖訓に従って、女は専ら内部の存在であり、家庭の中でも近親以外の人に接せず、いわんや他人の男子には一切顔を示さぬのである。今日、トルコやイランなどでは、女性の近代化と共に、覆面や被衣はほとんど跡を絶ったが、数年前まではいずれも「チャルシャフ」とか「チャードル」と呼ばれる被衣を以て身を蔽うていた。今でもアラビアやアフガニスタンなどでは昔の風俗が残っている。

頭髪も女になると同時に蔽うので、当時のトルコ女は短いヴェールのようなもので髪を隠し、人が来ると顔をも蔽うのであるが、この覆いの下から隠見するほのかな女の色が、デコルテで双肌ぬぎの泰西婦人よりも、遥かにゆかしく美しいものであった。ピエル・ロティや、最近に日本へ来た「ラ・バタイユ」の作者クロード・ファレールなどが、揃ってトルコの女と日本の女との礼讃者であったのも無理からぬことだ。

今から十五、六年前、イスタンブールで、私の先任者であったU氏は、この回教徒の女たちの習慣を知らずに、散歩の途で向こうから来るトルコ婦人に時間を聞かれて、立ち止って時計を見ながら、ゆるやかに時間を教えてやるのを、遠くで見ていたトルコの男に叱陀されて驚いて遁げて来た。この男は自国の女をも御国振りの美風を破る痴者と罵って去ったそうである。むかしはイランなどでも、土地の女の写真を撮ったアメリカ人が殺されたこともあった。

女が内部の存在である関係から、家の構造も特別なものになっている。これは支那などでも同様であるが、住宅を相似形の二つの部分に別つ。男子部をセラムルック（トルコ）又はビルーン（イラン）と名づけ、婦人部をハレムリック（トルコ）又はアンデルン（イラン）と呼ぶ。開閉または内と外との意味である。

「ハレム」というのは後宮三千の宮廷から、百姓庶民の伏屋まで、同じく婦人部、即ち男子禁制の意味であり、別に多くの妻妾がある意味ではない。

ハレムに通っていいのは近親特に子女であり、他人は婦人児童に限り、夫以外の男は原則として絶対の禁断である。

この国々を旅する時、土地の知人などの邸宅に客として泊めて貰う場合に、最大の苦痛は入浴の出来ぬことだ。浴室はすべて婦人部にあるから外国人の男子たるものは絶対に足を踏み入れられないのである。イランの旅で私は十数日に亙って、しばしばこの苦痛を嘗めたことがある。

今から十年ないし十五、六年前はトルコもイランもエジプトも、婦人近代化の過渡期であった。家庭の内部でも外国人と交際をするほどのものは、主婦は男子部へ現れた。また外国人の家庭へも悦んで招かれて来た。もっとも外では覆面で家へ入ると直ぐこれを脱ぎ棄てた。また自動車などに外人夫妻と同乗する場合でも、必ず覆面を厳重にした。もっとも旧式の家庭では絶対に婦人を紹介せず、また外人と交際を許さなかったのである。

イラン皇帝の公式の夜会などでも、国人の妻女たちは一人も来なかった。当時飛ぶ鳥を落すばかりの権勢のあった宮内大臣テームル・タッシュの如きは、アルメニア種の第二夫人だけを公会の席に出したが、イラン人である第一夫人は一度も顔を出さなかった。トルコ帝国時代のサルタンの王官は、革命後観光客にも観覧を許すのであるが、その規模宏壮な宮廷のハレムは初めて旅客の眼を驚かすようになった。従ってオットマン帝国華やかなりし時代の、宮廷のハレム内部の生活として外国人の書いたものなどは、大抵想像の作品である。後年外国婦人の記録とか、レイラ・ハヌムの追想録などもあるが、同工異曲の記述に過ぎない。

宮殿の一部のハレムの方は、厳かに守られていたことは事実であるらしい。監守は大抵は醜悪見るに堪えないような黒人の宦官であった。中には畸形も交っていた。如何なる男もサルタン以外は中へ入れなかった。女でもサルタナの外には、女官と定まった下婢だけが許されているのであった。医者だけが例外であるが、ひどい重病のとき、見も見られもしないように、隙間から女の患者の脈を取ったのである。

ユダヤ商人の女などが、宝石その他の珍品を売りに入りこむことがあった。史上では多少の江島生島事件が演出されたらしい。女装の男の密輸入を取り締るために、黒人の宦官がきびしい身体検査をしたとある。犯則はもとより即時斬罪と定めてあった。

定まるバイラム祭の中日に、地方々々の大名から麗人を献じて、サルタンに捧げる式もあった。中には戦捷《せんしょう》征服の結果敵人の美女を奪って献げた例もある。多くのサルタンは一年に二、三人しか新たに後宮を充実しなかった。甚だしい例になると、スレイマン大帝などはロクサラーナという仏人の女を娶ってからは、この一人に愛を注いで他の女を顧みなかった。これはチムールの侵入の際、パジャゼットの妻を奪われてからのトルコの伝統、即ち外敵の女はこれを弄ぶの主義と正反対であった。

一番予想と違うことは、夜更の閨の御伽をする麗人は、サルタンの寝室に誘い入れられるので、このときはこの室を警衛する白人の宦官が、その任に当るのである。それが新しい女である場合は、夜も明けやらぬ薄暗がりの払暁に、早くもハレム全体に知れわたってしまうのである。

トルコなどの生活に特異なものは風呂《ハマム》である。トルコ風呂として外国で知られているものには、如何わしいものもあるが、トルコの国内では、まともな浴場にすぎない。回教徒はすべて清潔を重んずるので、局部の毛を剃るのは、トルコ風呂でやって貰うのである。ある日本人の留学生がこの風習を知らずに、トルコ風呂に入り、流し男に身体を洗わせ、いい気持でいると、やがてゴシゴシと音がするので、ハット気をつけて見ると重大な場所の毛を半分剃り落されていた。慌てて手を合わせて、あとの半分だけはようやく助けて貰ったとの実話がある。

ハレムの風呂は全く想像だけの話であるが、元来ローマでもトルコでも入浴は非常な盛儀であり、ローマの末期は淫靡頽廃の風が浴場から拡がったので、キリスト教は入浴を制限し出したのである。西欧人が風呂に入らず、不潔になり出したのは、キリスト教のお蔭である。

ハレムの風呂に女人が入るときには、さまざまの儀礼があった。イランの記録によると、婦人は浴室の最初の戸を開けるときに、靴の踵で胡桃を二つ三つ踏みつけて割らねばならぬとある。そこで靴を脱いで入るのがいわゆる「ワジップ」即ちつとめである。又この胡桃を燃やした煙を歯痛のときあてると立ちどころに癒えると伝えられている。

池のようにしつらえてある浴場で、最初は種々の香料を混ぜてある湯の中に身を浸すのである。女は入浴しては滋養物をとり、母乳のよく出るようにするのが「つとめ」だとある。湯から上がると、卵の黄味と「ホル」とか「ファオファル」と名づけるインド産の胡桃や種を混ぜたものを食べる。

婚礼の祝宴に点した蠟燭は必ず一つだけ浴室につけて置く「おきて《スンナット》」もある。これは生児の生涯が輝かしいものになるために必要だという。

女人が入浴するときは、下帯をつけたままであるが、「キーサ」（山羊の皮で造った小さな嚢、これを手にかぶせて身体を洗う）と石鹸とを使うときには下帯を去ってもいいのだ。

頭髪は石鹸で必ず三たび洗う。脇の下は必ず脱毛する風習だから、これを去るのに「ヌーラ」を塗る。これは生石灰と砒素とを交ぜた薬品である。しかし若い娘は脱毛剤を使ってはならぬ。塗るときは、女友達にやって貰うので、自分の指では塗ってはならぬことになっている。塗るときは女同志が円形に並んで、機嫌よく冗談をいいながら、塗り合いをするのが「おきて」である。

ハレム風呂では、女人は煙管《カリヤン》を持って水烟草をのみ、萵苣《ちさ》や醋《す》、煮もの、焼きもの、季節の果実、甘水、氷果などを運んで馳走をする。凡て若やいだ朗かな心になって湯を出るべきだとある。湯上りは特に派手な着物をつけて友達なり愛人のところなりに赴くべきものと書いてある。途中で好もしい美男子に会えば、さりげなく覆面の端を外して顔を見せ、「おお暑い、汗ばんで胸が高鳴る」という表情で、男を悩殺すべきである。これがイランの古典で庭訓女大学ともいうべき「クルスム・ナーニ」に明記してある。「クルスム」は言うまでもなく、予言者マホメットの娘の名で、イランではこの名を採って女を呼ぶ例が多く、「ナーニ」は長老とか叔母さんの意味である。この実在の老刀自を頭に五人の教養ある婦人が、イラン女性の処世訓と家庭の手引きとを遺したのが、この「クルスム・ナーニ」である。

恋愛の心得まで書いてあるところにまことに妙味がある。なお新婚の夜の女の心得についても面白い事が多いが、これは結婚の項で詳説したからここでは省いておく。

神の使徒いえらく

恋するもの恋人を獲て、しかもなお純潔のままに死なば、彼の死は正に道に殉じて死せるものの死なり。

（アル・サッラージ――第十二世紀のアラビア詩人）

回教徒及び回教民族の現状

一　日本の回教徒

日本における、回教またはその教徒との交渉の記録は極めて乏しい。上代において日本人が、西域の文化を支那を通して摂取し、今日の文化的には例えば雅楽に大食調（大食はアラビアの支那名）などのあるように、その影響が残っているにも拘らず、回教関係の接触はほとんどなかった。ただ南北朝から足利時代にかけて、南洋方面に来たアラビア人と、我が国人との交渉があったことは確実であるが、むしろ南蛮即ちキリスト教徒との交渉の方が目立っていて、回教については記録らしいものがない。

ただ一つ南北朝の終りから、足利時代にかけて残っている史実がある。大乗院寺社雑事記中の、文明十二年十二月（西紀一四八〇）の条に、楠葉入道西忍という人の記事がある。

この人は当時八十六歳の高齢で、航海術に長じ、しばしば支那に渡って、貿易にも明るかったと見えて、右の記録には西忍が貿易品について、支那の価格と日本の相場との開きを一々挙げている。即ち、今日の言葉でいえば通商顧問ともいうべき役目をしていたようである。

この西忍は、ムスルと称したアラビア人の子であった。南北朝の末に一アラビア人が日本に来て、大和の楠葉の婦人を娶って出来たのが西忍であって、母の出生地に因んで楠葉西忍と名づけた。父のアラビア人が回教徒であったことは疑いないが、西忍入道は転向して仏教に帰依したものであろうか、或いは混血児として日本政府に仕えた関係から仏教徒を装ったのであるか不明である。

右の記録以外にはずっと後年に至るまで、回教徒に関係した記録はない。今日、日本にある少数の回教徒は、多くは支那において支那の清真教徒と接触し、支那人を通して回教の何たるかを知り、又これに入信した人達である。その外に日本人の回教徒の長老に、有賀文八郎氏がある。氏は明治二十五年頃南洋に渡航した当初はキリスト教徒であったが、後インド貿易に従事しボンベイに滞在中図らずもイスラムの信徒を友人にもち、その教義の簡明、教徒の純真な信仰に動かされて、現代宗教の優秀なるものと信じ、昭和の初年ころ神戸においてインド人の教徒から、入信式を行ってもらい、爾来日本流の回教徒として多数の弟子を持ち、熱心に伝道している。

有賀氏のいわゆる日本イスラム教は、日本人としての愛国的精神から出て居り、イスラムの本義を提唱するにあって、その末節である些細な戒律等は必ずしもアラビア人やトルコ人の奉ずるものに盲従しないのである。譬えば経文も、祈禱も日本語でやり、皇室を奉敬し、父母兄姉同胞の相愛を説き日本精神を中心にした進歩的回教を説くのである。勿論入信の式としても、割礼を行わないのである。

以上の如き日本人の回教信徒を除けば、日本における回教徒の大部分は、トルコ・タタール系の民族である。殊にソヴィエット革命後、これら回教徒は白系ロシア人として、満洲、支那及び我が国に亡命したのであるが、その中の日本居住者が我が国における回教徒の大部分を占めている。恐らく六百名に上るだろう。多くは羅紗の行商などをやっていて、日本の各地に散在し、奉天のイディル・ウラル・トルコ・タタール文化協会と連絡して各地に支部を置いている。このほかインド、アラビア、シリア等の回教徒も若干在留している。

従来我が国における回教徒の礼拝堂といえば、在留トルコ・タタール人の手になった東京回教学校内の小礼拝堂の外は、主として英領インド人が出資した、昭和十年神戸に出来た回教寺院があるばかりであった。それが、マホメットが生まれて千六百四十七年、即ち昭和十三年五月十二日、東京の一角に回教寺院が日本人の喜捨によって建立された。新緑けぶる代々木の櫟林の中に時ならぬアラビアの夜が展開されたのだ。渋谷大山町にある、この寺院は、前述の如く日本に居る信者が多くトルコ・タタール系であるため、建築様式もトルコ式である。勿論イスタンブールに聳えるアヤ・ソフィア寺院には及びもないが、四角な本堂の上に円蓋のドームがあり、外側には金文字でコーランの文句が走り書きされている。東方に向った入口の上には尖塔《ミナレ》がある。誠に、小田急を距てて、駒場の一高に相対し、異彩を放っている。五月十二日は教祖マホメットの降誕祭にあたるので、盛大な開堂式が挙行された。遥々紅海の辺りのイエーメン国からは第二王子サイフル・エル・イスラム・エル・ホサイン殿下が、お国風の、純白の「イママ」を頭に巻き、濃緑の衣、金襴の打掛けを肩に、腰には黄金の佩刀を帯びて威風堂々として現れ、更にサウディ・アラビア国王御名代、駐英公使ハフィズ・ワハバ・パシャは金紐の燦爛たる頭巾《アガル》を戴き、その他タタール人の纏頭、また国によって風俗を異にした回教徒の代表がこの盛儀に列席せんものと四方から参集して、大東京に時ならぬバグダッドを現出した。

開堂式は午後二時半に始まった。尖塔《ミナレ》の上からアザンが聞える。これはタタールの長老ダシキー氏が勤めた。緑色のリボンで封じられた会堂、このリボンを切る役目は、頭山満翁の手で行われた。やがて九十歳の老翁トルコ人イブラヒム翁の誦唱するバスの低いリズムによって礼葬が厳かに行われた。集った信者の中には、ロシアとの混血児らしい愛らしいブロンドの丸顔の娘達も交じっている。インドの婦人達の紗の衣につけた宝石が美しく輝く。やがて会衆は祈禱を終えて、王子の一行を中心に、イブラヒム翁の挨拶を聞いた。

これが済むと、タタール人のヤングラジー氏が立ってコーランを誦した。開堂式はこれで終りをつげ、一同はキブラ、即ち回教寺院の神壇に向って、起立したままドーワァーの式をする。これはキリスト教で云えば祈禱のようなもので、アラーの神の恩寵を祈る象徴である。

日本人で、始めてメッカに巡礼した人は、明治四十二年に、山岡光太郎氏であり、その後我が国回教徒の先覚田中逸平翁も巡礼した。その外に六、七人を数えている。田中翁の如きは、第二回の昭和九年九月に、巡礼中にえた病のために斃《たお》れている。かくの如く熱心な信者もいるのであるが、人数は非常に少ない。而して今日まで、日本においては、回教が世界三大宗教の一つであるに拘らず、宗教として公認されていなかった。わずかに昭和十四年の帝国議会において宗教団体法が附議され、国法上回教も宗教として認めるか否かを審議するに至ったのである。

二　満洲国の回教徒

満洲国には、宗教として数うべきものが六つある。即ち固有の民間宗教たるシャーマン（沙門）教の外に、仏教、ラマ教、道教、キリスト教、それから回教である。

現在満洲国内にある回教徒は、康徳三年（一九三六）満洲国文教部の発行した、康徳三年礼教概要によると六十万、また国務院統計処発行の第二次満洲国年報によれば二十五万余、と計算されているが、何れもその数が過少に失すると考えられる。深く支那回教に通ずる某邦人信徒の考えでは二百万から二百五十万と推算している。今この中最も妥当と思われる二百万余の数をとって考えると、満洲国の総人口を三千万と見て、約十五分の一の人口を回教が占める訳であるが、周知の如く満洲においては、漢民族が大部分を占めているから満洲の回教徒も、支那内地から移住したいわゆる漢回系の回教徒が約二百万、ほかにソヴィエット領から流入せるトルコ、タタール系の回教徒が約二、三千存在するものと思われる。

満洲国への回教の伝来は比較的近代のことで、仏教の伝来が、高勾麗の小獣林王時代、即ち西紀三七二年、支那にあっては前秦王苻堅の時であるのに比較すると、甚だ後代に属し、伝播以来未だ二百年に満たない。満洲国回教の歴史は、満洲における封禁政策即ち満人以外の移住を厳禁した清朝の政策がようやく乱れ、一般漢人が自由に満洲に流れ込むことの出来るようになった時代、即ち乾隆年間の初期、西紀一七四〇年頃から始まったものと思われる。勿論元朝時代にも、また明代にも、満洲及び朝鮮半島に回教民族が移住したことは、六史氏族表、高麗史中にもその証拠が挙げられるが、大量的に満洲に流入したのは清代以後と見るのが妥当である。

即ち乾隆の初期から漸次、数人ないし数十人位ずつ満洲へ入り来たり、封禁政策が全く弛んだ嘉慶八年、西紀一八三〇年以後は、次第に、回教徒が、漢人の商人、農民に伍して続々入満し、清末においてはその活動がいよいよ顕著になったようである。

現在満洲にある清真寺、即ち回教寺院は、村落や一般民屋中に設けられた礼拝堂をも算入すれば、全部で二千以上と称せられているが、これら小礼拝堂を除く主な清真寺の所在地を挙げると、大体次の如くである。

大連、貔子窩、金州、熊岳城、蓋平、営口、海城、鞍山、立山、遼陽、十里河、沙河、奉天、新台子、撫順、本渓湖、鳳凰城、安東、新民、海竜、東豊、西安、西豊、鉄嶺、開原、昌図、四平街、公主嶺、新京、扶余、農安、乾安、伊通、双陽、吉林、敦化、竜井、延吉、琿春、双城、哈爾賓、阿城、海倫、依蘭、方正、佳木斯、樺川、富錦、海拉爾、通遼、錦県、綏中、朝陽、承徳、平泉、凌源、林西、赤峰、斉々哈爾、訥河、嫩江、克山、拝泉、泰来、洮南等その他の諸県に亙っている。

寺院の中有名なものを挙げれば、奉天に明代に渡満せる鉄氏の建立せる南清真寺は、順治（一六四四―一六六一）末より康熙（一六六二―一七二二）の初期、熱河承徳の清真寺は康熙二十五年（一六八六）の建立といわれ、吉林の東清真寺は雍正四年（一七二六）、開原城内の清真寺は順治、本渓湖は嘉慶（一七九六―一八二〇）、栄口は光緒年間（一八七五―一九〇八）、貔子窩は光緒十年（一八八四）、大連新起街の清真寺は民国十三年（一九二四）、哈爾賓の西清真寺は民国十七年（一九二八）の創設である。斉々哈爾地方の如きも、約八十年前嫩江で始めて開教せられたものであり、その他は何れも民国五、六年（一九一六、七）から二十年（一九三一）前後までのものである。

満洲における回教の発展が如何なる経路をとって行われたかを見るに、河北、察哈爾から入ったもの、陸路山海関を経由して熱河より錦州、奉天、吉林、浜江に流布せるもの、又山東より満洲に入ったもの、或いは民船に依り海路より渡り、遼東半島北部に蝟集せるもの等が次第に増大したものであって、回教徒の分布から見れば奉天、安東、錦州等の旧奉天省が最も稠密で、吉林、浜江、三江等の旧の吉林省、及び熱河省がこれに次ぎ、黒河、竜江、旧の黒竜江省が更にこれに次ぐ。大体旧奉天省五割、旧吉林省三割、熱河省一割五分、旧黒竜江省五分の割合である。

満洲の回教徒は大体半漢民族的回教徒が多く、東干民族は甚だ稀であり、東干族は主として旧黒竜江省内に小集団をなして生活し、斉々哈爾等では彼等のみの清真寺を有している。宗派としてはスンニー派が絶対優勢で、シーア派は絶無といってよい。

東干族はいわゆる新教派であって、俗に旋頭とも称する一派で、誦経中、頭を左右に揺がし、且つ高らかにコーランを誦するため高声派とも称されている。彼等の寺院には、必ず甘粛省の張家川にある本山から教長が特に派遣されることになっている。

一方これ等漢回系の回教徒に対し、トルコ・タタールの回教徒は、帝政ロシアの東漸、旧東支鉄道、即ち現在の北満鉄道が開通した一八九七年前後に、満洲国に移住した者が大多数で、海拉爾を中心とし、哈爾賓、満洲里、奉天等にも存在し、教徒数は海拉爾六百、哈爾賓五百、満洲里二百、その他は奉天を中心として存在する。

現在漢回系の満洲回教徒は、川村狂堂氏の設立した満洲伊斯蘭協会の下に漸次統一されんとする傾向がある。同協会は各地に分会を設立して、会員数一万五千、分会数百六十六を数え、機関誌、伊斯蘭（旬刊）を刊行して、満洲漢回系教徒の大同団結を計りつつある。又奉天においては、昨年五月十二日東京回教寺開堂式にも参列した張徳純氏を中心とする文化清真寺があり、回教学校をも経営して、在満回教徒中の一大勢力となっている。哈爾賓においても一九三六年末、東清真寺に属する孫輯辰が主唱して合同の機運を促進し、漢回系各団体及びトルコ・タタールの団体と共同で、反共大会を開催したほどである。

満洲各地のトルコ・タタール回教徒も「イディル・ウラル・トルコ・タタール文化協会」を組織して教徒に呼び掛け団結を説き、海拉爾のハー・スーホフを中心に活溌な活動振りを示しつつある。

満洲の回教を語る際忘れてならぬことは、清朝末期の勇将にして、日清の役にも猛将として名高かった、忠壮公左宝貴が、満洲回教の発展上非常に貢献した。将軍は山東出身で、光緒年間（一八七五―一九〇八）の始め、満洲に来たり、回教の振興に尽力するところ多く、その他公共事業、慈善事業にも相当の力を致している。現在奉天にある同善堂は、実に将軍の私財で設立されたものであり、その他奉天の清真寺及び各地の回教寺院の修復等に尽すことも多かった。誠に満洲回教徒の父とも申すべき人物であったのである。

現満洲国皇帝の従弟である溥侊氏もまた回教を信ずる一人であり、昨年五月の東京回教寺開堂式には満洲回教徒代表の一人として、夫人同伴で臨席されたが、筆者も末席に列して、氏が小さな繍帽を着けて、白皙の面に敬虔な色を見せ、美しい支那服の夫人と共に上品な姿態で祈禱して居られたのを今も記憶している。

三　支那の回教徒

支那における回教徒の数は正確には判っていない。或いは五千万、三千万、千五百万、人により種々であるが、いずれにせよ、実地踏査の不可能なため概算による外はない。ただ支那においては、回教徒は食物等の関係で、「西域回々」等という看板の出ている回教徒の旅館以外には泊らず、又、いわゆる清真寺なる回教寺院の宗徒として登録されているので、これを若干推測の材料とし得るのである。

今この推算による全支回教徒は何程かというと支那回教徒の権威といわれる哈国棟の調査によれば、満洲国を除いて、約四千万人、また一九三一年の中国内政部発表の人口を基礎とし、各省清真寺の檀家戸数から推算したものは四千五百万人等の数字を挙げている。

何れにせよ、支那の人口を四億とみて、十人に一人以上の回教徒が存在する訳である。北支一円と南支において約三千万を数え、いわゆる古の西域たる新疆省から陝西甘粛方面の西北支那が最も優勢であるのは言うまでもない。西北支那の回教徒の動きは従来から最も重要であり、現在の支那回教徒の大立物たる五馬聯盟が全て西北支那にあることを見ても、その重要性は測り知られよう。

回教の支那への伝来は、学者の間に異説区々であるが、マホメット在世時代に既に広東へ海路から伝わったとの説もあるが、これは史家によって採用されていない。

歴史の示すところによると、回教は海陸両路から唐代に伝来し、海は、アラビアの商人、当時天際より来ると支那人は考えて天方国人と呼んだ人々が、広東、福州方面に伝え、陸路は大食《タージー》人が回鶻《ウイーグル》人を通じて、甘粛、陝西方面に伝えたもので、西安、広東にはそれぞれ回教寺院が建立され、雲南地方の回教徒は、安南方面に上陸したアラビア遠征隊が次第に侵入したものの子孫だといわれている。西紀六九〇年には唐の都長安、今日の西安だけで回教徒四千名に達したという記録すらある。その後、西紀七五五年安禄山の乱が起ったとき、玄宗は清真寺を通じて、回紇《ウイーグル》に救援を求め、当時の回紇王は、王子に兵五千を附してこれを救援し、反乱鎮定後、大半は漢土に止まって傭兵となり、玄宗が江西から美女数千を集めて右の将士に配したという記録があり、当時の回教兵の分布地域が、陝西、甘粛、寧夏、青海、新疆、今日の支那回教地域にあたっている。その後元代に到ってジンギス汗の中央アジア征服後は、麾下百万の精兵中七割が回教徒であったし、太宗が彼の志を継いで支那を平定したときには、従軍の回兵にして、甘粛、陝西に止まったもの五百万余であったといわれている。

蒙古人は回教徒をその戦功によって重用し、中央、地方において重要官職に任じ、且つ宗教上束縛するところがなかったので、回教はこの時代に大いに発達を遂げたらしい。明が元を倒して政権を握った後も回教徒の勢力益々熾烈で、北支那の情勢不穏となったため、これを各省に分散せしめてその勢力を削ぐに努めたといわれている位であり、時には回教暦を採用し或いは豚を食すことを禁じたりして、彼等の歓心を買ったことすら史上に残っている。

清朝に到って初めて回教に対して弾圧政策を採り、特に一七五七年高宗が天山南路征服後は一貫して強硬な制圧を加えた。そのため十九世紀後半においては前後十五年に亙り二度まで大叛乱が起って、長く清朝の悩みの種となった。

中華民国となってからは、初期においてはこれを利用したが、後にはこれを圧迫して、無理に中央化せんとし、弾圧、懐柔の手をあれこれと、時に応じて用いつつあった。他の地方は相当この政策が成功したが、新疆省のみは中央の威令も行われず、宛然別天地の観を呈して、長く中央の支配を甘んじなかった。新疆省の回教徒の事情は後に説くこととして、しばらく支那における回教徒の一般的説明に移るが、支那の回教徒はこれを二つに大別することが出来る。即ち、ほとんど漢化して、風俗慣習等、漢人と大差ないもの、これを漢回又は回漢、時に東干《トンガン》とも云い、漢化の程度が少なく、頭部に布を巻くものを纏回《ツェンホイ》又は纏頭回《ツェントウホイ》と称する。纏回は新疆省に多いが、現在では教務を管掌する阿衝《アホン》のみが布を巻いているにすぎない。両者共に回教の戒律は厳格に守り、従って漢人に比して、勤勉誠実である。

支那の回教徒は、本土、辺境を問わず、その職業として牛羊皮革類を取り扱うものが多い。これはほとんど回教徒の専業となっている。又支那本土においては、宿屋飲食店も多い、これは、回教徒が、食事その他に厳重な戒律があり、回教徒の宿屋、料理屋でないと、宿泊、飲食などをしないために生じたものであって、食用に供する肉等も回教徒の手で屠ったものでなければ口にしないのである。

さて、今日の支那回教徒中、最も重要視すべきは、言うまでもなく新疆省である、新疆省の面積は我が国の約二倍、人口は民国二十一年の調査では、二百五十万余になっているが、これも概算にすぎない。その住民の内訳をみると、

トルコ族	百九十五万人
漢　族	四十万人
蒙古族	十三万人
満洲族	三万人

更にその中のトルコ族を細別すると、

纏　回	百二十五万人
漢　回	四十万人
その他	三十万人

となる。即ち新疆省においては纏回が圧倒的多数であることが知られる。

新疆回教徒の歴史は、今日に到るまで流血に充ちた血腥《なまぐさ》い事件の連続で、即ち一八七〇年にヤコブ・ベックが英国の援助の下に独立せんとして叛乱を起こし、名将左宗棠に破られたのに始まり、その後英露両勢力は新疆を舞台にして各々回教徒を煽動して暗躍を続けて来た。中華民国以後、一九一一年から一八年に到る間は、楊増新が、巧みに回民を懐柔して統治に成功したが、その後一九二八年暗殺されて、養子金樹仁が代るに及び、彼はソ連の勢力と結んで、回教徒を弾圧した。一九三一年漢人の回教徒娘凌辱事件に端を発して、再び叛乱が起り、金は失脚し、別に述べる通り当時二十五歳の漢回将軍、馬仲英（別章参照）が回教軍を率いて、廸化に来攻し、金はソ連領事館に遁れ、時の辺疆督弁盛世才が新疆軍を率いて馬仲英と抗争した。その間南新疆においては、纏回たる沙彼特唐拉《サビト・ドモラ》が、東トルキスタンの国号を掲げて独立せんとし、英国又これを支援する有様であった。馬仲英は遂に盛世才に破られて南方に逃れ、纏回と相携えて回教国建設を企てたが、一致せずして失敗し、その間ソ連は、時に馬仲英を、時に盛世才を支援して、時機を窺い、遂に盛援助に力を注いで馬を一敗地に塗《まみ》れしめて、自国内に逃入せしめた。かくて新疆の赤化は決定的事実となり、国民政府は、国内統一と共にようやくこれに関心し、西北支那の中央化工作に力を注ぐに到った。馬仲英失脚後の新疆は、中央勢力の未だ及ばざる中に、盛世才がソ連の援助によりほとんど独立国とも云うべき政権を確立し、今日に到っておるが、馬仲英に関する限りは、今なお真相は不明である。

最後に五馬聯盟について説明して本章を結ぶことにしよう。

五馬というのは、西北支那に蟠踞する回教徒頭目の将領を云うのであるが、必ずしも五人と限るものではない。いずれも馬を姓とする人々であるが、現在いわゆる五馬とは、寧夏省首席馬鴻逵、同じくその従兄馬鴻賓、青海省首席馬歩芳、その次兄馬歩青、及び前述の馬仲英を指すのである。その外に西北支那回教界の長老、青海省前首席馬麟を加えて六馬となすこともある。因みに、広西派の三尊の一人、白崇禧も回教徒であり、済南にあって新支那復興のため起ち上った馬良将軍もまた漢回である。

四　中亜特にソヴィエット聯邦の回教徒

ソ連邦内の回教徒は、支那の新疆省に境を接する辺から、西方へ、ソ連の領土の南方を、中央アジア、トルキスタンを中心に、ウラル山の麓、コーカサス、クリミア半島まで延びる一帯に居住し、大体はトルコ・タタール族である。即ちカザック共和国、キルギス自治共和国、タルジック共和国、ウズベック共和国、トルクメン共和国、ウラル山麓のバシキール共和国、更に深くヨーロッパに突入しているタタール自治共和国、コーカサスのアゼルバイジャン共和国、ダゲスタン自治共和国、クリミアのクリミア自治共和国等である。

これらがソ連内の回教民族の主な国々であり、人口約二千二百万ないし三百万近くといわれている。而して、これ等の自治共和国の周囲には、トルコ、イラク、イラン、アフガニスタン、支那の新疆省等があるのである。

これ等の国々は何れもトルコ・タタール系の回教民族ではあるが、その人種的構成は甚だ複雑なものであって、例えばコーカサスのアゼルバイジャン共和国はトルコ族のアゼルバイジャン人が大多数を占め、その他アルメニア人、ロシア人、レズギン人、イラン人、トルコ人、クルド人、ヨーロッパ・ユダヤ人、ドイツ人、ジョルジア人、コーカサス原住民等々と誠に賑やかな人種展覧会の如き有様である。これは他の自治共和国何れも同様であって、その間常に民族的反感と不和を生じ、政府はこの一致せざる感情を利用して、これを支配する有様である。

回教がこの中央アジアの地へ入り来たったのは、七世紀以後の事に属し、それ以後には、仏教、ゾロアスター教（祆教）、ネストリアン派（景教）のキリスト教が次々に入り来たったのであるが、中でも六世紀において北方より来たったトルコ族はシャーマン教をこの地に伝来し、トルキスタン、即ちトルコ人の国と称した程の勢力を示したのである。

しかし、後に入り来たった回教は、これ等以前からの既成宗教を凡て征服し、十四世紀においては全く他の宗教は跡を絶つに到った。

スラヴ民族がこの地方を支配するに及んで、彼等は回教に対して如何なる政策を採ったか。十八世紀以前においては、これを強制的にキリスト教に改宗せしめんとする思想が盛んであり、正教会の僧侶は、回教徒間に活動して、一方植民政策の強行を援助したが、回教徒は容易に屈服せず、パシキール族まず叛き、続いてエカテリナ女帝時代には、有名なプガチョフの叛乱があり、タタール族始めその他の回教諸族も兵を送ってこれを援けたほどであった。この十八世紀末のプガチョフ叛乱後、対回教政策は一転機を見、即ち回教の僧侶階級を懐柔して一般回教徒を圧伏せんとする政策を採用せんとし、一八三一年にはクリミアに回教監督の宗庁が設けられ、一八七二年にはザカフカジェにも同様の宗庁が設けられ、長官は時の帝国の内務省から任命せられた。かくして僧侶を懐柔する一方、回教徒のロシア化は更に凡ゆる方面において強行されたが、偶々世界大戦当時中央アジアに動員令を下したため、これを直接原因として大動乱が生じ、各地において政府官吏、地主が脅迫され、暴徒は軍隊と衝突して一種の回教民族運動に発展せんかと見えたが、近代的装備を有する軍隊に鎮圧されるに及んで、残った暴徒はイラン、トルコ、新疆の各地方に遁入して事件は落着した。その後帝政が瓦解して、ソ連邦の治下に置かれてからは、ソ連は、回教徒の狂信性を考えて、キリスト教に対する如く軽卒なる態度を採らず、むしろ一般回教徒を懐柔せんとする政策を採り、一方経済的方面においては着々集団農場等の制度を布いて、宗教としての回教の力を無力化せんとする巧妙な方策を用いつつある。

中央アジアの回教徒中には、寺院内にあって禁慾生活を送る僧侶の一派があり、これらの僧侶は、従来この地方に伝来した各宗教の教義を採り入れた、神秘的な汎神論的神学さえ持っている。即ち仏教や、ネストリアン派のキリスト教、或いはシャーマン教の香さえするものを持っている。これ等の僧侶の教団は中央アジアの随処に見られ、ブハラ市のボカエッジンと称する修道院の如きは、中央アジアの回教徒間に、中亜のメッカとして普く知られている。即ちこれは教団の始祖たる禁慾僧マホメット・ボカエッジン・ナクシベンジを埋葬した所である。

教団は高唱派と黙念派と二派あって、高唱派は十二世紀にカドリエ教団の組織者アブダル・カジルという師僧が開祖であり、一日中大声で経を読み修養するものであり、黙念派は反対に二六時中黙想して悟道に入らんとするものである。

これらの教団の信徒が托鉢に出るときには、毛皮で縁を取った、尖頭帽を戴き、屑布を縫い合せた法衣を纏い、手には椰子の実で作った椀を持ち、片手に錫杖を振って神の名を唱えながら食を請うて歩くので、土民はこれをドウワナ、即ち気狂と呼ぶほどである。

ソ連邦内の中央アジアの回教徒は年々メッカの聖地へ詣づる者が非常に多く、且つ宗派はスンニー派中のハナフィ派が十中八九を占め、イラン系のタジク人のみが、シーア派に属し、又インドにおいて盛んなるイスマイル派のものもかなりいる。

一九一六年の夏に中央アジアに起った、回教徒の叛乱当時の話が面白いから紹介する。

当時世界大戦のために軍隊を必要としたロシア帝国は、トルキスタン地方の駐屯兵をことごとく東部戦線へ向けてしまった。回教徒はこれを機会に暴動を起した。八月一日ヴェルヌイの町に知事として駐劄《ちゅうさつ》していたソコロフ・ソコリニスキイ将軍が、セミレチェンスク州の郡長、郷長等を参集させて、約四千人の回教徒に訓示をした。即ち、セミレチェンスク州の回教徒の暴動は諸君の責任だから、もし暴動が起れば厳罰を受けねばならぬぞ、というのであった。回教徒の連中は表面恐れ入った体で各々の村へ引き揚げたが、八日には早くも、東トルキスタンの支那人回教徒五千名が越境して、キルギス人に合流し、ロシア村を襲って住民を鏖《みなごろ》しにした。ヴェルヌイ町は九日か十日に攻撃するはずだという。知事は色を失って、守備隊長のボロチェフ大佐に相談した。大佐は直ちに町中、村中の男女を総動員して約一箇聯隊の軍隊と三百のコザック騎兵隊を編成した。急場の間に合せたことであり、武器も服装もまちまちで、猟銃を持った者、槍を持った者、長靴もあれば、短靴もある、外套を着たもの、着ない者、誠に雑然たるもので、それでもこの軍隊で近隣の地方はほとんど鎮圧することが出来た。一方まだキルギス人の入らない村落は小さいものは抛棄して、大きな部落が集合し、若い娘達にも軍人用の外套を着せて兵士のようにみせ、木で銃をつくり黒く塗って担わせ、大砲も木の模型に鉄のたがをはめて、火薬で小石をはじき出す装置にした。ロシア人の兵士は一人もいないと思ったキルギス人が村へ近づくと、不思議にも村の中は軍隊に充ち、大砲さえもある。しかも木銃の中にわずか混じている猟銃に射たれて死ぬ者もあるというので、キルギス人達は、銃に対して槍では勝目がないことを知って四散してしまった。この叛乱は、総計六万以上のロシア人人口のある四十九ヶ村の外、三百ほどの部落を荒廃に帰せしめ、或るところでは約二百人ほどのロシア娘が首を刎ねられて穴の中に投げ込まれ、又イスイク・クール湖の南岸では、住民を鏖殺して、十二歳から十八歳までの娘を全部キルギス人のために拉致された一部落があった。キルギス人達は槍と旧式な小銃で、ロシア人の村々を掠奪、放火、殺人をしてまわったのであった。

同じくトルキスタンのうち支那領土に入るもの即ち新疆における回教徒については、支那回教徒の章に詳説した。

五　蘭印の回教徒

今日蘭領インドの全人口は大体六千万と計算されているが、その中回教徒は九割を占めている。即ち蘭領インドの回教圏は、ジャヴァ、スマトラ、ボルネオの奥地の小部分を除く沿岸地帯、セレベスの南半その他に及び、インド教に残されているのは、わずかにバリ、ロンボック諸島とボルネオの内地だけにすぎない。

蘭領インドに回教が伝来したのは、インドの回教徒が勢力を得た十二世紀から十三世紀初頭、即ちモゴール帝国華かなりし時代であった。

インドと東インド諸島には古来、政治的、経済的交通が頻繁であった。十一世紀には早くも回教待の商人がマレイ半島やインドネシアに来たり、十二世紀末葉には、スマトラ北部に植民していたとさえ伝えられている。

十三世紀の頃、現在の蘭印には、インド教を国教とするマジャパヒト帝国が君臨しており、その版図は現在の蘭印の外、フィリッピン、マレイ半島にまで及んだ堂々たる大帝国であった。しかもこの帝国は宗教に対して不干渉政策を採ったため、回教は盛んに伝道せられたもので、特に十四世紀にマレイ半島に滞在していた、ジャヴァの回教商人達がその流布に与って力あったものと思われる。

中部ジャヴァにおける回教は十四世紀中に、諸王国間の政争を利用して教勢を拡張し、王侯中にも回教に帰依する者ようやく多く、インド教は次第に衰えて行った。

一五一八年、回教に帰依して、サルタンの称号を得たデメクが、マジャパヒト帝国を滅ぼして、これを統一したが、間もなく内乱が起り、回教諸国は分立割拠することとなった。十六世紀になって白人が東洋に渡来する頃は、蘭印はほとんど全部回教土侯の領土となっていた。

インドにおけると同じく、蘭印においてもインド教文化と回教は深く融合し、現にジャヴァ・ボルネオの回教諸藩王の宮廷は甚だインド的色彩をもっている。最初この地方に渡来した回教はイラン型のシーア派であったが、十七世紀以後アラビア人がこの地方に渡来するに及んで、正統派のスンニー派の教義が紹介され、メッカ巡礼の風習が輸入されたことは甚だ興味ある現象である。メッカ巡礼の風習は現在もなおこの地方に盛んである。

白人の渡来と共にキリスト教が伝来したため、これに対する回教の抵抗が生じ、ここに政治的闘争が展開されるに至った。オランダ人はジャヴァを本拠として着々地盤を築き、遂にこの地方を領有して、今日まで三百年、回教徒は政治的には全く力を失ってしまった。勿論その間何等の抵抗をしなかったわけではない。ジャヴァの民族運動は先ず貴族の手で開始された。オランダ人の侵入に脅かされた土侯達が、その政治経済上の特権の喪失を恢復せんとして戦を始めたのである。一八二五年から一八三〇年にかけてのディパネガラの乱の如きはその顕著な一例であった。しかし結局オランダ人が勝利を占め、蘭印の回教徒はオランダ人の支配下に、三百年の長い間服従する運命に甘んじなければならなかった。

彼等は勿論オランダ人の苛斂誅求に対して反感を懐いていたが、オランダの植民政策は巧妙を極め、いわゆる「腹を充たして、頭を空にする」ことを旨として着々効を収めた。

しかし近代になって回教徒の目もようやく醒め出した。日露戦争で我が国が白人の大国ロシアを破ると共に、東洋各地に民族運動が雲の如く起ったが、蘭印においてもジャヴァに最初の政党が成立した。これはブディ・ウタマという貴族の穏健派の機関であったが、一九一二年には民衆を基礎とするサレカット・イスラム団が結成され、蘭印の回教徒民族運動はようやく黎明を見た。この団体は、一時二百万余の団員を有して、オランダ官憲を恐怖せしめる程の発展振りを示し、そのため極端な弾圧を蒙ったほどであった。

元来このサレカット・イスラム団は、ソロの更紗業者サマンフジという人物が、華僑の商権に対抗して回教徒の同胞を救済するために、同業者を糾合して、一九一一年回教実業組合を組織したのが始まりで、その後発達して全国的となり、又その職業も凡ゆる方面を網羅して、その発展向上を目的とするに至ったものであった。しかし未だ当時は政治的色彩はなかったのであるが、勢力が次第に盛んになるとオランダ官憲の弾圧はようやく厳しくなり、これに対抗してこの団体はようやくその政治的色彩を濃厚にして来たのである。

一九一八年サレカット・イスラム団は、蘭印の政党中、最も急進的なインド社会民主党の提唱した急進派聯盟に加入して、機関誌『インド報知』を通じて、盛んに蘭印政庁の資本主義的悪政を攻撃した。

その後コミンテルンの手がこの団体にも延びて、かつての実業団体は純然たる過激派に変じ、そのうちの穏健派は分裂して、一九二九年遂にインド・サレカット・イスラム党と名乗り、共産主義を奉ずる一団はサレカット・ラヤと称するに至った。更にサレカット・イスラム党中の、赤色派に合流せんとする一派は一九三二年党を脱退して新たにインドネシア回教党を結成し、国家主義運動に邁進しつつある有様である。

蘭印政庁は、かかる回教民族運動の発展に対して、従来の高圧政策が誤っていたことをようやく悟り、一九一六年十二月、遂に修正統治令を発布して、国民議会を組織し立法参与を許可することとした。しかしこれは、名は国民議会でも、実は総督の諮問機関にすぎないため、蘭印の回教徒は到底これに満足するはずがなかった。偶々世界大戦当時でもあり、民族運動は益々熾烈になったため、オランダは一九一八年十一月を期して、更に進んだ立法権を譲渡する約束を、時の総督リンブルフ・スチルム伯になさしめた。その後大戦後の民族自決主義の大勢は遂にオランダをして、一九二二年蘭印政体組織を変更するの止むなきに至らしめ、又同年十二月行政その他の制度に大改革を加えて、本土人の政治的進出の要求は多少容認された。しかしその後も蘭印政庁に対する回教徒の不満は消滅せず、一九二六年、同じく七年にも大規模な叛乱が計画され、一九二九年には、インドネシア国民党の如き、解散を命ぜられた事件すらあった。現在国民議会に議席を有するものはほとんど凡て政府の与党に近いものであり、蘭印随一の有力な民党であるサレカット・イスラム党の如きは僅々領袖三名を選出しているに過ぎない事実から見て、未だ民意を十分満足させる程度に行っていないことも推理せられるのである。

六　フィリッピンの回教徒（モロ族）

フィリッピンの人口を宗教的に見ると、キリスト教徒が圧倒的に優勢である。即ちその人口約一千二百三十万中、キリスト教徒一千万以上を数え、しかも九百九十万まではカソリック教徒である。回教徒はわずかに五十二万にすぎない。しかし数において甚だ弱小なるにも拘らず、フィリッピンの回教徒、即ちモロ族の問題は、前フィリッピン駐在の米国高等弁務官マルコム氏をして、フィリッピン共和国に残された将来の一大問題といわしめた程の重要性を持っている。「モロ」というのはスペイン語で、英語の「ムアー」仏語の「モール」というのと同じく、「モロッコ」の「モロ」と同義である。これはスペイン人がフィリッピンに来た当時、回教徒につけた名称である。しかもモロ族は決して他のフィリッピン人と人種的に相違がある訳ではなく、唯その宗教の点で区別されているのである。

回教がフィリッピンに伝来したのは十三世紀末のことといわれている。一三八〇年にマクダムという有名なアラビアの博士《カージ》がモロッカスからスールーに渡って来て、伝道の結果多数の信者を得た。当時フィリッピンは、インド教を国教とするマジャパヒト帝国の治下にあり、その王族がこれを統治していた。ところがマクダムの後を承けたラジャ・バキンダとアブ・バクルの二人が、更にスールー群島に伝道を続け、やがてシャリフ・マホメット・カブンスワンなる人物が、ミンダナオの本土に渡り、自らマホメットの子孫なりと称して、その地の土人を改宗せしめたのであった。アブ・

バクルはスールー地方の回教王国の建設者であり、シャリフ・マホメット・カブンスワンはミンダナオのアギニダナウ回教王国の祖先である。

かくして回教は先ず、スールー、パラワンから、ミンダナオ、次いで北上して、十五世紀には全島の沿岸、主要都邑は大半回教に帰依したのであった。盛り行く回教の勢力に圧迫されて、蘭印と同様、マジャパヒト帝国はフィリッピンにおいてもようやく衰え、十三世紀の中葉、スペインの遠征艦隊がレガスピ指揮の下に比島に来寇した当時には、島内は回教土侯の群雄割拠時代であった。

当時マニラには、まだマジャパヒト王家の一族ラガンドーラ家が余喘を保ち、その他の回教土侯の軍と交戦に日を暮らす有様であったから、レガスピの軍は、この内訌を利用して易々とスペインの政権を樹立することが出来たのである。

しかるにフィリッピンとその南隣ボルネオとの中間に介在し、パラワン、ミンダナオをも支配していたスールー回教王国だけは、どうしてもスペインの旗の下に屈服しなかった。一五七一年から一八九八年に至る三百年の長い治世の間、スペインはキリスト教とスペイン語とスペイン式社会制度を用い、また反抗する者には苛酷な弾圧を加えて、全フィリッピンを統治し、言語、宗教、思想、生活、あらゆる部門において、本来の東洋的、回教的の色彩を失わさせ、スペインに対する徹底的盲従を土民に強いることに成功した。しかしスールー王国のモロ族だけは例外であった。

スペイン政庁は、三世紀の長きに亙る間、幾百度、遠征軍を送ってモロ族征服を試みたかわからないが、モロ族はその都度天嶮を利用して敢然これに抵抗し、決して屈服することがなかった。フィリッピン史上、二百に余る近代スペイン総督の中、モロ族討伐を一度も試みなかった総督は一人もない位であった。

その間にモロ族はパラワン、ミンダナオ本土を奪われたが、依然その小群島スールーを維持して三百年の間スペインに勇敢に対抗して来たのであった。

一八九八年米西戦争の結果、米国がフィリッピンを領土として獲得した後も、モロ族の討伐は年中行事の如く行われた。代々の米国総督は、再三遠征軍を派遣して、時には撃滅し、時には懐柔し、次第にその勢力を減殺したが、如何にしてもこれを徹底的に滅ぼすことが出来ず、今回もなお、モロ族の本拠たるスールー群島は、特別行政区域として自治権を維持し、サルタンを戴いて特別の議会と行政制度とを持っている。

唯一九一五年当時のミンダナオ及びスールーの知事カーペンター氏とサルタンとの間に締結された協約によって、サルタンはその宗教上の特権のみを留保して、俗権はこれを抛棄した。その結果、サルタンはスールー回教徒の宗教上の君主としてのみ承認されることになったが、しかしその政治上の実力はなお絶大なものである。

ミンダナオの本土では、シャリフ・マホメット・カブンスワンが前に述べた如くミンダナオのモロ族、マギンダナウ族を改宗させて、回教王国を建設し、その子孫が代々王位に即いて王国を支配したが、その勢力ようやく衰えて群雄分立の状態となり、現在においては権力ある指導者がないため、教勢は漸次衰退せんとする傾向を示している。

スールー地方のモロ族の勢力はこれに反して、今日もなお盛んで、ケソン大統領が昨一九三八年にも、その叛乱を鎮定するために軍隊を派遣したほどであるが、フィリッピン政府も大体においてこれと妥協し、これを懐柔する政策を採っているようである。或いは学校教育を利用し、或いは本土のフィリッピン人をモロ族の住む地方へ移住させて、漸次これを同化させようとしているが、現在のところ、甚だ前途の多難を思わしめるものがある。

今日フィリッピンに於けるモロ族の分布は、スールー群島のほとんど全部、人口十二万、パラワン、ミンダナオ本土の住民の約七割、四十万、合せて五十二万と推算されている。現在のスールーの教主はジャマルル・キラム二世と称し、王族は何れもハッジの称号を有している。

モロ族が如何に同化し難い、統治の面倒な民族であるかを実証する面白い話がある。前にも一寸書いたがミンダナオ州の知事カーペンター氏が、モロ族を同化する手段の一つとして、或る王族の一人娘を小さい時から自分の家庭に預って教育し、その後米本国の大学にまで通学させて、米国式教育を受けさせた。カーペンター氏は、米国教育を受けたこの王女を、再びモロ族の社会に返して、モロ族の米国化に利用しようとしたのである。ところがこの王女は甚だ情熱的な娘で、米国の大学に在学中、一米国青年と恋に落ち、結婚までしようとした。米国人と結婚されたのでは、カーペンター氏の計画は水の泡だ。氏は急いで王女に帰国を命じ、彼女も止むなく帰って来た。モロ族の王女は、断髪、ハイ・ヒール、短いスカートを着けて帰国した。フィリッピンの新聞は挙《こぞ》って彼女の写真を掲載した。しかるにこの米国仕込みの王女が一とたびモロ族の社会に帰るや否や、一夜の中にアメリカ式の教養を全部拭うが如く棄て去って、モロ族祖先伝来のパジュとサロンを身に纏い、歯を黒く染め、三十も年の違うモロの一酋長の妻になって、半歳たたぬ間に、米国に対して叛乱を計画したというのである。カーペンター氏もこれには閉口して、知事を辞して帰米した後も、折ある毎に愚痴を洩したと伝えられている。

七　インドの回教徒

インドは世界で最も多く回教徒の集っている地方である。一九三一年の国勢調査によればインドの全人口三億五千二百八十三万のうち、これを宗教別に分類すると、インド教徒二億三千九百十九万、仏教徒千二百七十八万、キリスト教徒六百二万に対し、回教徒は七千七百六十七万であって、数こそインド教徒に遥か劣るけれども、インド全人口の二十二パーセント以上を占め、一地方としては莫大な数であって、世界全回教徒の正に四分の一に相当するのである。

インドが回教化された歴史は遠い昔に遡る。一体インドは、古来しばしば外寇侵略を蒙っているが、そのうち注意すべき主なものが三つある。第一は西紀前千五百年から始まるいわゆるアリアン民族の侵略であり、第二は西紀千年から千七百年に亙って行われた回教徒の侵入、第三は西紀千七百五十年から始まり、爾来百余年にして完成した英国のインド征服がこれである。

アリアンの侵入によって、今日なおインドに残存しているいわゆるカースト・システム（階級制度）が生じた。そうしてこの複雑化の結果、インドの社会的団結力が弱まり、ために七世紀前後から行われたアラビア回教徒の侵入に対して抵抗力を失う原因をつくったのである。

インドへの回教侵入はこれを二期に分けることが出来る。一は十世紀から十五世紀に亙るアリアン系王朝の衰微を機会とするサラセンの侵入であり、二は十四世紀末のチムール（帖木児）のインド侵略に端を発するモゴール帝国の建設である。モゴール（莫以児）は勿論蒙古の意である。

第一の場合は、文化的に当時遥かに優秀であったインド教の社会力に却って制服される結果となって終ったが、第二の場合は或る程度までインド教文化と回教文化との融合が行われ、インド教徒にして回教に転宗する者も多数あり、相当の成功を収めることが出来た。そうして一八五七年モゴール帝国が英国のインド征服によって没落するまで、輝かしい回教文化の栄華を維持することが出来たのであった。

しかし、前後約八百年に亙るモゴール帝国の治世にも拘らず、今日インドの回教徒の数は、全人口のわずか四分の一に足らず、しかもその主要蝟集地は東部ベンゴール及びパンジャップ以北に止まっている。南部インドにおいては、人口の五パーセント以下に過ぎず、長い間回教王朝の首都であったデリー、ラクノーにおいてすら、三分の一ないし三分の二にすぎない。この事実は如何にも不思議である。否不思議はそれに止まらない。現在インド最大の回教藩王国たるハイダラバードすら、その首都に全人口中の一割に満たぬ回教徒しか居住しない現状は果して如何なるわけであろう。

更に問題は数に止まらない。同じインドの回教徒で大部分はスンニー派に属するのであるが、完全な資格を持つ者は割合に少なく、地方によって言語を異にし、或いはインド教のカースト・システムの影響を蒙った階級制度を残し、或いはその祀る神をインド教と同じゅうし、祭典にバラモンの僧を招く者、インド教徒同様牛を一切食わぬ者すらあるのであって、インド回教徒中六割は、その風俗習慣、ほとんどインド教徒と同一に見做し得る有様である。

これらの現象の因って来るところは、インドが一般回教圏から地理的に孤立していたことにもよるが、結局インド在来の文化と、社会環境の同化力が強いため、完全な回教化を許さなかったと観てよいのである。

モゴール帝国数百年の治世を以てしてさえ、かくの如くであったインドの回教が、十八世紀の英国侵入と共に益々不利に陥ったことは言うまでもない。一八五七年モゴール帝国の覆滅と共に、従来支配者としてインド教徒の上に君臨していた回教徒は、今や彼等インド教徒と膝を並べて、新しい白人の支配者の前に叩頭せねばならなくなったのである。かてて加えて、英国のインド統治当初は、これまで回教徒の統治に服していたインド教徒が、勢い英国の統治に順応する態度を示し、インド教徒間に、欧風の教育を受け、英国人の下に、或いは官吏として、或いは商社の書記として活動する者が多くなり、取り残されたインド回教徒は益々不遇の地位に転落したのであった。

この間に在って、インドの回教徒の地位を恢復すべく立ち上ったのは、アフマッド・ハーンであった。彼はデリーの名門の子であり、英国の官吏となったが、当時のインド回教徒が徒らに反動的復古主義思想を唱えて、却って社会的に転落するのを歎き、回教徒間に西洋式教育を普及して、終局において英国の統治と妥協すると共に、これを利用して回教徒の地位を恢復せんと計ったのであった。彼は一八五七年のインド大乱中も、英国政府と回教徒の間に立ってその和協に奔走し、一八六九年には欧洲の教育状態を視察し、帰印後一八七七年アリーガールに回教学校を建設して、いわゆるアリーガール運動に着手した。

このいわば教育運動と相前後して、同傾向を有する宗教運動が起って来た。即ち、パンジャッブ州のカディアンにおいて、ミルザ・グラーム・アハマッドなる人物が、一八九〇年、アハマディヤ派なる一派を興し、「慈善、博愛、協和」を主義として、教育の振興と社会改良を目的とする運動を起した。その回教の教義に対する態度は保守的であるが、英国の統治及びキリスト教思想に対しては妥協的態度を採り、正統派回教から異端視される程の転身振りを示したのであった。

これらの両運動は、従来のインド回教徒の反英反欧傾向を転じて、ようやく英国と妥協せしめるのに与って大いに力があったのである。

翻って一方、当初は英国の統治に順応して、回教に反対していたインド教徒は、英国の統治方針が、従来のモゴール帝国の政策と異なり、彼らの自治の権利をも剥奪しようとするのを悟ると共に、モゴール帝国の滅亡によって当然実現出来ると期待していたインド教文明の再興にも幻滅の悲哀を感じるに至った。

この情勢の赴くところ、遂に上流階級を先に立てて、古代アリアンへの復古を叫ぶ国民運動が展開されたのである。しかもこのインド教徒の外国排斥運動は、回教徒排斥をも含んでいたため、形勢はここに逆転した。即ちインドの回教徒は多数のインド教徒から蒙る圧迫を免れるために、却って英国政府の陣営に走る結果となったのである。

好機会を利用するのに抜け目のない英国政府は直ちにこれを迎えた。英帝国の異民族統治の基調たるいわゆる“divide and rule”（分ってこれを支配せよ）によって、英国政府が回教徒に保護を加えたので、爾来インド教徒と回教徒はようやく対立し、遂に世界周知の犬猿も只ならぬ相剋を来たすに至ったのである。

インド教徒は一八八五年インド国民会議を結成し、回教徒はこれより少しく遅れて一八九二年防護協会を創設し、その後幾変遷を経て、一九〇六年全印回教徒聯盟を結成するに至った。インド国民会議は、ガンジー、ネールこれを指導し、全印回教徒聯盟は、アガ・ハーンこれが牛耳を執ること、また周知の事柄である。

インドにおける回教徒とインド教徒対立の原因は種々あるが、その主なるものの例を挙げれば、宗教思想上の相違、祭儀上の相違、例えばインド教徒は牛を尊んでこれを食わないのに対して、回教徒が豚を忌むことのために生ずる紛争、或いは経済上の原因として、大多数貧民である回教徒と富めるインド教徒との経済闘争等があるが、更に政治的原因として、回教徒は常に少数派であるため、権利の確保に汲々として、例えば立法議会選挙等においても、人口の比率以上の議席数を要求したり、或いはインド教徒から独立して、北方に回教国を建設せんと主張したりするように、インド教徒の利益を代表する国民会議派と利害を異にする点が少なくない。現に一九三五年のインド新憲法により、いわゆるインド聯邦制度が提案せられた際も、回教徒側は、これによってインド教徒が多数に乗じて利益を独占することを懼れて反対した事実の如きはその最も明らかな例証である。

かく観じ来ると、インドの回教徒とインド教徒は全然利害を異にして仇敵の如く対立するように考えられるが、一方にはこれと正反対な現象、即ち回印両教徒が相携えて進まんとする傾向の存在することも看過してはならない。即ち両教徒はインド独立の旗章の下に提携せんとする傾向があるのである。

インドの回教徒はモゴール帝国滅亡後、その精神的の拠り所を、同宗のトルコの皇帝《サルタン》に求め、これを教主《カリフ》と仰いでいたのであるが、二十世紀になって、バルカン戦争及び引き続く世界大戦において、英国はトルコと戦を交えたばかりか、大戦後トルコを委任統治の名の下に分割せんとするに及んで、インドの回教徒は英国に対する反感を高め、遂にこれが爆発して、一九二一年には南部マラバルに大叛乱さえ生じたほどであった。かくして回教徒の反英風潮は、一九二一年インド教徒のガンジー一派の国民運動に、回教徒をも参加させるに至ったのであった。

その後、事情の変遷と共に消長はあるが、この傾向は今日も存続し、一九三七年英国がパレスタイン分割案を発表した当時、同印両教徒は相提携して反対示威運動を行うたことさえある程である。もっとも国民会議派に属する回教徒は、全印回教徒聯盟に比較すれば、その数甚だ小である。

一見甚だ矛盾するこの二傾向、インドの回教徒が将来果して何れの方向へ進むかは容易に断言を許さない。全印の児童就学率八パーセントという智能的に低劣な現在においては、回印両派の対立は、恐らく当分現状のまま維持されるのではないかと思われる。インドを打って一丸とする国民的認識が澎湃として起る秋は未だ未だ遠いとせねばならぬ。

回教徒の人物

一　漢回の驍将馬仲英

馬仲英は一九〇九年に生まれたというから、今年未だ三十になったばかりの青年である。しかも西域漢回の頭目として、夙に名声嘖々たるものがある。甘粛省の河東に生まれ、十七歳で甘粛回教軍の声望を担い、大佐になった。閻錫山が山西督軍になって甘粛に勢力を延ばさんとしたときには、叛旗を翻して、閻を河州で八ヶ月も包囲して、結局は敗退したが一時は彼を相当に悩ましている。その後は回教徒を糾合して、パルチザン隊ともいうべきものを編成し、しばしば甘粛、新疆の間に叛乱を企て、一九三〇年には、当時の甘粛総督劉のため父を殺されて、益々漢人に対する怨恨を深くした。

十九歳の時に南京を訪問して蔣介石に面会し、南京軍官学校へ入れられたが、三月で飛び出して、蘭州北方の中衛に帰り、旧部下を糾合して甘粛に進軍し、省総督を威嚇して、軍長に任命させ、手兵一万を以って君臨した。一九三一年には南京政府に、彼の軍隊の正規兵編入を認めさせ、甘粛省新編第三十六師長に昇進した。顧問に大戦後トルコから露領トルキスタンに亡命した「青年トルコ党」の一員ケマル・カヤを招き、独裁をほしいままにして総督の命令を奉じなかった。やがて偶々新疆省首席兼辺防督弁金樹仁が、漢族を優遇して、回民を虐待し、一九三一年回教徒が叛乱を起したので、馬仲英は、新疆回族の首長ヨルバルス・ハンの要請によって来援することになった。

　当時馬仲英年正に二十二歳、手兵五百を率いて、盛夏一滴の水なき沙漠を、安西から哈密まで二百五十マイル、通例十八日行程を一気に突破し、新疆に入り回族の歓迎の裡に、バルクルの軍長が二千の小銃を携え来るのと合流し、金樹仁を哈密に包囲すること二回、金がソ連より武器の供給を受けて、辛うじて馬軍の攻撃を撃退するまで、これを散々に苦しめた。

「シトロエン」自動車王の組織したアジア横断隊「黄色巡洋《クロアジエル・ジョーン》」が安西で、馬仲英の軍に逢着し、ガソリンからタンク式の自動車部分品、無電、食料品まで没収されたのは、そのときのことであった。

　一九三二年には再び回民の叛乱が新疆に起り、馬仲英は再び侵入した。一九三三年四月のクーデターで金樹仁は失脚下野し、劉文竜と盛世才がこれに迭《かわ》り、漢回の自由を約したが、回族は、省首席か督弁か何れかの地位を回教徒に与えることを要求して容れられず、再び馬仲英の出馬を求めた。馬は破竹の勢いで盛世才の軍を破り、省城廸化に迫った。盛世才は再びソ連の援助を求め、偶々満洲事変で我が軍に破られ、ソ領に遁入して、武装解除せられて廸化に送られたる馬占山軍七千に、武装せしめて馬仲英軍に当らしめた。かくして馬軍は再び退却した。しかし尚新疆南半を占領して依然たる輿望を担っていた。盛世才は彼と和せんとしたが、馬は全新疆を要求して譲らない。南京から調停に来疆した外交部長羅文幹は、馬を東警備総司令に任じて、いささかその野心を満足せしめたが、数日にして談判は決裂した。

　その間盛世才は、ソ連から、航空機、装甲自動車、機関銃等、あらゆる近代式装備を供給され、且つ若干部像の援軍を仰ぎ、最後には白系露人三千人を参加せしめて、馬軍に当ったので、流石の驍将も遂に敵せず、一九三四年一月、ソ領に逃竄し武装解除の上タシュケントに送られた。その後の消息に関しては、風評紛々、或いは今なおモスコーにて監禁中といい、或いは釈放せられて蘭州にありといい、或いは第三十六師長に任ぜられ、抗日軍を率いているといわれている。

　馬仲英は、回教の戒律を厳守し、酒色を近づけず、自由なる回教帝国建設を一生の理想としている。この現代のジンギス汗の今後は正に刮目して見るべきものがあるだろう。

二　アラビアの獅子王イブン・サウド

マホメット以来の第一人者として、全アラビア人の信望と崇敬を一身に担っている、サウディ・アラビア王国の元首、イブン・サウド王は、誠に、その勇敢と剛健さにおいて、沙漠の子たるに恥じない人物だ。いわゆるアラブ中のアラブとはこの人のことであろう。

イブン・サウドは一八八一年、回教の分派中でも最も戒律の厳しいワハビ族の宗家たる豪族サウド家に生まれた。サウド家は代々、アラビア半島の中部にあるネジドの首長の家柄である。イブンは二十歳前後、人質として隣国コウェートの長老マハルクの許に託されて味気ない月日を送っていたこともあった。しかし二十三歳の秋には、部下の荒武者をかり集めて、疾風の如く、故郷ネジドの首都リヤードを襲い、トルコの虎威を藉《か》るシャマールの酋長イブン・ラシッドの部下たる太守を屠り、一挙にネジド一帯を奪還して一方の覇者となった。その後世界大戦には聯合軍側に加担して、トルコ軍をエル・ハサ地方に破り、或いは北方よりする、イブン・ラシッドの攻撃を撃退して、着々勢力を扶植しつつあったが、一方内政に眼を注ぎ、従来の遊牧民を耕種定住民たらしめんとして、或いは灌漑に、或いは宗教政策、教育に努力するところ大であった。

その際、大戦後英国の力により、トルコの勢力をアラビアより駆逐せんとして擁立されたヘジャス国王エミール・フセインは、英国の援助によりその勢威を増大し、却って英国に楯つく態度を示し始めた。

飼い犬に手を嚙まれたように感じた英国は、イブン・サウドを利用して、フセインを倒さんと計り、フセインが一九二三年勢いに驕って、トルコ廃帝の後を継ぎ、自ら独断でカリフの称号を僭した事に心穏かでなかったイブン・サウドは、機到れりと、猛然奮起し、兵を進めてフセインを攻めたのであった。

一九二五年初夏、ワハブの狂信的回教兵数万を率いたイブン・サウドは迅雷の如くヘジャス王国に侵入し、十月三日、遂にフセインは亡命してイラクに遁れた。十二月イブン・サウドはジッダに入り、ヘジャス王国を併合し、ヘジャス・ネジド王国を建設した。翌一九二六年一月には自ら国王となり、二七年に及んで更に年来の仇敵イブン・ラシッドの一党を征服して、アラビアの統一を完成した。英国はイブン・サウドを利用せんとし、却って利用せらるるの結果となり、甚だ不手際な外交を行って、見事イブン・サウドに名をなさしめてしまった。

イブン・サウドは今、回教の聖地メッカを手中に収め、年々回教暦の十二月の大祭には、世界各地より集り来る回教徒巡礼の代表者に謁見式を行っている。彼は近代文化の採用に少しの躊躇もなく、近代式道路、自動車、航空機、無電等を自由に採り入れ、新式軍制を布き、鉱物資源の開発に外資を誘入し、着々独立国家としての実を挙げつつある。

イブン王は誠に天賦の武人である。一九三五年の大祭第三日に、イブン・サウドがカーバ神殿参詣中、当時の敵国イエーメンの刺客四人が突如として王に襲いかかった。王は泰然自若、斬りかかる一人の腕を押さえ、「殺すな、引括れ！」と大喝した。護衛兵の手で三名は殺され一名は傷ついて捕えられたが、偶々日本人にしてメッカへ巡礼した某氏はこれを眼前に看て、王の大胆不敵に驚歎したと伝えられている。しかも英国に対する外交振り等、仲々見事なもので、かくの如き大人物を沙漠の中に生まれさせたのは惜しいとも言える。もし彼をして、欧洲の天地にあらしめたならば、天晴れムッソリーニと匹敵すべき大立物となり得たであろう。

三　イランの建設者リザ・パハラヴィ皇帝

新興イランの元首リザ・ハーンは、トルコの父と呼ばれたケマル・アタチュルクと同じく軍人出身である。彼が生まれたのはカスピ海南岸のマザンデラーン州で、若いときはイランのコザック軍団の一将校として勤務していた。マザンデラーンはイランのササーン王朝がアラビア人に滅ぼされた際最後の牙城だった地方で、そこで生まれた彼が、他日イランのシャーとなることも何か因縁があるであろう。

イラン即ち通称ペルシアは、英ソ両国の間に挟まれて、十九世紀以降しばしばその魔手によって操縦され、しかも十九世紀末のカジァール王朝衰頽後は、両国の帝国主義的意図は露骨となり、一九〇七年には英露が協定して、イランを三分し、中部を除き、南は英国北は露国がこれに勢力範囲を設定する条約が成立しても、如何ともすることが出来なかった。サイッド・ジア・エド・ディーンという白面の青年がこの母国の危機を憂えて、首都テヘランにラードなる新聞を起し英ソの傀儡となった政府要人を攻撃したのも、この頃の事だ。

リザ・ハーンは一九二一年、当時イラン・コザック軍の一将校として、当時デニキン軍を破って、イランに侵入し来たった赤軍を討伐するの任を帯びて居たが、軍団中にロシア人将校の在るがために、十分イラン軍隊としての面目を発揮出来ないのを痛感し、ジア・エド・ディーンと密かに気脈を通じ、突如粛軍を決行して、同志と共に軍団中のロシア将校を一掃して、軍を手中に収め、二月二十一日、二千五百の手兵を率いて、カズヴィン門からテヘランに入城し、クーデターを断行して、即日自ら軍司令官となり、ジア・エド・ディーンを首相に任じた。次いで一九二三年、彼自ら総理となり、イランの独裁官となったが、その後ソ連が国内情勢のため特権を拋棄して手を退くに及んで、これを機として国権の回復に努力し、顧問政治により保護領化せんとする英国との一九一九年の条約を破棄し、次いで一九二三年にはトルコ共和国の成立に刺戟されて、イランの再生に着手した。彼は従来のペルシア人がヨーロッパ文化を嫌悪するの陋習なることを叫び、これを輸入してイランを強化せんとし、且つは軍備を近代的装備によって充実し、次いで国内の土豪的存在を製肘せんとし、士官を外国に派遣して軍事上の新知識を吸収せしめ、タンク、航空機を有する近代式軍隊を編成した。又彼は財政その他の改革のため、米国人の専門家を招聘し、先ず財政の改革を断行したが、一方シーア派の聖地巡礼には妥協的態度を示して保守派と協調し人心を動揺させることを防いだ。かくして彼の人望は益々高まり、遂に一九二五年十二月十三日、イラン国会はカジァール王朝を廃して、リザ・ハーン推戴を決議した。彼は初めはケマル・アタチュルクと同様大統領たらんとしたが、イランの保守主義者が共和制に反対するのを利用して、遂に皇帝の位に登り「シャー」の名において君臨することとした。しかも彼は民族復古の主義に基いて、イランの回教へ改宗する以前のパㇵラヴィ（当時の国語及び国字の名）を以って自らの王朝名とし、自身シャー・リザ・パㇵラヴィと称することとなった。

彼は宗教に関する限り、国内保守派の意見を聴いて、回教を国教とする政教一致を或る程度まで保存したが、その他の点においては、大いに西洋の近代知識を採用して、強力軍隊を備えて、国内各地に群雄割拠する土侯を平定し、又一方外交方面は、一九二八年英国をして治外法権を撤回せしめて、英国駐屯兵を撤兵せしめ、一九三二年には、広汎な特権を享有していたアングロ・ペルシア石油会社の不当利得を排除するため、契約の解除を通告し、翌三三年、有利な新協約を締結する等、堂々たる外交振りを示している。一九三五年三月二十一日以来、旧来の「ペルシア」なる国号を廃し、更に、古代から自国民の呼ぶ「イラン」なる名に国号を復旧し、かくて旧来の姿を一新して、新しい国家への第一歩を踏み出したのであった。昨年開通したイラン縦貫鉄道全長千三百九十四キロメートルの如き、全然外国借款によらずして完成したるが如き、復興イランの勃々たる国民的精力の現れと見るべきであろう。

リザ・ハーンは、トルコのケマル・アタチュルクを甚だ敬愛し、一九三四年には自らトルコの招聘に応じて、彼を訪問し、同じく回教国として、しかも新興両国の元首は、意義深い握手を交わし、歓談を交えたのであった。これが間もなく西アジア四国（トルコ、イラン、イラク、アフガニスタン）の不可侵条約となって現われたのである。

四　ケマル・アタチュルク

近代トルコの建設者、ケマル・アタチュルクは、一八八〇年、ギリシアのサロニカの貧家で呱々の声を上げた。父はアリ・リザ・エフンディという、ごく平凡な収税吏から材木商になった人物である。母は名をズベイデといって、教養はないが信仰の強い、実直な婦人で、ケマルを非常に可愛がった。ケマルは子供の時は、寡言な、ひ弱い、青白い眼をした、薄鳶色の髪の毛の、きかぬ気の少年だった。父は彼が、当時サロニカに一つしかなかった、新式小学校、セムスィ・エフンディ校に入るとまもなく病死し、後は母が一人の姉と一緒に、母方の叔父の家に寄食して育ててくれた。ケマルは小学校を卒業すると公立中学校へ入ったが、あまり強情で皆から嫌われていた。或る日喧嘩の最中を教師に発見され、鞭で打たれたので誰にも相談せず退校してしまったほどの強情者であった。叔父は彼を陸軍幼年学校へ入れてくれた。ケマルは数学の成績が抜群であった。彼は十七歳で幼年学校を終え、モナスティルの陸軍士官学校へ入学した。

当時のトルコは、文字通り内憂外患交々到るという風で、クリート島はギリシアに占領されてトルコ軍が動員最中であり、欧洲諸国はトルコを分割せんとして牙を磨いていた。国内は、スルタン・アブドル・ハミドの政府は外観こそ荘厳だが、内部は国を挙げて貧困と不満で心ある青年は改革を叫んで止まないという不穏の情勢であった。モナスティルを中心とするバルカン地方も勿論穏かなるべきはずがない。ケマルもこうした新しい革命的思想に目覚めて来た。休暇中サロニカへ帰省すると、大抵はドミニカンの修道僧についてフランス語を勉強していた。当時、トルコでは禁断の書になっていたヴォルテールやルッソー等の著書或いはホッブス、ミル等の経済書を耽読したのもこの休暇中であった。ケマルは士官学校でも好成績を続け、特に選抜されて当時コンスタンチノープルの陸軍大学に少尉の資格で入学を命ぜられた。

彼は二十歳になったばかりであった。血気に委せて、しばらくは折花攀柳《せっかはんりゅう》の風流に耽ったが、間もなく生来の堅人に帰って、一九〇四年には大尉に特進し、卒業の運びとなった。その頃から彼は同志相求むる青年達を周囲に集めて盛んに政論を闘わした。前々から陸軍大学には「祖国《ヴァタン》」という一団があって、時々秘密会を催したり手刷りの冊子を配布したりして憂国の情を洩していたが、何時かケマルもこれに加わって、自ら宣伝冊子に詩などを執筆したので、到頭卒業間際に、一網打盤に逮捕された事件すら持ち上った。

ケマル大尉は、数ヶ月間監禁された後、ダマスクスの騎兵聯隊へ左遷され、そこで初めて、トルコの内政や軍政上の実際的欠陥を親しく見聞することが出来た。スルタンの暴政が如何に人民を苦しめるかもよく判った。再び「祖国《ヴァタン》」が組織され、ヤッファにも支部が出来た。ケマルは更に支部をサロニカに作ろうとして同地へ潜入を企てたとき、事が発覚したが、このときは古い仲間の取り扱いで無事に済んだ。その後彼は八方運動して、一九〇七年マケドニア第三軍団の副参謀に栄転した。そうして一九〇九年には、サロニカの統一進歩党（青年トルコ党）の叛乱を未然に防いで、一躍衆望を集めたが、そのため軍団長に猜疑され、イスタンブール参謀本部附に廻された。

一九一一年のトリポリへのイタリア侵略防禦戦、続いてバルカン戦争、彼はその間硝煙弾雨の中に奔走しつつ、つくづくオトマン帝政下の軍部首脳の無能振りに愛憎（ママ）がつきた。バルカン戦争後ケマルはソフィアの公使館附武官となり、一九一四年十二月までその職にあって、中佐に昇進した。

世界大戦中、一九一六年彼はガリポリ岬へ上陸せんとした聯合軍を撃退して、その功により大佐に昇進した。聯合軍が遂にダーダネル海峡を突破出来なかったのは、一に独将リマン・フォン・ザンデルスの下にケマル大佐が居たためであった。もっともケマルは中々ザンデルス将軍に盲従しなかったので大戦中も左遷された。一九一八年十月のムードロス休戦条約の締結に際して、彼は政府に対して無条件降服の危険を再三警告したが遂に聴き入れられなかった。一九二〇年三月には首都イスタンブールさえ占領され、聯合国聯隊は一発の砲撃をも蒙らずして港内に入った。屈辱的なセーヴルの条約は調印され、トルコは事実上聯合国の共同管理下に植民地に転落せんとした。ギリシア軍はこの機会に乗じてスミルナに侵入し各地を蹂躙した。イスタンブールの政府首脳部の無能は、遂に決然ケマルを起たしめた。一九二〇年四月、アンカラに開かれたトルコ国民大会は、ケマルを議長に推し、敵の手中にあるイスタンブール政府を否認して、セーヴル条約の批准を拒否した。そうして、ケマル指揮の下に国防団は、アンカラからサッカリアに進軍し、北進し来たれるギリシア軍を邀撃せんとした。時にケマル年正に三十九歳であった。

ギリシア軍は、銃数八万八千、機関銃七千、砲門三百、トルコ軍はわずかに小銃四千、機関銃七百、砲門百七十七、かくも懸絶せる戦闘力を以てして、しかもケマルのいわゆる「アナトリアの匪賊」は、巧みなる各個撃破と騎兵作戦により、九月九日ギリシア軍を一敗地に塗《まみ》れしめ、アンカラの危急を救い、同時にトルコ民族復興の第一戦に輝かしい勝利を獲得して、トルコ共和国誕生の礎石を築いたのであった。九月十九日アンカラの国民議会は彼の殊勲に対して、ケマル、ガズイ（常勝将軍）の称号を授与して歓呼した。十一月にはスルタン・メフメット六世を廃し、更に一九二三年七月には、聯合国と対等の立場でローザンヌ条約を締結し、トルコはセーヴル条約により失ったトルコ民族の住地を取り戻し、治外法権を始め外国の特権を撤廃し、バルカン半島に跨るアナトリアの領土を確保した。かくして、首都は、アンカラと決定し、一九二三年十月、ケマルは初代大統領に選挙された。

　サッカリアの一戦を契機として、トルコの復興は順風に帆を上げたが如く、着々と行われて行った。トルコの近代化運動はここに、ムスタファ・ケマルの指導の下にこの国未曽有の速度を以て進められた。一九二四年の三月には、国民の信頼を裏切った教王《カリフ》制度が廃止され、政教分離が実施された。僧庵や霊廟が閉鎖された。一九二八年四月の国民大会議は、「トルコの国教を回教とする」という一九二四年発布の憲法第二条を削除した。一九二六年には、スイス法典に準拠したトルコ文化法、即ち民法、債務法、イタリア法典を模した刑法、伊独両国法を参照した商法等が続々発布された。トルコ帽「フェス」の着用を廃止し、中折の強制が実施され、回教暦は太陽暦となった。ケマルの近代化運動中特に特筆大書すべきは、婦人解放とローマ字採用である。

　トルコの帝政時代の婦人は、回教の本来の教義を歪めて解釈された中世的見解により社会生活から閉め出され、甚しきは人権も多く認められず、高い庭壁に囲まれた、窓に格子のはまった、陽の目も見えぬハレムの中に蟄居し、外出時も、頭から被衣（チァルシァフ）を纏い、頭には黒い面紗（ペチェ）を着けねばならなかった。結婚も娘の意志は全然尊重されず、多妻も蓄妾も公然行われていた。

　ケマルはこれらの陋習を破らんとして、極めて慎重な態度を採った。男子のトルコ帽禁止と共に、婦人の面紗を脱することを奨励し、トルコ文化法を施行するに及んで、初めて婦人の社会、家庭における正当なる地位、権利を保障し、男子と平等に市民として待遇され、他方一夫一婦の制度を法律として規定した。一九三〇年四月「新市町村令」を発布して、二十一歳以上の婦人に、市町村議会の選挙権、被選挙権を与え、男子の従来の法定成年年齢十八歳を二十一歳に引き上げて、男女平等を文字通り実現した。

一方彼は一九二八年十一月、国民大会議においてアラビア文字を廃止して、ローマ字式新トルコ字の採用を決議し、翌年一月から全国一斉に国民学校を開設して、これが学習を国民に要求した。

かくしてケマルは、外交に内治に、自己の信ずるところを断行して、トルコの復興、近代化に努力し、大戦前後、「瀕死の病人」であったトルコを活気勃々たる新興国に育て上げた。一九三四年十二月国民議会は、彼の多年の功労に対してアタチュルク（トルコ人の父）なる姓を贈って感謝の意を表し、この時からトルコ人は初めて各姓を名乗ることになったのである。

一世の雄ケマル・アタチュルクは一九三八年十一月十日、現職トルコ大統領のまま、躍進途上にある母国トルコを後に忽然として逝った。

回教国民の近代化における、今日までの唯一最大の例としてケマル・アタチュルクの略伝を掲げたのは、これが他の回教国民の将来に有意義な示唆を与えているからである。

五　アラビアのローレンス

英国のウェールズのカナヴォン州は、あの有名な自由党の闘士ロイド・ジョージの出生地として周く知られている。そのカナヴォン州で一八八八年八月十五日、丁度ナポレオンの生まれたのと同じ月日に、トマス・エドワード・ローレンスという男子が呱々の声を挙げた。ローレンスの家は土地の旧家で、古い系図を誇る家柄であったが、ローレンスの生まれる頃は衰微していた。

トマス・エドワード・ローレンスは、この家の五男に生まれたのであった。ローレンスが八歳の春、彼はオックスフォードのハイスクールに入学した。四歳で新聞を読み、六歳でラテン語を綴った天才児である。彼に尋常一遍の教室が面白いはずがない。彼は滅多に室内に居たことがない。気が向くと自転車に乗って弁当を持たずに出掛けてしまう。二、三日帰らないことも二度や三度ではない。家族の者も慣れたもので、また彼奴の放浪癖が始まった位で落ち着いている。ローレンスの行く先は大抵近所の史蹟、特に古城が多かった。彼は読書で得た知識を親しく踏査して確かめていたのであった。

ローレンスの読書力は素晴らしいものであった。昼間は外を歩くから自然読書は夜になる。或るときは炉辺の敷物の上に寝転び、或るときは毛布に包まって肘掛椅子の上で一夜を読み明かすことも多かった。十六歳の暑中休暇には、フランスに渡って、各地の古城を見学して歩いた。このあたりから彼の古城癖がそろそろ膏肓に入って来る。

一九〇七年の十月に、十九歳で彼は、オックスフォードのジーサス・カレッジに入学した。家は貧しいので学資を出すだけの余裕はなかったが、彼は十二歳の時からずっと特待生に選ばれて、この負担を軽くしていた。カレッジの学生になっても、彼は相変らず講義等には出席せず、自分の好き勝手な書物の読破と自転車旅行に日を暮らしていた。

彼の興味はハイスクール時代から、中世紀の古城に向けられていたが、ようやくこの興味は気紛れから専門的になって来た。性来の探究慾と凝り性とで、彼は徹底的な研究心に駆られ築城学の専門書を耽読し、それから転じて、その城の攻囲戦の記録文献を漁り、更に三転して、興味は専門的な戦術、兵法の領域に移って行った。しかも彼の読書力は、普通の学生が探偵小説一冊を読み終る頃に、スピノザの一冊を読破する超速度であった。

一九〇九年の夏、オックスフォードの第二年目が終ると、彼は、卒業論文の「十字軍城砦の研究」執筆のため、実地に十字軍の遺跡を踏査したいというので、シリアへ旅に出た。彼はベイルートに着くと、直ぐ町の市場で、土民の衣裳を一揃い買い込み、靴もぬぎ捨てて、単身奥地へと出発した。彼はかくして、流浪する羊飼と共に暮らし、時には村に一夜の宿を求めながら、アラビア語を習いつつ、十字軍の遺蹟廃城を具さに見学して、従来十字軍が築城術を東方から学んだという定説を覆すべき幾多の実証すら挙げてオックスフォードへ帰って来た。

三年間のオックスフォードの学年が終って、彼の実地踏査の新説による十字軍城砦研究は大好評を博し、一躍有望な学徒として、前途は洋々たるものがあった。

翌一九一〇年、ローレンスはオックスフォードのモーダレン・カレッジの給費研究生に推薦されたが、間もなく、シリアのヒッタイト文化の廃墟発掘隊に参加して出発した。幼時からの放浪癖と、オックスフォード時代のアラビア流浪の経験は今やローレンスの身の中に結実して、彼をアラビアへと招くものの如くであった。

発掘は満四年間かかったが、その間他の考古学者連は、休暇毎に帰英したが、ローレンスは決して帰国せず、同僚のいない閑な間は、以前のように土民服を纏ってアラビア人の村を漂泊しながら、見聞を広めた。

一九一三年のクリスマス近い頃、ローレンスはシナイ半島にあって、スエズ運河防備のため、重要な地帯の測量に従事していた。そうして、その測量も終り、四年振りでロンドンに帰って、報告書と地図の製作に忙殺されていると、丁度翌年の夏世界大戦が勃発した。

ローレンスは報告書の完成を急いで、一九一五年これを終ると直ちに志願兵として募集に応じたが、身長が標準に足りないため合格することが出来なかった。ローレンスは身長五フィート三インチ、英国人としては小兵に属するのである。

兵士たらんとして失敗した彼の姿は、間もなく陸軍省の地理課に現れた。彼があまり小兵なので給仕と間違えられることがしばしばなので、陸軍少尉の資格を与えられて軍服を着けたのもこの頃の話である。

戦禍は遂にアジアに拡大された。ドイツ側に参戦したトルコがスエズ運河を脅し始めた。英国はトルコ治下にあって向背常なきアラビア族を手懐けて、トルコに対抗しようと考えた。特務機関の本部がカイロに設けられ、ローレンスも情報部附としてカイロに派遣された。

しかるに行って見ると驚いた。首脳部の案出するアラビア地方の作戦計画は、どれもこれも、ローレンスの眼から見ると、出鱈目な机上の空論にすぎない。学生時分から親しく実地を踏査したローレンスの知識からすれば、恐ろしく不十分なものであった。ローレンスは、古代のローマ、ギリシア時代の道路から、十字軍により開拓され今は埋没して不明になった沙漠の中の道までも、掌を指すが如くに知っている。またアラビアの土人の民情にも詳しい。たちまちにしてこの短軀にして風采上らざる一少尉は衆人の注目する所となった。

一一六年六月、従来スエズ運河の防禦に主力を注いで消極的作戦に終始していた英国軍はメッカ王のフッセインがその王子アリー、アブダラ、フェイサル、ゼイドの四人にそれぞれ兵を与えて、紅海沿岸のトルコ軍を襲撃させる計画があると聞き、これを積極的に援助して、トルコをアラビアから駆逐せんとした。英軍は準備の都合上しばらく待機するよう勧告したが、気早なフッセインは待ち切れず、六月五日にベドウィン族の標悍な軍隊三万を率いてトルコ軍を攻撃し、一時は大勝を得たが、獰猛なばかりで訓練のないベドウィン族は、トルコの正規兵と堂々戦を交える段になると不利な点が多く、折角占領したメッカも今は重囲の中に陥る有様となった。

英国軍はこれを聞いて、直ちに援軍としてエジプト駐屯軍を派遣しようとしたが、その前にアラビア軍の実状を確かめる必要があるので、ロナルド・ストアというアラビア学者と、彼の友人であるローレンスを使者として差し向けることになった。

二人を乗せた船は紅海を横断して十月ジッダに入港し、港にはフッセインの第二王子アブダラが出迎いに出ていた。ローレンスは好戦的で年中仲間内で小競合をやっているベドウィン族を統一して近代的訓練を経たトルコ軍に対抗させるには、その狂信的な性質を利用して、誰か預言者のような風貌を持った指導者の指揮下に統一せしめることが必要だと思った。そう思って見ると、このアブダラ王子はこの大任には不適当な穏かな人物だった。彼は次に、第三王子のフェイサルと会見した。この王子はローレンスの頭に描いていた人物をそのまま具体化したような風貌を持っていた。

ローレンスはカイロに情報を送って、こう書いた。

「アラビアへ援軍派遣の要なし、王子フェイサルを総司令官としてアラビア軍を統率せしめよ。」

英国軍は勿論欣んだ。手薄な軍隊をそれだけ助かるからだ。同時にローレンスは「連絡将校兼フェイサル軍顧問」の肩書を与えられ、糧食、兵器、弾薬、軍資金が続々とカイロを経由して送られて来た。

近代的訓練のないベドウィン族の長所は、その敏速な奇襲戦法だけだ。ローレンスはこれを利用してトルコ軍を悩ますことを考えた。フェイサル王子を先頭に、色とりどりのベドウィン族の駱駝兵の間に純白の衣服をつけたローレンスが一人交っていた。一軍は深紅の旗を日に輝かせ、戦鼓を敲いて進軍する。

神出鬼没のベドウィン族の奇襲のために、紅海沿岸のトルコ駐屯軍は次々に降伏し、一九一七年七月にはシナイ半島の要塞アカバも開城した。

ローレンスの作戦は素晴らしい成功を収めた。大戦前トルコが「巡礼鉄道」の名の下に敷設して、メジナまで達した鉄道上の鉄橋は、ローレンスの手で七十九まで破壊され、トルコ軍の輸送能力を著しく激減した。

一九一八年の夏には、アラビアに在った英国軍の精鋭は、西部戦線強化のため欧洲へ運び去られ、その後は専らローレンスの率いるベドウィン族の奇兵作戦に頼らねばならなかった。十月一日、アラビア軍は、長い間の目的地たるダマスクに入城した。

ローレンスは、ダマスク入城が終ると間もなく密かに英国に帰って来た。それは十一月十一日、丁度欧洲大戦の終りを告げる教会の鐘の声が町々に鳴り響いている時だった。欧洲大戦の英国側の最大の殊勲者は勿論ローレンスであった。

パリーの媾和会議には、アラビアの代表フェイサルの通訳兼顧問としてローレンスは列席した。しかしこの会議は、沙漠の戦場と異なってローレンスに幻滅の悲哀を与えた。アラビア人のためのアラビア、独立国アラビアの建設を胸に描いて参列したローレンスの見たものは、英仏の相変わらず帝国主義的野心から出たアラビア委任統治案であった。この委任統治は「偽善外交の最後の方式」に外ならなかった。大戦当時アラビア人のトルコへの叛乱に喝采した聯合国の政治家は早くも喉元すぎて熱さを忘れてしまったのだ。

二枚舌三枚舌の自国外交の軽薄に愛想をつかしたローレンスはオックスフォードへ隠退して、再び学究的生活に帰ろうとした。欺瞞政府の栄誉を受くるを潔しとしないと叫んで、勲章を返してしまったのもこの頃である。しかし彼のアラビアにおける行動はようやく世人の噂に上り、彼に会見を望み、彼の談話を聞かんとするものが次第に増えて、彼を煩わしがらせた。しかも彼の財政的窮乏は長くオックスフォードに止まることを許さなかった。

一九二一年から一年間、彼は、ウインストン・チャーチルの片腕として植民省に顧問の椅子を与えられ、アラビア人のために努力するところあったが、彼の努力も空しく、わずかにフェイサルがイラク王に選ばれたのを、せめてもの慰めに、彼は翌年職を去った。

その年英国空軍の一兵士J・H・ロッスとして彼は再び現われた。しかし前身が判明すると、神経質な航空省に彼は放逐された。更にT・E・ショーという偽名で戦車隊の一兵卒になった。一九二五年八月、航空省は彼を許して再び空軍に入隊させたので、一九二六年の末には、インド国境駐屯軍へ廻された。彼がアラビア戦線の回顧録『智慧の七柱』を限定版で公にしたのはこの頃のことである。この書は、単なるアラビア戦線の記録であるばかりでなく、彼の懺悔録であり、アラビアのために人道に訴える建白書でもあった。この書はたちまち一大センセーションを惹起して、文字通り洛陽の紙価を高め、抄略した普及版の『沙漠の叛乱』が一般に売り出された。

ローレンスがインド国境にいることが判ると、アフガニスタンとソ連が抗議して来た。スパイとして派遣されたに違いないというのである。当時インドとアフガニスタンの間には険悪な空気があったので政府は彼を直ちに呼び戻した。

一九二九年ローレンスは、英国とイタリアがシュナイダー・カップを争った航空競技に出場したイタリア機の練習に手伝いをした理由で、危く空軍を放逐されそうになった。

有名になる煩わしさ、天才の悲哀、ローレンスはしみじみとこれを痛感し、この人生の索然たる淋しさをまぎらすために専ら、飛行機、モーターボート、自動車、オートバイ等の快速を利用するようになった。中でも性能の優れたオートバイで真直な田舎道をフル・スピードで飛ばすことは、彼の最も好むところであったらしい。

一九三五年二月、十年間かつて一級の昇進をも望まず、一兵卒で通したローレンスは除隊になった。その頃彼はもう何も人生に希望がなくなっていたらしい、五月十三日の朝、ローレンスはオートバイに乗って田舎の街道をフル・スピードで走っていると、前方に二人の少年が自転車を走らせている姿が見えた。危い、ローレンスはこれを避けようとして、オートバイを顛覆させ、路面にたたきつけられて頭蓋骨を破砕し、人事不省になった。そうして十九日、無意識のまま四十九年の劇的生涯を終った。

アラビアとその回教を語るものの永久に記憶すべき人物は英雄ローレンスである。

六　アガ・ハーン（附、イスマイル派）

アガ・ハーンは現代の最も不思議な人物の一人だ。彼は、西洋にあっては堂々たる大金融資本家であり、ロンドン、リヴィエラの社交界のピカ一の一人であり、パリ、ジュネーヴ、ロンドンでは、その意見に敬意を払われる政治家でもある。

ところが一度彼が東洋に現れると、その権力は神秘的なものとなる。アジア大陸では、イラン、アラビア、インド、ゴビの沙漠から、アフガニスタン、シリアに至る地域、アフリカではトリポリから中部湖沼地帯まで、果てはザンジバル、マレイ群島に至る間、数千万の回教徒が彼を教俗共に首領と仰いでいるのだ。彼等にとっては、アガ・ハーンは半ば神であり、予言者マホメットの血統を継いだ生まれながらの導師《イマーム》、マホメット・シャーなのである。彼の言葉は法律であり、かりそめの一言も有難い教えなのだ。

アガ・ハーンには一小隊の兵士もなく、一平方寸の領土もないが、しかも彼が一度命令を下せば全回教世界の半ばは黙って彼に服従する。この恐るべき権力の源泉は実に彼の持つ破門という武器である。即ちイスマイル派の世襲的イマームという彼の地位が物をいうのである。

彼の今日の勢力を語るには、このイスマイル派の歴史を回顧する必要がある。

イスマイル派というのは、回教の一分派たるシーア派に属するものであって、シーア派の教祖、マホメットの婿アリーの子孫である、ジャファル・サディクの子イスマイルを宗祖とするものである。アガ・ハーンは実にこのイスマイルの直系の子孫である。

このイスマイル派は回教諸派の中でも最も異端で神秘的な信条を持っている。熱烈な回教徒でありながら、回教の伝統戒律を犯していることが多い。例えば金貸を業とすることなどもその一つである。回教徒は一般に金を貸して利息を取ることを禁ぜられている。しかしこの一派だけは、特にインドのボンベイやアフリカのザンジバルでは、貿易商や商売人は勿論金貸しになって働いている。彼等は正当な利息をとることは決して罪ではない、正当な商売だと考えている。彼等はこの点コーランの文句を、一般とは反対に解釈している。こればかりではなく、他の回教諸派は、ラマザーンの断食と一生一度のメッカ巡礼を、来世の救いのために絶対必要なことと考えているのに、イスマイル派だけは別にそんなことはないと思っている。宗派が分裂して幾百年か経つうちに、次第々々に奇妙な風習が出来上って、他のものとは非常に異なった神秘的な一社会を形成して来たのであった。何百年もの間、イスマイル派の地盤はイランの地に在り、アガ・ハーンの祖先は代々そこに住居していた。

星霜ここに幾百年、十九世紀の中葉に至って、当時のイマーム・マホメット・ハサンはイランのシャーの娘と結婚して、メヘレットの知事に任命され初めて、アガ・ハーンという称号で呼ばれるようになった（「アガ」はイラン語の君の義）。

イランのマホメット・シャーのとき、ハサンは王位を覗って兵を起したが（一八四〇―四一）一敗地に塗《まみ》れて、インドに逃れて、ボンベイに居を卜《ぼく》した。彼ハサンは実に現在のアガ・ハーン、マホメット・シャーの祖父にあたる人物なのである。

当主のアガ・ハーンはマズガオンの祖父の家で、純東洋風の教育を受けた。彼の一生を支配する多くの性格はこの祖父に負うところはすこぶる多いといわれている。

祖父ハサンは甚だ俊敏な人物で、商業上の才能をも備えていた。ボンベイに居る彼の信徒は多く、彼の教派に入信したインド商人は、コジャ（ホッジア）と呼ばれている。即ち商業貴族とも云うべきである。ハサンは彼等の助力を得て、瞬く間に巨万の富を築き上げた。彼はまた大のスポーツ好きで、時に競馬を好み、当時未だ幼かったアガ・ハーンを連れて、よく四人乗りの馬車で競馬場へ出掛けたそうである。ハサンはイスマイル派の信徒の面倒をよく見て、彼等の利益を図り、英国の宗主権を利用して彼等の特権を擁護し、アフガニスタン戦争のときも、同派の志願兵を募って英国を援けたほどであった。ハサンが尊敬と名誉のうちに一八八五年この世を去ると、彼の子もまた幾ばくもなくして父の後を追い、わずか八歳のマホメット・シャーが祖父と父の後を継いで当主のアガ・ハーンとなった。

祖父の死と共に、若いアガ・ハーンの環境は一変した。彼は厳格な家庭でイランの王女である母の監督の下に、益々東洋風の教育を受けた。母は、英国人を家庭教師の中に加えながら、インドとイランの教育を彼の中において融合させようとした。

アガ・ハーンは天性、人にすぐれた才能を持ち学業はたちまち上達し、特に数学と文学において秀で、外国語も会得が早く、記憶力も良かったので、シェキスピアーも読めば、イランの桂冠詩人ハフィズの作品もすらすら口をついて出るという有様だった。十六歳になる頃には早くも独立して、立派なイマームとして自分で事を処理するようになった。彼は長ずるに従って、祖父同様広大な厩《うまや》を建てて多くの馬を飼い、多勢の召使を使って贅沢三昧の生活をはじめた。しかし一方イマームとして、彼の信徒の居る地方を巡錫するのは怠らなかった。彼の足跡は、プーナ、カラチ、ジンドに及んだ。間もなく彼は従妹のシャザーダ姫と婚儀を挙げた。儀式はプーナで行われ、市城の外には三万の賓客を饗応するためのテントの町が設けられた盛況であった。

彼は全インドを視察して、イスマイル派の信徒とその他のインドの回教徒の実状を見て廻った。随処に回教徒は、権力と金力を掌中に握ったインド教徒のために圧迫されている。アガ・ハーンは、彼等を救済するには、回教徒の持っている商業に対する偏見を棄てさせなければならぬと考えた。そのために先ず必要なのは教育だ。彼は回教徒に実業教育を普及するために、アリガールに大学を建設し、その他学校の設立に多額の金を寄附した。インド総督に回教徒の幸福を助長するための陳情もやった。また血で血を洗うような内輪喧嘩をしている、スンニー、シーア両派の争いを融和させようと努力し、全印回教徒聯盟の設立をも援助した。かくして三十歳にならぬに彼はインドの新進指導者として認められるに至った。

彼はまた新知識を吸収し、巨額の投資目的を調査するために、遍く欧洲各地を訪問した。特に英国には頻繁に往き、長い間滞在した。そうして英国風の生活に入り、テニス、ゴルフ、拳闘すらやった。ようやくにして彼は、インド人としてよりも、国際人的な色が濃くなり、インドの回教徒問題を、第三者の立場から冷静に観察するようになった。彼が全印回教徒聯盟の会長を辞し、シヤザーダ姫と離婚して、フランスの婦人テレーズと結婚したのは今から十数年前のことである。彼はこのテレーズとの間に一子を儲けた。

世界戦争が勃発すると、アガ・ハーンは全世界のイスマイル教徒に訓令を発して、英国を援助せよと命じ、自ら一兵士として出征の希望を述べた。英国は彼の申込みは承諾しなかったが、トルコのドイツ側参戦に対抗すべく、彼の援助を求めた。一度アガ・ハーンの訓令が発せられると、数千の義勇軍は英国のために銃を執り、巨万の金が募られた。

しかるに大戦後英国が、いわゆる「瀕死の病人」であったトルコを分割し、サルタン、カリフの尊厳を失わしめんとするに及んで、アガ・ハーンは一大苦境に直面することになった。勿論彼は、ヴェルサイユ会議やローザンヌ会議で、これに反対し、トルコのサルタンやカリフは世界平和のために必要な存在であることを熱心に力説したが、英国の政策に公然反抗するまでには至らなかった。

彼のこの態度を見て、英国人は彼を背恩の徒として非難し、トルコ人は内政干渉だと歎き、インド内の回教徒は、彼が西洋の富と権力に眩惑されて、同信の教徒を忘れたと排斥したが、自ら信ずるところ堅いアガ・ハーンは少しも動じなかった。

インドと欧洲は相依存すべきものであり、英国のインドに対する宗主権は、インドの回教徒に対する有利な保障だというのが、アガ・ハーンの持論であった。彼は相変らず、欧米の事業に金融し、英仏の競馬に名馬を走らせ、欧洲の科学や哲学を勉強した。

そのうちにインドは再びアガ・ハーンがいなくては済まなくなった。新憲法がインドに約束され、自治施行の議が出ると共にインドは再び沸きたった。その混乱のうちにアガ・ハーンは帰国した。インドは国家聯合でなければならない。しかし英帝国と分離してはならないというのが、アガ・ハーンの牢固たる信念である。三億五千万の人口中、わずか八千万を占めるにすぎない少数民族の回教徒を、インド教徒の手から保護するには、アガ・ハーンを措いて他に人がなかった。アガ・ハーンは、再度、社交的な国際人から、豪邁鋭敏な政治家に立ち戻ったのであった。

一九三〇年ロンドンで開かれた帝国円卓会議に、彼は単なるイスマイル派のイマームでなく全印回教徒の代表として出席した。一九三二年以来彼は又インド代表として、国際聯盟に出席しその議長にも選ばれた。

インドの情勢は今、いわば雨を孕む雲の如き不気味さを示している。アガ・ハーンがその活殺自在の手腕を揮う機会は今日より始まると云ってもいいのである。

沙漠の国

一九三五年刊行

序

私は過去十数年にわたる在外生活の間に、あまり我が国人に知られていない東洋、即ち中央及び西方アジアに駐在するの幸運を持った。これ等の国々で折にふれて筆にしたものを集めたのがこの書である。即ちトルコ、ペルシア、アラビアなどの最も永く滞在した地方の漫遊記を主として、その外の任地で書いた随筆などをも合わせて公にすることにした。

日本が東洋の指導者たるべきことは、私などに取っては久しきに亘る不抜の信念である。しかしこの書が偶然にも、我々の知る東洋の、如何にその極東に限られた一小部分に過ぎざるかを如実に示すのに役立つならば、日本人の自己陶酔を匡正するだけにでも、多少の存在の価値があると思う。近くまで欧米人の作った世界秩序の下で、不幸な存在を続けて来た多くの東洋民族にとって如何なる将来が示唆せられて居り、我々日本人の役割が何であるかを、この書などの与うる認識を基礎として明示する人が出て来たならば、筆者の目的はもっと有効に酬いられることになる。

随筆の多くは文芸春秋、改造などに寄せた旧稿に少しく推敲を加えたものである。

草稿の整理などには友人佐藤荘一郎君に、浄書、校正等には鈴木修次君に負うところが多い。なお幸田成友博士、青山新君等にもいろいろ援助を仰いだことを、ここに特記して深厚なる謝意を表して置く。

昭和十年五月　　著者

ペルシアへ

バクーからテヘランへ

モスコーからの急行列車が、半時間程の延着を途中で取り戻して、正に夜の十一時半に静々とバクーの停車場へ滑り込んだ。

「バクーへ着くと何の訳とも知らずに涙がハラハラと出ますよ」

と私の前任者のＨＮ夫人が云った。ＨＮ夫妻は長らくロシアに在勤したロシア通であるが、バクーがスラヴ文明の最後の別れ場で、ここを出れば最早や端倪すべからざるペルシア、未だ見ぬ不可思議なイラン高原で、「文明」とはしばらく縁が切れるという気持を私に教えたものと思われる。

バクー在勤のペルシア領事から色々歓待を受けて、一夜をバクーの幼稚なホテルに過ごした。

バクーは世界最大の油田、全市が文字通り石油坑のバクーから、黒海のバツームまで、コーカサスを横断して五百マイルの送油管が設けてあって、ソヴィエットの大世帯の台所を賄っている。行けども行けども石油井の櫓の林である。海の中にすら櫓が見える。海面もギラギラと浮いた油に光っている。イギリスが、ソヴィエット革命当時、コーカサスを独立させて、この地方を自国の勢力下に置こうとしたが、失敗に帰した。当時到る処にジョルジア国の公使館と称するものがあったのは、この地方が英仏等の支援を受けて独立運動を試みたその活躍の片影であったが、今ではアルメニアなどと同じ運命で、ソヴィエット聯邦の中の一員になったアゼルバイジャン共和国の首府が、このバクーである。

テヘランには私の代理として公使館創設の準備に当っていたN書記官が、明日にも知れぬ重態であった。モスコーで急電に接したので、出来るならば直ぐ様飛行機でと地蹈鞴《じだんだ》を踏んだが、冬のさなかで飛行便はなく、やむを得ず、テヘランの公使館からバクーまで出迎えに来てくれたカルデア人の通訳が、ここで準備させてあった飛行機を頼りとすることにしたが、天候の加減で対岸のパハラヴィーまでは翌日出帆の汽船をとるより外に仕方がなかった。十二月初めの身に沁みるコーカサス颪が、蕭条と裏海の水面を撫でて行くところ、ペルシア連絡船は寒さ凌ぎの足踏をでもするようにその小さい船体を、桟橋の横に起伏させながら、私達を待っていた。

出国手続はソヴィエット官憲の厳しい検査のために仲々面倒だ。私の連れていたH青年は、数多い日本の書物を一々丹念に検査されたがその中から私の友人Tから貰った五十円の日本紙幣が偶然《ひょっくり》出て来た。それがソヴィエット入国取締規定に牴触するとあって事態大いに紛糾、しばらくの間税関官吏との押し問答が繰り返された。ようやくのことで没収の憂き目だけは免れて、虎の尾を踏み毒蛇の口を脱れたる心地というほどでもあるまいが、虎の子を失くしかけた騒ぎに口をとがらしながら船に乗った。

裏海の船は、昔の房州通いのような小さなもので、加うるにコーカサス颪が吹きつけるために、平日《いつも》はかなり激しく揺れるのであるが、この日は和風麗日、寒さは相当に骨身にこたえたが、船の動揺は思いの外に少かった。油坑の櫓の林が段々後に霞んで行くと、東の方コーカサスの雪を戴く山々が厳かに見える。間もなくそれも消えて対岸が茫と見えなくなる内に、日は暮れてしまった。

舟航十七時間ばかりで、翌朝対岸のパハラヴィー港に着く。昔エンゼリと云った港である。ここでソヴィエットとペルシアとの合弁漁業会社が、世界一のキャヴィアールを作っている。酒客なれば低徊して去るに忍びないところであろう。自然の河口を利用した淋しい港の入口に所在無さそうに佇んで居る灯台の下を過ぎると、防波堤に高く日の丸の旗が掲げられてあった。新任公使に歓迎の意を表するのであろう。

　パハラヴィーでは官憲の丁寧深切なる歓迎を受け、ソヴィエットと反対に、従者までも一切無検査で税関を通ったが、同行のドクトルIと私とはそれらの人達への挨拶もそこそこ、宙を飛ばして飛行場へ駆けつけるなり、テヘラン行きの特別仕立ての飛行機へ身を踊らして乗り込んだ。心は既にN書記官の病室へ飛んでいた。

　飛行機は、港と小さな町の上をゆるく一旋回すると、間もなくレシトと云う町に差しかかる。この辺りは森や林が鬱蒼として茂る、附近に水田や畑が続いている。マザンデラン州は、米の産地で、飛行機から見る風景は、日本と余り変らない。その後方が一万二、三千尺のエルブルズ山脈である。どこを見ても雪に蔽われた山々と谷間とに時々小さな村が見える。仰げば聞きしにまさるペルシアの空の蒼色、下に雪か雲か、飛行機が一万四、五千尺の高度を保って飛ぶ一時間ほどの間は、眼に入るものは無辺際の青と白との色の外、何ものもない。山が尽きるころ、カズヴィンが見える。これは歴史にも知られた雅致ある市街で、西暦第八世紀の末から次世紀の冒頭にかけて勢威を揮った教主《カリフ》で美術の大檀那《だいだんな》として知られたハルン・アル・ラシッドの宮殿の所在地である。また、この町の名はミルトンの失楽園にも謳われている。

Or Bactrian Sophi from the horns
Of Turkish crescent, Leaves all waste beyond
The realm of Aladule, in his retreat
To Tauris or *Casbeen.*

または大夏のソヒが
トルコの新月の角より
アラジュル国のかなた、すべて荒野を棄てて

タウリスまたはカスビンに退く、（藤井武訳楽園喪失第十編より）

とある。その最古の建物と称する寺院には、キリスト御自身が、エルサレムから遥々東来して落慶を祝福し給うたとの縁起が伝わっている。しかし、後年私の篤と拝見したところでは、サラセン式回教的の建築で、約千年程度のものであるから、ヤソ親臨は真赤な嘘である。そのお寺も瞬く暇に越えて、沙漠のような平地の上空を飛行機は真一文字に進んでゆく。

カズヴィンは、今でも人口約五万、近世ではアバス王が第二の都をここに置いた。古くからの交通の要路で、裏海方面に行くにも、ハマダン（メディア王国の都エクバタン。支那人の後漢時代の阿蛮）を通ってバグダッドへ行くにもことごとくここを経由する。随って色々の伝説がこの地に絡んで残っている。又、シラーズと同じく葡萄の産地で、カズヴィン葡萄酒は今日でも天下に喧伝している。テヘランに入る最初の城内はカズヴィン門と云って、陸路旅行は出入必ずこの門において旅券その他の検査を受ける。それほどカズヴィンはペルシア旅行者にとって、親しい名前である。

飛行機は低空を行くと、ところどころに道路を走る自動車や駱駝の隊商が、のたりのたりと這うように蠢《うごめ》くのが見える。

いたるところ「カナット」というペルシア特有の導水法の工事が、蟻の巣の様に土饅頭の形に見える。これは水源から町まで、山や丘を貫いて水を導く必要上、二、三十メートル毎に垂直に、竪坑を掘って、坑から坑へ、トンネルを通ずるもので、深い所では百五十メートル以上にも及ぶのがある。テヘランには、水源から約二十キロメートルほどの間にカナットが四十本もあり、所によってはその長さ四、五十キロメートルに達するものもある。又家々の貯水池や、庭の美観としての円形の泉水が、飛行機からも時々見える。

一時間ほどで、テヘランが視野に入って来る。このあたりの灰色の平野の中に、この都だけが茂った樹立と泉水との緑を浮き出させている。家は大抵泥の壁のようなもので囲われ、家自身も泥土で固めたもののように見える。斜めに二、三度旋回してから郊外のジャラバッドの飛行場へ着陸した。これが私の目的地テヘランだ。

テヘラン――生別、死別

山々の真白な雪の衾《ふすま》を深々と被《かつ》いで灰色の沙漠の臥榻《ベッド》の中に、まだ中世期の眠りから覚めないような都がテヘランである。

飛行場には、公使館員だのこの国の外務省の代表者等が、出迎えてくれた。私の第一の言葉、と謂うよりむしろ叫びは、N書記官の病状の質問であった。今日明日と迫ってはいないが、決して快い方ではないという答えであった。私と医官とを待ち兼ねているとのことであった。聞き了ったときは、もう私は彼の泊っていたアストリア・ホテルを指して疾風の如く飛ぶ自動車の中にいた。そうして病室のドアを排した瞬間、私は又案外に元気な彼を見たときには、無意識に自分自身の意を迎えて、未だ望みがある、ナーニ大丈夫だというような気がした。彼は痩せ衰えたか細い手を延べて私の握手に応えた。

「こんな具合でお迎えにも行けず、大変に失礼をしました」

などと詫びられたときには、何とも謂えない複雑な気持ちで胸が重くなった。そうしてこれが私に取ってテヘランでの最初の出来事――Nとの死別――のスタートであった。彼と私とは長い交友でありながら、これまで不思議に短い断片的の交渉を繰り返しただけで、その最後すらわずかに四日間という呆気《あっけ》ない果敢《はか》ない会見であった。

彼がフランスの大使館に居た時、私はルーマニアから休暇を貰って、パリへ出掛けて行った。私がフランス警視庁の運転免許を貰うのに、彼とA君とが世話をして色々手続等を教えてくれたことなど、今一《ひと》しおなつかしい想い出だ。

大正十五年に私は本省へ帰って、彼を通商局に見出した。一、二度ゴルフをやりに駒沢へ行き、同じく一、二度ブリッジをやったことがあった。どちらも彼の負けず嫌いを遺憾なく発揮していた。もっとも、腕は私同様余り冴えたものではなかったと謂っても彼は恐らく地下で微笑するであろう。ゴルフの当らないときなどは、わざとクラブを柄短かに執って、ビュービューと力を籠めてスウィングする癖など眼に浮かんで来る。ただこうしたきかぬ気でパリの街を自由自在に、自分で自動車を運転していた彼が、東京の街は怖いと云って私のとるハンドルの傍で、驚歎して坐っていた。私がペルシアへ行くことになったとき、彼は臨時の繋ぎに、当時駐在して居たモスコーから出張を命ぜられた。そして直ぐ私に詳細に亘って色々の注意を書いて寄こした。沙漠の中にバラックを建てたような都だが、住んで見ると割合に愉快だと書いてあった。交通不便のため、物資の供給に大変な時日を要するから、開館設備に必要なものは成るべく洩れなく調達して来て欲しいとあった。私は官命に由って赴任の途次欧洲を経由したのであるが、インド洋からパリへ着いて見ると又々詳しい手紙が私を待っていた。買い入るべき物品調度を一々注意してくれて、彼の神経が如何に文明人の鋭さと緻密さを有《も》って居るかを示していたが、中にも新館の見取図が、要領よく添えられてあって、このサロンの壁は薄緑だとか、この部屋の絨緞は濃朱にしたとか、という事まで記入し、家具を調える場合、その調和に対する精密な考慮が払われてあった。電波の相式や、何かの注意も添えてあった。お蔭で私は、ラディオの装置に、変流器を注文するのを忘れなかった。気の利いた頭が電流計のように微妙に鋭利に動くことを私は感心した。

　I医官はそのまま病院へ泊りきりに夜昼となく、彼の容態を見守った。そしてドイツ人やフランス人の医師と療養上の意見を交換したり、血液の分析をやったりした。勿論手当は、テヘランの文化の提供し得る限りを尽した。しかし敗血症に罹っていた彼の病状は刻々に終焉に導かれつつあった。私は最後の四日間、一日に一、二回ずつ病床を訪ねた。医者はいずれも絶対に望みのないことを確言していた。理性からこれを点頭《うなず》かなければならぬと万々承知しても腹が立った。彼自身も割合に元気で、平静、澄明、どうしても医者の予測を裏切るもののようにさえ見えた。私も決して単なる気休めではなしに、気長に養生して少し快くなったら、南仏へでも転地するようにも励ました。彼もその心算らしかった。疲れさせてはならぬというので、私は会話を成るべく短く切り上げては帰った。

　臨終の四時間程前にも、一寸譫言《うわごと》らしく思われたことを除く外は、頭は澄んでいた。付添いの婦人にも間違いのないフランス語で命令をして居た。公使館の設備に付いてもいろいろ気を配って、手伝いの出来ぬ陳謝《ことわり》などを述べていた。

それから同僚連中の消息を噂したり、テヘランの代理役が済んだら、本省は自分をどこへやってくれるつもりかなどと、今後の身の上などを語り合ったりした。死の予感は毛程もなかったのである。

本当に惜しいことをした。前にも述べたように短い断片的な交渉しか有《も》たなかったに拘わらず、私は、数ある友人の中でも、稀しく薄っぺらでなく、温味のある得難い友を失ったことの口惜しさに堪えない。それから三年間、私は机の上に彼の書き残して行った公使館のプランを眺めながら、何となく人跡未到の僻地を拓いて最初の犠牲になった偉大なる探検家の足跡を辿ってゆくような気持で、在りし日の彼の俤《おもかげ》を幾度となく偲んだのであった。

新公使館

公使館及び官舎として選ばれたのは、パハラヴィー通りに近く、離宮——これは名目のみで、実際は皇帝陛下の御住居で、宮内省もその一構えの中にある——の直ぐ隣にある広大な邸で、前王朝の一族であり、かつて外務大臣であったモサデグ博士の所有に属するものであった。同博士とはその後しばしば会見したが、教養あり気品ある立派な紳士である。スイスの大学で「回教における相続法」という論文を書いて、学位を得たのであって、回教法に就ての私の絶好な指導者になってくれた。同氏が前王朝から貰ったサルタネー（権勢、主権の意味）と云うのは、最高の価値ある雅号である。

ペルシアでは前王朝まで、皇帝から雅号《ラカップ》を与えられた。これは恰度昔我が国で、高僧などに贈られた勅号に当るので、大抵何とかのドブレー（国家）、モルク（国家）、メマアレック（国）というような字が付いている。例えばムジール・エッド・ドブレー（国の礎）、アサ・エッド・ドブレー（国の獅子）、ポルハン・エッド・ドブレー（国の論客）、ゾカ・ウル・モルク（現総理大臣フルギ氏の号で国の光の意）等の類である。現王朝になってこのことは止んだけれども、未だ人々は通称として雅号を使うので時々面喰うことがある。

在テヘラン帝国公司館（公司官邸内庭）

館は前後に大きな泉水と、木立の繁った庭とを擁する堂々たる建物である。純ペルシア風の構造で、馴れぬうちの不便はさることながら、また捨てがたい趣のあるものであった。ただ、ペルシアの家庭の定法として、表と奥との連絡の不便なことや、煖房の設備、構造の不完全のことや、風呂場の水即ち使い水の濁っていることなどが、いささか不快であった。飲料水は、英国公使館が山から直接引いたものを、我々に売ってくれた。であるから病菌などの脅威は全然免れた。ただ氷は山から自然の雪を取るので、絶対に口へは入れないことにしていた。数十年前に英国公使館の宴会で、公使初め館員全部がコレラに罹ったという話が伝えられている。それはウイスキーを冷たく飲むために、冷やしてあったソーダ水が、偶々品切れとなったので、僕長が、かねがね戒められているにも拘らず、内証に氷を直接水の中へ入れて出したためであった。

ペルシアの僕婢は仲々信用出来ない。のべつ幕なしに嘘を付く、又その過ちを巧く誤魔化す。時としては古詩の文句を引用したりなどして、頭を下げながら心は空嘯いている。僕婢の種類に対しても五、六種違った名前がある。「ファラッシュ」と云うのが普通の下男であるが、これは「絨緞を敷く者」と云う意味である。ペルシアの家は泥土、又は石の壁で囲われて居るが、絨緞で綺麗に蔽うので、初めて家らしくなる。この名前から見ても、ペルシアの家に、絨緞の欠くべからざることが判る。「ゴラム」と云うのは、使い歩き、「ピッシュ・ヘット・メット」これは奥向きの僕、「メーヒテル」は馬丁、「バージ」は洗濯女等と種々の分業がある。

家の掃除は至って疎略《ぞんざい》だが、これでも審美眼は仲々発達していて、晩餐会などのときテーブルを装飾させると、草花の花弁や葉や芽を組み合わせて見事な図案を立ち所に完成する。これは数千年来絨緞の図案などで、国民の頭脳に焼き付けられた審美的感覚の発露であり、中世紀以後でも密画等に表われるペルシア人の生まれながらの装飾趣味の現われである。後にアルメニア人の僕長を雇い入れて、同じことをやろうとして、その技能が遠くペルシア人に及ばないことを知った。同一国土に数千年来雑居して居ながら、なお且つ国民性の相違は畢《つい》にいかんともし得ないものであると沁々感じさせられた。

しばらく経つ内にペルシア人との交遊も出来、その家庭生活の一端を理解するようにもなったが、様々のことで東洋人の特徴を見出して、千里の外に在ることを忘れることもあった。中にも文字を尊ぶこと、文字が単に思想の符牒であるばかりではなく、書そのものが芸術であることなど、最も著しい点である。お役所等には昔の日本と同じように、能筆だけで高給を喰んでいるものがあり、宮廷等には今でも御祐筆がいる。勲記などの辞令書は雲烟躍動まことに見事な筆勢を示している。

坐臥進退等も凡て東洋風で、直接床の上に坐ることなど日本そのままである。特に、祈りのとき、長者に対するときなどはそうである。婦人の物腰の閑雅《みやび》やかなことも全く東洋的である。もっとも婦人が奴隷視され、閉居を強制せられていた国ではどこでもいわゆる女らしさを保っている。言葉の丁寧なこと等も、形容沢山なのも支那等と同じく、「行く」、「来る」などと云う動詞にも丁寧の度に従って「参る」、「罷る」、「御出でになる」等と同じような区別がある。一番珍らしいと思った熟字に、御産をすることを石の上に行く（ruhe Sang raftan）等と云うのがある。その内私は、自分が屢《よ》く「ジュナベ・アリー」と呼びかけられるのに気が付いた。これは貴方とか貴君とか言わずに、閣下と云うような場合であって、字義も「高められたる玄関」で即ち「閣下」という観念にピッタリ当てはまる訳である。それから他人の家で何か品物を褒めると、直ぐ「これは貴方のものであります」「ピッシュ・ケッシュ」（献上物）として差し上げると云う。目に触るるもの片端から差し上げるという。どうかすると家ぐるみ献上するようなことを云う。たまには本当にくれるものもあるが、先ず大抵は丁寧な辞令の一端である。この風習はアラビア人からスペイン人まで移って、今でもスペイン人は誠しやかに「貴方のものだ」「アラ・ディスポジスィオン・デ・ウステッド」と云う。但し、あなたの細君は美人だと褒めたときだけは、ペルシアでもスペインでもこの辞令は使わないようだ。

ペルシア富士とテヘラン銀座

北の方イスパハンを出づればペルシア無しと人は云う。如何にも今日のテヘランは全くペルシアらしくない。と云って何れの国の都でもないような混成の都市である。ただ大きな邸宅には昔の日本流の土塀があり、庭には山から水を引いて潺湲《せんかん》たる泉水を湛え、噴水が勢いよく天を摩している。そうして楊柳、杏、林檎等の植込みが折ふしの移りかわるがままに参差として緑陰紅雲の趣を尽している。普通人の飲料水は雪解の山水で、それが市内の大通りを流れて料理にも洗濯にも用いられる。

流るる水は飲むとも溜り水は飲むなとの回教の誡めによって——この教えはゾロアスターの教義を受け継いだものだが——流水を非常に大切にする。水に乏しい国では何よりも大きな財産が飲水である。労働者等は掘割の水を手で掬って、顔を洗ったり口を嗽いだり、又夏ともなれば石を溶かすような日光をわずかに掘割に沿うた木陰に避け石を枕にして寝ている。水の傍がいくらか涼しいからである。

テヘランの市街は全く砂原に掛小屋を並べたような貧弱なものであるだけに、町から見るダマヴァンドの山はテヘランに過ぎたる唯一と謂わないまでも随一のものである。いつ誰が言い初めし、ペルシア富士の名に背かず、一万八千六百尺の霞外に皎々たる白雪を戴いて青空にくっきりとその横顔を現わしている。私達は度々この山の麓で、昔の王者が離宮を作っていた水辺に遠足をしたが、全く八面玲瓏という言葉はこの山のために造り出されたかと思わるるばかりの美しい山である。

テヘランには外国式ホテルが三つある。いずれも皆貧弱なものであるが、その一つのアストリア・ホテルで、N書記官が最期の息を引きとったことは前に述べた。それでも中庭には夏になると、テーブルを並べ、欧洲人のジャズがあって、内外人が仲よくダンスに夜の更けるを忘れている。ペルシア人は大抵食後に将棋を遊ぶ。将棋はこの国から出て世界中に拡まったと云う説すらある。

テヘラン銀座（ラレザール街）

将棋を今でもドイツ語、ロシア語では、「シャーハ」といい、詰《つみ》を「マット」と云う。これは勿論ペルシア語で「シャーハ」は国王、「マット」は「倒れる」、若しくは「死ぬる」意味だ。即ち王将が倒れるので勝負がつく意味である。英語で「チェックメート」というのもこの字の訛りであるというのが定説である。但し真の起原はインドにあるという説もある。因みに将棋の遊び方は世界同一であるが、駒を「取り棄て」にしないこと、即ち捕虜にした敵の駒を生かして、味方として使うのは日本独特の方法だと云われている。

ホテルは大抵ラレザール街即ちテヘラン銀座の近くにある。銀座と云ってもわずか三、四町の両側に低い店舗が並んでいるだけで、ネオンサインの波逆巻く我が銀座とは較ぶべくもないが、ここを通る人畜は、銀座の廉価版モーダーニズムよりは遥かに詩趣横溢だ。驢馬がトルコマン人に牽かれて行くかと思えば、黒衣の女達が駱駝や驢馬に騎って静かに練って行く。駱駝や驢馬は附近にある隊商宿に泊まる。白い鬚を垂れ、ベルトの付いた、膝まで達《とど》く上衣を着流して、そして一人々々が砲兵工廠を代表するほど、弾丸、拳銃を胸に運ぶ異様なコーカサス人が黒いアストラハンの帽子を被って行ったり、どう見てもタメルランの侵入軍の一兵卒としか思われない蒙古姿が、最新式のパリーのリュー・ド・ラ・ペーの衣裳を着けた婦人と並んで行く。隊商の駱駝の列が蜿蜒と続いて、その鈴の音が床しくも中世を偲ばさせるかと思うと、その後からロールス・ロイスが第二十世紀の紅塵を捲いて飛んで行く。

市民の大部はコーラ・パハラヴィー――これは新王朝が国民の精神的統制の手始めとして一定した帽子で真黒のトルコ帽に庇を付けたものである――を被り、女は一様に黒衣のチャドールを身に着け、その間に時々緑色のターバンを被った坊さんが行く。サイッドと云う名前を付けている人達は、マホメット家の血統に属する者で、今でも多くはターバンを着けている。目映《まばゆ》げな瞳を朝の街に輝やかす黒衣の女達の足を見ると大抵色とりどりの靴下を穿いている。

テヘラン銀座を真直ぐに東から西へ抜けると、トップ・メーダン（砲《つつ》の広場）へ出る。ここには市庁や郵便局や銀行などがある。その南側にナスィリエ門があってバザーへ導き、北側にはドブレット門があり王宮に向う。町外れには皆ファイアンスで綺麗に飾ったダルヴァースと称えられる大門があって、通行者は一々旅券なり証明書なりで身元を検査される。この広場はテヘランの中心にあって、昔からの歴史的記念品たる分捕大砲などを中央に陳列してある。

ラレザール通りもバザーも、砲《つつ》の広場も近頃面目を改めて、綺麗な西洋式の町並になりつつある。バザーは大抵むかしの回教寺院を中心に作ってあって、その周囲を円頂の起伏する建物が囲んで、その下に迷宮の道路が東西南北に通じ、小店が櫛の歯の如く並んでいる。処々に、泉水などを設けた広場があって、明《あか》り取りになっている。あらゆる種類の店が小さい割合に、非常な多量の商品を持っている。これは交通の不便なために、半年分位のものを貯えた遺習であろう。また茶を飲みながら商談をしたりする喫茶店風の店もあり、銀行の支店すら穢いバザーに置かれてある。

果物を積んだ驢馬だの、山のような荷を担う駱駝などがこの間を縫って歩く。このバザーにだけは純粋のペルシア情緒と、東洋人たるペルシア人の本来の生活が残っている。その風景は全くアラビアン・ナイトそのものである。主人は狭い店先に敷いた絨緞の上に坐り込み、煙草を吹かしたり、お茶を飲んだりしなから暢乎《のんびり》と構えて居る。客がいくら素見《ひやか》しても少しも不機嫌な顔を見せずに、丁寧に挨拶をしてこれを送る。恐ろしい掛け値を云うので、初めは友人のペルシア人に同伴して貰わなければ、うっかり買物も出来ない。しかもこの同国人に対してすら、平気で無暗な掛値を云う習慣である。

乞食だの自選通訳なども外国人と見ると、紛然としてたかって来る。この通訳は大抵フランス語かロシア語を話す。そして客と店との両方から手数料をせしめる。

お祭の賑いは大抵このペルシア銀座から、砲《つつ》の広場辺りへかけて見物することが出来る。中にもペルシア正月――春分――や、クルバン祭などには、市民が思い思いに新調の晴着に綺羅を飾り、老弱男女を問わず出て歩く。中にもクルバン祭――トルコではクルバン・バイラムと云い、北アフリカではアイデル・ケビールと呼ぶ――は回教最大の犠牲祭で、この広場で勅令に依って駱駝を屠殺する。普通の市民でも裕福な連中は、自宅で犠牲にする。昔は国王自らこの広場に臨御して、犠牲祭を司ったものであるが、今はそのことはない。この不幸な選に当った駱駝は町々を牽き廻され、宮中の軍楽隊の奏する音楽に連れて、広場に着く。するとその車から下ろされて、金銀を鏤《ちりば》めた鞍を付けた先導の馬に導かれて、様々の僧官や役人達の間を通って、定めた場所に着く。昔は犠牲をするのは、王族の一人で勅命を受けたものの役であったが、その衣裳は、緑色の絹服の上へ王の賜った栗色のカシミールの式服を着け、その後に町の各種団体の代表者が、首に大きな白布を巻いて、銘々その屠られた駱駝の一片を受け取る役目を持って附いて来る。これを屠る技術は、スペインの闘牛と同じく一太刀で、鮮かに止めを刺すことになっている。駱駝は闘牛よりは従順であるから、滅多に人死があったことはないらしい。それでも一、二の事故は伝えられている。その頭、脚、胴など、部分々々によって各々帰属者が決まっている。そして喉のところを国王に捧げて、その任務の完成したことを報告すると、群衆がその死骸を取り巻き、指を突っ込んで血染めにして自分で額を染め、その幸運を祝うのである。

近年は駱駝を屠ることは歇《や》んで、その代りに羊を犠牲にすることになった。私は市庁の二階から遥かに羊の傷ましい鳴声を聞いたことが一度だけある。

ペルシア皇帝と語る

ペルシアは詩の国、歌の国、絵の国、花の国、女の瞳が星のような国だ。この国の皇居である美しい薔薇御殿で、近代の風雲児リザ皇帝と、目のあたり親しく相語ったのは、私の永い海外生活中にも、特に忘れられぬ印象の一つである。海抜四千尺の高原にある首都テヘランは、いつも空気が乾燥して、カラリと晴れているが、その朝、千九百二十九年十二月、国書捧呈の日に限って、珍しくも薄曇っていた。そして私達がペルシア富士と名付けたダマヴァンドの嶺は、まっ白い雪の頭巾を戴いていた。いかにも鮮やかだ。

午前十時すぎであった。帝室差し廻しの自動車がピタリと日本帝国公使館の門前にとまった。濃藍色のリンカーンである。私はそれに式部長官と同乗して快輪軽風を斬った。王宮まで五町ばかりのドライヴである。

一階建の低く穢い家並の両側には、日本からの初代公使を見んものと、物見高な群衆が一杯堵列している中に女達の黒いチャドールで軀を隠し、目ばかり出しているのが目につく、時々瞳の光が容姿の美しさを予想させるのもある。

王宮はゴレスタンと呼ばれている。薔薇の宮居と云う意味である。自動車がゴレスタンに到着するや否や、華やかな礼装の衛兵が捧銃をするを合図に、内庭の外郭に居ならぶ軍楽隊が一斉に「君が代」を吹奏した。私はこの絶域の外になおかくのごとく讃えられたまう我が皇室の御盛運を仰いで粛然として襟を正し、千里の外に使する任務の重大に腎骨そぞろに引き締まりつつも、その融々たる諧調の底からありありと浮んで来る故国の面影の懐しさにひしひしと胸打たれた。

と同時に、この時の「君が代」の奏楽には、こうした荘重と厳粛とに一味のなごやかさを与うる、謂わば楽屋落ちの興味が私自身に取っては加わって居たので思わず微笑まれた。

それは外でもない。二、三日前、儀式局長のブラゴン氏がわざわざ私の所にやって来て色々参内の打合せをしたとき、

「建国以来日本の国歌の吹奏は初めてなので、全く分らないので弱っています。譜があったら貸していただきたい、又急稽古なので間違いがあってもお宥しを願いたい」

と云うのだった。初めて外交使節を交換する国である、大方こんなことも有ろうと、日本から用意して来た音譜をトランクの底に求めて貸してやった。その「君が代」である。数日の急稽古にしては実によく出来た。かるが故に心中大いに微笑まざるを得なかったのである。

王城の内部に入ると大きな池がある、綺麗な水が満々と湛えていて、その周囲には鬱蒼たる木立が茂り、薔薇がたくさん植えてある。なる程薔薇の宮殿だ。冬のことだから夏の頃ほしいままに咲き誇った花の女王も、今は色褪せ容《すがた》くずれているが、浅んの香り漂う風情は捨て難い。

*

その池の周囲が王宮である。

王宮の壁はファイアンスに、古代から近代までのペルシア歴史の壁画が描いてある。青や黄の色とりどりでうつくしい。導かれるままに、粛然と正面階段《エスカリエ・ドノール》を上って控の間にホンの一分間ほど休憩する間もなく、皇帝陛下の出御を知らせて来た。

謁見は大広間である。壁も、天井も、方錐形の水晶がただ一面に鏤《ちりば》められた「金剛石《ブリヤン》の部屋」と呼ばるる大広間である。その燦爛たる光彩に反映して、黄色に、青に、花と唐草模様とを織り出した絨緞が敷きつめられている。百畳あまりの大広間にたった一枚の絨緞である。

と見る、その大広間の入口に近い煖炉を背にして、六尺豊かな体軀に王者の威容おのずとそなわるリザ・シャーが突

立って居られる。大礼服に青色の綬、胸にはただペルシアの最高勲章一つ。陛下の横には宮内大臣で当時の事実上の執政官であったテムール・タッシュ氏が扈従し、その傍には外務大臣ファルジン氏（後に在独公使となる）が侍立している。当時のペルシア帝国の全部がまさしく私に直面しているのだ。

皇帝はリザ・シャー・パハラヴィーと申し、またの名はシャーヒン・シャーヒー即ち王の王とも申し上げる。宝算五十六、七歳、がっちりしたブロンズの像のような体軀、赤銅色の肌色、大きな鼻、濃い口髭、眼光隼の如く炯々として人を射る。御口も御顔も総て引き締っている。私の印象から言えばトランプのキングと、日露役の勇将黒木大将を一緒にしたような風貌におわします。私は更に旧約エレミヤ記にある「堅き城、鉄《くろがね》の柱、銅《あかがね》の墻《まがき》」の一句をふと聯想した。

この風貌はまことに皇帝の生涯を如実に語っている。

リザハンは父祖以来軍人の家に生まれて、二十二歳のとき一兵卒としてコサックに入隊した。このペルシア・コサックの師団と云うのは、帝政ロシア時代にロシア人の教官に依ってコサック式に訓練された軍隊であるが、ペルシア兵は非常に怠慢且つ横着で、上官が命令を下してもややもすればファルダー（明日）と言って仲々命令を実行しないのであるが、一人リザハンは決して明日《ファルダー》という言葉を口にせず、即時に上官の命令を実行した最も信頼すべき将校として、断然群を抜いていたということである。

その当時ペルシア軍と交渉のあった或るイギリス士官は、リザハンのことを次のように述べている。

「彼リザハンは、自分のかつて見たペルシア人の中で、最も凛々しく聡明な軍人であった。日常は黙々として言葉を発しないが、談ひと度何等か重要性を帯びた問題に触れたときには、たちまち、矢継早に要点に触れた質問を続出したが、その理解と決断の敏捷なことは誠に稀に見るところである」

と評している。当時リザハンは一躍ペルシア軍総司令官となり、間もなく陸軍大臣に任ぜられ、在職二年の間に軍隊の根本的改革を行い、一千九百二十三年には遂に総理大臣となり、摂政と成った。

一千九百二十五年の十二月建国議会に、リザハンを皇帝に推す決議を通過したので、リザハンはここに新しきペルシア帝国の皇帝の位に即き、その敬称もリザ・シャー・パハラヴィー陛下と称えられるに至った。

パハラヴィーと云うのは、ペルシア文化華やかなりし三千年程昔のペルシアの国語、即ちサンスクリットの岐れた言葉であって、同時にその文字をも唱える名前であるが、これはリザハンが自ら選んで名付けられた自分の姓即ち苗字で、これをとって新王朝の名称としたのである。

かくの如くリザハンは、一兵卒より身を起して古くはキロス、ダリウス、降ってはアバス大帝の王座を占めた謂わば現代のナポレオンと成った訳である。陛下は現代の新しいペルシア国民の衆望を一身に負われているのみならず、ペルシア人民はことごとくこの皇帝陛下のお蔭で、沈滞を極めていた国家の将来に希望の光明を認めるに至ったのである。

ペルシアは古い。キロス、ダリウスの昔に溯れば、歴史の轍が神話と伝説との霞の底に消えて行く。アレキサンダー大帝が滅ぼしたというペルセポリスの柱郭もギリシアのパルテノンよりは古いのだ。キリスト降誕に先だつこと五百年、既にガンジス河からニル河までを領した一国であった。イランは欧洲にその言語を与え、アテネの起る前に輝く独自の文化を誇った国である。ローマの光がまだ歴史の地平線を照らさない以前の偉大な文明国が今でも立派な独立国だ。面積フランスの約三倍もある新興の大ペルシア国に、赤手よくパハラヴィー王朝を創始した現代のナポレオンこそは我がリザ・シャー陛下である。凡そ現地球上に生きて居る独裁者中、ほんとの独力で亡び行く国を興した点から云えばムッソリーニも、ヒットラーも恐らくリザ陛下の靴の紐をとくにも足るまい。

この荘重なる鉄人はたった今、ペルシア皇帝として私の前に立って居られるのだ。

私は直ちに懐にした御信任状を、式部長官の手を経て陛下に捧呈した。そして古代ペルシアの文化を讃美すると共に、いま新興ペルシアを率いて歩武雄々しき陛下の御国に同じく東洋の日本から初代の公使として赴任したことが如何ばかり光栄の極みであるかと云う意味の「言上振」を朗読した。

式部長官はこれをペルシア語に翻訳して陛下に執奏する。皇帝は侍従長の捧げた小さな紙片に認めてある答辞を述べられた。侍従長は直ちに仏語に翻訳して私に伝達したが、それは日本帝国の光り輝く文化と驚歎すべき進歩とに言及し、古代ペルシアと現代の復活とを讃美せるは深く朕の心を打つと云うことであった。
それから握手を賜わった。皇帝の手は分厚で、堅く温かであった。私の小さな手の全部が皇帝に握りしめられて、すっぽり隠れてしまった。

*

こうして公式の御信任状捧呈は終った。それから側に侍っていた公使館員全部を型の如く御紹介申し上げると皇帝から

「朕は近世日本の偉大なる進歩の姿を想像して、真に敬服すべき東洋民族の指導者と思っている。貴国と我が国とは距離こそ遠けれ精神においては非常に近い国民である。あらゆる方面に相提携して東洋の進歩のために努力しようではないか。この精神的交感からすれば、どの国よりも、両国が真っ先に相近づくべきはずであった。今日両国間に使節交換を実現するに至ったのは日波の国交のみならず東洋永遠の平和のためにも喜びに堪えない所である」、

と御挨拶があった。二、三御談を交えると、ペルシア語の御挨拶は急に流暢なトルコ語になった。

「公使はトルコに居たそうだね。何時頃であった、トルコ語で話をしよう」

と、ブロンズの像の如き直立不動の鉄人皇帝にほのかに一脈の春風のわたるような親し味が流れ始めた。皇帝の御生地マザンデラン州にはトルコ語を語る町村があるのである。私は不得手ながら往年の記憶を喚起して二、三トルコ語で直接お答えすると、引き緊った竜顔に初めて微笑がほのかに漂うたようである。

皇帝の御声はそのたくましい御威容に似もやらず、小さく優しかった。目を瞑って御声だけを耳にしたら未だ十八、九の乙女の声と云うにふさわしい。もっとも鉄血宰相ビスマークやウォータローの英雄ウェリントンの如きも低く小さい声であったと言われるが、げに我がリザ・シャー陛下の場合にも三軍を叱咤した往年の鬼将軍がかくも御声の優しいのは全く私の予想を外れていた。

元来ペルシア人は、文辞の華麗において支那人と同様であり、空疎な辞令に陥り易い言語を持っている。一寸の立ち

話にも詩の文句や諺を引いたり、僕婢のたぐいでも朗読か演説口調の者が多い。けれども我がペルシア皇帝の御言葉は何の滞りもなく無雑作にすらすらと流れ出る、態度にも会談にも一つのわざとらしいポーズが見られない。これも私の三年の体験に依れば陛下のみに認められる一つの顕著なる特異性と言わねばならぬ。

かくて陛下はN書記官――私の着任後五日で病歿した代理公使――の不幸に対する御弔詞を述べられて、これに関聯した二、三の御話しがあり、終って私に再び大きな握手を賜うて静かに退出された。ほんとに偉大ながっちりした陛下の威ありて猛からざる後姿である。ドレッドノートのような御靴が、柔かく華やかな絨緞の上を音もなく消えて行った。

私がペルシア皇帝と初めて語ったのは、約三十分ばかりの時間であったが、その印象は今もありありと残っている。それから私は同じ宮廷内にある皇太子殿下の御座所に御機嫌伺いの署名をした。それが皇室全部に対する儀礼である。

昔から礼儀三百、威儀三千の国であるペルシアの皇帝であるから、その尊号は法成寺入道前の関白太政大臣をして走り且つ僵《たお》れしめるものである。一八七三年に調印した波独修交議定書によると、ドイツ皇帝は、

「慈愛深き神の御名においてドイツ皇帝」

と至極あっさりしたものであるが、ペルシア皇帝の方は、即ち

「皇帝陛下、その陛下のために太陽が国旗であり、神聖にして偉大なる君王、独裁の統治者、全ペルシアの王の王」

となっている。この外、外交上の公文書にはもっと長いものもある。古い条約には外国使臣は陛下の御前で三拝九拝すべきことを明文で以て規定してある。全世界の王者たる威容が備わっていたのだ。イスラエルからキリスト教に及んだ伝統的の天国の図面、即ち、穆々たる神様が群聖にかしずかれる場景は、そのかみ実在のペルシア宮廷に形取ったものであるとクレーグリガーが言っているのも尤だ。

*

二度目にペルシア皇帝に拝謁したのはペルシア新年の拝賀式の時であった。それから又、戴冠記念日（後に御誕生祝日に改められた）の祝賀には各国の大公使に一人ずつ別々に謁見を許し給うた。私に賜わったお言葉はこうである。

「余は日本精神に深い尊敬を持って居る。西洋今日の物質文明はいまの欧米人が威張るほどのものでは無いと思う。

現在における東洋民族の多数は主として英・米・仏の作った世界秩序のもとに不幸な存在を続けているが、それは決して西洋が偉いからではない。西洋人が科学に対して興味を持ったのが唯一偶然の理由に過ぎない。

西洋人はわがペルシアを近頃まではほとんど亡国扱いにして居た。しかし物質文明がそんなに立派なものなら、ペルシアでも道路も出来た、電灯もともった。電信電話もあれば飛行機も飛んで居る。ある人が朕に向って、ヨーロッパを見学してその長を採るように勧めたが、もう数年たてば欧米人が朕の国に見学に来るようにして見せるつもりだ。」

皇帝の御言葉には音声の優しさに似合わず、あくまで更生民族の覇業を遂げんとする雄志がほのみえていた。そして東洋人はみだりに西洋文明の盲目的崇拝者であってはならぬと云う強い信念が溢れていた。

一丘卒から皇帝まで——ペルシア皇帝の赫々たる武勲と雄図とは、既に世人に知り尽されているから、今更改めて語る必要はない。即位以来、匪族は全く影をひそめ、国内には新式にして強力な陸軍が整備された。治外法権は撤廃され、司法行政財政も根本的に改善された。

殊に日本からは鉄道及び漁業の技師を招聘されたり、満洲事変についても我が国の立場に非常な同情を表示され、又先進国としての日本に対して十分敬意を表し、大いに学ぶ所あらんと皇帝自ら種々画策されて居る。

誠に再興のイラン帝国になくてはならぬたのもしい独裁の王者である。

皇帝の外交工作も見事なものの一である。その基調は謂うまでもなく平和に在るが、その表現は凛然として鋼《はがね》の発条《ばね》の概がある。如何なる強国に向っても太刀先に微塵の乱れを見せられない。英国は近年電信会社と発券銀行との特権を奪われた。また昨年国際聯盟に附議された英波石油会社特権取り消しの問題の如き、チェッコ外相ベネシュの調停で、ようやく英国の譲歩によってケリが付いた程である。

それから目下係争中の外交問題としてはバハライン島の問題がある。バハラインと云えば、ペルシア湾内アラビア寄りの島で、石油も出れば、真珠も採れる。資源豊かなる黄金島である。英国はこの島の酋長即ちシェイクを自国の傀儡として、この富源の開拓に指を染めた。所が、きかぬ気のパハラヴィー皇帝である。バハライン島は沿革的に立派なペルシアの領土であると、大英帝国を向うに廻して堂々と頑張って居られる。それやこれやの経緯で、

「今後英国の飛行機はペルシアの上空を飛行することまかりならぬ」

と鉄人皇帝の一令は綸言汗の如く、流石の大英帝国も施すに策なく、ロンドン、バグダッド、カルカッタを飛んだ英印間定期航空機は、これまでペルシアのブシールに着陸していたのがアラビア寄りを大廻りしてバハライン島へ寄航する外なくなった。イラン政府には今日各省に亙って欧米人の顧問や技師や教官が居るのに唯一人の英国人も雇われて居ない。

*

ペルシアの暦は太陰暦であるが、自然を基として一年は春に始まって冬に終る、他国のような季節錯誤は絶対にない。新年と云えば陽春三月鳥も啼いて百花繚爛の春である。

新年、三月二十一日の夜、ペルシア皇帝は宮中に各国使臣を招いて大晩餐会を開かれる。新年はノヴ・ルーズ即ち新しき日と云われて都も鄙も新しい衣裳をつけて自らなる春心朗かである。同じ朝、謁見拝賀の式があり、古代ペルシア王の伝統を襲うて内外の百官有司に一人々々握手を賜わり、手ずから新鋳の金貨を一つ一つ下賜せられる。私も小さな御真影の彫《きざ》んである金貨を頂いた。ある年新任の米国公使ハート夫人が、拝賀には旅行中で、参内出来ぬが、金貨だけは頂きたいと、私に頼んで行ったので、私は恐る恐るその趣を言上したら、笑いながら同夫人の分を一つ余計に私の手の中に入れ給うた。

私は四回ほど宮中の賜餐にあずかったが、いつも正面中央には皇帝陛下のみで、皇后もその他のペルシアの上臈達も一切出席されない。皇帝の隣にはソ聯邦、トルコ大使の夫人達また英国公使及び白国公使の両夫人等々が居並ぶ、私は

丁度皇帝に向ってやや斜めな椅子に座を占めた。御馳走は西洋料理であるが、その合の手に甘・辛両様のペルシア風のお米料理が出た。甘いのは日本の五目のようなものに肉が入っていてポロー・シリニと名付けられる。皇帝はおいしそうにポロー・シリニを召し上って居られた。ある年皇帝の左隣に坐したのが当時の英国公使夫人即ち現東京駐剳《ちゅうさつ》大使サー・ロバート・クライヴの夫人であった。そして最後の水菓子のとき陛下は皿を眺めて一寸選択に迷って居られた様子を見て、レーデー・クライヴが「これがよろしゅう御座いましょう」と申し上げながら指さした梨を笑いながら取り上げられた。これは今でも私の脳裡に強い印象を焼きつけている。

華やかな賜餐が終ると、皇帝自ら先頭に立って宝物の間を案内された。世界に聞えた「孔雀の王座」がそこに飾ってあった。この「孔雀の王座」とは今から約二百年前、ペルシアのナディール・シャーがインドに攻め入り、デリーから戦利品として分捕って来たものである。

王座の大きさは長さ六尺、幅四尺で丁度ベッドを見るようだ。王座の下部には金剛石と真珠を鏤《ちりば》め、その縁とりは真珠である。天蓋の上から背中にかけて大きな孔雀が羽をひろげ、それにはサファイヤが鏤めてある。羽の縁はルビーとエメラルドが飾られている。中央に九十カラットもある世界有数のダイアモンドが燦として光彩を放っている。絢爛目を驚かすとは全くこの事である。

しかしカーゾン卿の考証によると、真物の王座はタメルラン大帝に創まり、インド・モーグル王朝の英傑ジハン大帝にその工作を終ったものであるが、何時の世にか何ものか掠奪し去って影も形もなくなったとの事である。今日ある「孔雀の王座」はその後ファタリ・シャーの時代に孔雀夫人と称せられた奴隷の寵妾のために造られたものだそうである。

皇帝もこの説の方が真実であろうと仰っていた。私がペルシアを想起するときにはいつでもこの孔雀の王座とその傍に立っていられたブロンズの像のようなリザ・シャー陛下のたくましき御姿がすぐ私の脳裡に浮び出るのである。

イランを飛ぶ

テヘランからイスパハンまで

イラン高原を翔破してペルシアの鳥瞰図を得るため、ブシールまでの飛行機に身を委ねた。

ユンケル会社の飛行場はテヘランの南にある、朝の五時、飛行場は未だ薄明りで、ペルシア富士——ダマヴァンド山頂の白雪が、霞の底にほのめいて居る。通訳かたがた同行のM君の長軀痩身のシルーエットがほの黒く見える。気温の下っているためか、エンジンが中々スタートしない、ドイツ人の機関士が度々「フェヤティヒ」と笛を吹いてもエンジンは一向踊る無配が無い。動き出すまでものの四十分も、寒さに慄えながら眺めていた。飛行機は先ずクムを目指して走る。半時間余でダリア・イ・ナマック即ち「塩の海」という湖水を掠めると思う間もなくクムの町が目の下に展がって来る。クムはメシェッドに次ぐペルシア第二の御坊町でイマム・レーザ（メシェッドの寺の守り本尊、正式の名はイマム・アリ・イブヌ・ムサ・アリ・レーザ）の妹のファティマ（正式の名はハズラテ・マアスメ）を祭った名高い霊堂と予言者直裔の聖者たちの墓、カジャル王朝及びその重臣の菩提所がある。寺の金塔円頂は金色に輝き、青い瓦は蒼空に対照して輝いて居る。このお寺があるためにクムの町は参詣者が絶えず、又メシェッド詣りにも丁度合の宿となって居る。テヘランからは百五十キロメートルの距離に過ぎないが、これをペルシア人は四十ファルサックの距離と称えている。ファルサックという長さは、地勢によって違い、荷を積んだ騾馬が一時間に歩み得る距離のことである。クムの附近は一帯の平地で、飛行機の航路が極めて低く、所々に駱駝のキャラヴァンが動いているのが手に取る様に見える。点々と散在する大きな建物は大抵キャラヴァン・セライ（隊商宿）であって、中は空洞《うつろ》の家ではあるが人でも牛でも馬でも駱駝でも一夜を過ごすのである。クムを越えて南の方七、八十キロメートルにして土地が真赤に見え出す、これは地質上何かの鉱石を含んでいるためらしい、が、マホメット教の坊さん達はこれを殉教者の血潮で土地が染められたものと信じている。

飛行機から見た導水機構（カナット）　アラビアの部参照

クムの伽藍《がらん》

クムに詣る巡礼は、この重光燦爛たるモスケが見えるところで、大地に頭を付けて自分の家から持って来た小さな石の欠片《かけら》を地上に置いて礼拝するのである。これは地上の巡礼が済んで、天国の彼方に参るときに、与えらるべき棲家《すみか》の表象なのである。私は後年自動車でクムの町を通ったときに、その入口門の傍に小さな石の欠片《かけら》が堆《うずたか》く積まれているのを見た。もっとも飛行機からはこうした折角の極楽の棲家の礎も目に入ろうはずは無く、呀という間にその上を飛び越してしまった。

赤土の沙漠と無数の小山と処々に原始的な洞穴で結ばれている導水路が蟻の巣のように見えるのを越えて、飛行機はカシャンの町の西を通る。カシャンは優秀な絨緞と陶器との産地として有名な町である。

その陶器には支那から伝えた意匠で、一見支那の製品かと思われるものが多数にある。ペルシア人はこれをバダリ・チニー（支那擬《まがい》、贋陶器）と呼んでいる。ペルシアの家庭にある花瓶等で支那模様のものはほとんど百パーセントがこれである。それからイスパハンまでに、ところどころ険しい山を越えるのであるが、その間わずかな平地に荒畑寒草といった趣の村落が時々見える。山と云っても大部分は禿山で、飛行機からは草らしいものすら見えない。山越えの都度多少のエヤ・ポケットに出会《でくわ》して飛行機は突如として、舵《かじ》を失う。やがて飛行機は静かにイスパハンに着いた。

*

飛行場にはイスパハン知事バハラミー氏と二、三旧知の実業家及びその紹介を受けた人士が私を待っていた。各々自分の家へ泊ってくれとほとんど強要に近い懇請に会ったが、この町にはアメリカ・ホテルという粗末ながらも、どうにか一夜を過ごすに足る設備があるので知人の親切を謝しながら、そこへ自動車を走らせた。

イスパハン

ペルシアの諺に「イスパハンは、世界の半ば」と云うのがある。如何にもサファヴィ王朝華やかなりし頃の赫奕たる文化が今もなお名残の光を放っている。

ゼンダ河の北岸に、三十万の人口を擁する大都会である。そもそも今の首府テヘランは、アジアでもヨーロッパでもない。安っぽい近世のペルシアである。丁度復興銀座が日本と云うよりも、アメリカ租界の感じであるように、テヘランの感じは四分の三まで、ロシアの場末である。しかるに、イスパハンは正真正銘のペルシアだ。ここを訪れる旅人で、昔を今になす由もがなと、喞《かこ》たぬものはない。十七世紀のペルシア旅行記で有名なシャルダンは当時のイスパハンを叙して人口百万、大伽藍百六十、学校四十八、旅館《キャラヴァンセライ》千八百、浴場二百七十三と数えてある。当時の西にヴェルサイユ、東にイスパハンと並び称せられた豪華のほどを知るに足るのである。

町の中央にチャール・バーク（四園大路）の大通りがあって、その幅約四十五メートル、まことに旅の衣を篠懸の並樹が十里に亙って、その真ん中を潺湲《せんかん》たる清水が流れている、都の中心は、メーダネ・シャー（帝王広場）である。長さ五百米、幅百六十米、四方は寺院と王宮とが、廻廊の如くに聳《そそ》り立っている。これは往時のポロ競技場であった。現に大理石のゴールがこれを示している。今日のポロ・グラウンドの広さは、二百七十米の百八十米であるから、この広場の半分にも及ばない。如何にもこの広場に佇むと、十六世紀の末つ方に、将棋の駒のような騎士を引き連れて、終日をポロに打ち興じたアバス大帝の俤《おもかげ》が髣髴として浮んで来る。イスパハンの様々の遺跡は、十八世紀の後半に、アフガン人の侵入で、著しく傷つけられたけれども、今日でもなおそのかみの豪華を偲ぶに足るものが数々ある、その一番偉大なものが、マスジディ・シャー（皇帝寺院）、アリ・カプー（崇高門）、チェヘル・ソトゥーン（四十柱宮）等である。

皇帝寺院

マスジディ・シャー即ち皇帝寺院は、広場の正面にペルシア建築の典型として厳かに存している。私がここに詣でたときは、イスパハン総督バハラミー氏の特別の好意によって、警務総監が自ら案内してくれた。後で大臣になったバハラミー氏から聞いたところでは、私は異教徒の外国公使にしてこれに足跡を印した最初のものであったとのことである。私は同じ東洋人として何のこだわりもなく入りはしたが、大きな門の入口や廊下に祈りを捧げていた回教徒の、異端排斥の狂信的眼眸《まなざし》に鋭く射すくめられたときは、流石に不気味な寒さが脊筋を走った。正門の青、緑、黄のファイアンスのモザイクには聖典《コーラン》の文句が、美しい装飾の文字で繡《ぬいと》ってある。南側の細長いミナレ（尖塔）には同じような装飾が、斜めに、螺旋形に走っている。

門を過ぎると、雄大荘厳な拱道《アルカッド》の十歩毎にさながら壁龕の枠で繋がるのに心を打たれる。仰げば穹窿の交わる稜《かど》は、エナメルの光りまばゆきファイアンスの蜂窩で成り、廻らすにはどこまでも聖句の飾り書きである。

拱道尽きて歩廊に出ると、斑岩の水盤から冷たい水が溢れている。これを過ぎると中庭である、そこには大理石を敷き、垢離用の大きな水槽を中にして、周囲は二階建の拱廊で、僧侶、神学生等の宿舎である。この拱廊には別に装飾がなく、青地の瓦に白で書いたクフィックの文字の聖句が帯の如く巻いて流れる。中庭の両側にも正面にも高い高い瓦張りのアーチがあり、正画のアーチが寺の本堂の入口になっている。

本堂の天井は穹窿形で、市の何処からも見える大円頂閣は正しくこの天井の外側にあたる。蒼空色の地に濃青と緑のアラベスクの巧みな瓦張りである。本堂を見ると凡ての回教寺院にあるミヒラブ（祈禱のとき信徒の頭を向けるべきメッカの方向にあたる壁龕）は、この皇帝寺院の軸線を著しく西南に片寄らせたので、これを矯正する建築上の工作が、世にも素晴らしい効果を遂げている。

ところどころ瓦が落ちて居たり、手を加えた跡が歴然と見えたりするところは、いずこも同じ、この国の古い建築の美を味わうに何の邪魔にもなっていない。この目もあやなるエナメルのファイアンス、青、緑、萌黄の色の階調、モザイックを繋いだ線と面のあらゆる配列、煎じ詰めれば、正しく氷結したる交響楽《シンフォニー》——、人間所作のあらゆる色と形とを尽して荘厳と雄大と豪華との極致を現前した卓越せる芸術である。

崇高門《アリ・カプー》——帝王恋愛行進曲

帝王広場の東側に、アリ・カプーがある。広大なアーチ形の建築で、木柱に支えられた野天の王座の間（タラール）が劇場のバルコニーのように広場を見下している。この露台からアバス大帝もしばしばポロや競馬や獣の競技などを天覧せられ、新年《ノヴ・ルーズ》には百官卿相に謁を賜うたのである。そして今も同じくペルシア宮廷で伝わっているごとく、新鋳の金貨を賜わる拝賀式がここで行われたのであろう。

崇高門は今日警察本部になっている。その上の玉楼はいわゆる王宮のアンデルーン（後宮、トルコの「ハレム」と同義）であったらしく、瓦の一つ一つにエロティクな画面の跡が残っている。最上階が音楽堂で、壁全部が無数の函で区劃され、函の切れ目も大きさも一々音の反響を考えて作ってあるらしい、この部屋には正しく帝王恋愛行進曲の余韻が、今でも嫋々として渦を巻いている。

四十柱宮（チェヘル・ソトゥーン）

　崇高門は昔は宮殿の正門であったとのことである。その宮殿と云うのが、世にも名高い四十柱宮である。我が洛陽の大極殿や平安神宮を偲ばせる雄大なヴェランダを蔽うものは、逞しい篠懸の木の樹身を削った屋根と、これを支える二十本の宮柱であって、古《いにしえ》は腰羽目を白の大理石で張り詰め、その上に鏡細工の刻面《ファセット》を載せて、今のテヘランの王宮の金剛石の間のようにしつらえてあった。このヴェランダの奥がいわゆる王冠の間で、玉座を支える高台が開かれ、南側に侍従や大官の控室があり、戸口が恐ろしく宏大な歩廊で、前後に三面ずつの油絵の大壁画が、先ず星眸《ひとみ》を吸い付ける。その絵はタマスプ王がウズベック汗のモハメットを饗応するところ、ハマユーン皇帝を待遇《もてな》すところ、頭舶《チュルバン》、長い口髭、舞姫の手振り、生けるが如く古《いにしえ》を喚び起し、或いはイスマイル王がチャルデラン戦でジャニサールの統領を打ち取る場面など氤氳《うんいん》たる鬼気が犇々《ひしひし》と迫って来る。

　四十柱宮の名はペルセポリスの宮殿の中にも見える。それは我が上古の八十《やそ》或いは八百《やお》と云うが如く限られざる多数を意味するので、柱の実数を示すものではない。サファヴィ朝当初の宮殿は炎上して烏有に帰し、今の建物は十八世紀の初めに、スルタン・ホサイン王の再建に係るものであると史家は伝えている。

　私が訪れた日、四十柱宮には徴兵検査が行われていた。四、五百人の壮丁が、代る代る立って、市役所の吏員と徴兵官との質問に答えていた。四百年前は百官有司が、この辺りに跪いて、アバス大帝の入御を迎えたところであろう。その附近の小さいモスケは薔薇色の夕日を浴びて、ほとんど透き徹るようにも見えた。

四つの園の大道《おおじ》の半ばごろに、ホッセイン大学がある、清水と草花との配合が、建物の大理石と瓦とに対照して、密画のように美しい。

古橋の驚異

イスパハンの驚異には、これらの建築の外にアラ・ヴェルデ・ハンの橋がある。橋の長さは三百五十メートル、甃《いしだたみ》の幅二十七メートル、三階建の構造で、各階毎に別々に通路を設けて、入口にはモスケのような大門が、川の南端に聳《そび》えている。四園大路を真直ぐにゼンダ河に向って行けば、独りでにこの大門にさしかかる。橋道を辿って行くと、両側に屋根で蔽われたアルカッドがあって、それがアーチに繋がって、一つは本道に、一つは川の方へと下る。そこここに、このアルカッドが部屋のようなものに繋がって居り、その部屋には壁画を以て飾った跡がある。上層へは階段で通い、下層は河の面とすれすれに橋の全長を走っている。アーチの数は三十五で、建築家の説ではこの橋はゼンダ河のような、時々暴れて大水害を起す河のためには、余りにも精巧であると批難されたそうだ。

御坊町

この外に、小さく奇麗なモスケとして有名なルートフラ寺、ホッセイン大学、ミナレ・ジャン・ジャン（動揺する塔）及び千五百年前の拝火教徒《ゾロアストリアン》の建てた建築を基礎にしたジャーメ寺等もあるが、多くは大破に及んで廃墟に近いが、その残畳破壁にも古い文化が苔蒸している。イスパハンはペルシアの京都だ、今でもこの附近に五百二十の寺院《モスケ》がある。かく寺の都であると共に、また阿片の都、絨緞の都である。

絨緞工場――心の紅糸《べにいと》

イスパハン見物の小閑を利用して、初めて名物の絨緞工場を見に行った。この織物は上代からペルシアの特産で、我が正倉院にある御物の中にも古代ペルシアの匂高い逸品がある。しかし現代でも植物性の色素に手織で紡む精巧な芸術品は小さなので一枚数千円の豪華商品で、我が国などではまだまだ民度に合わぬ贅沢品であろう。

一つの織機に半ば織れているのを見る。四人程のいたいけな少女と頑是ない子供が、技師の指導につれて働いている。一人際だって美しい姿を蔽うチャドールの暗い陰から、二つの瞳が星のように輝いて見える。手は少しも休まず、心の糸目を一つ一つ織り込んで行くように私には見える。傷ついた心か、愛された心か、一摑みの紅糸《べにいと》を彼女の血と織り込んで行く。そのか細い指先から花が咲く、唐草が茂る。その笑《えまい》の一つ一つが鳥となって歌う。まことに彼女の全身がさまざまの色に流れる。とりどりの雲と湧く。月を累ね年を積んで織り上げるものは商品ではない、生命だ、芸術だ、毛糸を紡むのではない、魂を削るのだ。

イランの工芸は今やむかしの伝統の高さを回復しようとしている。しかしその幼き子女の血と魂とをこれに捧げている。イスパハンで見た涕《なみだ》の出るほどの搾取の産物は欧米のサロンに華麗な色調を誇っている。

シラーズに向う

イスパハンからシラーズに行く道は、大部分磽确《ぎょうかく》の沙漠であるが、砂地の畑にはメロンが出来る。シラーズに近づくに従って険しい山があり、その右手に見える高嶺は約一万四千尺のチャルミサフィド山である。

飛行機は山に沿うて西を通るが、東の方にはイェズドという、昔から絹で知られた都がある。マルコ・ポーロの旅行記にも、イェズドの絹織物を挙げてある。イスパハンからシラーズへかける一帯の土地は、夏も良質の阿片を生産する所で、低く地上を飛ぶ時には、赤や白い花の目の覚める様な罌粟畑が、やや朧《おぼろ》げではあるがそれと知られる。

阿片の栽培

阿片はペルシアの主要な財源である。ペルシアは阿片協約に参加していないから、ペルシアからの輸出は公然行われるが、これを輸入、運搬、売買する国民は大抵この協約の加盟国民であるから、一定の制限以上に阿片を扱うことは出来ない。そこに色々な弊害が醸し出されるので国際聯盟なども憂慮して出来ることならば阿片を根絶しようと試みているが、ペルシア政府は同じだけの財源を生む農作物があれば、何時でも阿片の栽培を廃めるに吝《やぶさ》かでないと云っている。しかし、これはもともと出来ない相談で、国際聯盟の専門家が、何程智慧を絞って研究しても、阿片のような高価な農作物が見つかろう訳がない。

ペルシア人は罌粟は作るが飲むことは支那人程ではない。ペルシア阿片の香気は世界一と云われ、支那でも土産にこれを混ぜないでは煙楽の三昧に入り得ないとしてあるとのことである。阿片の外にアラビアやエジプトでは、ハッシッシと云うモルヒネ含有量の非常に多い魔薬が行われている。酒と阿片とハッシッシとの三つが人を酔わせる親玉と呼ばれる。ペルシアの話に、三人男がこの三種の各々を飲んで夜更けて或る都の門に着いた。酒に酔った男は、門が閉ざされているので大声に

「早く門を毀しちまえ、俺は剣で毀して見せる」

と怒鳴った。阿片に酔った男は、

「いや、日の出までここで待つことにしよう、門が開いてから入った方が不愉快がない」

ハッシッシに酔った最後の男は、微かな声で

「どっちも宜くない、よく鍵の穴をのぞいて我々の体を小さくすれば、穴を抜けて這《は》入れるから」と云った。

この話は三種の魔酔が、如何に程度と性質とを異にするかを示すもので、ペルシアでは相応に知られた寓話である。

バフチャリー族

私は後年イスパハンの西方、バフチャリー族の本拠に招かれてその数月をこの山中に送ったが、これはペルシア史上最も重要な種族で、純粋のいわゆるアリアン種である。古代バクトリア人（支那の大夏）の子孫を以て自ら任じている。歴代の王朝はことごとくこの種族を懐柔して、中から大臣大将を任じ、又その息子達を王宮に人質として任官せしめたものである。私の居た当時のバフチャリーの酋長サルダール・アサッドは陸軍大臣であった。が、私の離任後数度の政変で、一九三三年に到頭獄死したとのことである。飛行機の上からは、バフチャリー一帯は深山幽谷の連続に見えた。史家の説ではいわゆるアリアン人種がバフチャリーに入ったのは、紀元前五百年と云うから、私の飛行機の通路は、世界の歴史のかなり古い人種移動の跡を克明に逐うて走っているのだ。

バフチャリー族は騎馬狩猟に長じている。土地にはさまざまの猟獣がいる。野犬《シャカル》、野羊、野驢、猪、鹿、等々、まことに豊富なものだ。馬上断崖絶壁を自在に疾駆して飛弾一を誤らない土人の水際立った腕前には舌を巻くの外はない。その酋長の一族の多くは英仏等に留学する。そうして帰るとこの山奥で静かに晴耕雨読、春蒐《しゅう》秋獮《せん》の三昧を享楽している。民族も実に精悍にして素朴、歴代味方として頼もしく、敵としては恐れられていた。

バフチャリー族の生まれた子供の命名には普通のペルシア人と一寸違った所がある。回教徒は一般にマホメットの一族や聖人の名をつけて、ホッセイン、ハッサン、アリーなどと呼ぶのに、バフチャリー族だけは子供に獅子、虎、羊などと多くは動物の名とか歴史に残っている名将の名などをもつけている。これは恐らく古《いにしえ》のバクトリアをそのまま受け継いだ風習であろう。

ジュルファ――アルメニア町――アルメニア教会

イスパハンの郊外にジュルファというアルメニア人の町がある。アバス大帝の宏謨を語る一つの遺蹟である。大帝はペルシアの北、ロシア、コーカサス境、アラス河に臨んだジュルファの町からヤソ教徒であるアルメニア人を五千戸程移住させて、イスパハンにアルメニア村を作ってやった。そうしてこれ等の異教徒を奴隷扱いにせず、各々その生業に従事させて、文化、工芸等の方面にその長所をほしいままに伸ばさせたので、追々立派な市街となり、当時イスパハン附近に来る欧洲人は、すべてここに足を止めたものである。

今日のジュルファはゼンダ河《ルード》に臨んだ、整った家並の町で、中央にアルメニア教会がある。私の行った時は偶々祈りの時間で四、五百の信者が集まっていた。この教会の外にも今に十二、三のヤソ会堂がある。

近年、アメリカの宣教師がこのアルメニア教徒を新教に改宗させて、盛んに英語の教育を施して居るために、ジュルファ出のアルメニア人には英語の通ずる若者がかなりある。

大体アルメニア人の宗教は、イエス・キリスト直伝であって、新旧分離以前のキリスト教会であるのはカルデア、アッシリア人と同じである。その後ギリシア教《オルトドックス》、ローマ教《カトリック》の信者も出来たが、アルメニア固有の宗教は原始キリストの匂高い古典的なものである。

日本に来た初代の公使オヴァネス・ハン・モサエッドは千九百三十年帰任の途次ハルピンで客死し、その葬式がテヘラン市中のアルメニア教会で執り行われたとき、私はつらつら野天の下の儀式の単純にして荘厳な情調に打たれた。

アルメニア人は、ユダヤ人と同じく、今では故国なき漂泊の民である。コーカサスにはソヴィエットに属する名だけの独立国がある。トルコではしばしば虐殺されたが、ペルシアでは割合に優遇された。アバス大帝は特にこの異教徒に対して寛大であった。

日本へ来た初代のペルシア公使がアルメニア人であったのは、当時の実権を握った宮内大臣テムールの第二夫人がロシア出のアルメニア人であり、このモサエッド氏と姻戚の間柄であったからであろう。ペルシアの若い外交官は私《ひそ》かにこの選任を憤慨していた。

彼はイギリスで勉強してシェークスピアの全集をアルメニア語に翻訳した有名な学者であって、英仏独語に精通していた。初代駐日公使に選ばれたのはその頃英語に熟達した外交官が尠《すくな》いからであった。

この憐れな漂泊の民は、他のコーカサス人と同じく非常な美貌の持主で、なかんずくその星眸《まなざし》が美しい。ペルシア女の眼は澄んだ泉のようにすずしく、アルメニアの女のそれは黒いダイアモンドのように輝いている。どちらも魅力があるが、アルメニアの女も他の多くの東洋人と同じく花の盛りが非常に短い。二十四、五になると肥って姿態《すがた》が醜くなり、容色も衰えるのが常である。

しかし、古来ペルシア人の貴族、大官はその後宮《アンデルーン》にはアルメニア人を容れたものが非常に多い。ペルシアの物語に欠くべからざる題目である英主ホスロ・パルヴィイズの愛人であり、後に后になったシリンはアルメニア人であったそうだ。

ジュルファは前に述べた如く十八世紀の初め、サファヴィ王朝のアバス大帝によって肇められた。サファヴィ王朝没落の際は、二回までもアフガン人の劫掠に会って非常な艱苦を嘗め、千七百二十二年の戦争にはアラビアに応援を求めたが、宗教の関係から拒絶されてアルメニア人の本拠は落城した。

王朝没落の前後には、二回までも苛酷な条件を強制されたが、その一つには十四万ポンドの償金と容姿《みめ》の最も美しい五十人の処女を引き渡す条件であった。そうして彼等は余儀なくこの両条件を容れてわずかに虐殺を免れた。

アルメニア人は非常に怜悧で、ペルシア人に較べると敏感であり、器用であるが、どこか信用出来ぬ裏切人種と考えられている。欧州大戦後の講和会議には、アルメニア独立共和国全権がパリでアルメニア承認運動をしていた。日本へ来たモサエッドも独立国の外務大臣として全権委員の一人であった。
この経歴のために同氏の就任がいよいよ全ペルシア青年外交官の不平を買ったのである。恐らく、この初代駐日公使は、アルメニア人でペルシアの公使となった最後の者であろう。

アバス大帝

近世ペルシアの最大の名前はアバス大帝である。由来第十六世紀は欧洲にも東洋にも偉大な王者を与えて、それぞれ劃期的な事業をさせている。西にはカール五世、エリザベス女王、東にはトルコのソレーマン大王、インド・モーグル王朝のアクバールがあり、時を同じゅうしてペルシアにはアバス大帝が出た。西暦第十六世紀は我が国室町時代の末期から安土、桃山時代を経て江戸文明の萌芽を示した慶長に至るまでの一時期に対応するが、その末葉より次世紀の初めにかけて、ペルシアでは近世最大の王者が君臨していた。あたかもわが猿面冠者が関白に成った頃から、余襁褓《むつき》にして将軍たりと見得を切った三代将軍家光の寛永初期に至るまでの間である。

当時の英国人サー・アントニー・シャーレーの書いたものに拠れば、大帝はその容貌端麗天下倫を絶し、姿態の均衡古今双ぶ無く、しかも一脈精悍の気が眉宇に溢れ、顔色は男らしい黒さで日に焼け、資性聡明、勇敢にして慈悲に富み、寛容にして正義を愛すること人に超えた等々と、男性について考え得る最大級の讃辞を傾倒している。

この大帝もその幼時は、かなりに危ない運命の橋を渡らなければならなかった。国内の紛争に操られて、あわや貴族の党争の犠牲になろうとしたことも一再に止まらず、あるときは乗馬が射殺され、玉体は間一髪にして九死に一生を得たこともある。且つ、西にトルコの侵入あり、東にウズベックの窺うあって、一度はダブリーズ、ジョルジア等をトルコに割いて辛うじて平和を保ったことすらある。しかのみならず、即位後四年、星占の信仰から吉凶を稽《かんが》えて一時位をユスーフと云うヤソ教徒に譲った。ユスーフが即位の四日目に殺されて神慮が果されたので、アバス大帝は星象に依って再び即位し、長く光輝ある治績を遺した。この年は未《ひつじ》の年で西洋のいわゆる土星にあたり、五日間神の召しによって天下を支配する者は殺されるという予言に適わしめたのである。

サー・ロバート・シャーレーという英人は、その弟と二十六人の同勢を引き連れてペルシアに入国し、皇帝の顧問として信任を博し、遂にはペルシアの大使として欧洲各国に派遣された者である。その信任状というのが今にも残っているが、「朕と寝食を共にしたヤソ教徒の英人であって、最も信任に値する朕が代表者たる」ものとする。この寛仁なる王者は、ヤソ教徒の商人を非常に優遇して関税を廃し、地方の代官、僧侶等に命令して異邦人を優遇すべきことを教えた。外国人を嫌う東洋人の中では、ペルシア人が最も人種宗教の差別に執着せずして寛容の美徳を示す気質は、アバス大帝の指導によると云われている。

ペルシア人の寛大さは治世の上にも現われている。キロス大帝はネブカドネザールがバビロンに虜囚にして居たイスラエル人を釈放した上に、費用を与えてエルサレムの神殿を再建することを命じたり、又ネブカドネザールがエルサレムから掠奪して持って来た金銀の聖器類を、ことごとく持ち帰らせたような史実がある。この点では排他的殺伐な昔のセム族と対照される。

アバス大帝は、十五年間軍備を整え、産業を興し、国力の充実を図ってから、西方のトルコと戦を交え、さきに割譲したダブリーズ等を奪い返した。史家の説では、当時トルコの兵力十万を超え、ペルシア人はわずかに六万内外の劣勢であったが、軍備と士気とにおいてトルコは到底その敵でなく、殊にペルシアの砲兵は最も有効に戦闘を助けたと伝えられ、加うるにアバス大帝の戦術と戦略とは、また今日の参謀将校達が敬服措かざる程の巧妙さであると云われている。そうして、彼がなかんずくバグダッドとモスールとを取り返して、シーア派信徒の聖地たるケルベラその他を再びペルシアの領土としたときには、国民挙《こぞ》って歓声を挙げたということである。

当時トルコは前代の戦捷《せんしょう》の獲物をことごとく抛棄することを約し、アバス帝はここに酬いて毎年二百車の絹をサルタンに贈ることとした。その後再びトルコと兵を交えたが、その最終の条約では絹二百車を百車に減じ、その他すべてペルシア側に有利に解決した。この間にバグダッド等が数ヶ月に亙って包囲せられ、アバス帝親《みずか》ら精鋭を提《ひっさ》げてこれを援けた史実が伝わっている。

アバス大帝は武勲のみならず、文治においても優れていた。イスパハンにおける建築工芸の発達が彼の奨励に負うものであることは云うも更なり、ペルシア全土に亙る隊商宿だの、橋梁などもことごとく彼の工作と云われている。なお北の方裏海に沿うて東より西に行く大道は皇帝の時代に成り、今でもサング・ファルシュ（石の絨緞）として名高い。シェークスピアが『十二夜』の中にその闊達さを仄めかしている、ペルシア王というのは、アバス大帝のことで、彼は常に英国の騎士を優遇したとあるから、その令名が当時英国に喧伝して居たためであると云われている。なお彼の作ったイスパハンの豪華を目のあたり見て、その記述を後世に遺した旅行者の多いのも、彼が偏狭な宗派心を持たず、ヤソ教徒を優遇した証拠である。アルメニア人のためにジュルファを建てたことは前に述べた。

しかし彼は回教信徒の巡礼旅行を非常に奨励した。彼自身もメシェッドにあるイマム・レーザの廟に八百マイルを遠しとせず、イスパハンから徒歩で詣り且つそこにある廻廊を縫うている一千にあまる御灯の芯を手ずから切ったとも伝えられている。アバス帝はアラビアにあるナジャフにも詣って、聖者たると同時に自家の先祖たるアリーの墓を浄めたとも云う。彼が遍く全国に巡幸した真意は宗教心の鼓吹にもあったが、国民全部をお互いに接触せしめてその交通融和を図り、同時に国内経済の発達を図ったところにあったらしい。その深謀遠慮まことに三嘆に値する。

この英明なる大帝も、近親に対しては、甚だしき残虐の振舞があった。その事実が歴史に遺っている。酒池肉林をも随分ほしいままにしたらしい。四人の子供のうち、長子は殺され、次子は病死したが、残る二人は目を抉《えぐ》りとられて王位を次ぐものなく、七十歳の高齢に索莫たるマザンデランの離宮で苦悶の裡に崩じたと云われている。この残忍は必ずしもアバス大帝のみのことではなく、宮中の陰謀常に絶えず、王子が長じてやや勢力を得るに至れば、奸臣が近づいて王位を覗うような歴史が繰り返されている国では、必ずしも残忍の発露とのみ判ずる訳にはゆかない。ともあれ、四十五年の光輝ある治世に、如何ばかりペルシアの文化を高めたか、時代に先んじて国運を隆興させた点において、シャー

・アバスはペルシアの誇って良い英主であるに相違ない。これだけの人物が、ただの残忍、兇暴の資性から、あの血腥《なまぐさ》い家庭悲劇を後世に残したはずはないと或る史家は語っている。当時のペルシア旅行者で有名なシャルダンは云った、

「この大王の身まかりたるとき、ペルシアの繁栄も倶《とも》に逝けり」

と。

シラーズ

イスパハンの南五百キロメートルにゼンド王朝の都シラーズがある。この二つの都の間には中世からも貫通した「シャーハ・ラー」即ち皇帝道路がある。主としてアバス大帝の偉業の名残を自動車も駱駝も踏んで行く。私の飛行機はイスパハンから約二時間半で、正午頃シラーズに着陸した。着陸の前に附近に見える塩湖が、朝日に輝いた斑点を示していたが近づくに従ってようやくそれと判る、その上を二、三度旋回して着陸した。

総督兼軍司令官シャイバニ将軍と実業家のベーバハニの一族が迎えに来て、何れも自邸にこの嘉賓を迎うるの光栄を得たいと謂ってくれた。

内地の旅行はホテルの設備が乏しいため非常な不便で、従って知人を頼って家庭の客となるのが普通である。もっとも家庭と云っても婦人部であるアンデルーンは絶対に他人禁制である。

家の構造も二つの部分が明確に区分されている。

当時ファルス州には、カシュガイ族の叛乱があり、シャイバニ将軍は特命を受けて司令官となり、シラーズに本部を置いてたちまちに叛徒を鎮定した。彼はフランス仕込の教養深き軍人で、工部大臣などを勤めたこともあり、軍人中の第一人者であったが、後年政敵の讒言に会って皇帝の信任を失い、後には牢獄で発狂したとさえ云われている。

私は将軍の好意で司令部の客となり、自動車を駆ってシラーズの見物をした。

詩人ハフィーズ、サーディの墓

シラーズはファルス州の首都で、ファルスはペルシア人発祥の地、即ちパルス国名 Persia の起原である。拝火教徒のゾロアストリアンをパーシイと呼ぶのもこの州と同語である。ペルシアという名称はギリシア人が命《つ》けたもので我が国をジャパンと呼ぶの類である。今日でもこの国ではペルシア語をファルシーと言い、国号はイランと呼ぶのである。ファルスはペルシアの最も大きな州であり、精神的にも文化的にもペルシア人の誇りとするところである。と云うのは、ペルシア文学史上二つの大きな名前が、この州から生まれたからだ。即ち一はサーディ、一はハフィーズで二人とも大詩人である。私は先ずハフィーズの墓に詣でた。ハフィーズと云うのは「聖典を誦《そら》んずる人」と言う意味である。

ハフィーズの墓は司令部から程遠からぬ町外れにある。今日では鉄柵を以て、外側をものものしく固めている。と云うのは、彼がマホメット教の厳禁する酒の頌歌を作ったからである。今でも時々狂信的な僧侶がハフィーズの墓を穢そうとするそうだ。

ハフィーズは今一人の世界的詩人で日本にも知られているオマール・ハイヤムと同じく酒と女との耽美者であった。彼はただ一度インドに旅をしたきりで、ほとんどシラーズ以外の土を踏まなかったと称せられている、しかもインドに行くとき船酔いで苦しみ途中から度々引き返そうと試みたそうだ。死んだ時には、その美しき詩に共鳴するペルシア人達すら、これを背教徒《カフィール》として扱いその葬式を営むのに異論があった。伝説に依ると、彼の詠んだ詩の断片をいくつも書き記して、それを壺の中に入れてお神籤《みくじ》を抽くように、その一つを子供にひかせた。すると

ハフィーズの遺骸《なきがら》に怖れなく近付けよ
罪に穢されたる彼なれども
天国には入るべし

と自ら作った詩の文句が出て来たので、並居る僧侶達も異議なく立派な葬式をしたと云われている。

ハフィーズの歌ったシラーズには樫の並木にかこまれた奇麗な水のせせらぐ庭が随処にあった。今日もその通りである。そして他のペルシアの都ではマホメット教の厳格な戒律を守って清教徒的な趣が数々あるが、シラーズだけは温い人間的な俤《おもかげ》がある。町々の家並にも自然の美を愛する人間味の豊かさが漂って居るように感じられる。これはハフィーズの詩のお蔭だろう。実にもシラーズはハフィーズの讃美した美人と葡萄酒との産地である。しかし不幸にして異教徒の私はマホメット教の婦人を見ることを得ず、又この地の酒は私には余り甘過ぎて飲めなかった。

スペインの特産のシェリ酒を原名でヘレース（Jerez）と呼ぶのはアラビア種のモール人がスペインを占領中この酒とその産地とにシラーズの名をつけたものである。

ハフィーズの逸話として歴史に伝えられるのは、タメルランのペルシア侵略の話である、タメルランが北の方からシラーズに攻め入ってファルス州を占領したのは千三百八十六年で、向うところ敵なく、シラーズはたちまちその門を開いた。詩を愛するタメルランは先ず人を送ってハフィーズを迎えにやった。それにはハフィーズの詩に、

シラーズの美わしき乙女よ
汝もし我が愛を受けなば
吾れ汝の頬を飾る黒き黒子《ほくろ》にかえて
喜びてサマルカンドとボハラの都を与えん

とあるからで、タメルランはこれを引用して

「ハフィーズよ、汝の詩のサマルカンドとボハラ——即ち吾れ我が都の栄華を増さんがために、国を亡ぼし町を陥れ、世界の半ばをわがこの剣もて征服せり。汝一小詩人、敢えて一麗人のために我が偉大なるサマルカンド、ボハラを犠牲にするとは何事ぞ」

と彼を詰る意味の手紙を送った。

ハフィーズはタメルランの本陣に行き、地に跪いて
「王よ！ この豪奢の故にこそ、吾れ今日かくの如く窮亡に陥っている」

と答えた。

タメルランは、非常にこの答えを喜んで、手篤く彼を待遇《もてな》したと伝えられている。

ハフィーズの墓に赴く途中には多数の史上知名の人の墓があって、その一隅に屋根のない山門のような形で中央の二つの丸い柱に導かれて入る庭がある。右側に名も知れぬ春の草花が今を盛りと咲き誇っていた。

ハフィーズの詩がこの墓の周《まわ》りに彫り付けてあった、その詩に、

吾が墓に足を向くるときは
酒と緒琴を汝《な》が手に持ち来ることを忘るなかれ
汝《なれ》の声は吾が死出の帷子《かたびら》を通して聞こゆ、
吾れ起ちて死より蘇り
汝《な》が調べに伴れて踊らん

サーディはハフィーズよりも更に大なる詩人と云われている。が、むしろ思想家としてで叙情詩人としてはハフィーズやフィルドースィーには及ばないと思われる。その傑作の「花園《ボスタン》」は最も有名で丁度ゲーテのウィルヘルム・マイスターの遍歴と同じく自分の旅行や経験の結果を旋律的な詩に綴ってある。ペルシアではいやしくも文学を解してサーディの詩を読まない者はなく、総ての教科書が必ずこれを引用している。

サーディの処世訓を書いた詩は、ペルシア人の心理を如実に現わしたもので、今日もペルシア人の頭の動きを知るには彼の詩集グリスタン（薔薇の園）は実に恰好の指針であると云われる。例えばグリスタンの冒頭に出る詩は、方便の嘘が善意ある真実よりもまさることを教え、その次の詩は月給の払いのおくれた場合には兵卒は戦争から逃げ出すのも正しいと云った調子である。また官場の有為転変を諷して、一日鞍に跨りて意気揚々たるの人も、翌日はその背に鞍を

荷うの人たるべしなどと歌っている。

ペルシア人は生まれながらの詩人で、その多くはハフィーズの如く自然と人生との耽美者であるのみならず、また賢き処世術者である。園丁でも、馭者でも、床屋でも、従僕でも、口を開けば古典的な詩を口吟むか、過失を咎められても直ちに詩を引いてお詫びをする。現代離れのした詩の国、歌の国である。昔、源三位頼政が「椎を拾いて世を渡る哉」と歌って三位に叙せられたような逸話はペルシアには無数にある。

私の居る間にも、水争議で官命により自分の庭の水路を別の水口に引き去られた一市民が、最後の手段として、親しく皇帝陛下に詩を以てその不法を訴えた。皇帝はこの詩が非常にお気に入って、勅命により、水はまた元へ還ったという話がある。雨の少ないこの国では水は非常な財産である。私人の別荘の水は時々王室の庭に注ぐために流れを変えさせられたりする。だからこの国では詩を作る方が田を作るより効果的である。

この一夏、暑さの来るのが非常に早かったので到る処に水の苦情が持ち上った。幸いにして私共の住む夏の別荘では楊柳低く垂れて、池塘清漪を揺かすの趣があったが、他の家の庭の水はしばしば涸れていた。しかるにシラーズもイスパハンも水には非常に豊富な都であって、むしろ水のあるところに都が出来たと云っても宜いであろう。

ゼンド王朝の始祖カリム・ハンの都

シラーズが都となったのは、ゼンド王朝の始祖カリム・ハンの時代であった。これは後世になってナポレオンとよく比較されるナディール・シャーが暗殺（一七四七年）されて次のカジャル王朝が始まるまでの短命な王朝であったが、自ら皇帝とは称せず、皇位を辞し、ただ事実上の支配者と成ったが、史家はこれをゼンド王朝と呼んでいる。一兵卒より身を起して全ペルシア帝国を統治し、慈悲に富み、正義の観念が強く、且つユーモアにすぐれた人であった。常に人民の幸福を念とし街に音楽が聞えなければ何か悲しいことがあるかと尋ね、音楽者を送ってこれを慰めたと云われている。当時の史家は、このカリム・ハンの御宇におけるシラーズは全く天下の楽土で住民は撃壌鼓腹の楽を極めたと伝えている。月の貌《かんばせ》、花の眉、美しき乙女の中に交って、葡萄の美酒、夜光の杯に夜の短きを歎く総ての人の胸には愛と歓楽とが支配したという記録も残っている。

今日シラーズにある多くの遺跡は、皆カリム・ハン時代の形見であると云われている。又ブシールの港を開いて、インドやヨーロッパとの貿易を奨励し、バスラ（今日のアラビア、即ちイラク王国に在る）の港を攻略して、バグダッドへの道を拓き、ペルシア湾内の港々の船便の進歩を図ったのもこの王様であった。

ペルセポリス――ダリウス大帝の宮殿

私は次の飛行機を待つために、シラーズで司令官官舎にシャイバニ将軍の客となること三日、その間に世界の驚異たる名高いペルセポリスの遺跡を尋ねた。これはダリウス大帝の宮殿であって、ペルシア軍がアレキサンダー大帝の侵入に遭って敗れ、ギリシア軍の手に破壊されたその当時からの廃墟が残っている。

近年ドイツの考古学者ヘルツフェルト博士が宮殿及びその附近の発掘をして当時の歴史に新しい光を投げ与えた。博士は同時に現皇帝の御依嘱で現地に古《いにしえ》のままの宮殿を復興する事業に精進している。

ペルセポリスは、ダリウス大帝の春の皇居で、それから四十マイル東に在るパサールガデーと云うのが今一つの王宮であった。ペルセポリスは、ペルシアの都というギリシア語であって、もとより当時のギリシア人が称えた名前である。ペルシア人は一般にタハティ・ジャムシードと呼んでいる。それはこの宮殿のあった広大なプラットフォームのことで、ジャムシード（神話的伝統の英君、太古にここに宮殿を造ったと伝えられる）の玉座の意味である。この玉座はオマール・ハイヤムの詩にも歌われている。ダリウス大帝（西紀前五二一―四八五）が、その豪華の極みに、長夜の宴を張った宮殿であって、その遺構に残っている様々の浮彫と若干の碑文とがアケメニア王朝の偉大を物語っている。

この王宮こそはメルヴ・ダシュト沃野を睥睨して、当時の西アジアに君臨したダリウス大帝には相応しい場所柄であった。その宮殿は背《うしろ》に山を負い三面に向って一眸万里の沃野を瞰下し、四十尺ばかり盛り上げられた長さ約千五百尺奥行き九百尺の地盤に石灰石を以て築き上げたものである。本殿に行く階段は左右に岐れ、ことごとく石を敷いてあり、階段は極めて浅いのでほとんど自動車でさえ昇れそうな緩やかさである。その取付きにクセルクセスの王宮の入口であった大門の上の欄間に翼の生えた牝牛を現わすアッシリア風の彫刻が先ず人目を驚かす。その上に三ヶ国語を以て「我れクセルクセス、王の王、限り無き多数の異れる言語《ことば》を話す国の支配者、クセルクセス大王、大宇宙の王、ダリウスの子、アケメニアンの王ダリウスの子なり」と書いてある。総て当時の碑文はことごとく三ヶ国語――ペルシア語、スーザ語（新エラム語）及びバビロニア語――で書いてある。即ちその統治した諸国には少なくとも三ヶ国語を話す国民を包含していたことが確かである。また「天祐により我れこの門を造り、すべての国に臨む」と云うことも書いてある。

　その本殿と覚しきものには、大きな壇上に更に基壇を築いて玄関、城門などに残る浮彫々刻が昨日彫ったと思う程の鮮かな輪郭を持っている。到る処に繊細なアッシリア、エジプトの影響を受けながら優しみのある絵模様で、或いは大帝の左右に属国の諸王が袖を連ねて侍する様、日蓋をさしかける侍者に傅《かしず》かれた王者が悠々として玉歩を運ぶ様、或いは一隊の兵士が槍や弓を持って堂々と行進する様が昔のままに残っている。そのうち最も豊富なのは、第二の階段の側面及びその盛地《もりじ》の壁面を飾る三列の浮彫である。左には戦車《チャリオット》と馬とを牽いた武人が列を正し、王の親衛と覚しき一隊の武人が楽の音に連れて意気揚々と進み、右側には樅の木の林を距てて、一群ずつのそれぞれ異った民族が銘々の国の産物を貢物として捧げている。これが皆薄肉の浮彫であるが少しも軍国的の色調を帯びない優美なものである。但し惜しいことには近年少しずつ欠け落ちて原型は余程損じている。

　この階段を昇るとクセルクセスの本殿に入る。元は七十二柱もあったものが今残っているのはわずかに十基ばかりである。約百五十尺平方の広さで、ヘルツフェルト博士は前に述べた通り発掘作業を進めると共にそのまま宮殿を再興すべき特命を受けて、多数の学者と技術者と人夫とを使役している。

この宮殿の随処に菊花の紋章が附いているので、ペルシアの学者の中には、日本の皇室と古代ペルシアの皇族との間に何等かの因縁を想像し、二人の王子が当時戦禍を避けて極東に遁れたから、ペルシア人の血が日本人の脈管に流れたかも知れぬとの臆説を唱える者がある、但し菊の花弁の数は十六弁より少ない。

ダリウス大帝の宮居は、これより小さいが建築上の興味は一層大きい。そしてこのプラットフォームの背後には雄大な一百柱宮があって、百本の宮柱太しき立てて支えられた屋根の北側には大きな門構えが残っている。その浮彫はダリウス大帝が王座を占め、百官列をなしてこれに傅《かしず》き、八百万《やおよろず》の神々上より帝を祝福する、長閑な場面が表わされている。史家の説では、アレキサンダー大帝の凱旋祝は、このダリウス大帝の謁見の間で行われたことになっている。そして、その祝宴後大帝が寵姫の望むままに火を放って焼いてしまったので、今でも樅の木の灰が盛んに出て来るということである。

ダリウス大帝その他の墓は、この宮殿の西方小高い所に岩を刻んで残されてあって、遠くからでも屹立している山の間から、それと覚しく見える。けれども、その構造の細目、例えば、門などはほとんど破壊し尽されて居る。

ダリウス大帝遺跡のついでにビストゥン（Bistun）の刻文について語ろう。

ハマダンからケルマンシャーへ行く途中に、断続して聳えている山脈の鎖が尽きて最早平原に出ようとするところに、約四千尺もあろうかと思しき断崖を見せて居る一峰がある。古代からの交通幹線の十字路で、その下には奇麗な水が流れて、旅人も喉を湿《うるお》し、自動車にも水を入れるのであるが、この水こそは恐らく三千年の昔から眼の色、毛色ないし肌の色の違った数かぎり無い旅人や軍隊や、隊商などの渇きを医《いや》したものであろう。アレキサンダー大帝もジンギス汗もタメルランも皆この水を飲んだに違いない。ここに有名なビストゥン又はベヒストゥン（Behi-stun）とも呼ばれて、ダリウス大帝（第一世）がその功績を不朽に伝えるため自ら命じて懸崖に彫らせた肖像と碑文とがあるのである。この碑文がアケメニア王朝の当時の言語に就いて正確な手引を与える文献であり、また岩に刻んだダリウス王の髭の生えた肖像も史上無比の資料を提供している。

紀元前第六世紀の末葉に竣工したこの彫刻のことは、西暦第一世紀の頃、すでにヨーロッパに遍く知られて居った。しかし爾来千八百年程の間何人《なんびと》もこの像をダリウス王のものとは知らず、色々の臆説を逞しゅうして、或いは十二使徒の像と云い、或いは神話の女王の姿などと云ったことすらある。その文章もペルセポリスのそれと同じく、三ヶ国語で綴られてあるが、クネイフォルム字（楔形文字）でようやく近世になってハッキリ読めるようになった。断崖絶壁にあるので写し取ることすら容易でなかったところへ、二千五百年前にこれを彫らせたダリウス大帝の着想とその命を受けて見事に仕上げた彫刻家の離れ業とは驚異の種である。もっとも普通の人間の手の届かぬところにあったればこそ、今日まで無事に保存されて来たのであろう。像はダリウスが二人の扈従の武官を従え、左足で魔法使いのゴウマタ（Gaumata）をむずと踏まえて居り、魔法使いは背中を地上に付けて大王の憐れみを乞うように腕を挙げている。そうしてその前面に腕を縛られた叛将と覚しきものを表わすものである。その一人々々の名前はことごとく刻文に載せてある。大王の頭上にマズダ神が来迎し、ダリウスはこれを尊崇する意味で右の手を挙げている。

刻文はペルセポリスのそれと同じく、ペルシア語、スーザ語（新エラム語）及びバビロニア語である。先ずダリウスの称号とその帝国の領域とを誌し、次に大帝の功績、なかんずく叛軍を征伐した詳細が述べてあって、最後に我が子孫たるもの諂《へつら》い人の偽りを戒めよと書き、なおこれを読む者永くこの刻文を保存すべしと命じている。その文に

「ダリウス大王宣《のたまわ》く『汝この碑文を見て、その子孫の有らん限り、これを毀つ者あらば、アフラ・マズダの神立ち所に汝を屠り汝が裔断絶せん、汝のなすところの何事にもあれ、マズダ神これを滅すべし。』」

この三国語対照の碑文が、バビロニア、アッシリア語の楔形文字の読み方に大なる光を与えた。今日の言語学者が完全にこの文字を征服し得たのは、全くビストゥンの碑文のお蔭である。

パサールガデー——上代の首都

パサールガデーは、ペルセポリスと同じ渓間の上流に設けられたアケメニア王朝の都で、ギリシア人のいわゆるペルシス国の光輝ある首府であった。

これも紀元前三百三十年頃、スーザ、ペルセポリスと等しく歴山（アレキサンダー）大帝の率いるマセドニア大軍に蹂躙せられたのである。今日残っているパサールガデーの廃墟は、イスパハン街道のクルシュールという小さな村の附近に在って、飛行機からでも非常によく見える。イスパハン、ブシール間の航空路は、大抵この上を通るのだ。低い山続きの丘の上に、一つのプラットフォームが残っていて、それをタハティ・スレーマン即ちソロモンの王座という。長さ三百尺、白い大きな切石で築き上げてあるが、その上に残っているのは、石灰石の彫刻で浅い浮彫のキロス大帝の姿である。その彫刻には、「我はアケメニア人、王たるキロス」と彫んであったが、二千年来の旅行者がそれの石摺をとったので到頭磨滅してしまっている。唯だ王の横顔とそれに羽を生やした玉体の一部と覚しきものと縁取りの衣とがわずかに見られる。その姿はアッシリア式の彫刻であるが、三つの王冠はエジプト式である。

これよりも、もっと有名な遺跡はキロス大帝の墓である。墓を飾った周囲の丸柱が今は全く影を潜めて、わずかにその礎が残っている。白い石灰石が七つの偉大な層を成してる上に、この墓陵が据えてある。その様式はどうしてもギリシア人の意匠になったものであろう。

狭い入口を通って、煙や煤で黒くなった陵の中は空ろの部屋で、後世に彫ったアラビア文字が壁に残っている。これが二千四百年前ペルシア大帝国を創設したキロス大帝の墓である。

アレキサンダー大帝がペルセポリスを陥れた時に、十二万タレント（即ち二千八百二十九万ポンドに当る）の金と無量の宝物とを手に入れて、これを運ぶのに、プルタークに従えば、一万輛の馬車と五千匹の駱駝とを要したということである。そして当時の世界の物資の配給状態を狂わせたと伝えられている。

＊

シラーズでシャイバニ将軍の客たること三日、私は再び機上の人となって、ブシールに飛んだ。別るるに臨んで将軍は、小さな青銅の杯を記念として私に贈った。丁度五十年程の寂《さび》のある杯で、周囲にハフィーズの詩が彫ってある。その文句は、

その手に杯を持てるものは
ジェムシードの杯にその影を宿す
世界の上を統《すぶ》る「ヘズル」が
永世を見出した水を求めに宴場《うたげば》に行く
我等が友は我が酒
行者は酒を斥けて徳を磨く
然《さ》はあれ、神は何れをか選ぶならん
この杯こそ悩めるものの傷つける胸に
汝が唇、我が心を魅する
汝が唇はこの杯に形を止む
汝が身を杯に、惜しみなく杯に身を委ねよ
そはジェムシードの杯
宇宙の諸調はこれによる。
愛する者、この杯の周りに接吻《くちつけ》せり
汝もこれに唇を触れよ

彼女の吻迹《くちつけ》消えぬ間に

ブシールに向う

シラーズとブシールの間は、山また山、谿また谿を畳んで、飛行機も危く、懸崖の縁を縫うて一昇一降する。その山奥にも電信線が幽かに蜘蛛の糸を曳いている。六十年も前に、この仕事を敢行した英国人の勇気と遠謀とには、感嘆するの外はない。殊に自然の残忍と、人畜の兇暴とに、どれだけの犠牲を払ったか、想像にも余りある。シラーズの総督から聞いた話に拠れば、カゼルーンとブシールとの間のピリー峠では、一八六七年にオー・シン・ジャンと云う陸軍少佐が、電線敷設の任務に従って将に獅子に喰い殺される間髪の際、辛《や》っと命を拾ったとか。インピリアリズムの支払った代価は、プロレタリア革命の値段に必ずしも劣っていない。その険しい峠を越えると、飛行機はブシールの海に向って逆落《さかおと》しに舞い下りるのである。

この英国の覇業を助けたインド・ユーロピアン電信会社の特権も千九百三十二年ペルシア政府に回収された。ペルシアを縦に貫いてカスピ海からペルシア湾まで大体の幹線道路がある、しかしシラーズからブシールまで千五百八十キロメートルの間には右に述べた山越えがある、しかも夏と冬とは道が違う。昔も今も駱駝の背でゆらりゆらりと参ろうずる難所を、航空機と自動車のお蔭で交通の革命が四千年のイラン高原に押し迫っている。

飛行機はシラーズを出て、約二時間ほどでブシールに着陸した。ブシールはペルシア湾の最も重要な港であるが誠に設備の整わぬ旧式のものである。これでさえ欧洲大戦中英国が軍隊を上陸させるために、巨額の金を費って港の設備を改善したので、ブシールまでの道路などと併せて、イギリスがややもすればペルシアに恩を着せるのである。けれども船は今日でも三、四浬《かいり》沖まで細い溝路を辿ってやっと碇泊する位で、到底近世の海運の要求に応ずることは出来ない。この外にバンダル、アバアスやマホメラという要港もあるが、ペルシア鉄道の南端ホルムーサの築港が完成した暁には、これらの港はたちまちその重要性を失うこと必定である。

ブシールでは知事と土地の有力な実業家ベーバハニ一家とが迎えてくれた。私はベーバハニの家に客となって、そのドイツ仕込みの息子がわざわざ私のために空けてくれた部屋に寛ぐこととなった。

ペルシア人の客を遇する方法は鄭重を極めて、主人から召使に至るまで昼夜側を離れず、歓待の限りを尽してくれる。万里はるけき旅枕ながら東洋に居ることを沁々感じる。ベーバハニの一族は非常に信仰篤い回教徒で、その家族の主だったものはことごとくメッカ詣でを了えてハッジと称せられて居る。ハッジの肩書あるものは、人間としても商人としても非常な信用があり、絶対に欺瞞をしない。日本との貿易も或いはインドを通じ、或いは直接に久しく取り扱っている。

私の泊った部屋はほとんど純粋の西洋間だが、不幸にして浴室がない。私はテヘラン出発以来六日間ほど風呂に入れず、こん度こそは温泉水滑らかにして凝脂を洗ってやろうと大いに期待して、それとなく家の間取を観察すると、すべてのペルシア家屋と同じく、婦人部《アンデルーン》と男子部《ビルーン》とが截然と区別されて、他人である男子は絶対禁断となって居る婦人部に浴室が設けられて居る。そこでこれもドイツ仕込みの県知事に私の要求を匂わして見たが、彼も何とか努力して見ると約束しただけで、結局出発まで入浴の特典は与えられなかった。

もっとも回教徒の衛生規定では、体を洗い浄めることしばしばである。即ち私にも垢離用の水を恭しく銀盤に盛って捧げてくれるが、それしきのことではとても吾々日本人の旺盛無比なる入浴癖の万一をも満足せしむるに足りない。これはペルシア旅行の最大なる不便の一つである。

英米人は地方で自国の領事館、銀行、電信会社の支店長などの官舎等に立派な設備をして、ホテルの貧弱な町々では同国人を宿らせる慣習になっている。私も懇意な英米人から折角この利便を提供せられたが、出来るだけペルシア人固有の生活に接したいので、自ら進んでペルシア人の家に客となった次第である。

ブシールはペルシアの要港と云う以外には、何の見るところも無く、春から秋にかけての七ヶ月は読んで字の如き焦熱地獄で、世界の最悪の無候といっても恐らく土地っ児から抗議は出ないであろうと思われる。しかしその重要性に鑑みて英、蘇《ソ》、仏等の領事館があり、英国は総領事がいわゆる政治駐在員《ポリティカルレジデント》を兼ねている。

ブシールからマホメラまで――シュシュタール――スーザ

ブシールから英印会社の小さな汽船に乗ってマホメラに向う。一晩かかってペルシア湾を横切るとアラビア側のクワイトの沖に停船する。これは純アラビア風の小邑で、この町の政治と宗教とを司るシェイックはほとんど独立の王者の如き実権を有《も》っている。そうしてバザーの入口に儼然と腰を掛けて通行の商人から一々自ら税を取り立てて居る。まことにアラビア物語時代の風習が今でもそのまま残っている。碇泊の間に、私は英国の政治駐在員のB大佐から午餐の招待を受けたけれども、沖合の碇泊時間が約二時間に過ぎず、わざわざ迎いに来てくれた副官の見込みでも到底上陸は覚束無いであろうということであったので、遺憾ながら足を運ばなかった。従って自ら昔の物語中の人物となることと楽しみにしていたシェイックとの会見は実現しなかった。尚このバザーには時々昔のアラビアの花嫁の粧奩《れん》（金具の附いた簞笥の小さいようなもの）を売っていると聞いたので無二の旅土産と悦んで居たがこれも同様に手に入れ兼ねた。クワイトから約四時間程で船は対岸のマホメラに着く。この附近にホールムーザ新築港があって、ペルシア縦断鉄道の南部の基点となっている。今はその南部線の一部のアワーズまで竣工して、毎日汽車が動いている。アワーズの北シュシュタールと云うのが、サッサニア王朝の英主シャプール第一世の都であった。それは昔から、テヘランからイスパハンを経て南に赴くキャラバンの道筋の衝に当った要地で、今でも陸路南してマホメラに赴く場合にはここを通る。カルン河に沿うた古い町でこの河を横切る長い橋は、捕虜になったローマの兵隊が作ったものであり、シャプール王の築いた堤防は千七百年の昔から今に至ってカルン河の氾濫を喰い留めている。ローマのヴァレリアン皇帝が捕えられて七年間配所の月を眺めたのもこの都である。

シュシュタールの西数マイルのところに有名なるスーザの廃址がある。又、その附近に予言者ダニエルが獅子の洞穴の中に投げ入れられて一夜を送ったが、神の助けに依りて無事であったという伝説の場所がある。アレキサンダー大帝が一時大本営を置き、世界史上の最も大袈裟なる結婚式を行ったのも、このスーザを陥れたときである。この結婚は戦勝戦敗の二大国を結び、東西を融合したものであって五日間に亙って大宴会が催された。アレキサンダーはこの時三十三歳、自らペルシアの王女のロクサーヌと云う佳人を娶り、部下の将士中、器量勲功の抜群なる者約百人のために、ペルシアの貴族の娘達を花嫁に選んで華燭を祝し、同時にこれを以て既婚の将士のための饗宴とした。かくてこの盛儀に参列するの光栄を得たる者無慮九千人その各々に醊礼《てつれい》用として光眩ゆき金杯が与えられたと云われる。そうして五日に亙る長夜の宴は、人類が夢想し得る豪華の極度を実現したものと称せられている。金銀宝石を鏤《ちりば》めたる柱に囲われて、金の天蓋の下、銀脚の褥《しとね》の上に花婿達が居並んで被衣を着た花嫁を待つ光景は、泰西の名画にも残っている。そうしてこの九千人の賓客が金の杯から緑酒を地に醊《そそ》いで神々を祝福し、最後に大帝躬《みずか》らも同じくこの儀式を行ったとき、嚠《りゅう》喨《りょう》たる喇叭の音が響き渡って、人々の歓呼と入り雑えて天地をゆり動かすばかりであったという。

スーザではフランスの考古学者で私の友人であるゴダール夫妻が、政府の委嘱を受けて他の仏国学者と協力研究している。彼のバビロンの世界最古の法典として有名なハンムラビ王の偉業の一くさりが出土したのもここである。

ブシールからマホメラまでは航程約十四、五時間の処である。マホメラから直ぐ陸続きのアバダンと云う所に英波石油会社の精油工場があって、多数の英国人が働いている。私はテヘランの重役の紹介を有《も》って居たので、その賓客用の社宅に迎えられた。

英波石油会社

英波石油会社は、最近にペルシア政府の一方的特権取消に接し、英国側から聯盟の議に附したので、にわかに世界舞台の脚光を浴びた。大戦中この会社がペルシア湾内やインド洋附近を遊弋《ゆうよく》する英国の艦隊を如何ばかり助けたかは、世人の記憶に新たなところである。今日といえどもこの油田は、経済、政治両方面の重要性を有《たも》って天下の視聴を集めている。私はテヘランのこの会社の重役などと非常な親密な間柄であったお蔭で、アバダンの精油所はもとよりそれより四、五百キロメートルを隔てた山中にある油田の現場までもこまやかに視察することが出来た。アバダンから特別仕立の社用飛行機でカルン河に沿うて、地上を這う送油管と平行に、昔アレキサンダー大帝の遠征軍が通ったことのあるアワーズ町まで飛んだ。この朝は前夜の暴風で黄塵千尺の高きに昇り、飛行機は低く地上にすれすれに飛んだ。それから自動車で山岳重畳の油田マエダニ・ナフトゥーン「油の広場」やそれより更に奥のハフト・ケル「七つの竈」までも訪ねたのである。けだし外国の公使では、私が最初の且つ唯一の訪問者であった。翌年シャー陛下が視察旅行を試みられたが、その行程は全然私の場合と同一であった。

　この地方は昔から石油に豊富な国々で、コーカサスはゾロアスター時代から火の街と知られている。ザクロス山脈の麓からイラン高原の西まで走っている第三世紀層は所々油脈を擁している。このほか、北にコーカサス、西にイラク、スモール、いずれも豊富なる石油埋蔵地として地質学者が久しく着目していたところである。そこで千九百一年にアイルランド・ノルマン系の名前を有《も》ったニュージーランド人のウィリアム・ダーシー氏（W. D’Arcy）は、ペルシア政府から北の五州（アゼルバイジャン、ギラン、マザンデラン、アストラバッド、ホラッサン）を除いた地方の六十年間に及ぶ石油試掘権を得た。その地域だけでも優に日本帝国の植民地全部を合せたものの二倍に匹敵する宏大なる領域である。そして現金二万ポンド、同額の払込済の株券及び向後上げらるべき純益年額の一割六分をペルシア政府に納めるという謂わば無代償も同様の条件を以てこの世界有数の油田を摑んだ訳である。かくして成立した会社の株の半額は英国政府の持株であり、機械・器具・食料品に至るまで英国から無税で輸入することを許されて居る。そうして多数の青年がケンブリッジやオックスフォードを卒業すると、その足でペルシアに来て、この僻陬瘴癘の地で石油報国に身命を捧げている。

しかし英国がこの利権をものにするまでの苦心は筆紙に尽されない。初めトルコ国境（今日のイラク）に近いカスリ、シリンで試掘をはじめた当時は、機械の運搬、技師の宿泊、職工の労役等にあらゆる困難を嘗め三十万ポンド以上の資本が蕩尽せられて、しかも一滴の油すら湧かなかったので世界の嘲笑の的となった。加うるにペルシア政府や地方のバフチャリー土族が色々の難題を吹き掛け、一時は危なく外国の手に移りかけたこともあったが、ジョン・ブル独特の鈍重不撓《しんねりむっつり》があらゆる障碍を征服してダーシーは見事に大油脈に掘り当てた。そうして千九百九年に組織を変えて今日の英波石油会社となったのである。当初の資本金は二百万ポンドであったが、今日では英国政府の投資額だけでも五百万ポンドを超え、蜿蜒として三百マイルに亙る送油管があり、世界最大のうちに算えられる精油所が数個処にあり、その一つであるアバダンの精油所は減産してもなお七千人の職工を使っている。

私はその最初の油脈を掘りあてた場所に巍然として立って居る記念碑を見たとき、その領域に太陽沈むことなき大英帝国の運命は、それがややもすれば日没に近づきつつあるように取沙汰せられるが、さほど容易に傾くものではないと感じた。

油田を訪う

私の行ったのは千九百三十一年の春、世界的不況のためここの油田も御多分に洩れぬ減産中で、約六、七百万トンの生産高に過ぎず、総べて五十坑のうち作業中のものはわずかに十二坑という現状であったが、それでもB第一号一つだけで、一年に百万トン以上も出していた。油田のある地方はホウジースタンとルーリスタン（元のアラビスタン）の二州にあって、アラビア人とペルシア人との混住区域である。サッサニア王朝の文化華かなりし頃は、このあたりは最も偉大な建築芸術の淵叢であった。バビロン文化史に有名なるエラム、スーザ等の廃墟はこの鉱区を流れるチルハ河の谷《たに》間《あい》の右岸にあって、現在ではフランスの考古学者が仕事をしていることは前に述べた。この昔の沃土に住んでいるアラビア人は、多くは遊牧の民で水草を追うて放浪し、今日わずかに油田のお蔭で生活している。もっともこの両国民はこの辺では同じシーア派の回教徒で、割合に仲がいい。町で自動車の運転手をしているのは大抵アラビア人であるのが目に立つ。

英波石油会社の鉱区で私の見残したのは同じ峰続きのマスジディ、スレーマンの油田だけである。これはソロモンの寺と云う意味で、土民の伝説では昔ソロモンが建てた寺院の廃墟らしいものがあるためである。もっともこの辺りの土民は、遺跡の古いものはソロモン、新しいものはアバス大帝の功業と無造作に年代を決めている。

現皇帝の即位前には、この辺りにはマホメラの酋長《シェイック》で今日八十歳にもなるハザル・ハンが跋扈していた。彼はその油脈の流れている土地の所有権を有《も》っていた関係上、英国から巨額の代償を払って貰い、この富を提げて現皇帝リザ・シャーの軍隊に抵抗したのである。

英国もかれにサーの称号を与えて歓心を買い、なお出来るならばこのアラビスタンを独立の国として自家の薬籠に収めようという魂胆であった。しかしハザル・ハンもさる者で、そう易々と英国の畚《もっこ》に乗らず、巧みに不即不離の関係を保ちつつ、一方最後までリザ・シャーに抵抗したが、大勢いかんともすること能わず、東隅桑楡《そうゆ》両《ふた》つながら失って今では配所の月を眺めている。しかし幽囚の身ではあるが、朝夕はそれこそ画棟朱簾、食前方丈の謂わば黄金の牢獄の中で優遇を受けている。かくしてこの地方は完全にシャー陛下の治下に属するようになった。

ハザル・ハンが若かったときの物語として伝えられる話がある。ハザルは自分の家来の愛していたある美しい娘を何とかして我がものにしようとしたが、如何に邪魔者でも多年忠勤を擢んでた家来を殺すには流石に忍びず、と云って道念の轡《たづな》をしぼって煩悩の駒を抑えることも出来ず、到頭一計を案じて、ある日家来に見事な小箱を送って「日頃その方が随一に所望しているものを遣わそうと心懸けていたが、今日こそそれを余が記念《かたみ》に取らせるぞ」と云った。家来は家に帰って箱を明けて見たら、その愛していた麗人の生々しき首が入っていた。この辺の殺伐なアラビア人の本質が、アラビアン・ナイトの物語そのままで今日まで残っている。

油田の視察を終えてアワーズから乗った飛行機は再び沙漠を越えてマホメラに着陸する。ここでは今でも千一夜物語のページから抜け出したような酋長が住んでいて、バスラまでの船にはシンドバッドを生き写しの水夫が舵をとっている。私は船をとらず、陸路アラビア国境から沙漠の如き空々坦々たる平原を自動車で走った。そのシャト・エル・アラブの対岸がイラク王国の唯一の港バスラである。欧亜連絡の航空機はことごとくバグダッドの次にはバスラに着陸する。

バスラからイラク鉄道で砂塵と蚊とをよける金網張りの狭い車室に一夜を過ごし、翌朝バグダッドに下りた。この鉄道こそは、ありし日のカイゼルが世界征服の首途として「三つのB」（ベルリン、ビザンティウム即ち君府及びバグダッド）を結ばんとした予定線の一部である。しかしこの朝は古《いにしえ》の豪華もカイゼルの雄図も忘れたかのように、薄汚いバグダッドの都はまだ夢の中に静まり返っていた。

ペルシア展望

サッサニア王朝の文化

上代ペルシアの最も偉大なる光輝を放ったのが、サッサニア王朝である。この王朝は西暦約二百年からペルシア帝国がアラビアに滅ぼされた六百五十年まで、四世紀に亘った偉大なる文化の華を咲かせ、英雄豪傑綺羅星の如く現れた赫灼たる時代である。アルデシール、シャプール大王、ノシルヴァン等の名前は、ペルシアのみならず西欧でも物語や詩や劇などに記憶されている。

支那との交通

この王朝時代に支那では初めてペルシアのことを波斯と呼んだ。古くは漢の武帝が大月氏と結び匈奴を討つために張騫《ちょうけん》を遠く大月氏国に遣わし張騫は紀元前百二十六年にいわゆる西域から帰ったが、近頃の研究で大月氏がイラン族であることが伴った。その後のイランは安息（パルチア）であった。これはパルチア帝国を創始したアルサーツェス王及び王朝の漢音読みでペルシア史家のいわゆるアシュクである。支那では西晋が亡びてから、隋の初めに至るまで、即ち西暦の五世紀の半ば頃まで約二百年の間ペルシアとの交通は絶えていた。これは東晋に続いた南北朝の争いのために、西を顧みる暇がなかったのである。ペルシア側の大使が支那に対する答礼として象を贈ったところが、西域の于闐《ホータン》（今の新疆の和闐城）の人民がこれを中途で止《とど》めたけれども、最後には引き渡したと云う記事がある。記録に拠ると衛とペルシアとの間には六十年程の間に十回使節の交換があり、いにしえの東ギリシアの都宿利城《スーリ》（Seleucia）及び当時のペルシアの都斯賓《クテスィフォン》（Ctesiphon）の豪華を物語って戸数十万、金銀を鏤《ちりば》めたことを記し、その国の産物として金、銀、珊瑚、琥珀、真珠、玻璃の器、水晶、金剛石、鉄、銅、朱砂（辰砂）、水銀、刺繍、綿布、絨緞、緞子等の製産物あり、気候は暑く、家々に氷を貯え、土地は砂石に充ち、随処に水を引いて灌漑する。五穀鳥獣非常に豊富で、なかんずく、馬、驢馬、駱駝を産し、象、獅子の外珍しきは駱駝の如き鳥（駝鳥）及び偉大なる鳥の卵、等を珍しそうに記録している。漢文の記録には、そのペルシア朝廷における百官有司の名称まで原語の音訳を以て表わし、また驚くべき風習として兄弟の結婚、当時のゾロアスター教の風習たる死体の暴露、なお死体をダクマ（「沈黙の塔」）まで運ぶ隠亡階級のあることまで述べている。

達磨はペルシア人

その他支那の南北朝の半ば頃から隋唐にかけて国交は絶えず継続され、その交換した使節の名前も漢文にもペルシア文にも残っている。唐の法制も学者の説では、サッサニア王朝時代のペルシアの制度――ペルシアはこの時代にローマと戦いを交えたのみならず、その交渉が頻繁であったからローマの影響も多分に受けている――に負うところ尠《すくな》からぬと云われている。その唐の法制に学んだものが日本の奈良平安朝の法制であるから、我が国の上代の文化にもサッサニア王朝の影響は尠《すくな》くない訳である。

支那に仏教を伝えた僧侶にはペルシア人も多かった。前述の通り大月氏はペルシア族で、その言語であった吐火羅（トハル、トカラ）で書いた仏典が中央アジアなかんずく西域から出て来る、法顕三蔵も玄奘三蔵その他の支那僧も大月氏の都の乾陀羅に赴いている、禅学の開祖達磨は南方ペルシア人であった。

王朝の豪華

サッサニア王朝の宮廷は、その豪華において世界史上何れの王朝をも凌駕している。ローマの宮廷は勿論のこと、キリスト教の天国の図面すらペルシアの宮廷の儀容に象《かたど》ったことは前に述べた。宮中席次その他の儀礼も多くは、サッサニア王朝のペルシア皇室に基づくものである。当時の浮彫、武具、刺繍、織物等は欧米の博物館に今でも人の目を惹いている。

玉座の幕の背後には上段の間がしつらえてあって、最高の貴族達でも特に召された以外は側《そば》へ接近出来ない。通常王座の右手に幕から三十尺程の距離に王族が控えて居り、その更に三十尺背後に地方の長官や貢を納める属国の王達が控えて居る。更に後には楽手、歌謡役者、幇間等が並び、劃然と三つの部分に分かれている。玉座の右手には警衛の侍が傅《かしず》く。臣下が皇帝の御前に進むことを許された場合には、布を以て口を蔽い、気息の玉体を穢さぬよう注意をし、幕の背後で「起て！」と宣《のたま》うまで跪いている例になっている。この時代の女人は一般に今日の如く閉居せず、或る意味で彼等の地位は高かった。しかしホスロ・パルヴィイズ王の如き英明の主でさえ、その後宮に一万二千人の麗人が居たと伝えられる。にも拘らずホスロ王は寵愛をシリンに鍾《あつ》めていた。そのかみのアケメニア王朝時代にもそうであったが、第一夫人は一人で通常皇族であり、第二夫人以下は一段低い地位の婦人であった。

鷹を使った鷹匠頭はサッサニア王朝では高官がその地位を占めていた。ポロがペルシアから始まったことは古書にもその証拠がある。なかんずくホスロ王はこの遊戯を好みシリンを初め多くの妃嬪、媵嬙《たおやめ》を引き具してポロを遊んだ。ニザミという詩人の作に、

王（ホスロ）競技場に着御のとき
艶《あで》やかなる女達嬉しげに馬を走らせ
競技始まれば月出でて

陽《ひ》の如くに見え鷓鴣《しゃこ》はすべて鷹に見ゆ
或るときは「陽《ひ》」球を取りに行き或るときは「月」
或るときはシリン勝ち、或るときは王勝つ

というのがある。王と妃を陽と月に喩えたのである。ホスロ王がひねもす王妃達とポロに打ち興じた光景が眼に見えるようだ。なお狩猟の最中にもオーケストラが絶えず奏でられたが、近年までペルシアの都で日出と日没を知らせる合図に音楽が用いられたのは、その当時の風習から出たものである。

ホスロ王の遺跡――ターキ・ブスタンの岩彫

ホスロ王はサッサニア王朝の最もロマンチックな遺跡を残している。今でもイラクの国境に近いカスリ、シリンにはその当時の離宮の遺跡があり、高さ六メートル半程の城壁が残っている。その庭の林泉の美と、珍獣奇鳥が園囿《えんゆう》に満ちて居たことが歴史に伝わっている。ケルマンシャーの附近にターキ・ブスタン（庭園のアーチの意味）という遺跡があって、私も二度ばかりバグダッドの帰途見物に行ったが、これは後述の経緯で出来上ったので、岩山の下から湧く清水を堰《せ》いて池を作り、これに臨む断崖にホスロ二世（西紀五九〇―六二八）を記念して高さ三十尺、奥行き二十二尺の岩の表面に彫ったもの、基石は半月形になって居り、拱《アーチ》側壁には翼の生えたギリシア風の捷利《しょうり》の女神があり、その洞窟の両側にも彫刻の装飾がある。内部は上下に分たれ、上段には精巧な甲冑で身を固めたホスロ王が二人の家来から金銀宝石花弁などに飾られている王冠にも似た飾圏《かざりわ》を受けとる様を表し、下段には長槍と楯とを手にした馬上のホスロ王を描いている。ほとんど丸彫に近い製作である。側面に二つの浮彫があり、一は鹿狩、一は猪狩の場面である。鹿狩の方には網で囲った場所へ獲物を象が追い込むところがあり、これは色々の場面に現われているが、音楽家までも扈従している。猪狩の方でもやはり象に追い立てられて来る猪を王が御座船から射るところがあり、この船にも伶人達が陪乗して居る。まことにこれは驚異に価する彫刻で、その芸術的価値を別としても王の着衣にサッサン特有の錦の文様が鮮かに彫られて居るなど、当時の風俗などがこれで偲ばれる。

ナクシ・ルスタムの岩彫

サッサニア王朝の芸術を示す遺跡で最も有名なものはペルセポリスの近傍の崖にあるナクシ・ルスタム（ルスタムの絵）である。これはむかしからバルト王朝時代の作で、神話時代のイランの英傑ルスタムの功績を描いたものと信ぜられて居ったが、その謬りが明らかになり近年サッサニア王朝の軍功を描いたものであることが判った。これは全体で七つあって、そのうちの第四即ち中央の一群は王朝最大の武功たる、ローマのヴァレリアン皇帝をシュシュタールに七年間捕虜にして留置した記念である。長さ三十五、六尺、高さ十六尺、中央に王朝初期の英主シャプール王の馬上の姿があり、ローマ人の降服しているところ、ローマ皇帝が捕えられて王に跪いているところ等を描いてある。その他の浮彫には馬術を現わすところだの、王朝の始祖アルデシール王の親任式の有様等を描いている。

ホスロ王・シリン妃恋物語

ホスロ王のローマンスは、そのヤソ教徒の王妃であった麗人シリンとの恋物語で有名である。歴史家はシリンはアルメニア人であったろうと想像している。数多い寵妃の中でもシリンを特に熱愛して宗教のための反対を押し切ってこれを元妃とし、なおヤソ教徒を好遇して多数の教会や寺院を建て、なかんずくネストリアン派（支那に入った景教）を優遇した事蹟が残っている。これは主として元妃シリンに動かされたものである。

古往今来ペルシアの詩人の凡てが、この恋物語を詠じた。フィルドースィーも『シャーハ・ナーメ』（『王の書』）の中にこれを取り扱って居る、そうして流石にフィルドースィーの作が嶄然として他を抜いている。ホスロが初めてシリンを垣間見たのは、父王のホルムズ在世中で、王が叛軍の将バハラムを討ったときに、ホスロ太子は官軍を率いて賊徒征伐の大功を樹て、やがて父の後を承けて位に即いたが、この遠征中シリンがさめざめと紅涙を流して淋しくホスロを偲んでいたことから譚が始まって居る。戦敗れたバハラムは当時の支那に遁れて某《なにがし》という汗に身を寄せたと伝えられる。

詩人フィルドースィーの千年祭は一千九百三十四年にペルシアで催されて、列国の東洋学者が四十二名テヘランに集まり非常な盛儀であった。

或る時朝貢したアラビア王族や譜代の騎士を引き具して狩に出たホスロ王は、図らずもシリンの御殿の傍を通った。これを聞いた彼女は真紅のブロケードに刺繍を施した衣裳に燦めく瓔珞を佩び、王女の冠を被って中庭へ下り立った。そしてホスロ王の姿を臨んで在りし日を偲ぶ切々たる思慕の情を口吟んだ。ホスロ王はこれを聞いて征戦や国務の倥偬《あわただし》さに忘るるともなく打ち捨てて置いたつれなさを悔んで、狩猟が果てる間も遅しと宮に還って直にシリンを迎える用意をした。貴族達は伝統を楯に取って頻りに反対をしたけれども、王の熱意は終にあらゆる障碍を押し切ってシリンはめでたく後宮に粧鏡を開く身となった。この時ホスロには既に第一の王妃としてマリアンと云うのがあった。けれどもこの王妃はホスロ、シリンの結婚後間もなく身罷ったのでシリンが第一王妃になった。

フィルドースィーはシリンと前の愛人ファルハッドとの悲劇を述べて居ないが、その後二百年にして出でた詩人でペルシアの浪漫的叙事詩の祖と称せらるるニザミの詠じたシリン物語に拠ると、ここではホスロ王がやや敵役に廻っているのが興味を牽く。ファルハッドは当時第一流の彫刻家であって、ホスロ王は彼とシリンとの間柄を聞いて非常に妬しく思ったが、大いに粋を通してファルハッドを召し、さほどの相愛の仲を割くこと、如何にも不憫、シリンは快くその方に遺わそう、が、その代りに余が一代の業績を岸に刻んで天晴れ千歳不朽の名作と呼ばれんほどのものを残す様にと命じた。ファルハッドは心魂を鑿に打ち込んで傍目もふらず製作に従った。そうして出来上ったものが今でもペルシアに浅る浮彫の傑作の中に入っている。しかるにファルハッドの製作が完成に近付くと共に、王は今更ながらシリンを手離すことが惜しくなったので、何とか件の約束を反古にする工夫もがなと考え、腹心の臣下を集めて評定に及んだ。そうして一同の勧めに従ってファルハッドに一生掛かる様な製作に従わせることにした。そこでかつてシリンが乳の川を欲しいと云ったのを思い出して、ホスロ王はファルハッドに、ベヒストゥーン山を貫いて二つの川を結ぶ大工事を命じた。ファルハッドは、これを成就する代りに、シリンを賜わると云う約束を願った。王はこの仕事が一生涯の中には到底完成しないことを確信していたから、一議に及ばずこの条件を嘉納した。そこでこの芸術家はシリンの俤《おもかげ》を夢にも現にも思い浮べつつ、人里離れた山中に毎日毎夜岸を彫り続けた。詩人ニザミは歌う、

夜霧は峰を立ち罩《こ》むれども
ファルハッドはなおも休息《いこい》を知らず、
その斧の閃く間《ま》に間に
颪に吐息《といき》をたぐえつつ呼ぶ――
シリン、シリンよ、我が業は今か終り
我が目的《めあて》は早やも果てん。
愛は我が稟《う》け有《も》たぬ力を我に与え、
我が運命《さだめ》の如何にもあれ、
我が愛する者の名を不滅に伝えん、
かくも強く、かく尽《じん》未来まで強く。

その岸の洞門の全面に、女官に傅《かしず》かれたシリンの姿と、愛馬に跨り甲冑に身を固めたホスロ王の雄姿とが浮彫に現われ居る。そうしてこの洞門の真下に二つの川が合流する様に作られたのである。この彫刻は前に述べた通り今でもターキ・ブスタンと呼ばれて、ケルマンシャーの近くに残っているのがそれと考えられている。

万に一つも気遣い無しと思い込んで居たこの大製作が超人的の速度を以て進捗し近く完成する有様を見て当惑したホスロ王は、一計を案じて或る日その岩間に働いているファルハッドの許へ旨を承けた老女を送って、シリンが身罷ったと云うことを伝えさせた。だからその墓石を彫るべきだと聞いたときに、ファルハッドは天に向って大声でシリンの名を呼んで、鑿と槌とを大地に投げ付け、身を翻して断崖に飛び込んだ。かくしてシリンはそのことを聞いて永く悲

歎の涙に暮れた。――というのがニザミの史詩における一節である。

ホスロ、シリンの物語には悲恋の一節があるが、ホスロ王一身の運命も悲劇に終っている。先の第一王妃マリアンにはシルヴィーと云う王子があったが、暗愚庸劣なのでホスロ王はこれを幽閉して王位を継がせない心算であったが、しばらくすると王子はその臣下に擁立せられ、兵を挙げて父ホスロ王に抵抗し、これを助ける者に母方の祖父があり、遂にホスロ王を敗ってこれを捕虜にした。シリンもホスロを愛する余り、共にその悲しみを分って自らも幽囚の身と成って居たが、シルヴィーは刺客を雇って父ホスロ王を殺してしまった。ホスロ王のこの最期を遂げた後、シルヴィーは王位に即いたが、二ヶ月程してから礼を厚うして、シリンを迎えた。シリンは答えて、もし宮廷の賢人達が全部集まっているならば、そこへ姿を現わそうと云った。そこでシルヴィーは故老の予言者達を呼び集め、これを引き具してシリンを迎えると、シリンは覆面を取り去り、銀鈴の声を揚げて、

これ我が顔なり
有りのまま偽りなき我が顔なり
我が黒髪こそ人には見せね
いとも美しき隠せる我が宝、
何人にもかつてし見せず、
今こそは我が露わすまことの吾れ
詐りも魔術も更にあらじ

と述べた。シルヴィーはその神々しき花の顔《かんばせ》に打たれ、直ちに自らの王妃たらんことを切願した。シリンは、吾にすべての金銀珍宝をたまわればこれをうべなわんと答えた。シルヴィーはこれを容れ、シリンはことごとくその富を貧民に頒ち与え、又一切の奴隷を解放した後、更にシルヴィー王に向って今一つの願いがあると云った。それはホスロ王の墓所を開き、再びその愛する主の顔を見たいということであった。シルヴィーは又直ちにその願いを叶えた。そこでシリ

ンは泣き悲しみに悶えながら、墓所に赴き、毒を仰いで亡夫ホスロ王の傍に倒れた。

これがフィルドースィーの語るホスロ、シリンの恋物語のあら筋である。

この伝説は大体歴史家の確認している事柄で、前に述べた如くイラク王国との境のハニキンの附近にカスリ・シリン（シリンの宮城）があり、そこにホスロ王自ら作った詩の文句を彫り付けた大門があったという。その文句は、

我が麗しきシリンに
麗しの者よ、この世に生きて永久《とこしなえ》に楽しかれ
汝のただ一目だに、余にかばかりの喜びを与うる汝《なれ》は

というのであった。この門は恐らく地下に埋没したと考えられ、凡ての考古学者は必ずこれを発掘することが出来ると考えている。ターキ・ブスタンの浮彫が通常ホスロ王を描いた傑作と信ぜられ、今も旅行者の必ず訪ねる古跡の一つであることは前に述べた通りである。

ペルシアの女

ペルシア婦人の今日の地位は未だ回教全盛の中世の域を距ること遠からず、男子に対してはほとんど何等の権利も無く、法律からも「物」に近い取り扱いを受けている。

街を歩くペルシア女は烏を思わせる。妙齢に達した娘は最早素面で外出することは許されず、被衣《かつぎ》の様なもので全身を蔽い、目ばかり出して歩くのである。働いている洗濯女、女中の様なものでも男が側に寄れば、必ず隠し持ちたるチャドールを打ち被《かつ》いで姿を隠す。街を歩く一群の女達が黒のチャドールを身に纏い、頭の所にテニスの目蔽いの様な形の黒い板を翳してわずかに目ばかり出しているのを見ると、どうしても烏の一群を思い出すのである。

女の美を知る縁《よすが》は目の外に何物もない。これら玄氅《げんしょう》の麗人達の星眸は、概してこの地方の東洋人共通の、深い井戸の

水にも似た吸い込む様な清らかさを持っている。人間のあらゆる意志も感情もただこの二つの黒い目を通してより外に表われようが無いので、目の魅力が一層増すのである。ほの白い顔《かんばせ》に黒水晶を点じた眸、まことに麗しい。ただ鼻が概して如何にも逞しく大きく、時にグロテスクですらあるのは、造化の一期《ご》の不覚である。

婦人の待遇はもとよりマホメット教理に基づくものであるが、聖典の一層正しく厳密なる解釈に従えば、婦人に本来もっと多くの権利が与えらるべきであるとのことである。ただ男子の作った法律秩序の下で、みじめな存在を続けて来た現在の女人は、実際上の奴隷たるを免れない。しかしこの事態は近来回教国何れも或いはこれを廃し、或いは緩和し、累年改まりつつある。現ペルシア皇帝も漸進的婦人解放の主義を取って居られる。隣国のアフガニスタンでは、アマヌラ王の急進欧化主義が僧侶及び守旧派の反対で一敗地に塗《まみ》れたので、ペルシアは前車の轍に鑑みて、その近世化の速度に適当な制動《ブレーキ》を加えた。今では婦人の覆面は必ずしも強制されている訳ではないが、なお市民の大部分はこの習慣を墨守している。

婦人が外部に出ない習慣からして家屋の構造もこれに応じた室の配置を有し、婦人部と男子部とは全く交通遮断の体で、外からの客は余程の親しい親戚以外にはほとんどアンデルーンの御錠口から一歩も踏み入ることを許されない。ただ外国で教育を受けた婦人だとか、外交官や外国関係の実業家の夫人達には、洋装して西洋流の饗応、接見等を自由にするものも追々出来て来た。中には二人の正妻があり、一人はペルシア人、一人は西洋人で、外部の表立った交際には後者を主婦として押し出すが、前者には純粋のペルシア婦人としての生活以外のものを許さない例がある。近年牢死した元の宮内大臣で事実上の独裁者であったテムール・タッシュの第二夫人はロシア系のアルメニア人で専らペルシア側の凡ゆる対外交際に主婦役を力《つと》めていた。

モダン・ペルシアは、日本支那などと同じく新しい途を追い求めて、或いはスポーツに或いは芸術文化に西欧の流れを汲むものが激増しつつある。中流以上のペルシア娘で時々洋装をしない者はほとんど絶無と云ってもよい。又ダンスに夜の更けるを忘れる青年男女も無数にある。従来までも中流以上のアルメニア人、ロシア人等の交わる社会では西欧と余り違わない社交生活をしていたが、この頃では純粋のペルシア人の間に欧化熱が激しく襲って来た。皇帝陛下は、日本が優越した真因は固有の美点を捨てずに欧米の長所を遺憾なく採択したことに在るが故に、ペルシアも宜しく日本の例に倣い日本の途を辿るべきであると親しく私に御諚を賜わったことがあるが、国民に対しても鋭意その趣旨を鼓吹して居られる。学校通いの少女等も一般には丁度今から十五、六年前の日本の女学生位の進化程度であるが、その中にはどうかすると今日の日本などのいわゆるモガを遥かに凌駕する颯爽たるやからも見受けられる。寺小屋の教育が学校式に改められたのは、近年のことであるが、その以前でもフランスのカトリック教団の学校では、立派な教育をしていてペルシアの娘達もここに学んだ者が沢山ある。一時宗教関係で外国学校が困難な立場にあったが、現皇帝は、ヤソ教もマホメット教も、何れもこれを正課のうちに入れないという条件で、凡ての学校の存続を許された。しかし若きペルシアの娘達は、全く宗教には熱心でない様に思われる。

ペルシアの女を一概に無智蒙昧とのみ考えることは大いなる誤りである。召使の女等でも頓智に富んだ応酬が出来、常識に叶った処置の出来る者が少なくない。或る主人がその下婢を解雇するときに涙金に十円札を遣った、すると彼女は直ぐそれを側に居た犬に投げ付けて、曰く

「さあ、お前の御蔭で永らく御奉公が勤まったからこれを御礼にあげよう。」

主人が驚いて、「どうしてそんな勿体ないことをするんだ?」と訊くと、落着いた口調で、

「お宅では余り水を惜しんで、年が年中水を浪費《むだ》にする浪費《むだ》にするとひどいお小言を頂きましたから、食事の後では、いつもお皿を全部犬に舐めて貰って来ました」

と答えた。水が尠《すくな》いためにひどくそれを惜しむのはペルシアの風習であることは前に述べた。

古代のペルシアでは、素晴らしい女性の名が沢山史上に残っている。

婦人の解放はチャドールから

婦人の解放は先ずチャドール廃止から始めると云うのは、内外人とも共通に考えるようであるが、実際は却ってペルシア婦人がチャドールを廃することを好まない。これには因習に眷恋する保守主義と相並んで別に一つの原因があるというのは一領の黒き軽羅こそ、自己の素性を完全に押し包んで街を散歩し、映画を見、お茶を飲み、料理屋に行くべき無碍の自由を彼等に保障する隠れ簑だからである。近来は、同じペルシア人の男と手に手を取って郊外散歩することも自由であり、仮に自分の良人がその横を通っても、チャドールで目まで隠してしまえば、神ならぬ身の彼はそれを彼女と知る由もない。かくて黒衣は善良なる意味において、彼女達の自由を保証すると共に、時としては禁断の木の実を味わう罪を蔽う楯ともなっている。ある国の公使館の参事官Pという同僚の夫人はフランス人であったが、わざわざ何時でも黒衣を纏い、一見ペルシア人と同じ姿で街々を散歩し、その都度何れかの知る知らぬペルシア人の男達から云い寄られる興味を体験して、私にペルシア婦人がチャドールに執着する理由が合点せられたと打明け話をした。して見ると、チャドールは進歩の敵か味方か恐らく何人《なんぴと》にも断言が出来ない。

　現在のペルシアは未だ一夫多妻制度を守っている。聖典の教えるところ、勿論凡ての妻はこれを平等に扱わねばならない。ところが古今東西を論ぜず、一人の女房すらその身陣幕が仲々容易ならぬ代物、いわんや三人五人においてをやである。こうした経済的理由からして今日一夫多妻制を守っている者は非常な少数となりつつある。なさざるに非ず能わざるのであると同時に、最近千九百三十二年に婚姻法を改正して、一夫一婦を原則とすることになり、特別の状況にあるものに限り、医師の証明を以て、例外的に第二夫人の存在を許して居るが、これについてはもとより官憲の許可と第一夫人の同意とを条件としている。結婚年齢もインドと同じく、従来十歳十二歳といったいたいけな少年少女の結婚を許していたが、今は女十五歳男十七歳以上ということに改められた。

処女の未亡人――期限付臨時の妻

離婚は従来男子の絶対自由で、三行《くだり》半の必要もなく、ただ離婚の際手当金としてミヒルという名義の端金《はしたがね》を与えれば宜かった。従って十歳で嫁に行って十一歳で離婚になった様な出戻りや、良人に死なれた処女の未亡人などが沢山出来ている。身寄りの少ないこれ等の婦人の多くは、身を泥濘に落すより外に生きる途はない。昔の江戸の四宿といった形で都会の入口にある、城門の側には、ホアルと呼ばれる一種の遊廓の様なものがある。もとより異教徒の端倪を許さぬ秘境ではあるが、そこにはこうした年少の遊女がウヨウヨしているということである。勿論今の皇帝の治世になってからは、この弊風が著しく改まりつつあるがなお根絶とは行かない。

ペルシア人の婚姻関係で、他のスンニー派のマホメット教徒の間には見受けられない一つの制度は臨時の妻を許すことである。この妻を「シッケ」と呼び、これを娶る婚姻を「シッカット」と称する。例えばテヘランに妻子を残してシラーズに転任したり出張を命ぜられたりする役人は、シラーズ滞在中という期限付の妻を娶ることが出来る。その妻は素より期限付たることに同意し、期間満了のときには幾何の手当を貰うのも、その都度決めて僧侶の仲介によって、正式の結婚式を挙げるのである。ケルベラ詣りのペルシア人は同地で数日又は数時間の結婚すら行う。アラビア語では「ムッタ」と呼ばれている。その臨時の妻の待遇は期限付という以外には、全く他の正夫人と同一であって、生まれた子も私生子にはならない。時としてはこの臨時夫人が男に従って、転々任地を逐うて行くこともある。ペルシア人はこの制度を必ずしも誇りとしてはいないが、人間愛慾の普遍な現れを適法に扱うものであり、欧米人の、口に性道徳の清浄を唱えて、内密には乱行を極むる偽善に較ぶれば、むしろ人情を法律付けた見事な制度であると考えている。回教徒には私生子というものは存在の余地が無いので、他国に見る如く、罪なくして生を享くる子女の法的地位を虐げる様な矛盾はない。もっとも今日の法律思想で私生子を虐待するのは、キリスト教の一夫一婦主義から始まっている。ヨーロッパの文明が婚姻の純潔を強調して暗い陰の生活を助成するのをペルシア人はややもすれば嗤っている。

最近の改正民法に依って、ペルシアでも離婚は必ずしも夫の絶対自由ではなく、協議及び裁判による途を開くことになった。恐らく臨時夫人の制度も遠からず跡を断つであろう。

ペルシアの婚礼

世界各国いずれも同様であるが、ペルシアの婚礼も、地方によりその風習に相違がある。異教徒は勿論、婚礼の式場に参列することは出来ない。儀式終了後の宴会や、祝いの催し等を遠方から垣間見るのが関の山である。ここには自分の見聞と、ノーデン氏の書物の記述とに基き、あるペルシアの故老の筆になるブシール地方の風習を参考としてこのエキゾティクな光景の一斑を紹介しよう。

ブシール地方では、男が十四歳になると、もう結婚年齢に達したことになる。南寄りの地方だけあって余程熱帯的に早熟である。そこで彼は自分の身分と婚礼の費用とを考えて、適当な娘を自分で選択する。その娘が両親の鑑識《めがね》に叶えば、両親が先ず娘の両親のところへ交渉に行き、娘の親の方に異存がなければ、青年——と謂っても十四、五歳の男の児だが——は娘の家を足繁く訪問して将来の義父に奉仕し、又度々贈物をする。なおしばらく経ってから、晴衣と指輪と靴一足とを女に贈る。これが結納で当人はこの日から正式に約婚の間柄となるのであるが、このことをペルシア語では、男Aが某氏の娘Bに「眼を配っている」と謂う。如何にも熱心と警戒との双方の意味を籠めた適切なる表現である。

かくの如くして黄道吉日を選んだ上、親類同志の話合いで式の手筈を決める。その時又青年の方から嫁資と菓子とを女の家に贈るのであるが、これは売買結婚の遺習たることは云うまでもない。

「式」は正確に謂えば、約婚の式と婚礼の式との二重奏である。婚約の式は娘の家で行われ、その地方の僧官と婿の友人とが招かれる。僧官は信用ある自分の知人二名を女の家に送って、その挙式の前触れをさせる。この人達が女の寝室に行くと、そこには頭から足の爪先までここを先途と着飾って、多くの女友達に取巻かれている花嫁候補者を見出す。そこで件の僧官の使者が、御縁女に婚約を受諾する意志の有無を訊く。この問が前後四度繰り返されるのは、一生の大事、念には念を入れる意味であろう。そうして娘が「諾《バリ》」と答えると、彼等は僧官の許へ立ち帰ってその旨を伝え、次いで僧官がいよいよ自身出馬して婚約の式を挙げ、恭しくコーランの一節を読みあげる。
この「諾《バリ》」と云う一語が縁女の口から洩れる瞬間、家中が喝采と歓喜の渦巻になる。やがて来客達は菓子類や飲物を賞味し、カリアンと云う水烟管に煙草をくゆらして、祝いを述べた上、思い思いに退散する。僧官への謝礼は婿殿の負担である。その支払いの時期は、結婚の契約書が僧官の許で署名され、婿のところへ送られて来た時となって居る。手数料は通例として四クラン（平価で我が八十銭）に決まっている。この式が済んでも当人は未だ同棲せず婿殿は度々縁女の家を訪れるが、縁女は一と間どころに閉じ籠って姿を現わさない。

こうして十数ヶ月経った後、初めて本当の結婚式が行われるのである。その際花婿は晴衣二襲《かさね》、捺染地の衣裳一襲、それに菓子類数皿を添えて花嫁に贈る。更に婚礼の前夜になるとペルシア染料のヘンナー一皿とお菓子数皿とを贈る。この贈物は喉自慢の事触《ことふれ》人や、歌い手や太鼓方の一群に囲まれた一人の使者が持ち込むのである。婿が回教徒であれば、勿論この事触はマホメットを讃美する「神、マホメットとその家族を讃美し給わんことを！」と、いわゆる「サラーマット」の文句を大声で叫んで行く。この晩は花嫁花婿ともヘンナーで頭髪を染める。ヘンナーは赤い染料で、普通はこの辺の風習たる白髪染めのために用いられるのである。毛髪のところどころを赤染にした人達はアラビアでもペルシアでも随処に見受けられる。さていよいよ当日となれば、両人とも早朝別々に風呂屋に出掛け、独身時代の最後の垢を洗い落す。風呂屋のない町なら、銘々の家で湯を立てる。正午になると花婿は馬上ゆたかに、友達数名と打ち連れて、泉に行って再び垢離をとる。そして婚礼の晴衣を着けて家に帰り、寝室に座を構えて今や遅しと待っている。その間朗かな歓呼や、勇ましい銃声が絶え間なく聞えるところは、支那のお祭りの爆竹そのままである。間もなくこの家で晩餐が終ると、客は花婿一人を寝室に残して手に手にランプを携えて花嫁の家に向う。花嫁はこれ等の人々に呼び迎えられて馬に跨り、女達に取り囲まれ、喚き叫ぶ人達の中を、婿の家へと練って行く。婿はこれを玄関に迎え腕を貸して、馬から扶け下ろす。二人が群衆を通り抜けて家の中へ這《は》入ると、婿の親戚が来て寝室へ連れて行く、そこで両人が手を取り合わせると、人々が祝福の祈りを二人の耳に囁く。それから、親指を繋ぎながら両人の脛《あし》を香料の水で洗う風習であるが、これは簡単に見えて実は非常な熟練を要するのである。万一どちらかの親指が何かの拍子に上へ行ったり或いは指が離れたりすると、この縁に何事か不吉のまつわる前兆として甚しく忌まれる。その間に花婿は金貨を盤の中に落す、そして女が初めて被衣《かつぎ》を脱いで顔を露わした時に、贈物を手渡しする。これを切っ掛けに人々は逸早くその場を引き払って、新郎新婦だけを部屋に残して行く。この部屋をハジレーと云って、色とりどりの幕をめぐらし、剣だの楯だのが程宜きところに飾られている。これが花婿の家にとって将来永く由緒ある部屋となり、新婚の都度寝室に充てられるのである。かくして婚礼は終りを告げる。それから幾日となく祝宴が続き、あらゆる友人や、親戚故旧を招待し、盛んに音楽や芝居を交えて若夫婦の前途を祝うついでに銘々の胃の腑を堪能させる。程度の差こそあれ、東西古今変りのない人間の仕草である。

妊娠から出産まで

妊娠の徴候があると、厳重に食物に注意し始め、硬いものや不消化のものは絶対に摂らないところは、衛生思想が思いの外に発達して居ることを示すものである。日本ならば岩田帯というところであるが、二月遅れて、七ヶ月になると産婆がバザーへ行って産褥用の調度万端を買い入れ、同時に身分に応じた心尽しの産衣をも用意する。

分娩の時刻が迫ると産婆を招いて出産に立ち合わせるが、胞衣《えな》を切るとき二寸ばかり残すのが定法で、その跡には、バターと香料とを煉り雑ぜた薬を塗って繃帯して置く。赤ん坊は白い布で包んで、小さなベッドに寝かされる。このベッドは壺の上に置くのが普通で、壺はパンを煮るときに使用するものである。又ベッドの下に米を置いて、日本でいう、御七夜即ち産後七日目にこの米を乞食に施すのである。産婆の謝礼は胞衣を切ったときに出すことになっている。

分娩後直に産湯を使わせるのは夏期のことだけで、冬期は七日目に初めて洗うのである。それが済むと赤ん坊を揺籃の中に入れ、その周りに切れだの着物だのを詰めて、赤ん坊が動けないようにしてある。産婦には、出血が止まると間もなく湯を使わせる。

赤ん坊の命名は、これも御七夜の行事だ、その時産婆に本式の手数料を払う。赤ん坊が歩き出すと小さな鈴をつけた輪を足に結えて、歩く度に可愛らしい音を立てるようにする。母親の乳の出ない時は乳母を附ける。乳母を決めるのには初めに十分家柄や血統を吟味し、一旦雇い入れればほとんど変えない、そして極《きま》りの給料の外に、何くれと報酬を与える。

赤ん坊の体には、種々の香料を加えた膏薬を擦り込む。これは太陽の熱で皮膚を損わぬためである。病気予防として食物にも色々な香料を混える。赤ん坊が病気になると毒断《どくだち》とあって乳母の食物の種類は非常に制限せられ、親達は近所合壁は謂うに及ばず遠方の縁者、知り合いまでも訪ねて意見を求め、色々の薬を子供に飲ませる。砂糖水、阿片の種殻等は最も多く薬用に供せられるのである。ペルシア国内の随処にある薬草の中には、昔支那人が西域に求めた不老不死の霊薬として名高かったものも少なくないとか。

子供が八歳に達すると学校に行き、聖典コーランを第一として、ペルシアの最大なる叙情詩人ハフィーズの詩や、最大なる叙事詩人フィルドースィーの史詩シャーハ・ナーメ（『王の書』）などを読ませられる。勿論純然たる素読で、小僧の御経と同様、意味の理解などにお構い無しに諳誦するのである。今日では、ペルシア国の大多数の地方に近代式の学校が出来たので、外国に見るような普通教育には事を欠かないようになった。が今でも子供達はこれ等の晦渋難解な詩の文句をよく誦《そら》んじている。読書百遍、義自ら通じて居るのかも知れない。

ペルシアの新婚姻法

ペルシア民事法の着々近世化しつつあることは、現皇帝の顕著なる事業の一つであるが、戸籍法身分登録と云うものが、その第一歩であった。元来この国では由緒ある家柄以外には、正確なる生年月、婚姻関係、相続関係等の登録が行われず、何人《なんぴと》も本当の自分の年齢を知るものはない。わずかにお寺の記録を辿って、事実に近いものを想像するだけである。時々息子が五十歳であるから自分は四十四歳だなどという母親に出くわす。婦人の年齢は世界中のいとも不可思議なる神秘であるが、今日までのペルシアでは法律もこの点では婦人の味方をして来たのである。

千九百三十二年の新婚姻法は先ず婚姻の登録を法律上の義務としている。そして婚姻及び離婚を登録しない者を、一ヶ月ないし六ヶ月の禁錮に処することにしている、この登記は無料である。

婚姻上年齢を制限したことは前に述べた。明文には、身体の婚姻能力に達せざる女子を娶った者は、一年ないし三年の懲役に加うるに二百ないし二千トーマン（一トーマンは平価で一ドルに当る）の罰金に処すとなって居る。

婚姻の当事者は、婚姻契約に凡ゆる条件を記載して、同時に登録することになっている。例えば夫が一定の期間留守をし、又は妻を扶養せず、その他婚姻生活に堪えざらしむる程度の虐待をした場合には、妻は夫に対し裁判所の判決を求め、その婚姻条件を充たさざるものとして離婚の訴訟を起すことが出来、裁判所はその決定を与える。これは言うまでもなく、ペルシア法制史上劃期的の変動である。

一夫一婦は主義として採用されているが、明文では婚姻の際夫たるべきものは、妻たるべき女に対し、自分は既に結婚し居るや否やの事実を声明する義務があり、この声明をこの婚姻証書に記載することになっている。これを守らず独身者なりと偽り、そのために婚姻を詐欺的に誘導したものは、六ヶ月ないし二年の懲役に処せられる。即ち法律は一妻あるものが事実を隠さず他の妻を更に娶ることは禁じていない建前であるが、これは一夫一婦主義を達成するための漸進的の規定で、前述の通り事実はこの法律の実施以来、一夫一婦の実現に近づきつつある。

法文は更に扶養の義務の内容や住所の選定等を規定している。なお妻が堪うべからざる身体もしくは金銭上の虐待を受けた場合に、裁判により住所に帰らないことを許され、その場合でも夫が扶養の義務を負うようになっている。なお妻は自己の財産を夫の同意なく自由に処分することが出来、子供は満二歳までは母の監督権に服し、その以後女の子以外は父の監督権に服する。女の子は満七歳まで母の許に居ることを規定している。そして母がこの期間に離婚して他の夫に、再婚したり、或いは精神に異状を来したりする場合だけ、例外的に父の監督に服することになっている。

婚姻の当事者が回教徒の女である場合は、非回教徒の男に嫁ぐことは出来ない。又ペルシア人の女子が（非回教徒を含めて）外国人の男と婚姻する場合には、法律上の障碍無き場合に限り、官庁の特許を経て行うべきことになっている。そして各地方にその特許を与える官憲を指定する義務を政府が負い、外国人にしてこの許可なしにペルシアの女を娶った者は一年ないし三年の禁錮に処せられる。

別に前記の婚姻法を補足する婚姻登録法の細則が定められた。その中には面白いことが規定してある。戸籍のなかった国であるから、人別の証明にいろいろの手数が掛かり、同一性の証拠の外に誰人を要することになっている。又婚姻証には当事者の署名を要するのであるが、無学な場合には拇印で良い。その時に公証人が本人の拇印だと言う証明をつけることになっている。又配偶者の一方もしくは双方が盲か唖か聾である場合は、その身元即ち同一性を証明する証人の外に、手真似その他の標式によって本人に理解せしめる一種の通訳を同伴すべきことを規定している。そして登録にも婚姻証にもそのことを書き入れ、公証人が証明するのである。なお婚姻登録には、婚姻の年月日氏名等の外に、その婚姻が一時的であるか終局的であるか、一時的の場合はその期間を指定することになっているから、法律が今なお臨時の妻を認めていることは明らかだ。離婚の登録にも離婚の性質即ち取消し得べき離婚であるか、然らざるかを書くことになって居り、取消し得べき場合には従来行った取消しの回数を書くことになっている。これは回教法に独特の規定であって、従来は離婚した女が、その相手方と再婚する場合、他の第三者たる男子と、婚姻又は類似の関係に這《は》入った事実がない場合には、右の再婚を許さなかったと云う奇妙な習慣があるのに関聯している。

この新婚姻法は右の通り、従来の宗教法に対する一大革命であるけれども、なお過渡的の規定であることは明らかで、恐らくペルシアは数年毎に法を改めてその民事法の近世化を実現することであろう。

ペルシアの宗教――マホメット教――シーア派

ペルシアの人口一千万のうち約七百五十万人はマホメット教徒のシーア派に属している。今一つの宗派はスンニー派で、これに属しているものは、クルディスタン、アゼルバイジャンの二州に約八十万人程ある。その外に少数の拝火《ゾロアス》教徒《トリアン》であるいわゆるパーシーが居り、ヤソ教徒であるアルメニア人、カルデア（アッシリア）人、イスラエル教のユダヤ人等も雑然として呉越同舟の趣を示している。

マホメット教に就ては、我が国にすら若干の信者もあり、殊に満洲、支那、南洋、インド、アフリカ等には一億以上の信者があって、我が国の商品の最も良き需要者は、大部分マホメット教徒であるに拘らず、日本でこれに関する知識が非常に欠けているのは遺憾なことである。

マホメット教の二大分派のシーアとスンニーと云う区別は今日でこそ多少その重要性を失ったけれども、歴史上トルコ、タタール、アラビアの大部分が、スンニー派に属し、これがシーア派に属するペルシア人と敵対し、互いに信仰のため血を流した遺跡が随処に残っている。

マホメットがアラビアから起って剣と聖典《コーラン》とで西方アジアを克服してから、その子孫が宗長《カリフ》即ち教王《ハリファ》――予言者の形代《かたしろ》――として政祭を兼ねた主権者になった。マホメットの娘ファティマの婿であるアリー（彼自身もマホメットの従兄《（ママ）》に当る）が二代目のカリフであり、その子にハッサン及びホッセインの二人があって、アリーが死んでハッサンがカリフに選ばれた。

そのアリー及びその子ホッセイン以下十二人の子孫をシーア派では「イマム」と称え一種の聖者と崇めている。反之、スンニー派では、マホメット後の教王《カリフ》を四人まで認めるけれどもイマムは認めていない。元来はアラビアの部落の争いで、アリーとその子のホッセインとが同じくカリフの地位を覗《うかが》って競争者たるヤズィドの軍に殺された、いわゆるケルベラの悲劇（紀元六百八十年）と称せられるものを境として、宗派が二つに分れたのである。今でもバグダッドの側《そば》にその遺跡ケルベラとナジャフとがある。ケルベラで、スンニー派のカリフと戦って死んだホッセインを殉教者と考えて、尊い犠牲者に祭り上げたのが、シーア派の起原である。

モハラムの祭――記念行列

今でもペルシア暦にはモハラムという月があって、その一日から十日まで盛大な儀式が執行されるのであるが、その最後を飾る十日目に行わるるアリー、ホッセインの追悼祭こそ世にも凄絶なものである。というのは、この聖者が受けた迫害の惨苦を自ら体験して千歳の下その高風を髣髴たらしめんがためとあって、思い思いの刃物を以て己が肉を裂き血を流す祭りだからである。

今でもモハラムの月に町を歩くことは時として、異教徒や外国人にとり、危険のことがある。赤い旗を樹て、アリー、ホッセインと口々に叫びながら、我と我が胸をうち、何かの得物で腕を切って血を流しながら、町を練り歩く人々の行列に時々出会わす。ペルシアには時々モハラムの祭りに首筋を切って、血を出したその跡が、断髪、洋装の超時代的な婦人にすら、アリアリと見える者が尠《すくな》くない。

私はバフチャリー（テヘランから五百キロメートル程南にあり）の部落に狩猟に出掛けたとき、丁度モハラムの行列に逢着《ぶつか》ったが、話に聞いていたよりは余程穏かなのでホッとした。この部落のモハラムには一種の田舎の御祭礼という気分以外の何ものをも感じなかった。

しかしこの悲劇記念祭の行列は必ずしもそんな穏やかなものばかりではない。所により、時によって違うが、私の見た一番代表的の一つは先ず太鼓が先頭に立つ、そして部隊毎に太鼓の一隊が附いている。その音に連れて、自ら自分を鞭うつ、そして太鼓が急霰の如く早間になるとその苛責のリズムを早める。それに続いて刺繍などで飾り立てた豪壮な馬鎧に、時としては矢の貫いている楯や兜のようなもので装った馬がやって来る。その次に当日の主役ホッセインに扮した男と、兄弟のアバスやその家子《いえのこ》郎党などが華やかに飾られた馬に乗ってやって来る。ホッセインもアバスも金銀を鏤《ちりば》めた古いペルシア流の立派な甲冑を着けているが、大抵それは由緒ある旧家に秘蔵せられたものか、或いは名うての骨董屋の名品を借りて来たものである。それ等ホッセインの家子《いえのこ》達は皆緑色の着物を着ている。その中に必ず一人群を抜いた美少年がいる。これはホッセインの従兄弟に当るカジムの役を勤めるのだ。伝説によると彼はあたかもその婚礼の日に始まった戦に討死した者となっている。それで行列の中に、その花嫁を迎えた寝床や、錦繡の帳《とばり》が掛物の様に周囲に垂れた中に、ペルシア風のランプをもしつらえた、文字通り華燭の典の調度万端が備わっている。そうして胸を露わした逞しい男達がそれに続いて、腰から上はほとんど裸に近く各々腕で胸を打ちながら歩いて行く。隊長が時に足を停め部隊の方に向って足踏みの号令を掛けると、皆アリー或いはホッセインと叫ぶ。それから又部隊は進行を始めるにつれて益々足どりを早め、一進一停する度に歌を唱い剣を組み合わせて物凄い響きを発する。

祭式十日間のうちで芝居を演ずるのは十日目であるが、行列はほとんど毎日行われて、なかんずく八日目の晩は特にアラビアのシーア派にとっては、最も鄭重なお祭りをする日である。その日はホッセインとアバス・アブドゥラの屍と称するものを行列で運び、見物はことごとく狂わんばかりに号哭悲歎する。時々血潮の滴る屍体から手や足が垂れて見える、勿論役者の頭はシートで蔽われて見えない。ホッセインの屍体は鎖に繋がれている二羽の鳩が護って行く、その鳩の毛すら血潮に浸される。お棺の上にホッセインの娘と覚しき若い乙女が坐って居て、乱れ髪が、土や草に塗《まみ》れている。行列の進むに連れてホッセインの体に彼女の腕を投げて泣き悲しむ。シムルに扮する役者は真赤な衣裳を着けた数人の沙弥《しゃみ》が護衛をして、この人達が丁度絵にあるエリコの僧侶達のように、鐘の形をした大きな木製の喇叭を天も響けと鳴らして進む。その喇叭の音が街上の雑音と縺れ合い揉み合ってアラビアの天地をどよもすのである。

馬丁の頭は孔雀の羽で飾られて居る。ホッセインを破った敵軍の酋長ヤズィド、偽りのクーファン、アブドゥラ、イブン、ズィアッド等は頭から足の爪先きまで赤づくめで、アブドゥラ等は洋傘までが真赤である。これに続くオマール・イブン・サウド及びその軍隊が同じく緋の制服である。その中にただ二人の子供だけが緑色の着物を着て赤い縄で引き立てられて行く。これは当時のホッセイン方の信徒の子供が迫害を受けた表象だと云うことである。更に引き続いて異端の強者《つわもの》が数人の子供を捕虜にして行く、この子供達は三角形の木の頸枷《くびかせ》を背負って泣き叫びながら跟《つ》いて行く。最後にオマイヤッド派を表す一隊があって、その中に当時の「フランク」即ちヤソ教徒たちが交っている。シーア派の伝説によると、当時クーファにいた或るキリスト教徒がホッセインに同情して結局は彼の軍に入り、ホッセイン側に附いて戦ったという。このヤソ教徒は、ヘルメットのような帽子を被り、制服を着け、眼鏡を掛け、手袋をはめて馬に乗っている。それにほとんど並んでこのアラビアのベドウィン族の騎士が歩いて行く。

かくの如くにして堵《かき》の如く並んでいる大衆の喚呼の渦巻の中をモハラム行列は練り歩くのであった。

受難劇

ペルシアの芝居も大部分は、ターズィエと云うこの宗教受難劇を根源としている。伝説に拠ると、アラビア人であるホッセインの子孫には、サッサニア王朝のペルシア王族の血が流れている、それは丁度アレキサンダー大帝の中には、父系にアケメニア王朝の血が流れているという伝説と同工異曲である。マホメットの孫であるホッセインは、イェズディギルドの娘を妻として、これにシャハル・バヌー即ち皇后という名を与えたが、そのイェズディギルドこそは当時（第七世紀）三代に亙ってペルシア帝国を統御し、盛んに支那との国交を行って文化の光赫灼たるサッサニア王朝の最後の名前である。それでこの受難劇は、ホッセインの結婚の物語をも取り扱い、ホッセインが迫害を受けて聖血を流した後、ハッサンがその王妃をメディナに伴って百方優遇するけれども、当時のカリフのオマールは彼女を奴隷に売ろうとする場面などすこぶる戯曲的効果がある。

ここで芝居の台詞は日本の浄瑠璃のような古典的な文章で歌う、それは王妃を迫害し裸にして市場に曝すとき、アリーの霊が聖者の形相で現われる一種の夢幻劇の場面である。

アリーはこの時舞台に現われて大声に叫ぶらく、

「黙れ！　愚者、卑怯者よ、
この女達は、優雅《みやび》を知らず。市場に裸にて立たしむべからず。」
我が眼の光よ、
かかる恐ろしき待遇の後、彼等は妾を
ホッセイン、いとも尊き主、ホッセインに与えぬ。

即ちホッセインの王妃迫害の一齣は、この受難劇の最高潮の場面であって、これを見るペルシア人は涙を流して、聖者アリーやホッセインの当時を回顧する。（ペルシア芸術――演劇及び音楽の項参照）

シーア派の中心思想は、アラビア人の普通の民衆的傾向に反して、王者の神権に対する信念である。マホメットの血とサッサニア王朝の血とが、ホッセインの王妃によって交えられた史実こそは、ペルシア民族がアリーの後裔を崇拝する基礎を成しているのだ。シーア派の信仰では、聖者は神聖な人間であって罪を犯さず、その体に影を宿さず、人間と神とを仲介する精霊的の役割をつとめるものである。

その信仰の一に、第十二代のイマムは普通の人間の死を死なず、ジャブルカの町の中で奇蹟的に、姿を隠したという伝説がある。時に紀元八百七十三年、そして世の終りの裁《さば》きの日にメシェッドの町にあるガウハールジャッド寺で、地上に審判《さばき》をもたらすために、マハディ（指導者）として再現すると信ぜられている。即ち回教の弥勒《みろく》菩薩に当るのだ。

シーア派の信者にとってはケルベラ詣りの外に、このメシェッドのお詣りも、一つの信条となっているのは前に述べた通りである。これに詣った人にはメシェディという称号を与える。丁度ケルベラのお詣りをしたものがケルベライと云い、メッカにお詣りをしたものは、ハッジと言うと同じことである。

ケルベラの街では今でも異教徒には売らぬ商品がある。それは聖地の土をかためた立方形のかたまりで、丁度子供の玩具の寄木細工の一片の様なものに聖句を書いてある。祈禱のときこの上に頭をつけて拝むのである。

もう一つ銅か真鍮のフォークのような形のものを売っている。これも我々は買えぬ、これはケルベラ悲劇を見て昂奮したとき信者が胸や頭を突いて自責する道具で、回教史上最高の婦人、ファティマ（マホメットの娘でアリーの妻、ホッセインの母）の五本の指を表徴するのである。

聖典の解釈に就いてもスンニー派は厳格な解釈をとり、正統派の四人の開祖の残して行った解釈は絶対に変更しない。しかるにシーア派の博士達《ムジタヘッド》は、もとよりイマムの残した解釈を宗とはするが、しかしこれと相並んで自己の意見を以て新しい解釈を下し得るので、この点がシーア派の国民に進歩の途を辿らせたと云われている。例えば、絨緞の意匠にして見ても、スンニー派の部落の作ったものは、専ら幾何学的の図形、唐草模様、花模様等であり、絶対に偶像を排斥する趣意から、時としては動物をすら絨緞の意匠には取り入れないが、シーア派では王者の顔、英雄の姿、獅子、花鳥等を自由に混用することが許されている。ペルシア絨緞が一見して外国のものと識別せらるのは、謂うまでも無く、その織方にも在るが、主として意匠における特色に依るのである。ペルシアの中でもトルコマン族の様なスンニー派の部落ではほとんど生物の居ない線や弧の組合わせの図案ばかりである。

多妻主義及び婦人の地位の低いことはマホメット教の世界に共通の現象である。これに就いては「ペルシアの女」の項で詳しく述べた。またシーア派の婦人に関する顕著な特徴がいわゆるシッカット（期限付婚姻）という制度であることも述べて置いた。

マホメット教徒は決して豚肉を食べない。これは聖典の明文にその掟があり、支那ですらいわゆる清真教徒は羊肉を主とし、回教徒の料理屋宿屋などは、西域回々の看板で豚を出さないことを示している。犬を穢れたものと考えるのも回教徒共通であるが、これに反してペルシア猫はどこでも可愛がられる。マホメットが出陣の際、自分の袖の上に眠って居た猫を起さずに戎衣の袖を切り捨てて行ったという愛猫の伝説に基づくのかも知れぬ。海産物の中でも貝類は食べない。ペルシア湾の真珠の産地バハラインでは、海の女は真珠の在所を検べた後、貝はそのまま海へ捨てる。浄身、祈禱、断食、ラマダン、バイラム等の風習は、回教徒全部に共通であるが、宗派により国により多少の違いはある。（「君府の想い出」ラマザンの項参照）

舞火教《ゾロアスター》

ペルシア人の中には若干の拝火教徒がいる。これは世界最古の宗教の一つで、ツォイス（ジュピター）、アッスール、バール等の崇拝と同時代の宗教中、今日現存している唯一のものである。ゾロアスター（ツァラトゥストラ又はザールドゥシトの方が正しい）がどこに生まれ、どこに生きたかは明らかではないが、ペルシアの北アゼルバイジャンを郷国とした、紀元前六百年頃の人であったらしい。ペルシアではダリウス大帝が、王者としての最初の拝火教徒であった。ゾロアスターの教典はアヴェスタの名を以て伝わって居る。アヴェスタは「火」を意味し、古代ペルシア語即ちイランの方言であってインド・バラモンの聖典ヴェーダ（智慧）と共にいわゆるアリアン族の神に啓示せられた教典の一として、古代インドとペルシアとの文明が相交錯する時代に淵源している。予言者ゾロアスターは、今日の史家の定説では、実在の人物で原始アヴェスタ教典の説と一神教の福音を伝えたものである。その神をアフラ・マズダ（Ahura-Mazda）（最高智慧の主という意味）と云い、アフラはサンスクリットのアスラ即ち漢音読みの阿修羅である。マズダは智慧の光でランプの商標となった。後世この信仰はゾロアスターの真意を離れて、自然崇葬の多神教となって、後代のゾロアスター信者はアフラ・マズダをむしろ氏族の守本尊とし、外にミットラとかアナヒータとか色々の神々を拝むようになった。拝火教の信条は、一、職業としては農牧だけを尊ぶ、二、全宇宙は善悪の戦である、三、自然即ち空気、水、火、土は清浄なものであるから穢してはならぬという三ヶ条であり、なかんずく火を神聖なものとして尊ぶ。従って蠟燭を吹き消したり、燃えた薪に水を注いだりするのは絶対禁断だ。且つ煙草を喫むことも火の神聖に対する冒瀆として禁ぜられている。僧侶が祭壇に額づくときは口を蔽い、流るる水を穢すものは大罪とし、死人は土の中に埋めず自然にその腐朽を待つために大きな塔の中に捨てて鳥獣の餌となるに任せる。ペルシアの所々には今でも「ダクマ」と呼ばれる「沈黙《しじま》の塔」があって、信者の死体を遺棄してある。鳥が来てその眼を啄《ついば》んだときには、その死人は必ず天国に昇ると信ぜられる。ゾロアスターは霊魂の不滅を提唱した最初の予言者であり、ヘブライ人が採り入れたこの信念が再転してキ

沈黙の塔（ゾロアストリアンの墓場）

リスト教に入ったのである。かくしてキリスト教の中心思想の一はゾロアスターを祖としている。

ゾロアスター教徒は後世回教徒の迫害に遭うて難をインドに避け、いわゆるパーシーとなったが、これはペルシア即ちパルス又はファルスと同一の言葉であって、今日その子孫で逆に故国に帰ったものは「ギャウール」又は「ゲーブル」（異端の犬）として軽しめられるが、別に大した迫害は受けず、政治的にも独立の選挙区をなして議会へ議員を送っている。シラーズを首府とする州をファルスというのは即ちパルスであって拝火教徒の発祥の地であったことを示している。

現皇帝はトルコの先蹤に倣ってペルシアを完全なる政教分離の国とし、僧侶の勢力を政治から駆逐せんとする意志を有《も》っていられる。しかし今日でも田舎などでは初等教育は寺小屋式に僧侶の手中にあり、僧侶はモスケの石の上に跪坐して、子供にコーランの読み方、文字の書き方などを習わせる。前にも述べた如く隣国のアフガニスタン革命の際、アマヌラ王の過激な欧化主義に反旗を翻して僧徒は遂に国政を顛覆したので、リザ・シャーもこれを殷鑑として改革の足取りを緩やかにし、漸進主義に出ていられる。随って僧侶の勢力は、社会的には勿論、政治的にも相当に根づよいものがある。例えばケルベラ及びナジャーフはペルシア国外に在りながらシーア派の聖地たる故を以て、その博士《ムジタヘッド》達は宗教上の権利を持っている。例えば婦人のチャドール（被衣）等もその着用と否とは本人の自由ということになっているが、今なお頑固一徹の僧侶が断乎として洋装を排斥しているのでこのペルシア特有の風俗は中々に廃せられない。又議会の開院式でも、正面の舞台は上手に前首相、将軍等の元老達が並び、これに対立して下手に僧侶階級の巨頭が法衣のままで蹲《うずくま》って皇帝の出御を待っている光景を目撃するが、如何にもペルシアらしい奇観である。

僧侶が民心を支配する程度は次第に低下しつつはあるが、現皇帝の即位前にも僧侶が教壇から盛んに宣伝煽動を試みたために外国の企業等が相当に打撃を受けた例がある。かつて煙草の専売利権を経営していた外国資本家は僧侶の教壇からの反対宣伝で潰された。ペルシアでは男女共煙草を喫むのは好きであるのに、禁煙主義を鼓吹したのである。又往年ベルギー系の某砂糖工場が宣伝に引っ掛かり、犬の骨を砕いて砂糖に混入しているという流言が播まり遂にその閉鎖を余儀なくされた如きその適例である。犬が回教徒の最も忌む動物であることは、前に述べた通りである。

回教信者は一日尠《すくな》くとも三回の祈りをする、私はイスパハン旅行の途次、畑の中でも小川の辺りでも、祈りの時刻になると誰も彼も仕事の手を休め、土下座して粛然としてメッカを仰ぎ拝する有様を度々見受けた。召使等もこの時刻には部屋に入って、数分間の祈りを捧げる。又その信条から酒類を断って居る者も沢山ある。葡萄酒はペルシアの原産でシラーズ酒等は歴史的にも名声嘖々たるものであったが、今はその品質が著しく下落している。かつては葡萄の美酒を支那へも西欧へも送った国民が、今日はマホメットのお蔭で先ず禁酒国に近いのは歴史のアイロニーである。

この国の伝説に拠れば、神話の王ジャムシッドが或る時偶然貯蔵して置いた葡萄がいつか腐敗してしまった。その濃漿を王妃が病苦に悶えて自分の命を断たんとして、一口啜って見ると甘酸相半ばして何とも名状し難い醍醐味である、と思う間もなく陶然として夢心地に誘い込まれ、しかもそれまでの御悩気が忘れたように退散した。これがペルシア葡萄酒の濫觴であるという。しかるに回教がこれを法度として居るため、この折角の天の美禄が今日では理論上は日陰者扱いの憂き目を見て居るが、実際はシラーズ酒などは国民に愛用されている。

マニー教

ゾロアスター教に亜《つ》いでペルシアに発祥した東方の大宗教と思われたものにマニー教がある。マーネス又はマネキアンなどと呼ばれ、我が国神代のフトマニ（太占）は、これから来ているとの説もある。西暦第三世紀に生まれた跛のマニーと云う予言者が、サッサニア朝のシャプール大王即位の頃に現われて、宮中で非常な勢力を振ったが、後に君寵を失って、インド、チベット、支那までも遍歴して、その福音を唱えた。彼がペルシアに帰ったのは紀元二百七十二年で、それからメソポタミアのキリスト教徒達の間に、自己の教義を宣伝して、マニケアン宗を創設した。その教義はキリスト教化せられたゾロアスター教であって、極度の寡欲禁欲を主義とし、ゾロアスター教やキリスト教の善悪対立及び善の究極的勝利の観念に対立して、明暗の合流した物質的宇宙は本質的に悪であるとなし、この物質界を亡ぼして光の贖いを招来せんがための世界の滅亡を念願として居り、従って結婚を否認し、人類の増殖を、悪事としたのである。

マニーはバハラム一世即ちシャプールより数代後のペルシア王に迫害され、異端者として死刑に処せられた。屍体は剥製にしてその中へ草を詰め、それをグンディサプール（今の南部ペルシアのカゼルーンの傍にあったシャプール王の都）で獄門に懸けたという。今でもその土地にマニー門と称するものが残っている。

この刑罰の方法は、ペルシア軍に捕えられたローマのヴァレリアン王に対しても用いられた。そうしてその皮を保存したとの伝説を裏書きするものがある。

予言者マニーは殺されても、この教理は亡びず、数世紀に亙ってバビロン、ローマ、フランスにまでも普及し、東はサマルカンド、中央アジア、支那、チベットに拡がった。支那の新疆省から出土する古文書には、その信仰の伝播を立証するものがある。聖オーガスチンは、ヤソ教に改宗するまで、数年の間この信者であった。又キリスト教及びマホメット教、なかんずく後者はこの教義に影響された点が多大であるが、今日ではマニー教としては跡を止めていない。

その他の宗教

ユダヤ教キリスト教の許されているのはこの辺り一般の慣行であるが、ペルシアにいる骨董屋には殊にユダヤ人が多い。カルデア人やアルメニア人がキリスト教徒で或いはローマカトリック教、或いはギリシア教、或いはアルメニア又はカルデア教会と思い思いに分属していることは別に述べた。その外にバハイ教がある。これは十九世紀の中葉シラーズの豪商の息子バハーが創めたものである。彼は若冠二十五歳にして天の啓示を受け、自ら予言者と名乗を揚げてあらゆる迫害と流血とに一生を送った。この新しい宗教は今日では全世界に拡がって居りシカゴのバハイ教会はその最も盛大な表現であるが、本国のペルシアでは却って隆盛でなく、信者は密かに信仰を続けて居るようである。もっともバハイ派の長老の立てて居る中学校の様な教育機関があるから、振わずといえども相当な勢力を有しているのは事実である。

ペルシア絨緞

ペルシアの絨緞は世界最古の工芸品の一つで、その起原は太古に溯る。学者は五千年前に溯ってその作り方や色合などが、今日のものとほとんど逕庭が無いと云っている。ただマホメット教の影響を受けて、意匠に種々なる変化を示したけれども、別に宗教の条《くだり》で述べた通り、大別して二つの部類とすることが出来る。一はシーア派に特有のもので動物、樹木、花、唐草模様、アラベスク、渦巻、崩し文字等であり、他はスンニー派独特の幾何学的図案、即ち角、線、立方、八角形等の結合で、欧米で持て囃されるいわゆるトルコマン絨緞はその代表的なものである。

ペルシア絨緞の古い意匠で最も有名なものは、いわゆる「命の木」及び「天国《フェルドース》」がある。伝説によると、後者はサッサニア王朝時代（西暦二二四—六四三年）のもので、当時の西欧にも知られ、ホスロ王（西暦五二一—五七八年）の都（バグダッドの附近）がアラビアのサッドに占領されたときに、分捕品のなかに長さ二百尺に余る絹の絨緞があったと伝えられ、その意匠は水の流れを表わし、地は金糸で、木の葉が絹、花は宝石を金銀に鏤《ちりば》めたもののことである。現代に残る同一の意匠の作品には、古いものではアバス大帝（西暦一五八七—一六二九年）のために作ったと伝えられるものがある。昔から皇帝や宰相のための製作は、一意匠一枚に限り、断じて複製や模造を許さなかった。今でも逸品、名品と云われるものには、二枚とは見出せないのが多い。こうなると既に工芸品の域を抜け出した立派な美術品である。

否この頃の美術家の美術品等に比べて、製作の態度の真剣さから見て遥かに芸術的である。

このアバス大帝の天国絨緞は、羊毛材料で、真中に広い流れとそれを横切る小川とを表現し、四つの部分から成っている。中央に小さい亭があって、泉の中に鸛《こうのとり》と孔雀との雑種《あいのこ》のような鳥が四羽游《およ》いでいる。周囲の樅の木や果樹には花が咲き、神秘な鳥が嘴を合わせて居る。縁取りに使用してあるチューリップの花が、小川に影を写し、その外深山の樹々が、この絨緞の中の大路小路の隅々や広場を充たしている。

英国が国宝として誇る古絨緞はヴィクトリア・アンド・アルバート博物館にある逸品で、裏海に近いアゼルバイジャン州の要地、アルデビルの廟から出たものである。これはターマスプ皇帝時代（西暦千五百四十年頃）に出来たもので、その中の瑞雲の模様は全く支那の影響を受けたことが明らかであり、ペルシアの絨緞技術の最高峰を代表すると云われている。

ペルシア絨緞の特徴は、製造元たる各部落や各種族によって、それぞれ違った意匠を有《も》っていることで、少しくこれに通ずれば、一見してどこの製品かが判るのである。ケルマンの華やかな花鳥模様、トルコマンの厳かな渋い彩色《いろどり》など皆それぞれの特有の色調を発揮して他の追随を容さず、西はクルディスタンから東はホラッサンに至るまで到る処の製品が千趣万態を表わしている。ことごとく手織である証拠には凡ゆる線や図形が多少の凸凹や不均整を示し、矩《さしがね》や規《ぶんまわし》を用いた跡がないが、一説にはこれが容易ならざる思慮に出たもので、色や意匠に妖眼の祟りを避けるためにわざと一寸ピントを外してあるのだと仔細らしく伝えられている。又一般に動物や草花にもそれぞれ象徴的な意義を含めてある。

ペルシア絨緞には様々の大きさがあり、その用途により名称を異にしている。普通のは「ファルシュ」と云い「ナマッド」と云うのは小さな座蒲団位の大きさで、祈禱のとき地上に敷いて頭をこの上に付けるのである。「カリーチェ」だの「ケリメ」など云うのは、それよりもやや大きい小毛布位の大きさで英米で云うラッグである。織り方に共通の点は、糸屑を紡んで真中から両側まで相似的に意匠を運んでゆくことである。敷物としては年を経るに従い、色彩に光が現われ、日光にも焼けず、風雨にも褪せないで年と共に益々光沢《つや》を増すのを以て尊しとする。なる程古いもの程高価な訳である。近年アニリン色素の発明以来これを混和したために一時その声価を墜したが、現皇帝の登極以来その監視を厳重にして、なおも化学的色素を混用したものには税関において検査の上輸出を禁じ、或いは罰金に相当する高率の輸出税を課するので、製造者も専ら植物色素を使って古い色艶を出そうと試みている。

絨緞工場は概して小規模の家内工業であり、一枚に四、五人の男女の少年工を割り当て、傍らにその織方を指導する職工が立っている。精巧なものには一寸当り緯糸《よこいと》の数が四十四、五本を下るべからずと局限をしている程で、十畳敷の絨緞一枚完成するのに一年以上も要することから見れば、その高価な訳が想像し得られる。近来は古代の名作を複製する事業を始めたが着々成功している。これ等の職工の賃銀は一日わずか十銭ないし五十銭位のものであるから凡そ搾取もこれ程のものは天下無比と謂ってもよい。けれども一般人の生活程度の低い地方なので未だに社会問題としての注目を惹いていない。いわんや各部落、土族ではその農閑期の副業であり、時としてはその貧弱な生計を扶ける有力な収入となっている。今日やや組織的な工場で、近代的商品としての絨緞を織り出しているのは、イスパハン、ケルマン等、比較的に大きな都会だけである。その他は凡て太古のままの部落の副産物である。近年ドイツ人等の企業で、ペルシア絨緞機械織を創めたものがあるが、一見してその持ち味に丁度絵画と写真と、ピアノの演奏とピアノーラとの差異がある如く到底本物には比較すべくもない。

ペルシアの軍隊

ペルシア陸軍は、現皇帝リザ・シャー陛下が陸軍大臣であった時代から基礎を固めた兵制改革に依り、一九二五年の徴兵令を以て制定せられた一般兵役の義務に依って編成せられたものである。この新式兵備はこの国として勿論破天荒の大業であり、又、理想として前古未曽有の完全を期している。しかしながらこの法律は未だ完全には実施せられていないというのは地方の土族中には遊牧漂泊の民があって、全国的の壮丁徴募の基礎が動揺を免れず、近年戸籍法を布いたけれども、その劃一的統制は実行の域を距ることなおすこぶる遠いからである。

徴兵令によれば、二十一歳に達した男子をして、現役二年予備後備十七年の兵役に服せしむるのである。但しこれには召集の免除及び猶予の規定がある。学生に対する猶予もこの一例である。

ペルシアの現在は全く軍事独裁であり、わずかに一院制の議院政治の形式を存しているが、メジリス（議会）の実力は減る一方であり、軍部の勢力は増す一方である。陸軍の人事行政は徹頭徹尾皇帝の親裁に出で、皇帝は大元帥たると同時に事実上の参謀総長でもある。その結果軍人は優越なる特権を与えられている。例えば最近に初めて制定せられた所得税法は、各種の所得に対し累進的の税率を定めているが、軍人は全然この税を免除されることになっている。而して皇帝親近の軍部首脳は種々行政上の要職をも占めて、今日ペルシア国の内政を或る程度まで支配している。

現在におけるペルシアの陸軍は、国内の治安を維持する目的を辛うじて果たしている程度である。けだし沙漠や辺境の山岳には約三百万の遊牧人種があり、その酋長は以前からあたかも支那各省の督軍の如く手兵を養い、中央の威令に服せず、朝貢の義務を負わず、ほぼ独立の状態で所在に割拠して居たのが、新王朝になってから徐々に中央の政権に屈伏せしめられた結果、終始不平を起し王朝に敵意を懐いているので、彼等の蜂起を未然に防いで国内の治安を維持することは、ペルシア陸軍に取って相当困難な任務である。いわんやこれ等の土族は平原や市街の住民からなる軍隊よりも、山岳の地理を熟知して、出没自在であり、蛮力に富み射撃に巧みであるから、軍隊にとっては中々の大敵である。ただ現皇帝の治世になってから、民間の武器が漸次厳重に取り締られた結果、土族等も武器弾薬に窮し出したので、幾分か軍隊の任務遂行が容易となったようである。

現皇帝の登極以来、主たる軍事行動は五回程有ったが、いずれも地方の土族に対するもので大体において成功した。何れの場合にも土族の武器を没収して再び抵抗すること能わざらしむると同時に、事宜に由っては、兇暴なる土族の再び集中することを妨げんがためこれを各地に移住せしむる方策を採ったのである。例えば千九百三十年中には、ルーリスタンを中心としていたルール人の家族を中央ペルシアに移住させたが、その頭数は数千にも上った。このルール人は剽悍剛戻、多年、中央政府を悩ましたものである。又、征服せられた土族の首領巨魁の徒は人質としてテヘランに監禁せられている。その若干はペルシア一流の策略で処刑せられた。例えば千九百三十一年七月北方カウカス附近のキュルド人の馬賊の巨魁セムチコの誅戮の如き、全くこの謀略を用いたもので、或る時は却って土族の反感を激成したこともあった。

前記の方法と共に道路及び鉄道の開通は、この種軍事行動を助くるに与って力がある。例えばこの頃出来たデズフール、ホラマバッド間の道路の如きはルーリスタンの中央を貫通して居って、この方面における軍用車輛をも自由に往来せしめ得るものである。又南北縦断鉄道予定線中、南部線の一部デズフール、バンタル、シャプール（旧名ホール、ムサ）線がほぼ開通したので、南方における土族討伐は非常に容易となった。しかしながら、土族の巣窟は謂うまでもなく一般に山岳地方であるが、この方面に対する測量が全然出来て居ず、従って正確な地図も無く、軍用車の通過は大抵不可能であり、正規軍隊は不慣れのため種々の困難を感じているので、土族の平定は到底一朝一夕に行わるるものではない。それ故にこの国の軍隊訓練上最も重要なものは、山岳作戦と騎兵の養成とである。兵営訓練には相当に力を注いで居り、士官候補生及び下士の養成を目的とする学校教育にかなり熱心であるが、その割合に特別訓練には進歩の路がなく、大規模の演習はかつて行われた様子がない。特に著しく欠けているのは特種兵科なかんずく技術方面にある組織立った工兵が無いために土族討伐は一層困難である。土族は直ちに橋梁道路を破壊して交通を遮断するのでこれを追撃勦滅することが容易でない。工兵の編成は焦眉の急と考えられる。当地方における軍隊病院衛生隊、救護班等の組織も非常に遅れて居り、自動車隊の設備も著しく不足である。その都度私人に属する自動車その他の運搬器を徴発して、ようやく急場を凌ぐに過ぎない。ルーリスタン通過の貨物に輸送上の故障が瀕発するのは、主としてこの軍事徴発に基因している。

千九百三十二年頃の常備軍の実勢は、三万八千人内外と推定して大過が無い。主たる師団はテヘラン、タブリズ、メシェッドの三市に置かれ、この中首府テヘランの師団は最も重要で、陸軍省の直轄に属している。この外に五個の独立旅団と野戦隊とが、ルーリスタンに配置せられ、ホラマバッドにその本部がある。航空機は約三十機あるが、その中約十機が実用に適するものと認められる。ほとんど全部ロシア製である。二、三年前までドイツのユンケル航空会社は、ペルシアにおける民間飛行の独占権を有してテヘラン航空学校を設ける契約上の義務を負うて居ったが、ドイツの本社が破産して、この学校は別の企てで出来た。政府は道路警衛《アムニエ》には全力を尽し、除隊兵を使用して橋梁建物及び道路の主要点の警戒に任じている。しかし港から奥地まで相当の遠距離であり、輸送貨物はしばしば盗難紛失等の故障を免れない現況である。

陸軍予算は表面はともかく、実質上全く皇帝の親裁に係り、議会は何等容喙するを得ない。英国の利権たる英波石油会社の上納金はことごとくロンドンに積み立てられ、既に数千万円に達しているが、表面的には貨幣の金本位制度を布くための準備と称せられていたにも拘らず、軍部官憲は勅許を得て自由にこれを使用し得るものの如くである。例えば千九百三十年三月には英貨百万ポンドの軍需品をチェッコ・スロヴァキアのブルン・スコーダ造兵工場から購入している。その内容は銃砲機関銃弾薬その他軍需品であるが、これを以て歩兵の銃を統一し機関銃の数を増し、山砲塁を完成する予定である。この代価もまた前記在英積立金で支弁したので、形式上陸軍省の借入金となって居る。テヘランに相当有力なる造兵廠があり又新たに市の東南二十マイルの地に小銃兵器及び爆発物製造所を建設した。何れも比較的規模の大なるものであり、ドイツ人の専門家を顧問としている。

一九三二年までの五年間の軍事及び道路警備費は、総予算の歳出の約三割九分以上を占めて居り、年によっては遥かにこの率を超えている。一九三一年度（同年三月二十一日より翌年三月二十日に至る）の総計予算では、軍部の歳出は一三八、六四八、二〇〇「クラン」（大約金の二千三百万円に当る）に上り、この内二千五百万「クラン」が造兵及び飛行機費であり、六十七万三千「クラン」が仏国軍事留学生の経費である。現在ペルシアの実兵力から見て、歳計上軍事費がかくの如く巨額に上っているのはすこぶる奇異な事実であり、その実際上の使途に就いて疑念を懐くものが多い。現皇帝側近の軍事関係者が、軍部の牛耳を執って居る限り、この現象は当分継続するものと見られて居る。

軍事上の見地から対外関係を考察すれば、接壌国中最も重大なものはソヴィエット聯邦であるが、ペルシア陸軍の実力は何れの点より観ても到底ソヴィエットに対抗することは出来ない。しかのみならず、軍人や政界の巨頭はほとんどことごとくロシアにおいて教育を受けた人物で、ソヴィエットを嫌悪しながらも一種の恐怖心を抱いて居り、首府は勿論全国を通じて特にロシアの勢力が強い。カウカスの国境では時々ソ聯邦兵の国境侵犯があると伝えられ、又千九百二十九年四月アフガニスタン革命の際は、ペルシア兵がアフガン国境を侵して同国の西部を占領したとの宣伝が、ソヴィエットの、新聞に掲げられ、又ペルシア土族の叛乱に際しては、却ってこれに同情する論調がモスコーに現われた事件などがあり、軍事的には、両国間は必ずしも平穏無事ではない。

英国がペルシア南部に重大なる利益を有しているのは顕著な事実であり、特にイラクとインドとは接壌国たる関係上、ペルシアの軍事には非常の注意を払って居る。土族の叛乱等国内の騒擾は、ことごとく英国の使嗾に出るとの風説が断えないのも、若干の理由がある。今日のペルシアは軍事的には一切英国の勢力を排除しつつあり、各国から専門家を傭聘しているけれども、英国人は一人もこれに加わって居ない。近年イラクの独立を認める英「イ」条約にもイラク領域内における英国飛行場の維持を規定しているが如きは、ペルシア側の白眼を以て視て居る事実である。他方インド独立運動に対してペルシアが同情を有することは論ずるまでもない。

久しく懸案であったトルコとの間の国境問題がようやく決定を見んとした際、千九百三十一年七月、トルコ側のキュルド人叛乱が突発した。しかるに国境線がアララット山の中央を貫いている結果として、叛軍を包囲攻撃するためには、トルコ兵は是非ともペルシア領内に侵入するの必要があるので、ペルシア兵の微力なるを知って居るトルコ側は強硬に軍事共動々作を提案し、国境改訂領土交換を主張した。これをペルシア側が拒絶したので、一時は両国の外交関係がかなり緊張したのであるが、トルコはこれがために大使を更迭し、商議を累ねて紆余曲折の後ようやく解決したのである。何れにせよ、国境におけるトルコ、ソヴィエット、ペルシアの三国関係は、軍事的にも最も複雑であり、細心の研究を要するものである。

アフガニスタンとはほぼ人種を同じゅうして居るに拘らず、ペルシアは伝統的に前者に対して一種の嫌悪心を抱いている。前王アマヌラーの改革運動には共鳴したペルシア人も、その後同国革命運動の際、辺境の土族中ペルシアの東国境を侵すものがあり、前記の通り一時はペルシア軍のヘラット占領説が伝えられた程、軍事関係の切迫を見たのであるが、爾後アフガンの国情平定と共に常態に復した。アフガンの陸軍改革はペルシアにおいても注意を怠らず、接壌国中最も微力ではあるが最も未知数の国として取り扱って居るものの如くである。

ペルシアの芸術

ペルシアの文化が、三千年も前に最も高潮に達したことは、ペルセポリスやスーザの遺跡を見ても判る。しかしペルシアの芸術は、本質において装飾的でありながら、実用的の傾向を多分に有《も》っている。その美学の定則と、おのずからなる調和を欲する衝動がペルシア人に内在しているのである。専門家に言わせると、ペルシア人の自然を見る見方が彫刻的、立体的でなく、徹底的に絵画的、平面的で、罕《まれ》に見る装飾図案の天才を持っているのだ。従って工芸美術の領域では、ペルシア人はその天才を手近の材料に適用して、図案的感興と豊富な色彩感覚に拠って、その時代その風土に相応した実用的のものを美しい装飾的な製作に仕上げている。今日のペルシア人は僕婢でさえも、審美的の本能を多分に具え、テーブルの飾り附けや、一寸した楽書などにすら不調和なものを描かない。遠く三千年の古《いにしえ》から、統一された国民として、工芸の伝統を今日まで追うて来たのは世界にペルシア以外にはない。エジプトもアッシリアもギリシアも皆民族の芸術としては、今日まで続いていない。サラセン文化もまた然りである。近世のペルシア工芸は、芸術的には堕落しているけれども、これも観点に由っては歴史上度々起った過渡時代の一つで、今や正に溯って古《いにしえ》の高きに踊り上らんと努力をしている。

美術史家に言わせると、西洋芸術の中心がビザンツを大きな源として居り、そのビザンツの不思議に東洋的な幻惑的な装飾美術がサッサニア王朝のペルシア美術と緊密な関係に基づくことが確証され、この王朝のペルシアはかくして東洋趣味を西に贈り、西からは西洋趣味を得て東洋美術にこれを織り込むという、晴れがましい役割を勤めたのである。

建築美術

古《いにしえ》から有名なペルシア建築というものも、手近の材料を出来るだけ活用したものだ。今日でも南方では、大理石などの石材を使ってあり、北部では木造に瓦を屋根にした建物が多い。柱や軒の塗り方などや、夏のための風通しの考案なども面白い。王宮の窓の造り方などは、日本の戸障子と同じく床まで一杯に開けて、庭の泉水や、自然の眺めをほしいままに楽しめるように出来ている。田舎の百姓家でさえ、大きな窓で自由に外の眺めを楽しめる。首府のテヘランは材木も石材も割合に乏しいので、土を固めた煉瓦と、藁を入れた日本の昔流の土塀とで家を造る。上流の住居だけが、本当の煉瓦や石材を要所々々に使っている。何れにしても建築としての装飾的意匠は、見事な効果を遂げている。殊に天井の円頂の組合せなどは最も美しい。柱頭《キャピタル》を逆にした建て方などは、三千年前の伝統を不知不識の間に襲っているものである。屋根の重いところでは、丸太を組んで支えているが、少しも不調和でない。

テヘランから遠くない避暑地のシェムラン（Shemran）では、様々の別荘が谷間や川沿いに建ててあるが、我々も毎夏その一つを借りた。泥土の家であるが、絨緞を敷きつめて移住の用意が出来上ると、空家のとき考えたのとは見違えるほど美しい住居になる。各国の大公使やこの国の大官富豪などは、皆夏の間ここに住む。私の家の傍にバーギー・フェルドース（Baghi-Ferdaus 天国の園）という豪華な別荘があった。昔の高官の別荘であったが、罪に坐して官に没収されたまま、荒るるにまかせた状態にあったが、準ヨーロッパ型の一種のルネッサンス式建築で、何の不調和もなく、殊に内部の装飾や、壁を飾るファイアンス、テラスの構えなどは、ヨーロッパでもアメリカでもこれに匹敵する建築を見ない位である。これを設計したペルシアの建築家は洋式を採りながら、少しも型に捉われていない。我が国近頃の官庁建築などの盲従主義者をして、慙死せしむる程のものがある。

円頂の埋め方は、いわゆるガッチであって蜂窩のように規則正しく、断面を配列させたサラセン式のもので、大抵色合や鍍金の具合などもこの式に近い。けれどもこの式は勿論アラビア人がペルシア人から習ったもので、ペルシアではギリシアのパルテノンやローマの円形闘技場《コロシウム》の建築が出来た遥か以前に、いわゆるサラセン式円頂が行われていた。もっとも煉瓦を主要材とする建築ではアーチと円頂とを用いる必要は言うまでもなく、ペルシアもメソポタミア文明の古いスメル民族あたりの技術を継承したものに相違ない。しかし今でも円頂を礎から上に、煉瓦を積み重ねて天井へ迫《せ》め合って行く構造は、近代的意味における建築学などを夢にも知らない大工の手際としてはまことに驚異に価する。複雑な設計を図案も尺度もなしに、ほんの形を計る小さな木製の道具と錐とで見事に行《や》って退《の》ける。建築美術の原則などは一つも知っていない。これに比べると日本の西洋建築家などは少しく原理窶《やつ》れがしている。

今の王宮ゴレスタンは、アイナ・カリー（Ainah Karree）と云われる鏡の断片で象嵌した天井と壁との構造で、いわゆる金剛石の広間を作っている。これは百万の宝石が室内に充満して、その光をほしいままにする効果を与えて居り、ペルシアの富豪の家などにも同じ設計を見受ける。王宮で目につくのは、その土壁の表面に敷かれている釉薬を施した瓦の装飾である。これは艶のあるタイルで昔のファイアンスなどと共に、ペルシア建築の特徴である。私の官邸の湯殿などもこのタイルで張り詰めてあった。古いファイアンスは欠片《かけら》一つでも数千金の値があるが、近世の技術は余程堕ちた。しかし宮殿などの入口や都会の大門などが、皆この麗しき色合いの瓦のモザイックで張り詰めてある。焼物の技術は古くはマニーが支那から持って来たと云い、近くはアバス一世がイスパハンとカシャンとへ支那人を聘し、中頃十三世紀にはフビライ汗の弟フラグ汗即ちペルシアのイルハン（Il-khan）王朝の創設者が支那の名匠を連れて来た。今でもカッシー（Kashee）即ちカッシアンの産と称せられているのは支那の技術を加えたこのファイアンスのことである。

文字――書――装釘

ペルシアの装飾的審美性はマホメットに征服されてから色々な形をとって表われた。アラビア人から注ぎ込まれた数学的の正確さが、ペルシア人の想像力と結びついて様々な工芸に表われた。文字を美術と考えるのは支那、日本と共通であるが、その文字を建築や陶器、織物にさえ応用して、アラビア文字の走り書きだの、組み合せだのに美的な効果を与え、今でもテヘランに近いレイ、むかしのラーゲス（Rhei：Rhages）の地下から古いファイアンスが出て来る。古いものはクフィック文字でやや新しいのがアラビア文字であるところを見ると、艶瓦《つやがわら》に書く芸術は、千五百年前サッサニア王朝時代に立派に発達していたものらしい。専門家の説では、昔の王宮の跡から出て来る焼瓦の種類が、場所毎に全然違ったものであるとのことであるが、これは当時の芸術家がお互いに独自の境地を守って、盲目的な模倣をしなかったことの証左である。

　文字を芸術と考える結果は、古い筆蹟や名筆の写本が家宝として保存されていることで窺われる。中には書物を飾る密画だけを抜いて、外国へ売ったのなどもある。むかしの能書家の書いた写本などはだんだん姿を消して今では相当の代価を払って辛《や》っと手に入れることが出来る位である。極東におけると同じく、昔の名筆の名も伝えられて居り、その筆蹟は断簡零墨でも非常に高価である。能書の官吏が高給を食んでいるのも昔のままであるが、追々減じてタイプライターも今では旺んに使われる。又書体にもナスタリッグ（Nastaligh）だの、シェケステー（Shekessteh）だの、日本で云えば楷書、行書といった様々の種類がある。

　書と同じく書物の表紙も、固有の装飾芸術として名高い。或る古書は革の表紙の上に様々の細かい飾りが彫りつけてあり、後に世人のロシア革と称するものも実際はペルシア製であった。革細工は書物の表紙のみならず、絵や、屏風にも様々の色を配合した面白いものが残っている。これ等は革の断片のモザイックのみならず、中には金銀とりどりの工作を施して貼り付け、夥しい手数と時間とを費した工芸品もある。もう一つの種類の表紙は張り抜きであって同じく色を使い、浮彫のような陰陽を加えたり、光の加減で模様が色々に浮き沈むような考案を加えている。又日本の梨子地のような意匠もある。古い鏡の枠や額縁などにも時々これと同じものが使われている。フィルドースィーの詩集「シャーハ・ナーメ」などは、書も画も表紙も技巧を凝らした古《いにしえ》の逸品が残っていて、これ等の古本の真物が一部でも手に入れば一廉の財産である。

陶磁器

マホメット教の侵入以来、その教理に基いて生物を意匠に加えるのは偶像崇拝に近いとして禁ぜられ、又酒を禁断としたので、詩や芸術の境地を狭める結果となったが、サファヴィ王朝なかんずくアバス大帝は無類の芸術鼓吹者であり、この宗教の禁断を緩やかにしたので、ペルシアの芸術は芽を吹き返した。全国がほとんど一朝にしてシーア派に改宗したのもこの王朝の始祖イスマエル王のためであった。芸術の恩人としては、先にはホスロ・パルヴィイズ王あり、後にはアバス大帝ありと云われている。この時代に支那から工人を招聘して、支那の陶器と全く見分けのつかぬものを、旺んに作り出したが、追々ペルシア人固有の美的観念を入れて変ったものを作り出している。古い水管式喫煙器（カリアン）などには、この時代の陶製の逸品がある。支那の陶器と比較するとペルシア物は如何にも軽く軟らかである。ただ近年の模造は云うに足るものがない。なお国中に散在している寺院だの、墓陵だの、祈禱所などが、この時代の釉薬を施した焼瓦やファイアンスで飾られている。そしてこの時代のものは、ペルシア固有の濃青色、いわゆるラピス・ラズリー（Lapis-lazuli）の青色で、イスパハンの大伽藍を首《はじ》め凡ゆる処に残っていて、ペルシアの昔を今に伝えているが、今日では最早模造することが出来ない。なおファイアンスで見事な画を表わすこともこの時代に最高潮に達したが、これも多分に支那の影響（例えば瑞雲の描き方などは全然支那式である）を受けるか或いはインドの画風を採り入れたものであるが、画題は大抵フィルドースィーの詩に謳われて居る古英雄の功績である。中にはロスタムがダマヴァンド山の白鬼（Div-Sefeed）を退治するグロテスクな場面などもある。この白鬼退治は日本で云えば、酒呑童子の伝説に当るもので、その主人公のロスタムは凡ゆる画面に必ず現われる古英雄である。

金属工芸

金属細工の工芸品は、サファヴィ王朝の以前から非常に発達したもので、鎧、兜、刀剣などの武器が第一で、水罎《みずさし》、花瓶《はないけ》、盥《たらい》等の実用品にも様々の意匠を凝らした立派なものがある。これもまたサファヴィ王朝になって最高度の発達を遂げ、今でもイスパハンのバザーには特別の一廓が、金、銀、銅、真鍮、鉄などの細工人を集めている。鋼の細工はダマスコが今でも有名であるが、ペルシアの町々ではこれ等に劣らぬものを生産した時代があった。古い刀の柄などには美しい絹の刺繍と見紛う位の精巧なものがある。なお兜や楯の象嵌、装飾などは今でも相当に見られる。真鍮のお盆に鑿で細かい手細工を加えたもの、銀器の上に細い錐で装飾を施したものなどは今でも余り高価でない。ヨーロッパのトレード細工だの、フィリグランなどのような金、銀、銅の細線の編細工で繊細なすかし模様を施すのなどは、アラビア人を通じてヨーロッパへ伝わったものである。

金属工芸の中で、何人《なんぴと》も目につくのは、前に述べた煙草道具の様々な意匠であるが、その水管の頭になる日本の湯飲み茶碗ほどの大きさのものは、くさぐさの飾りがあり時としては狩猟の光景や舞姫の集りや花形のアラベスクなどを彫り、又ルビーやトルコワーズ玉などを嵌めた精巧なものが多い。この頭のことを「サリー・カリアン」と云って、近代では模造するが、未だ骨董屋などに古い真物が残っている。トルコワーズという石はペルシアの特産で、様々の装飾に使われ、時には潰して密画の絵具にさえ使われる。私は骨董屋から三つ四つこのカリアンの頭の逸品を掘り出して灰皿の代りに愛用した。

真鍮細工は今日でも続けてはいるが、古代の芸術味は尠《すくな》い。私は偶然古い提灯の頭と底とに真鍮の透し彫りをしたものを手に入れて非常に喜んだが、これも余り古いものではない。欧洲の博物館などに行くと、立派なものが多分にある。銀や銅の細工にも、古くは料理用のものにすら、立派な装飾や彫刻が施してあった。

貴金属を扱うことは余り発達しなかった。ただエナメル（ペルシアではミナールと呼ぶ）と結合して工芸品を作ることは、三百年ほど続いている。エナメルは大抵濃青で、銅の上に金銀を混ぜた細工が最も多い。七宝もかなりあるけれども、今日では古いものは甚だ稀である。

彫刻——木細工

彫刻は古代の岩石の上に浮彫をした遺跡に見る通り、またペルセポリスの宮殿などの示すが如く、また更に溯ってスーザの王宮から出土した彩釉煉瓦の浮彫が示す如く、ペルシア人の最古の芸術であったに拘らず、自然描写を禁断したマホメット教の影響か、大理石で塑像を造るような芸術はほとんど発達しなかった。ただ木彫はかなりの発達を見せて、なかにも寄せ木や木象嵌などには相当面白いものがある。しかし今日のペルシアの指物や箱細工などは世界最劣等である。それは多分材料と道具との貧弱なためであろう。もっともこの粗末な箱の上でも、これに施す装飾には捨て難い趣のあるものがある。シラーズのハタムと云われる一種の木象嵌は巧緻繊細を極めたもので、二、三分平方の表面に三十五ないし四十の断片を排列して麗しい寄せ木の効果を表わしている。或る古いヴァイオリンに施した装飾は、一寸平方に四百三十八片を集めて、幾何学的の細かい意匠を施してあった。恰度春の海の上に月光が揺ぐような趣で、細かくも金波銀波の俤《おもかげ》を偲ばせている。

絵画

絵画はこれも同様にマホメット教の影響で余り発達しなかった。むしろインドの方が、ペルシアよりは早くこの方面に進歩を示した。アバス大帝以来のペルシアに、若干の人物画家があったが、東洋流の遠近及び明暗の区別のない絵で、その後期に至ってヨーロッパ風の油絵を描くようになった。密画は後で述べる通りペルシアで独特の発達をした。

矢立

絵画とは縁が近くて工芸品の尤なるものにカレムダールと呼ばれる矢立がある。文字を書くには墨を使い、その筆も葦を切ったもので、昔は役人でも商人でもことごとく矢立を持って歩いたものらしい。もっとも矢立と云うものは尠《すくな》くとも三千年この方使われていることは、旧約のエゼキエル書に伝えられて居ることに徴しても判る。昔から東洋では筆墨紙印の四品を持って歩かねばならなかった。今日でもペルシア人は印の代りに封印を持って歩くが、墨は小さな長方形の金属製の函に蓋が着いているものに入れてあり、これを筆と一緒にして細長い矢立のような函に入れるのである。この函は金属の場合もあるが大抵は木か張り抜きで表面の装飾が細かい漆塗りの図案模様であったり又は歴史的の場面、小説の一節などを描いた絵であったりする。昔の名作には一々芸術家の署名と年月とが小さく書いてあり、近年まで人々はこの矢立を腰に挟んでいたそうである。

私が蒐集した矢立の大部分は、長さ一尺内外、幅一寸ないし五分で、両端がフランスの地下鉄の電車のように曲線で、円味をつけてあり、函の上側も少しく円味を帯びている。内函は外函の一端から抽斗《ひきだし》のように出るようになっていて、その端に墨入がある。

この矢立の絵には、第一流の画家までが腕を揮ったと伝えられている。画題は概ね何かのローマンスとか、王者の遊びとか、英雄の武勲の物語などを繊巧に表現したもので、時としては花鳥などの小さいながらも真に迫って自然を嘆美せしむるに足るような巧妙なものがある。もっとも鏡だの小匣だのにも同じような装飾をしたものがある。外科医が手術具を運んだと云われる小匣を私は一つ手に入れた。普通の筆入と同じような意匠の絵が描いてあるが、画品は余程劣《お》ちている。しかし医者の道具に絵が描いてあるということは、いかにもペルシアらしい。且つこの画の大きさでは精々歯医者の小道具とか、小さな鋏などを容れる程度で今日の医術には適当しない。

密画

ペルシアの芸術では、何と云っても密画が光っている。これはあくまでも東洋風の書き方で、近代の西洋画から見れば、遠近法のみならず、いろいろの欠点があるだろうが、その芸術的価値はこれがために減じない。我が国の古絵巻などと同じような描き方で、小さい画面の上に時には顕微鏡を要するほどの細かい技巧が施されている。長さ八寸、幅二、三寸のところへ、五十人も百人もの人物が点出されていることもある。これは矢立などにもある通りで、戦争などを描いた密画ではその一人々々に異った表情、性格が表われて居る。欧米の博物館や知名の蒐集家は世界に罕《まれ》と云われる逸品を誇っているが、ペルシア内地に残っているものは今日は余り多くない。前にも述べた古書の中に未だ抜売りをしない密画が若干あるはずである。私も十枚ほど手に入れたが、そのうち古書をそのまま買ったのが一枚、昔の真物が二、三枚で、その他は甚だしく損傷したのを修正したものや又は後世の偽作であった。これも十八世紀以後は、画風が堕落して来たので一見して時代が判る。

密画の最も古いものは、バグダッドのアバスィッド派の作で、紀元千二百年頃の作と謂われ、ビザンチンの影響を多分に受けたものである。フビライ汗の弟フラグ汗が十三世紀の中葉にバグダッドに攻め入って、アラビア芸術を破壊し尽したのが、却ってペルシア人の芸術には好い影響を与えて、ペルシアではペルシア風の密画が段々興って来た。その起りはトルキスタンにあって、ここでは夙に支那人の画師に教えられて相当な芸術的価値を把握した画風がペルシア中に拡まったのである。その頃の絵は大抵征服者たる蒙古人の衣裳を着て支那人の顔を有《も》った人物即ち小供らしい円い笑顔が沢山描かれている。又馬なども蒙古風の小さいものばかり出て来る。十四世紀の末葉タメルランがペルシアを征服する頃までにこの芸術は最高潮に達し巨匠輩出した。その描法、絵具の配合などが専ら目に訴える目的で描かれている。謂わば装飾芸術の要点を捉えているが、芸術の真髄からはかなり遠い。そして絵の周囲に画面に適当する詩の文句などを綺麗に書いてある。多くの場合画師は又能書家であった。背景の風光も自然の美を表わすよりは画題を説明する附属物として描かれている。最も好まれる画題は、蒙古人の侵入やホスロ・シリンやマジヌーン・ライラ（Majnun Layla）だのの恋物語で、一人々々の衣裳宝石武器等を最も精密な点まで細かく描いてある。その中にはインド風と呼ばれて専らインドの王女などを描いたものがあり、又支那風の毛筆を使った墨絵の様な画風もある。この最後のものには例えばリザ・アバスィ派（Riza Abassi）と称えられる十七世紀のものなど、南画の様な手法で我々の精神に呼び掛ける真の芸術もある。しかし近代のもので昔を模倣したものでは索莫として味無く、むしろグロテスクな感じしか与えない。ペルシアの識者はこれを遺憾として、昔の程度までこの滅びかかった芸術を引き上げようと努力している。

織物――刺繍

絨緞のことは別に述べた。織物では数世紀に亙って、刺繍、捺染、機織、綴織などに様々の巧緻妍麗を極めたものがある。これらが明らかに唐宋以後の支那織物に影響している。

昔ペルシア婦人の穿いた袴の様なものに、ナクシュ（Naksh）という、絹に刺繍をして長さ二十二尺、幅一尺五寸ばかりの、小さな絨緞のような美しい織物があった。堅牢なものは、数百年を経ても、軟い鼠色のような渋味が加わって、様々の色合の程よく調和して、秋草の花咲き乱れた野辺の趣があった。が今日では最早やこれを着用しないので、技術も次第に衰えた。むかしは勿論家庭の婦人がアンデルーンに閉じ籠り、有らんかぎりの技巧を注いで刺繍をしたものである。ひとしく婦人の労作でこの頃ほとんど消滅した技術は、白い絹糸で祈禱の絨緞の打敷や街頭の被衣に施す刺繍であった。今日名残を留めて居るのはケルマン縫い、カシミール縫いと呼ばれるものである。これは主として羅紗の上に羊毛や絹を以てする刺繍で、肩掛だの戸帷《とばり》だのに使われる。

図案は大抵いわゆる棕櫚の葉くずしであるが、ペルシアの伝統ではこれは「久遠不朽」の象徴である扁柏《ひば》の変形と考えられている。地は赤又は白でその上に地味な色合を交え、それに花模様の縁がある。謂わば春の野に咲き乱れている花の中を鳥の一群が列を整えて飛ぶような印象を与える織物である。これすら今では段々少なくなり、殊に近頃のものはアニリン色素を混用してあるので、日光やアルコールなどに対して極めて弱いのである。

刺繍には金糸銀糸を織り混ぜた豪華品が、中世のヨーロッパ作品をも凌駕した時代があった。今では芸術的香気の高いものはむしろ罕覯《かんこう》に属して、例えば王室の織物などにわずかに残っているだけだ。大抵赤や黒のビロード地の上か又は青や赤の絹地の上に金銀で聖典や古詩の文句を書き、花を散らし、葡萄の枝葉を絡ませた見事な意匠である。古い作品はペルシアの名家などに未だ幾らか残っているが、骨董の店舗などではほとんど見られない。

音楽——演劇

　ペルシア音楽、演劇等に就いてはペルシア語の古い文献がその歴史を語っているが、古代ペルシア楽が支那の西域を通って我が国の雅楽にも影響したことは、史家の定説である。雅楽の楽器は勿論のこと、或る旋律（例えば壱越《いちこつ》調の如き）や或る曲名（例えば回紇といったように西域の名前を冠したものなど）はそれを如実に語っている。今日のペルシア音楽でも、アラビアの影響を多分に受けたとは云え、そのペルシア風な、哀愁を催させるような感傷的な音律が、固有のものとして残っている。古代のギリシア音楽にも同じような味があるところを見ると、恐らくは小アジアのギリシア植民地からペルシアのものが這入《は》って来たに相違ない。ヴィーナスの女神をギリシアでも、ペルシアでも尊崇し、そしてこれに捧げる音楽は、古《いにしえ》は恐らく同じ調子であったかも知れない。何れにせよ、三味線も尺八も、ペルシアから起らないまでも、エジプト、アッシリアのものがペルシアを通って極東まで来たことは疑いを容れない。

　アドニスとヴィーナスとの悲恋の場面は今日のシリアのレバノンのサンニン山中のアドニス河の水源——いわゆるアフカ泉だと伝えられている。この河を今ではナーハル・イブラヒム（Nahr Ibrahim）と呼ぶ、山の斜面は赤土で、これが猪の牙で突かれたアドニスの血の滴りに淵源するものと信ぜられ、このあたりに在ったアドニスの社は、コンスタンチン大帝がキリスト教に転向した際、古《いにしえ》の異端の神々の廟宇を壊したときに同じ運命に逢ったとのことである。この辺りには糸杉の樹が沢山ある、ヴィーナスの神に捧げられた神聖な樹で、旧約聖書に在るソロモンの栄華を極めた大殿堂も恐らくこの樹を以て柱としたものらしく、クテスィフォンの遺跡に今日でも残存している千四百年前の「アーチ」の柱もこの木である。この樹はペルシアにもあり、古《いにしえ》は同じようにヴィーナスに捧げられたものであった。

　ペルシアの受難劇タズィーエ（Tazieh）のことは、宗教の条《くだり》、モハラム祭、シーア派のところでこれを述べた。音楽としては子供の声のような甲高い透き通った声で、幾らか支那劇の舞台歌曲に似通って黒鍵の半音続きである。街頭でペルシア人が唄う俚謡や新曲でも、皆この受難劇の歌曲の音律が基調のように聞える。

受難劇は前にも述べた通り、異教徒の覗《のぞ》き見ることを許さぬが、昔は皇帝の臨御を仰ぎ、タキーエー（Takièh）と称された王室附属の劇場で行われたものである。これは恰度ローマの円形闘技場と同じような建物で、ペルシア流の意匠を凝らした立派なものであった。その中央には大理石の円形舞台があったとのことだ。

米国初代の公使ベンジャミン氏は今から五十年前当時の首相の斡旋で密かにペルシア帽を被って目立たぬ処から、観劇を許されたことを物語っている。その記述によると見物の中には数千の婦人が居り、皆青黒色のマントを一様に着て白い蔽いを顔に掛け、目のところだけが綺麗なレースの格子地で透かし見るようになっている。同氏は四千程の白い頭と真黒な身体とが固唾を飲んで舞台を見詰めて居ながら、唯の一人の顔すら露わに見えないその驚異すべき光景に先ず打たれたそうである。なおスペインの闘牛などと同じく、ラムネ、お茶、菓子を売るもの、煙草の道具を貸し付けるものが芝居の合間々々に廻って来る。女も男と同じく水管式の煙草を吸うのである。幕合にも誰かアリー、ホッセインと叫ぶ声が聞えると、これに和するどよめきが起る。坊主が舞台へ上って、ローゼーエ（Rohzèh）と呼ばれる宗教的の吟誦をはじめる。その調子の熱狂し切ったところで、聴衆がホッセインと叫んで胸を叩く者などがある。胸を搏《う》つのは東洋で悲しみを表す一般的の仕種《しぐさ》であって、イエスが十字架に付けられた時も群衆が胸を搏ったと聖書にある。このとき近衛兵だの、アラビア人の一隊だの、音楽隊などが相次いで入場して、最後に宮中の軍楽隊が荘重な哀曲を奏する。それから外の軍楽隊がこれに続いて奏楽する。すると前面に緑色の衣裳を付けた子供が数人、傍に厳めしい古代の甲冑を着た武士を従えていて、その子供の一人が野鳥の叫ぶような澄んだ声で、初めは低く厳かに後には段々高くなって、最後には悲しみに咽喉も張り裂けんばかりに独唱をする。これが悲しみの歌で、受難劇の始まりを知らせるものであった。段々他の声が加わって厳かな合唱の哀曲に変って、俳優達がさも自分自身の死の挽歌を奏しているように聞える。そのうちに軍隊が吟誦しながら、静々と入って来て舞台の周りを進みつつ登場する。そして二重に整列して皇帝に向って最敬礼をする。背景らしいものは一つも使われない。ただ王宮から金銀を鏤《ちりば》めた椅子だの、天蓋の付いた寝椅子だのが、アラビアの沙漠の天国を示すために持ち運ばれている。この点などは支那劇とよく似ている。それからホッセインの受難劇が始まるのである。

登場人物は大抵その当時のアラビアの風俗と覚しき衣裳を付けている。ホッセインの妹に当るゼーネーブ（Zeinêb）は主役の一人であるが、男の坊主がこれを演じた。そして日本の女形と同じような裏声で白《せりふ》をいう。一切女優を使わぬから女の役はことごとく男が扮し、中にも多数の子供がこれに当る。

近頃ペルシアの新劇では欧洲戯曲の翻訳などを演出し、純粋のペルシア人の女も登場するようになった。しかし大抵は職業俳優ではなく、学校の演芸会のように素人役者である。もっともアルメニア、カルデアなどの女が共演する場合も多い。

種々雑多の家庭から採り集められた子供達が、舞台の周囲に坐ってコーラスの役目を勤める。舞台の上には後見が、黒ん坊ではなく、素面で平気に舞台を左右して音楽にまでも指図を与える。けれどもしばらくすると、この男の存在は忘れてしまう位、芝居は巧みに演ぜられた。背景もなく演出を助ける近代の設備もなしに、昔のギリシア人や、降っては沙翁などが芸術殿堂の奥秘に達したのももっともと思われる。

オーケストラは建物の最上層に置かれてあって、楽器はもっとも原始的な鑵鼓《かんこ》とペルシア角笛とである。恐らくは数千年前からペルシアに伝わったものであろう。この騒々しき二重奏では、死者もよみがえるはずだとベンジャミン氏は述べている。場面の前後に、必ずこの合奏が聴衆の熱誠を煽る。

この芝居はゼーネーブとホッセインとの会話から始まり、二人が互いの運命を歎いて、力強く扶け合うことを言い交わす。終って彼女は土に伏して頭に杯を投げる。そこへ戦死したはずのハッサンの息子の若きアリーが来る。そしてユーフラティス河まで行って、味方の士卒のために水を持って来る。それから兜を着けて決死の覚悟で出て行く。その時の歌は大きな劇場の隅から隅まで喇叭のように鳴り響いて、観衆はこれに応えて悲しそうな感動を表わす。そして数分の間、啜り泣きだの、溜息だの、又抑えきれぬ噴激だのが、そこここに聞える。よく見ると、ベンジャミン氏以外の眼は全部濡れている。氏自身もかなり感動したと語っている。或る欧洲人はこの歎きは、恰度葬式のときお雇い慟哭者《なきおとこ》と同じく全く作り事だという。しかしベンジャミン氏は全くこれは純真の感動であって、他国の芝居でも技神に入ったとき観衆が泣くのと同じだと考えている。それから引き続いて馬上の戦争や剣劇が始まった。馬も余程馴らしてあると見えて、何等の事故もなかった。その中にはヨーロッパの檜舞台へ出しても恥ずかしからぬ俳優が居た。それから舞台は夜になって、ホッセインと家族とが眠りに就くと、兄弟のアリーとファティマが墓の中で歎く無言劇のような場面があり、終りにホッセインがその最後の戦場へ赴く光景で、その眷属が討死をするところなどがある。ここで皇帝が起って退出されると芝居は終りを告げるが、観衆の女達は未だ残り惜しげに劇場に止まっている。この芝居は十日間毎日この受難物語の一節ずつを二幕にして、一幕を午後に、一幕を夜間に演出することになっている。

私は不幸にしてこのアラビア夜話の中に生きるような受難劇を見る機会を得なかった。今日では王宮附属の劇場もなく、皇帝が受難劇に臨幸せられるようなことも聞かなかった。しかし詩や芸術の感受性を昔から多分に具えているペルシア人が、この芝居をオーバー・アンマガウのキリスト受難劇と同じように世界に公開する時機が必ず来ることを信じている。

草に生きるもの——漂泊の部落

ペルシアで何人《なんびと》も気の付くのは、漂泊民族の残っていることである。固有のペルシア人は古代から農業に従事して、多分の土着性を帯びて居り、三、四千年も前に既に高度の文化を有《も》っていて、有史以来未だかつて漂泊民族であったことはない。しかし、その領域内には今でも夥しい漂泊人種がいる。その言語も、人種の起原も固有のペルシア人と全然別種のものである。例えばキュルド、チュルコマン、チムリース、バルーチ、トルコ、アラビア種等がそれで、その習慣は大体同じく、いずれも山羊の毛の織物で拵える黒いテントの中に棲んでいる。春は山に牧畜を営み、秋に平原へ帰る。又部落以外とは婚嫁を通じない。私の訪ねたバフチァリー族等は、昔のバクトリアン（大夏）の血をそのまま保持していると云われている、最も純真のいわゆるアリアン人である。

在来の通俗的概念におけるアリアン人種というものは、今日の学問上にあり得ない。正しい意味のアリアン人とは、いわゆるインド・ゲルマン人種の中の最東端の一分枝で、これが更に有史以前にイラン人とインド・アリアン人とに分れた者を謂うのである。随ってアリアン語という概念ならば今日の学問上にも立派に通用する。即ち古代ペルシア語は、サンスクリットと相並んでもっとも古きアリアン語を成すもので、いわゆるインド・ゲルマン系統語の中の大先輩として、今日のヨーロッパ語の基を成している。ナチスのドイツが、ドイツ人のドイツと云うまでは解らぬこともないが、ドイツを純正アリアン人の国にするため、ユダヤ人を排斥すると云うのはすこぶる可笑《おか》しいことである。長頭、碧眼、金髪をアリアン人と心得ているらしい。焉ぞ識らん。ペルシア人即ちイラン人—アリアン人であるから、最もこれに近いものであるが、ドイツ人などは余程遠いものである。

漂泊人種は大抵回教徒であるけれども、自由なる野育ちの人間であるから、伝説にある昔のゲルマン部落のように、長者を敬い、族長の命を奉ずる以外には、奔放無礙の自由の生活を享楽して居る。しかし部落の内面における嫉妬、抗争、小競り合いなどは随分激しいものがあるようだ。女に与えられた自由の程度も普通の回教徒よりは大きい。大体非常に健康な自然生活であり、部落同志の道徳の標準も相当に高い。

我々がよく「ハイキング」やキャンプに出掛けるところに、ラール（Lar）の谷と云って、ペルシア富士の麓に近い谿谷がある。そこにもイリヨット（Iliot）又はイリヤットと呼ばれる漂泊部族が、夏になると羊を追うて集まり、雪が降るとテヘランの東南の畑に帰って行く。この部族もやはり物堅い規律を有《も》っていて、約束等はかなり厳重に保たれる。

その放浪生活の中でも、各家族や部落は十分に他の権利を認めて、例の黒いテントを張るにも、毎年かっきり同じ場所を占めて決して縄張の争いなどを起さない。そして毎晩自家の羊の数を勘定する。毎月収税吏といった顔役が廻って来て、その数によって羊一頭につき四シャヒー（平価で約六銭）ほどの税を取りに来る。この辺のラール河で有名な斑点のある鱒が採れるので、夏期のキャンピングの間には思い思いに釣りをして食膳は何時でも鱒の御馳走である。

部落は各々その固有の意匠を持つ絨緞を出す。一見してどこの部落の産物で、回教徒のどの宗派に属するかが分る。雨の尠《すくな》い地方では、野天ですら絨緞を織っている。そしてその意匠は先祖伝来、恰度我が国の家々の定紋のようなもので、他の部落は絶対に模造することを許さない。欧米人が尊重する、赤や栗色の地に菱形の木の葉崩しのような模様のあるトルコマン族の絨緞は、ペルシア側にもソヴィエット側にもいる同部族の作るものである。この人種はたしかに蒙古種で面構えも我々日本人に近い。ペルシア人は茶の驚くべき愛用者であるが、この部族等は日本流に砂糖を少しも入れずに緑茶を飲む。アフガンの中のこの種族が日本茶の顧客の筆頭である。

沙漠のあけぼの——アラビアの空

バグダッド——ファイサル王に謁見

凡そ世界に幻滅の悲哀を満喫せしむる点において、バグダッドの右に出づるものはない。私には子供の時から世界で見たいと念じて居た場所が二つあった。一はロビンソン・クルーソーが漂流した島で、も一つはアラビアン・ナイトのバグダッドであった。初めてその夢の一つが実現された時に、これはまた余りにも甚しい幻滅に悲しみを覚ゆるよりはむしろ茫然自失した。アラビアン・ナイトは遠い昔の夢と消えても、なおバビロニア、マセドニヤ、ローマ、アラビア、蒙古の様々の史実と物語とがバグダッドを魅力ある都として私の空想に映し出す事を誤らなかった。黄ろく薄濁った水の流れているチグリス河に沿う現実のバグダッドのカールトン・ホテルは、パリの安下宿に比べて屋台こそ大きけれ設備はもっと貧弱だ。ただ夜になると昼の町の醜さを蔽うて冴えた月光がチグリス河の上に浮かぶアラビア船を夢の国に引き戻して遊子の胸裡微かに懐古の琴線を掻い撫づる位のものである。しかしそのかみここは言うまでもなくインド、ペルシアをシリアとヨーロッパとに結んだ所、アフリカを東洋と西洋とに紹介《ひきあわ》せる商業の交叉点であった。そして今はイラク王国の首都として、よしやその規模風俗はわずかに田舎の——欧洲で云えば——小都会位とは謂え、なお且つ東西連絡の定期航空機は必ずここを足止まりとして極東と泰西とを結び付けている。

バグダッドの街ニュー・ストリート

ドイツ人が大戦中ニュー・ストリートを作ったのはそれがためである。バグダッドの市街はアラビア物語の中にある通り、縦横無碍に秩序のない迷路で蔽われ、軍事上非常な不都合を感じたところである。随ってこのニュー・ストリートは恐らくイラク王国全土の都邑村落を通じてたった一つの舗装した近代的道路である。ここの通行人の肩摩轂撃《けんまこくげき》その叫声、低い家並の店々から放射せらるる眩しい電灯、虹を千切って打ちまけた色とりどりの砂糖水、洋装の婦人に続いて歩く覆面のアラビア婦人、荷物を運ぶキュルド人、肩に絨緞を載せて往来の人を呼び止めるユダヤ人等が、ほとんど忘れかかったアラビア夜話をもう一度目の前に浮び出させる。流線形の最新式の自動車がヨチヨチと洋灰や薪を運ぶ驢馬の行列をすり抜けて飛んで行く。銀座あたりに見る様なショウ・ウインドから一寸横丁に入ると、往来でゴシゴシお得意の髭を剃っているアラビア人の床屋がある。マホメット教徒でない人達は、昔のままのトルコ風のフェーズを被っているが、アラビア人はその職業、階級に従いお国振りの鉢巻を締めて悠々と歩いている。

町内で最も多く人だかりのしている処は、名物のコーヒーを飲ましてくれる喫茶店風の場所で、ここの椅子に寛々《ゆったり》と腰を下ろし、水煙草《ナルギーレ》を吹かしながら二時間も三時間も無駄話をしている。勿論男ばかりだ。隅の方には時々将棋盤の様なブリク・ブラク等を遊んでいる。道行くアラビア人は、シスダラーといって、鉢巻の両側に固い枠のあるものを着けている。これはファイサル王自身の意匠になると云われている。ペルシア人は新式のパハラヴィー帽を被っている。けれども、その中で最も面白いのは、鉢巻の様に巻き附けた上を縄の様なもので、更に幾重にも巻いた被り物である。これは沙漠のアラビア人には普通の頭巾であって、鉢巻をチャフィヤと云い縄をアガルと呼ぶ。

　横町へ這《は》入ると河沿いの狭いリヴァー・ストリートと云うのにアマラ細工の店が軒を並べている。これはイラク王国の唯一の工芸品で、銀地にアンチモニーの象嵌をしたもの、紙切だの、ナプキン・リングだの、煙草入だのがそれで作られている。伝説ではアマラの細工人はことごとくバプテスマのヨハネの子孫と自称しているそうだ。大抵髭に剃刀をあてず、古《いにしえ》のユダヤの律法をそのまま墨守している。小さな屋台——同時に店でもあり、客間でもあり、寝室にもなる——でコツコツ図案を描いて小さな炭火の囲炉裏で金属を細工している。その意匠は大抵駱駝、チグリス河を航いでいる小舟、椰子の樹、古都クテスィフォンのアーチ等を表わしている。又客の注文に応じて紋所を入れたり、署名や写真等をシガレット・ケース等に細工してくれたりする。

　この辺りの二階は皆住宅になって居り、それに上る階段の狭く汚いのは、又してもアラビア物語を想い出させるが、近年西洋風の新式家屋もぼつぼつ見受けられる。昔の家の戸の鍵は、西洋の芝居によく見る如く、大きな鎖で繋がれて中位《ちゅうぐらい》のピストルの大きさである。文明は鍵の型を小さく且つ複雑にすると或るアメリカ人は言った。なるほど日本でも昔風の土蔵の鍵と今日の事務室の「イェール」鍵とを比較すれば、想い半ばに過ぐるものがある。

　バグダッドに着く汽車も飛行機もみなチグリス河の対岸に停まってしまう。旅客は停車場または着陸場から車を駆り、長い橋を越えて町の本通りに着くのである。この小さい汚い町で、見るものもなく、遠くはバビロン、降っては第九世紀の驕王教主《カリフ》ハルン・アル・ラシッドの栄華を物語るものとてはわずかに町外れにあるささやかな博物館の外には無い。これは小さいながら貴重な蒐集を蔵していて、旅行者などでウール、バビロン、ニネベなどの上代文化の跡をメソポタミアに訪うて、チグリス、ユーフラティスの上流下流を遍歴する暇のない人間には、ここの見学が最も有益である。二月半ばと云うに陽脚《ひあし》は日本の六月末位、気温は晩春初秋と伯仲の間にある。風さえ吹かなければ正に逍遥散策の好日和であるが、私の杖を曳いた日は、生憎烈風沙漠の砂を捲き、バグダッド全市が黄色い霧に包まれていた。

知人のアブデニー氏を訪うと、ペルシアのお茶の向うを張って、たちまち、コーヒーが出て来た。一杯空けると直ぐお代りを持って来て際限が無い。それもそのはずである。そもそも世界のコーヒー発祥の地はアラビアなので、コーヒーという名も元来アラビア語のクーフヴァで、漿果を煮つめた飲物という意味であるそうな、本場であるからこれに淫するのもまたやむを得ない訳だ。

アブデニー氏はシリア人であるが、古くからファイサル王と昵懇の間柄で、私にもイラク王に拝謁する意志があるならばしかるべく取り計らおう、と云ってくれた。私は礼装を携帯して居なかったので御遠慮申し上げようと答えた所、旅装のままで差支え無しとの電話であるという。そこで町外れ五、六キロメートルのドライヴで王宮に着くと、侍従長のナズィムベー氏に導かれて王様の書斎に伺候する。物語やシネマから聯想せらるるような怪奇豊麗な御殿はもとより予期しなかったが、その部屋の調度なり、しつらえなり、先ず欧洲ならば中流階級のアパートの一室程度で、いささかの豪華の影もないのはやや意外であった。

ファイサル王は年のころ五十四、五、実にも典麗優雅な面持ちの王者である。私はホフマンの書いた「十六歳のキリスト」の絵を直ぐ想起した。同じセミティク人種に属するアラビアとユダヤとであるから顔のタイプが似ているかも知れないが、とにかく私が拝謁した数多くの王者の中では、気品の高さにおいてファイサル王の右に出る方は無いように思われた。

この容姿と資性とは王がトルコ帝国華やかなりし時代に君府に十数年を送って紳士道の修業を積み、大戦中には、謂わば双方の争いの林檎となって形勢転変の最も激しかったアラビアで、或る時はシリア王となり、或る時は英仏二国間の機微な葛藤の流れにアラビア族を率いて危き瀬戸を見事に乗り切るなど、天晴れ、予言者マホメットの子孫たるに背かぬ意気と、近世的外交家たるの訓練とを世界に示すものであった。崩御の一年前にヘッジャス・ナジド王（今のサウディ・アラビア）のイブン・サウドと幾多懸案の協定を遂げて、このアラビア二大国の間に平和の基礎を固めた。不幸早世されたのは惜しみても余りある英明な君主であった。一説によれば英国筋の陰謀によってスイスの客舎で毒殺された形跡があるとのことである。

私が拝謁したときには、六尺に余る清楚な痩軀を簡単な背広服に装って居られたが、お国振りの着物に自ら工夫された被り物を頂かれたときは、アラビア人の目から見ると神々しいばかりの御姿であるとアブデニー氏が云っていた。

我が友アブデニーはヤソ教徒のシリア人でありながら、常に王を激賞し、王者にしてかほどまで魅力ある微笑《ほほえみ》、御瞳の光よりもなお柔かなその音声、気品のある御手等を口を極めて礼讃して、アラビアとアラビア人とに関する一切の証拠を俟《ま》つまでも無く、一見して直ちにマホメット直系のヌマイ族の貴人たることを感ぜざるを得ぬと述べ、なかんずくその平民的な王者振りに心を傾けていた。

王は日本の進歩やペルシアの近情等に特に興味を持たれ、当初はアブデニー氏のアラビア語の通訳を通して居られたが中頃から英語とフランス語とを適宜併用しての直接の対話となった。ファイサル王は、その抱懐せらるる幾多の宏謨大略を語られたが、その中の一はバグダッドとシリアの海港ハイファとの間に鉄道を敷設し、欧洲からアラビア北部を横断して東洋に赴く交通の大動脈を開拓するということであった。

日本の船舶がバスラに寄航することになれば欧洲往復のインド洋航路も尠《すくな》くとも十日を短縮《ちぢ》めることが出来、イラクは多くの観光客を吸収することになるであろうというのが王の期待であった。この翌年王がペルシア皇帝をテヘランに訪問せられたときに、私は再び旧交を温むると同時に、同じ問題を更に具体的に突込んで話をする機会を得たが、その後約二年を待たずしてスイスの客舎で崩御せられたので、この雄図も水泡に帰した。私の印象では、アラビアの沙漠の王様と云うよりは、マホメットの後裔、往古のアラビア人の覇業を承け継いだ、王者らしき気品と聡明とを兼ね備えたファイサル王であった。

この謁見は四十分程で終ったが、私は永らくこの典雅な王者の横顔を忘れることが出来なかった。

イラク王国は世界戦争後英国の委任統治に服していたが、王の努力の結果もはや完全な独立国たる実力を備うるものとして千九百三十二年に国際聯盟の一員となり英国の委任は解かれた、しかし英国にとっては一種の満洲国で緊密な関係を維持している。

野天の雑魚寝――クテスィフォン――バビロン

バグダッドを飾るものは、何と云ってもチグリス河である。一年中八ヶ月位は焦熱地獄で人間の住むべくも見えない都に、昔からあらゆる人種が栄枯盛衰の歴史を遺しているのが不思議な位である。が、これは一に蜿蜒一九四〇キロメートルの大河の水から人類の文化が湧き出したからである。古《いにしえ》はチグリス河とユーフラティス河との間の地域には、幾筋もの運河があって灌漑に資して居たが、第十二世紀から第十四世紀にかけての蒙古人侵入のときことごとく破壊し去られたため、今は索然たる沙漠で満目荒涼何の趣もない。ただところどころにその跡とも覚しき凸凹が残っているのみである。

バグダッドの暑さは、三月に始まって十月まで続く。真夏には住民いずれも河辺に露台を出して蒼空の星を仰ぎながら寝るのである。私のバグダッド再遊は翌年六月の真夏で、ホテルのテラスにしつらえたベッドの上に、蚊帳を吊って眠ったが、馴れぬ星の光に眼が冴えて熟睡などは思いも寄らなかった。ちょうど五十脚ほどの寝台が同じ様にテラスに連なって、図らずも河ぞいの野天で男女の雑魚寝という珍らしい体験をした。明け方空が白む頃、各々部屋へ帰るのであるが、それでも九十度位の温度でムッとして微睡《まどろ》めそうもなかった。

夏期の間は湯を沸かす必要がない。水がことごとく空気に熱せられて百度位の暑さになっている。風呂に這《は》入るときには、湯を立てろと命ずると、水を湯槽に漲らしてその中に氷を入れて適当に冷してくれる。これがホテルにおける豪奢な入浴である。私もこれを二度ばかり試みた。お湯を沸かすのでなくて、水を冷ますのに時間が掛かるのだ。

バグダッドの東南約百キロメートル程のところまで、チグリス河に沿うて灰色の荒野を下ると、ペルシア帝国サッサニア王朝時代の都クテスィフォンの遺跡がある。広大荘厳な古代建築の三分の一ほどが頽《くず》れずに残っている。パルト王朝正確に謂えばパルチア人のアーサシッド王朝時代は、支那の周末より漢を経て晋初に至る時代に当るが、前にも述べた通りその史書にいわゆる「安息」がペルシアである。次いで南北朝から隋にかけて初めて「ペルシア」という字面が現われて居り、その都「斯賓」と称せらるるのがクテスィフォンを唐様にした名である。又ギリシア史上有名なるセルーシヤは、同じく河を距てて右岸にあった。支那の文献にいわゆる宿利《スーリ》城がそれである。但し今日は全く堙滅して一抹の痕跡も無い。

バグダッドの南西百五十キロメートルばかり、ユーフラティス河の右岸に臨んで、バビロニアの中心である古代の大都バビロンの遺跡がある。バベルの塔もこの附近にあったと云われ、今から三十年前までは、その塔の残礎と伝えられたものが残っていた。今見えるものは大きないわゆるジッグラートの跡で方形の基壇だけである。バビロンの遺跡のうちでは、近代の発掘にかかる獅子だけが深い印象を与える。狼に似た野犬が泥土に委した宮殿の廃址を物に憑かれたように駆け廻っているのが、万物を滅ぼす「時」のあらびを象徴するかとばかりに物凄かった。ユーフラティスの河辺に近く、ネブカトネザール帝の二重宮殿やその様々の廟社が少しずつ姿を現わしている。この附近には椰子と棗の木立とが淋しく点綴して古《いにしえ》の豪華を物語る由もない。アレキサンダー大帝時代のギリシア劇場の跡と称えられるものが、その東に発掘された。これはプトレメーが東帝国の都を宿利城《セルーシャ》に遷した以前の建築で、側壁はことごとく焼煉瓦で出来ている。このあたりに敷きつめた鋪道などが、おぼろげに古《いにしえ》バビロンの壮麗を偲ばせるだけである。

チグリス、ユーフラティスの二大河は南に流るること七、八百キロメートルにして合流してシャット・エル・アラブとなる。これがとかく昔からペルシア、アラビア間の係争問題を惹き起す種となっている。この辺りは何処までも涯《はてし》無き椰子林で、象でも遊んでいそうに思われる。又所々に橄欖《かんらん》や桑や柘榴の樹が、ペルシアの南部と同じく繁茂している。

イラク王国の主要産物には、石油の外に乾棗《ほしなつめ》がある。九月から十一月頃まで漂泊のアラビア人が、チグリス河の島々からやって来て、この辺にキャンプを張り、男が果物を摘み取り、女がこれを籠や箱に入れる。生憎我が国などで余り需要のないものであるから、日本のアラビア通商が片貿易になるのである。その外に多少の羊毛、棉花、米、麦等を産するが、我が国でもなおここから輸入し得るものについて十分研究する必要があると思う。

チグリス河辺に滞在二日、明日はいよいよ未明に飛行機上の客となるので、空から瞰《み》るアラビアの風物をいろいろ想像しながら早めに床に就いた。

沙漠飛行

シリア沙漠の黎明

飛行機は十五人乗りでインピリアル・エーア・ウェーが、ロンドンとカルカッタとを結ぶインド通いの航空路を翔破するものである。朝の四時半、丁度満月がチグリス河の上空に冴えていた。バグダッドを出て一時間ほどの間に、月光が段々薄らいで暁がほのぼのと白んで行った。二千尺の上空から見下せば、下は茫漠たる平原、見渡す限り砂、砂の海である。ただ宏大無辺の影がこの沙漠の上に現われていて、中でも目を惹くのは飛行機自体の地上に印する影である。一時間百二十マイルの速力で飛びながら、この投影は我々の前面にたどたどしい足踏をしているように見える。ただ所々砂山だの沙漠横断の自動車の轍の跡だのを横切るときに、我々の機関の廻転の速度を認識することが出来る。要するに飛行機のスピードが、五十マイルであろうと、百五十マイルであろうと、乗っている感じはほとんど同じである。

同じ道を私は後年西から東へ自動車で横断したのであるが、その轍はところどころ沙漠の中の谿流の様なものを横切る。この谿流が機上からは細長い白いリボンの様である。飛ぶこと二時間程で夜が全く明けはなれ第一の着陸点ルットバーが見える。これは沙漠の真中に築かれた一大城郭で、沙漠横断の自動車や飛行機のために給油と小修繕との設備を用意する停留場である。約三十分の停機中にそのレスト・ハウスで軽い朝飯を取る。丁度乗合の自動車が三台ばかりと英国陸軍航空機一台とが止まっている。ふと掲示を見ると、この停留場の視野を越えたところまで散歩することは厳禁であると書いてある。不心得な旅行者がよく遭難して行方不明になった例があるとのことである。一度この地点を見失ったら、西も東もない荒涼無限の砂の世界、サンド・ストームにでも会えば見る見る生きながらの埋葬である。

この砂暴風というのが時々やって来る、その時は全くの命がけである。小さな田舎家ほどもあるこの大型自動車が、瞬く間に砂の中にうもれるのだ。無限の荒野で行きも帰りもならず、食料も尽きて、空から飛行機で給与の出来るときはまだしも幸いであるが、強風で航空もむずかしいとなれば、全員餓死の外ない。乗合飛行機もバグダッドなりダマスコへ逆戻しをすることは時々ある。私は幸いにもアラビアの激しい砂暴風に遭ったことはないが、ペルシアではしばしばこの廉価版ぐらいの奴に出会《でくわ》した。口も眼も開かない、呼吸すら止まるかと思うほど、激しいものだ。

この辺りのアラビア人はベドウィン（Bedouin）族だ。真昼の村は一人も残らず天幕のなかに眠って、ただひとり瞳の鋭い鷹が番をしていた。アラビアにもペルシアにも今以て残っているのは鷹匠である。馬と鷹と猟犬——この三つのものは、漂泊生活に附き物で、ペルシアの密画には乗馬の大名が鷹匠を従えて狩に出掛ける光景をよく見掛ける。アラビアの沙漠の住民はこれをホールと呼ぶが、「高貴」という意味だそうだ。私が給油の停留の間にアラビア人を捕まえて九割は手真似でポツリポツリ聞き糺した所によると、この辺りではこの鷹をサガールと云い、千里も遠い山から巣ぐるみ持って来たもので、酷熱の夏が過ぎると毎日毎晩訓練が行われる。羚羊《かもしか》と野雁とを捕まえるために仕掛けるのである。これには犬も使う、即ちアラビアの狩は犬馬鷹の共同工作であるのだ。

沙漠の生活は全く人間と動物との協調で動いている。背中に瘤を持った愚かしい駱駝は如実に「沙漠の花」であり「神の賜物」である。アラビア語には駱駝と云う文字が二百以上もあり、辞典の半分は駱駝に関係のある言葉である。例えば旅には「ナガ」と云う雌駱駝で乳を出してくれるもの、散歩には「アハルール」と云う種類等々である。

夜になれば、少しの樹陰水陰をでも錦の帳《とばり》、玉の台《うてな》として、人も馬も羊も駱駝も一所に一夜の夢を結ぶ。就寝前に駱駝から搾る乳の音で一番敏感な雌馬が嘶《いなな》く。真先きにその饗応に預るのが馬で、それから羊、人間と云う順序である。この国では赤でも白でもない総てが灰色の沙漠で、人間も動物も絶対の平等、一番大きな発言権をもつものは馬である。

ルットバーから五時間の沙漠横断は単調を極めている。ときどき風で十五人乗り五百馬力の機体も木の葉の如く翻弄される。ところどころオアシスに小さな部落が見え、又川のようなものが沙漠の真中で流れが絶えて行衛不明になっていたりするのが見える。行く川の流れ絶えずして元の水にあらず、方丈記の作者でも消えて無くなる川水は知らなかったろう。又沙漠に斃《たお》れている駱駝や驢馬の死骸に、ときどき鳥や鷹が群がっているのが目に付くこともある。この辺りは旱魃のため人類の集団が不可能となる前までは、相当に定着した大きな人口を養っていたところらしい。いわゆるシリア沙漠は、今日剽悍なアラビア部落が点在しているに過ぎないが、土中には過去の文明が数々葬られている。何時の間にか山らしいものが見えて沙漠に終りを告げる、パレスチンが青々として脚下に展開する。午後の四時頃ガザに着陸した。

ガザと云うのは昔のユダヤ王国の港で、聖書にもしばしば見えている地名だ。今より四千年程前にエジプトに侵入して第十五ないし十六王朝を立てたヒクソス人の古都として聞えたのは、このガザの南方約五マイルほどのテル・エル・アジュールで、エジプト考古学界の驚異として近頃徐々に発掘せられている。地下のこの古都はポンペイよりも遥かに偉大な古代文化の証跡を示している。この都は紀元前二千年頃棄てられてガザへ移ったものらしい。原因はマラリアの流行のためであったと学者は云う。

ガザから私は自動車を雇ってエルサレムまでパレスチンの青野を北へと志した。エルサレム附近でキリストの聖地に巡礼をするため四、五日を送る予定であった。

西から東へ

西から東への横断はナイルン会社の大型乗合自動車で十五人乗であった。

未明ダマスコをあとにして、行く程に走る程に、何百マイルも何百マイルも、どこまでも草一つ生えぬ空の空だ。他の車の通った轍の跡を間違わぬように、磁石を頼りに東へ東へと志すのである。

現実と夢幻との間を行くのが沙漠の旅だ。透き通るようなうつくしい樹立のある、川ぞいの街が四、五キロメートルの前面に連なって見える。近づくに従ってこれが一抹の雲の中に消えて、跡方もない幻影《ミラージ》と解る。沙漠は人生の象徴だ。薄明かりの中をいくつもいくつも幻影を逐うてオアシスに辿り着く。このオアシスも数分の後には、あとに見棄てて新しい道を辿るのである。

今我々はローマ時代に地中海とペルシア湾とを結んだ大道とほぼ同じ道を踏んでいる。ペルシア人の発明した、カナット（khanat）の水道機構はこの辺から所々に見られる（トルキスタン及び新疆でもこの設計があり、カリーズ（kariz）と呼ばれている）。数年の後に送油管と鉄道とが古代文化の交通路を襲うてこのあたりを近代的に復活させるのだ（この送油管は千九百三十四年に竣工した）。（イランを飛ぶ、一六一頁参照）

昼食は光まばゆきシリア大沙漠を横ぎりつつ、ナイルン会社のくれたサンドウィッチで我慢する。途中小さなオアシスでシリアとアラビア（イラク）との国境を通る。ここで簡単な旅券の検査を受ける。それから後は又々空虚を辿る砂の旅、唯一度七、八十頭の駱駝の隊商がガランガランと鈴音勇ましくダマスコに向うのに出会っただけである。

夜七時頃、おなじみのルットバーの真四角な城壁に着く。その中のレスト・ハウスで、例の如く人間も機械も給与を受ける。

間もなく、宏漠限りもない地平線のみぎわに、風船のような赤い夕陽が吸い込まれるように落ちて、沙漠は再び薄明につつまれる。

沙漠に日は落ちて夜となる頃

シリア沙漠の大きな夜が始まる。蒼い蒼い大きな夜というより外の形容はない。昼は醜い灰色の砂と礫との連続であるが、夜の薄絹でつつまれたアラビアは、又何としたことであろう。イラン高原の夜は蒼空と星辰との美であるが、アラビア沙漠の夜は天地の美だ、宇宙全体の美だ。私は生まれて初めて宇宙のたましいをひたと自分に感じた。

星屑を友とした一夜あくれば、車はユーフラティス河畔のラマディと云う汚い町に着いていた。ここからバグダッドまでは二、三十マイルの近さである。

君府の想い出――金角江のほとり

君府――「幸福の門」

私のトルコの思い出は船がマルモラ海を出て、ボスフォールの狭い瀬戸口に入った時に溯る。

右にアジア側のトルコ街スクタリが、山の中腹の墓場――実際その墓場は君府名物の一つである――をそのまま縦横に拡げた様な街並に低いバラック式の家を並べ、所々に蒼空にそそり立つ矛《ほこ》の尖端の様なミナレット、その傍の宏荘な回教寺、河岸には瀟洒たる別荘風の家と庭、これがアジア側を樹々の緑の間を縫うて黒海の入口まで続いて居る。右も左も離宮や別荘や廃址がめまぐるしい程に数々ある。左は対岸のトルコ人街イスタンブールで、これとガラタ、ベラの外国人街との間を流るるのがコルヌ・ドール即ち金角江である。入江の口にその昔サルタンが長夜の宴を張った旧御殿と、対岸ガラタ側に史上君府の品川台場に当るトップ・ハネーとがある。これが西からも東からも君府に集まる百《もも》船《ぶね》千《ち》舶《ふね》の碇泊地で無限の栄と黄金とを君府に将来したものである。この意味からすれば、「金角」の名は、ローマの詩人オーヴィッドの筆に伝えられて今も平和と富貴との象徴となっている「豊栄《とよさか》の角」（Cornu copiae）――牡牛の姿に変じた水神アケローウスの角――にもたぐうべきものである。帝政ロシアが不凍港の旅順大連を失ってから欧洲大戦の直前まではその輸入貨物の四分の三が君府を通った。世界経済史上の通過運輸のレコードはこの金角江頭ガラタ橋畔に属していたのであった。君府の通称コンスタンチノープルとかツァリグラドとか云うのは外国人が附けた名で、トルコのクラシックの由緒正しき本名はデル・サアデッド即ちペルシア及びアラビア語で「幸福の門」である。トルコ人の間の通称イスタンブールは主としてトルコ人の住む区郭のことでこれも元はギリシア語で“eis tēn polin”(「町の中へ」)即ち君府の前郊を意味したものであるが、今日は君府の名を廃してイスタンブールを公式の名に採用した。

＊

「幸福の門」、トルコ人に取っては君府は確かにそうであった。世界の都会で君府ほど要害と自然の美とを併せているものは無い。そればかりでなく木造の家の多い君府は、その火事すらも美しい。正に江戸の花というのと東西図らずも揆を一にして居る。その数年ないし数百年に亘る廃址も若草の萌ゆるボスフォールの岸辺を彩る大きな舞台の艶やかな背景である。何人《なんぴと》が感激なしにあのルメリ・ヒサリの巨塔を見ることが出来よう。欧洲大戦にトルコが参戦を決した最後の理由はドイツ巡洋艦ゲーベン、ブレスラウの海峡突破に対していきり立ったロシアの対土宣戦のためというよりも、聯合国が戦勝後君府をロシアに与える密約を結んだことが知れたためである。英国がガリポリ戦に失敗して、ダーダネル進入を思い切ったのは、遮二無二の力攻に多大の犠牲を忍んで君府を落しては、結局この密約通りこれを露国に渡さねばならぬことになるので、痛し痒しの兼合外交だと云う説も、あながち穿ち過ぎては居ないかも知れぬ。あの当時、露国の労農革命を予想したものは神様の外にはなかったから。

＊

海から見る君府のシルエット位特異なものは多くはあるまい。長崎がもう少し幅があり、神戸がもう少し海に近く傾斜して本願寺や楠公社が坂の上にあったら多少似て来るだろう。否、それだけでは大道具がまだ足りない。澄み渡った大空に思い切って大きな舞台装置を想像して一町置きにミナレットの尖端とモスケの円蓋とを配置してその間に赤青さまざまに塗られた木造や石造の家をとりどりに点綴させ、夕陽に照らされた窓が一つ一つ紅い灯でもあるかのように輝ききらめくのである。身を金角江のただ中におけば君府の町は丁度大きな円形劇場《アムフィテアートル》さながらである。私が二年余の君府生活で最も飽かず眺めたのは、ボスフォールの絶勝でもプリンキポ島の白砂青松でもない。朝霧こむる金角江を、銀の水がうち震える鏡の中に映っている様な甘水江まで、小さな土人の船を走らせるとき展開する妖精の物語めく両岸のパノラマであった。ここには四世紀に亙るいまわしい人間の愛慾や誇衒や圧制や忍従や葛藤の舞台を歴史の幕をへだてて、はっきりと見つめさせる材料が提供されているのである。

*

私が金角江に船を停めた時には、君府は最高首都の資格を奪われ、最後の回教法王アブドル・メジッドも最早やオットマン帝国皇帝ではなくわずかに「陛下」という敬称をありし日の形見に留めて、時々外交団を引見せられる位ので、音に聞えたボスフォールの船遊びもドルマバチェ宮殿の威儀も史上に哀れを留める想い出に過ぎなくなっていた。それでも時々御微行の帝室御召船は竜頭鷁首《りょうとうげきす》という程でなくとも他の庶民の軽舟とは趣を異にして、いくらか風雅なしつらえで、舳先に大きなアーク灯を点けてあり一見紛るべくも無かった。私は私の軽舟を抜いてこの船が甘水江の入口のキヤト・ハーネを溯るのを見受けて、わずかに二、三人の頭巾に髪を包んでいる明眸皓歯《めいぼうこうし》の麗人にかしずかれたまう最後のカリフにそれとなく敬意を表したのも二、三度ではなかった。私の愛する金角江にも恐らくもう永久にあんな美しい船は通わぬことであろう。

人種の市——言語の市

オミロスアンデスフェリーシオス！　息の弱い者のとてもひと息に言い切れぬこの語、現代ギリシア語でテニスのことである。これが丁度日本の「庭球」と同じ意味で、今日君府のギリシア人仲間の用語である。もっとも日本と同じくテニスと言っても通じることは勿論、却ってこの長い語を聞いて面喰うギリシア人も居る位である。

唯世界の各国語の中でテニスのことを一番長たらしく言うと、先ずこのオミロスアンデスフェリーシオスに如くものはあるまい。この悠長さと雅致とは到底、一瞬の隙間を狙って勝敗を決する今日のテニスのこととは思われない。我が国のありし昔の大宮人の塗沓《ぬりぐつ》の音もみやびな蹴鞠の御遊びを現わすにもふさわしいものではないか。

*

トルコでは、何といってもその歴史の故を以て、ギリシア語が跋扈している。アテネのギリシア語とこのあたりいわゆるルヴァント（東方）のそれとは大分ちがうが、そのいずれもがホメロスの古典語とかけ離れていることは謂うまでもない。現代のギリシア人は、なるべく国語をむかしの清純に復そうと試みているが、この点では却って君府のギリシア語が少し上等で、古典も下って新訳《（ママ）》聖書時代の言葉を読める人は、大体今日君府で出しているギリシア語の新聞は読めるそうである。

*

勿論私は何もここでギリシア語の文法や変遷を説くつもりではない。世界に「人種の市」言い換えれば「言語の市」というものがありとすれば、それはトルコだ。むしろ君府で私が聞いただけでも日本語を入れて二十二ヶ国語ある。そしてこの人種の市のエスペラントとして、あたかも中世のラテン語又は我が国諸藩間の謡曲語のような役割を勤めて居るのが即ちギリシア語である。勿論新共和国の国本主義はあらゆる文書、看板、掲示の類をトルコ語に改めさせたが、町の通用語は必ずしもお上の御命令通り行くものではない。トルコ語が出来なくともギリシア語が通ずれば立派に町内のつきあいが出来たのである。

*

人種の市！　私が君府で見た人種だけでも二十五、六種には上る。在任中、日本の外交代表事務所（後に大使館となる）にいた使用人でも十以上の人種になる。先ず門番にカヴァスという一種トルコ特有の職務がある。これは門番を本職とする外、護衛、低級通訳、交渉員、国旗揚卸係、庭先掃除係等の重大な役目をするもので、大公使館や諸官署や銀行などに必ず置いてあるものである。それどころか、時としては国旗の代りにもなる。即ち外国使臣が公の資格で外出するときには必ず無くてはならない即ち随行者で、カヴァスが附いていなければそれは微行ということになる。従って原則として昔からカヴァスはトルコ人ということであったが、我々の事務所では適当の男がないので当時はアルバニア種《だね》のユーゴースラヴィア人を雇ってあった。そのカヴァスの助手がイタリア国籍のギリシア人、料理番とその助手《マルミドン》が同じくギリシア人で、給仕頭《コステ》即ち外国の「メートル・ドテル」に相当するものが、当時はモールタ島出の英国人、家政取締がオーストリア人でロシア人へ嫁いだ御婆さん、その下に使う女中がバイエルン出のドイツ人、自動車の運転手がアルメニア人、事務所と高級通訳とモーターボートの船長及び運転士とが純粋のトルコ人、事務員にはタタール人、ユダヤ人又或る関係でフランス人も居た。

*

新共和国のトルコはもはや大体においてトルコ人のトルコ、即ち欧洲にわずかの股をかけてはいるが、アナトリアに住むトルコ人を以て組織する単一国家となったので、昔のようなアラビア、エジプト、遠くはバルカン諸国民の上に君臨したオットマン帝国時代の様な人種の煩雑は一掃されたのである。これ等の異分子の或る者はトルコの粟を食みながら、時々トルコを敵に売った叛逆者であった。しかしアナトリアだけでも今日なお二百万のギリシア人、三、四十万のアルメニア人を初めとして、ユダヤ人、アラビア人、キュルド人等二十数種の毛色眼色の違った人種が均しくトルコ市民として雑居している。人民交換や追放迫害でギリシア人、アルメニア人は著しく減じてもなおトルコ共和国の重要な要素たるを失わぬ。世界は今でもアングロサクソン製造の宣伝を信じて、トルコ人は無造作にアルメニア人やギリシア人を虐殺する残忍蒙昧の人種と考えているらしい。一方ではこの宣伝の製造主を初め多数の「文明国」が、千九百二十三年の六月に欧洲大戦の最後の平和条約たるローザンヌ条約に調印したが、その中にはアルメニア人の自治や郷土再興は勿論のこと、アルメニアのアの字もどこへ飛んでしまったのやら、唯の一言半句も残っていないのに気が付かぬ顔をしている。その涼しい顔を見ると、これがトルコ人の残虐などと青筋を立てて喚いたり、民族自決などと勝手な理窟から色々の少数民族へ不渡りの手形を出したりした者とはどうしても考えられない。

*

民族自決の大理想が世界の大半をバルカン化したという。それはともかくとしてこの主張に便乗して思う壺にギリシア人を追い出したのがトルコの全権リザ・ヌールベイである。少数民族問題はいずれにしてもややこしい問題で、トルコ、バルカンを通じて将来百年の鬼門である。トルコ領のギリシア人とギリシア領のトルコ人を頭順に交換して、各々その本国へ送還しようと云うのが、北極で艱難に慣れていた故ナンゼン博士の提案で――一議に及ばず、これに賛成したリザ・ヌールベイは元外科医上りの当時の衛生大臣であった。前代未聞の荒療治であったその交換が言語道断の惨状を出現したのは想像に難くない。肝煎役の聯盟理事会もあまりに頻発する難問題に手こずり抜いたことは人の知るところである。

トルコはなお当分、人種の市・言語の市・宗教の市、オミロスアンデスフェリーシオスは今姑《しばら》くはイスタンブールでテニスのことに通用するであろう。

ラマザンの一夜

ラマザンは回教徒の断食祭で、夜の御墓参りで賑うこと丁度盂蘭盆の様である。パリやロンドンで真夜中の墓参はダンス撲滅団の胆力養成家といえども尻込みするであろうが、ラマザンでなくともトルコ人は案外墓場の散歩を好み、甚だしきは道ならぬランデヴーは主として墓場で行われるとさえ云われている。

ラマザンは回教暦の第九月目で聖典の教えに従って日出から日没までは絶対断食を実行するのである。回教暦は太陰暦であるから、毎年十一日ずつ前年よりも早くなるわけであり、従って年によっては春になったり秋になったり、又この断食祭の初めがアラビアの山で新月を見た夜から起算するので、雨天つづきか何かで新月の見えぬ年は、いつの間にかラマザンも計算が狂うわけである。ついでに回教暦の月の名はアラビア語で面白い呼び方をする。例えば千九百三十四年の十二月八日から翌年の一月六日までの一月は回教流に云うと、マホメットの千三百五十二年でラマダン（アラビア語ではかく呼ぶ）の月である。

マホメット教徒の説明では、ラマザンは大抵春先きで口腹の慾のめざめて来る頃おいであるから、衛生上の見地からこの一月間昼間は断食は勿論の事、禁煙禁飲を守り、日没後少量の食物を採るのであると云う。但しこの説明には後来《あとから》の附会《こじつけ》が多分に含まれて居るように見える。というのは、元来ラマダンとは「ラミーダ」即ち酷暑ということから来た名で、それが月の名となったのは、初めてこの祭儀が行われた時があたかも酷暑の際であったからである。決して最初から衛生上の考慮が加えられたものでないことはこれに依っても明白であるのみならず、前に言った通り太陰暦の関係から毎年十一日ずつ早くなり、三十三年目に元へ還るので、必ずしも常に春先きという具合に都合好くは行かないことは直に考えられ得るからである。それかあらぬか、今のトルコ人は必ずしもこれを厳守して居ない。加うるに政教分離、文明政治の共和国になって戒律に対する尊重が大分薄らいで来たようだ。しかし多年の風習上からはこうした宗教上の表向きは昼間は断食した様な顔をするのが今でも慣わしらしく、日没後は丁度西洋で云うカーニバルのミカレームかマルディ・グラの大食祭の様なお祭り騒ぎでたらふく飲み食いをするのである。私などは元来鎌足公の子孫、昼は異教徒並《なみ》に食事をすませ、日没からはラマザンの御馳走に均霑《きんてん》して誠にトルコにマホメット教あるを祝福したものだ。日没と日出を一々号砲で知らせるのも面白い。

同じスンニー派のアフガニスタンなどではかなり熱心で病人及び旅行中のものの外は断食（ルーゼ）をやらねばならぬことになって居り、一日でもこれを破ると、改めて六十時間のルーゼをやるか、或いは三度の食事を六十人の者に振舞わねばならぬ掟がある。

もっとも厳重な戒律では水すら禁断で、ものの煮える香を嗅いでもルーゼは破れ、強壮剤の注射などは以ての外とある。

元来回教というものは非常に禁欲的な、教義も直截簡明な力のある宗教である。多妻主義と肉慾的天国思想とを除けば、既成宗教でこれ位寡欲節制を実行しているものはない。第一絶対禁酒主義である、これはコーランに明文がある。日本などでは、ともすればキリスト教を禁酒教と考えているアメリカ仕込みの新人などもあるが、バイブルのどこを読んでも絶対禁酒の文句は見出せない。いわんやカトリックの僧団では他家の醸を飲む位はお茶の子で、ベネディクチンやシャルトロゥーズは彼等が製造の本家本元である。葷酒《くんしゅ》の入るを許さぬ山門の中にも般若湯はある。トルコ人も勿論ドゥジコやラーキというギリシア起原の酒を飲むが、その飲酒癖は欧洲人の十分の一にも及ばぬと思う。

偶像禁制の信条もマホメット教位徹底的に恪守《かくしゅ》して居る宗教はあるまい。同じ起原の姉妹教であるユダヤ教やキリスト教もこの点の信条は同一でありながら、後者の旧教の伽藍を見ればマリアの絵姿、キリストの御像、十二使徒の彫刻、とりどりに信徒の心をつなぐ方便の偶像ならぬはない。別にそのためにこの宗教の値うちが落ちる訳でもないが、キリスト者が往々仏教を偶像教などとけなすのは些《ち》と片腹痛い。回教寺には白亜の壁ばかりで何の彫刻も何の絵像もない。わずかにメッカに向って祈禱の方角を示す、云わば交通標示のようなものがあるだけである。いにしえヤソ教の大伽藍であった、セント・ソフィア寺はトルコ人の君府占領と共に回教寺に改められたのであるが、その塗り潰した壁画のキリストやマリアは今でも白壁の底から浮き上って、漫遊客をしてそぞろうつりゆく世相の生きた実証に感慨おく能わざらしむるものがある。最近この塗り潰しを剥がして原画を現わす事業が進行しつつある。遠からずビザンチン芸術華やかなりし時代の尊い遺跡も再び陽の目を見るであろう。

海から見た君府は世界一の美しい都であるが、昼間に歩いた街の中は廃址と新しいバラックとの連続で、わずかにペラの大通りがやや大都会の体裁を備えているに過ぎぬ。がトルコ人の住むイスタンブールの一郭はゆかしい彩《いろどり》の都会である。ピエル・ロティの住んだというところから、その名を冠したブルヴァールもこの都にふさわしい大通りである。

総じてトルコの街を美しく見るには、ラマザンの一夜に如くものはない。

凡そ天下に手入れのわるい西洋建築位醜いものは又とあるまい。この故に私はトルコや日本の西洋館の大部分を心から憎んでいる。しかるに私は君府でラマザンの一夜、紫匂う星の光をうけて軒端を照らす月明りに反映する色さまざまの屋並を夢の中の様にさまよい歩いた時から、昼間の醜いトルコ家を、さまで憎しむのを恥ずかしく思った。

大通りの両側には幅の広い築地があって、南欧の夏場のカフェーの様に椅子を並べ、間断なしに音楽をやっている。イタリアのオペラの序曲が止んだかと思うと、飛んでもないジャズをはやし立てる。わが銀座の流行歌レコード戦線そのままである。ナルギーレという水管式の煙管《きせる》をくわえた男、細巻のシガレットを燻《くゆ》らす婦人が居並んで、煙草の火が暗に飛ぶ蛍の様に赤く見える。道をそぞろあるく群集、物売り、呼声、何となく日本の縁日の気分である。誠にお祭りというものは東西何れの国でも浮き浮きした軽やかな情調を誘うものである。

＊

革命のおかげで、私達もそぞろあるくトルコ婦人の素顔をかいま見ることが出来る。しかしあのうす地の黒布をすかして見えるほの白い顔、珠玉のように光る眼眸はやはりチャルシャフだけが持つ魅惑である。世界文明はコーランの伝統につつまれている女の美しさを奪いつつある。

クープリンだったか、世界の人類で眼の一番美しいのがユダヤ人の女だと言った。私はむしろトルコの女がそうだと云いたい。後年私の見たペルシア婦人のそれと併せて天下の双璧と云いたい。五、六年前の世界美人選手権は百パーセントの得票でトルコに落ち、ミス・チュルクが、ミス・ユニヴァースになったのは誰でも覚えている。ラマザンの一夜にガラタ橋からペラの大通りまでに私の見た数十人のトルコ婦人の眼の美しさは何にも譬えようのないものであった。谿間に光るせせらぎの泉、星のまたたきにリズムを合せるミナレットの燭光にもたぐえつべきものであった。そして金角江を隔てて対岸のイスタンブールを見れば、各々の回教寺はうつくしい燭《ともしび》に輝き、青空には火の文字で聖典の文句が眩《まばゆ》くも浮き出されて、加茂川べりの大文字を想い出させる。その反射が星をうつす水の光と溶け合って、ほのじろいトルコ女の顔を世にも美しいものにする。幻の中の様に道行く人の列が右往左往する程に女の眼だけが宵の明星のように光る。

＊

道行く人の衣裳も色彩も全く他国に見られない多種多様で思い思いの人種と伝統と趣味とを展開してくれる。如何なる帝室の仮装舞踊といえども、これ程多様の服装を素地のままで見られることはないだろう。先ずトルコ人は今でこそフェス（トルコ帽）を捨てたが、十年前はこれが回教徒か異教徒かの目標であった。ローザンヌ条約調印の年の秋、聯合国の占領軍が撤退して三日後にトルコ軍が君府へ入市したのであるが、その夜の如きは中折帽を被って大通りを歩くものはことごとくトルコ人に帽子をたたき落された。ペラの大通りは中折帽の山を築いたのを私は現に目撃した。その後しばらくはフェスは全く保護色ともいうべき地位を占めていたのである。回教徒の帽子の中にも坊主や漁師の色鉢巻、ペルシア人の黒帽、韃靼人やアラビア人の風呂敷を巻いた様なチュルバン、皆とりどりの趣があるのに、服装までがチエルケッスの胸に並んだ弾薬莢、ジョルジア人の短剣に金具の帯、時々はあのジャニッサリ時代を想起させるトルコの長袴や女の白いヤシュマック、シリア人の下衣《マシユラ》、アルメニア人の紫や黒の靴、おのがじし異った色彩で異った情調を味わわしめる。氷水や冷たい飲物を売る屋台車には石榴水や、檸檬水を容れた萌黄だの紺青だのの大瓶が所せまきまでに並んでいる。トルコ人は甘党でさまざまの菓子を売る屋台店もある。ハルヴァという日本の飴菓子のようなものもあれば、ヤウールトのような醗酵牛乳をも売ってあるく。縁日と舞踊会とを一所にした位の賑やかさでほとんど夜明しである。

*

その当時には皇帝は革命と共に退位されたが、最後のサルタンはなお回教の法王《カリフ》としてラマザンの折には恒例の祈禱を欧洲側のチェラガンで捧げらるるので、群集は陸からも海からもカリフを拝みに行く。水の上は小舟《カイク》で一杯で、後から後からと船のすき間に楔の様に割り込んで来る。この夜、私は群集のすきまから最後のカリフを見奉ったのであった。地に跪いて一億有余の回教徒の冥福を祈られたか、革命トルコの国運向上を希われたか、しばらくは頭を上げず、祈りを続けていられる中に、僧堂にならぶ役僧が単調な、しかし感傷に充ちた鼻声でコーランの聖句を読誦し始めた。アラビア語の定文句「ラ・イルラブ《（ママ）》・イル・アルラーハ」（神《（ママ）》の外に神なし）や「モハメッド・レスール・アルラーハ」（マホメットは神の予言者なり《（ママ）》）というのだけが解る。

これが世界の歴史で最後のカリフの最後のラマザン祭であった。

乞食と犬

君府の名物は乞食と犬と昔から言い伝えられている。私は物語で読んだ君府の街に群がる無数の犬を楽しみにしていたのであるが、着いて見るとこの期待は見事裏切られた。私の到着が千九百二十四年であったので、十三年程遅かったのである。

私は生きた数万の犬を見る代りに、その墓場を訪うことにした。君府の南二里ばかり、マルモラ海のアジア側の海岸に近い処にプリンス諸島という名勝がある、四つの小島が行儀よく並んでいてその南端の一番大きいのがプリンキポ、江の島の三倍位もあろうか、松の緑と岸うつ浪のうつくしい避暑地で、貴族や富豪の別荘が数百も形勝を占めている。想起す、千九百十九年、パリの講和会議で労農露国をどう扱おうかと、列国の巨頭が頭を悩ましていたとき、ロイド・ジョージの発案で露国全権をどこかに招致することにはなったが、会議の場所には一同はたと行きつまった。何分その頃は労農という名の幽霊に怯《おび》えてまだ枯尾花の正体を見届けなかった時代で、赤いおじさんが談判よりも先に爆弾でも投げつけぬとも限らぬという程の恐露症にとりつかれていたので、手前共の方へと云い出す国はどこにもなかった。結局一番無害なのがトルコ海岸のプリンキポと定まった。ソヴィエットが応じなかったためこの島は流産会議の一地名たる栄誉を担った訳であるが、その時講和会議に参列していた我が国の外交官でプリンキポのどこにあるかを知っていたのは後に大使になった故O公使だけであったそうな。

そのプリンキポにはヨット・クラブがあり、知人の別荘があるので私は度々行った。水泳もよくやった。地中海の牡蠣は毒があってルーマニアの宰相タケ・ヨネスコもその頃イタリアで牡蠣に命を取られたと聞いたが、私は好物の誘惑をおさえかねてプリンキポの隣島ハルキー産の牡蠣を貪り食った。一度も中毒しなかったのは私がまだ宰相とは大分距りがあるため、牡蠣の方で歯牙に懸けなかった所為《せい》かも知れない。

＊

船がボスフォールの西端を離れてマルモラの出端を左に折れる処から洋上はるかに二つの小島が見える。島というよりもむしろ浮き出した暗礁ぐらいの大きさである。一つがオキシア、もう一つがプラーチ。このオキシアが私の親愛なる数万の犬の命を捨てた無人島である。千九百十年君府の街の主なき犬、病いある犬、数万を駆り集めてこの無人島で餓死せしめたので、君府は名物の一つを失った。私はプリンキポの途すがら、この無数の犬族の墓場に寄って、狗子に還って仏性ありや、喝、如是畜生発菩提心、とよそながらその霊をなぐさめたのである。

第二の小島プラーチには嶺のいただきに英国のウィンゾルとよく似た城の廃墟がある。これはかの「ポンペイの最後の日」を書いたリットン卿の弟で、千八百六十年頃トルコ駐劄《ちゅうさつ》英国大使をしていた、サー・ヘンリー・バルワーの建てたものだそうで、これに因んでこの島をバルワー島とも云う。

満洲事変の際、聯盟の調査委員長として日本へ来たリットン卿はこの人の甥の長子である。

＊

のら犬は全滅したが、少しも減らずに益々名物の威力を発揮していたのが乞食である。老いたるは七、八十歳、若きは四、五歳のいたいけなるより、道の角、家の隅《すみ》到る処に乞食の関所があって、旅の衣はすずかけの街路樹よりも頻繁に通行客を送迎する。時としては自動車でさえも速度をゆるめるか、留まったときに包囲を免れぬ有様である。回教には慈善徳行をいちじるしく奨励してあるためにトルコ人の通行者は必ず一銭二銭を投げる。私は乞食にはあまり同情を持てぬ。従って慈善心からではなく、むしろ、うるさくつき纏われるのがいやさに、いつでも二、三銭の小銭を用意していたが、ちゃんと顔と通行時間とを覚えて、いやしくも放免しようとしない。総じて乞食若しくは類似のバクシーシ（アラビア語で心付のこと）を求めるものは、南欧から植民地にかけて、到る処うようよして居るが、なかんずくトルコ、バルカンの諸国はその尤なるもので、サルタン時代の袖の下公行の政治を当時の欧洲人はバクシーシ・ポリチクとさえ呼んだそうだ。

*

トルコ人が乞食を断る文句に面白いのがある。いずれ乞食も回教徒、神の御名において物乞いをするので、与えれば神の祝福が授かるようにと言って御辞儀をする。乞食を拒絶するには「アルラーハ・ヴェルスン」という、「神汝に与えたまわんことを」という意味だ。そんなに神様を引合いに出すなら、私がくれなくても、神様から御貰い申せというので、要領のいい皮肉である。

私はサルタンの心付政治《バクシーシ・ポリチク》から解脱した新トルコ共和国に対して皮肉のない真面目な意味で心から「アルラーハ・ヴェルスン」と祈る。私の祈禱が聴かれたときは、恐らく君府のもう一つの名物——乞食も二十三、四年前の犬と同じ様に消えてしまうだろう。或いはもはや消えて無くなったかも知れぬ。

潔癖の国民

トルコは新しい共和国になった時から、完全にトルコ人のものになった。近世の歴史で欧洲の「病人」であったオットマン帝国は、なるほどオスマン・トルコ人の子孫の建てた国ではあるが、余りに多くの異分子を含んでいた。これ等のあるものは宮中の陰謀や外国の抗争を助成して、時としては自分の国を敵に売《わた》す叛逆者であった。欧洲大戦の結末はこの病人の癌腫を切開して健全なものにした。その大手術に当ったのが今日の大統領ムスタファ・ケマル・パシァその人である。

ケマル・パシァは戦前は侍従武官をしたり、ソフィア駐在の陸軍武官をしたり、いわば軍人の中の外交官のような経歴であった。人も知る青年トルコ党の領袖たちがドイツに懐柔されて国策を誤り、トルコが参戦して聯合軍の精鋭をガリポリに喰止めたときには、ケマル・パシァはその防禦軍の一部隊長であった。トルコ軍は陸も海もドイツ人を司令官としたのであるが、ガリポリでは名将リマン・フォン・ザンデルスがこれに当った。平常トルコの将校達を木偶坊《でくのぼう》扱いに見下して居たこのドイツの猛将も、ケマルに対しては「素晴らしい士官じゃ……統領の器じゃ」とその武略才幹を十二分に評価していた。ケマルもまた、生得の異人嫌い、特に昨今のドイツ人跋扈に対する反感に拘らず、フォン・ザンデルス将軍についてばかりは、滅多に他人を褒めたことの無い口で「優秀なる将帥のまさにしかるべきものの全部だ」と傾倒して居た。しかも剛愎で無遠慮で傲岸で、相手の誰彼に容赦なく思うことをずばずばと言って退けるケマルは、ブルガリアが中欧同盟側に寄って参戦したとき、フォン・ザンデルスに面と向って「ドイツが必ず最後の勝を期するとは定まって居ないのに、こりゃブルガリアの大失錯だ」と言い放った。又或る時は「ドイツの大本営の奴等は犯罪的に愚図だ」と悪口を叩き付けた。フォン・ザンデルス将軍の峻厳侵すべからざる威風、誰一人仰ぎみる者の無かった中に、ケマル中佐だけは必ず自分の意見を述べて抗争を止めない、あまつさえ部下に信望があるので、流石のフォン・ザンデルスも扱いかねてカウカス方面の対露戦線にケマルを転任せしめたのである。ケマル・パシァは不平を呑んで祖国のために戦いを続けた。この時初めて小アジア内地の純粋のトルコ人の部隊を率いて見て、トルコ固有の兵隊気質を呑み込んだのが、後年アナトリアの国民運動を起したときの素地になったのである。

*

それほど君府のトルコ人と内地のそれとは違う。旅行者は主として君府だけを見て、トルコの全般を推定するが――私自身も大体それに近い――これは余程真実から遠いものである。

例えば外国人はトルコの二流以下、いな時としては一流のでも、ホテルや何かで変「ろ」調の音譜符号に似た虫に襲撃されるので――土地の人は免疫になっているが――直にトルコ人の不潔を推断するが事実は正反対で、トルコに住む如何なる外国人種よりも、トルコ人の方が清潔である。食事の前後に手を洗うことや、一日五回お寺に行って祈りをする、その都度潔斎するための御手洗が、日本の神社と同じく凡ての回教寺の前庭に設けてあり、家の入口で靴を脱ぐ習慣や、食物を仕度するときの不潔を避けるための周到な用意や、これらは到底他の外国人の真似にも及ばぬところである。私はアルメニア人やユダヤ人のコックよりもトルコ人のコックを信用し、同じトルコ市民のこしらえた食物なら、純粋のトルコ人のものを一番安心して喰べた。

＊

清潔は勿論大かた回教の信仰から来る。あのセミティク人種の血には日本人と同じような「ケガレ」の観念が底深く流れている、旧約聖書のレビ記を読んで誰か大祓詞を想い出さぬだろう。そのユダヤ人と兄弟分のアラビア人が回教を作って、日本人と同じ人種のトルコ人にこれを伝えたのである。もっとも前に述べたラマザンの断食に昼は絶食夜は飽食というような時代錯誤の衛生思想もあるが、大体回教の清潔を重んずる律法は今日の科学的見地からでも説明のつく衛生法で

東洋民族が不潔な人種ばかりのように考えるのは認識不足である、原始人は文明人より自然的に清潔だ。ローマの入浴の風習がキリスト教のお蔭で亡びて、西欧人は近頃アメリカ人が入浴癖を復活するまでは風呂を好まぬ慣習を養われて来た、ローマもトルコと同じく上流の豪華な浴場に結ばれた淫蕩生活がキリスト教に匡《た》められて、多くの欧洲国民は不潔人種となった。衛生学が発達した理由はここにある。

トルコ人の家の床が毎日清められるのも日本流である。だから家の中は奇麗である。名物のトルコ風呂というのも欧米でこそ、何か淫靡なものと考えられているが、今日のトルコでは絶対に純正な湯屋である。そしてこの清潔観念に不思議にも相容れぬものが道路と便所であることも日本と一致している。話が少し汚くなるが欧米では便所というものが常に清潔にさるべき最重要なもので、少しも不潔な場所という観念がないから、例えば小児の玩具にも御勝手と一所に、便所の設備などもある。日本やトルコでは穢いものとなっているから、玩具に無いのは勿論、穢くしておくのが当然と考えているのかも知れぬ。ともかく、あの青畳をしきつめた「単純の美」、「清さの美」を具体化している日本の家に、とてもきたない「はばかり」があるように、眼のさめるような絨緞の色あざやかなトルコ部屋の奥に、悪臭にむせかえ

るような「ハーラ」がある。「アルラーハ」も八百万の神々もここだけはその尊き御手が及ばぬのであろう。

経済的能力

清潔に次いでのトルコ人の特性は、寡欲恬淡である。アナトリア内地の土民は恐らく世界の人類で一番まずいものを食って満足している人種であろう。一椀の粟、一杯の水、これがかれらの生活である。この点でも日本の農民と似ている。もっとも澎湃たる資本主義経済の潮流が日本人をもだんだんユダヤ人に近くして来たが、トルコ人はまだまだ遠いむかしの足るを知る東洋流の宿命観で終始しているようである。この宿命観がどれ程まで回教の信仰から来ており、どれほどまではトルコ人固有の本質であるかは知り難い問題で、ちょうど何事もアルラーハの御意のままと諦める回教トルコが、アナトリアの独立のため、トルコ人のトルコのため、狂熱的の国民運動に目覚めたのと同じく、国民性の研究者に一大難題を提供している。

*

とまれ、トルコ人のトルコは、今その産業国家の樹立のために非常な難関に直面している。

無為恬淡の国民性は何としても近世的な産業組織に適応する頭と腕と力とを持たぬからである。原始的の農業の外はトルコ人のやる仕事と云えば門番か、靴磨きか、火廻番《ベクチジ》か、小舟船頭《カイックジ》か運搬夫《ハマル》に止まり、いやしくも熟練労働に近いものはことごとく外国種によっているのである。新共和国はあらゆる手段でこれをトルコ人の手に収め、むかしは多少あった家具や陶器の製造や、主としてアルメニア人の経営していたブルーサあたりの養蚕製糸を復活させようと試みている。ここには数年の間日本との合弁絹工場があった。しかし今のところ、主要な経済活動を営んでくれた外国種を逐い出したが、代るべきトルコ人の訓練は未成で、すべてのいたましいその活動の状態からようやく醒めかけた程度にある。あのペルシアには及ばぬが、ほぼ並び称せられるトルコ特有の絨緞でさえ、人民交換でギリシア領「トラース」へ帰って行くギリシア人が大分その技能を移植したと云われて近年はそれだけトルコの産額は減っている。しかし最近の経済復興は目ざましいものがある。

*

トルコ人のトルコは勇敢なる国民主義である。セント・ソフィアにギリシアの国旗が揚げられたのは二十数年前の夢で、今は内地は勿論君府でさえ、店頭の掲示も看板も一切トルコ語になってしまった。かつてはフランス語を第二の公用語としたトルコに、ペラの大通りでさえトルコ語以外の掲示を探すのに骨が折れる。千年以上もあの結核菌の行列のようなアラビア文字を借用していたのが、ケマル大統領の発意で一九二八年にローマ字を国字に採用した。又国語の純化運動として日本の漢語と同じように文章などに多く使うペルシア語、アラビア語を駆逐して成るべくトルコ語を用いることが行われている。丁度ドイツ語にビスマルクのやったドイツ化運動と似ている。原アラビア文以外では唱うることを許さなかったコーランの聖句が祈禱文にさえも今ではトルコ語を用いるようになった。ガジ（戦勝者の意、ケマルを呼ぶ）・パシァの最大功業はこれである。

トルコ人のトルコが鋭意画策している大事業に教育と婦人の地位改善とがある。ケマル・パシァが国民議会の決議に基いて、宗教の手から教育を離すまでは、初等教育は回教寺の傍らで主として僧侶がコーランその他の教文の読み方を教える寺小屋式に過ぎなかった。従って有産階級はこの不完全な学校を捨てて——特に君府やスミルナでは——外国人の経営している学校へその子弟を送った。実際君府には英米仏人の経営している中等以上の立派な学校があり、現にトルコの有識階級は大抵その卒業生か外国へ留学した人達から成り立っている。新トルコは内地まで近世的の学校を作る理想で着々実現している。もし財政さえ許せば、人民の九割は文字を解せぬと云われる今までのトルコ人の教育も余程普及するに違いない。国字の改良は勿論これを助成している。

婦人の地位は大体東洋特有の思想を基礎とするものであるが、これも非常な速度を以て改善されつつある。第一に数年前に範をスイスに採った新民法に依って一切の陋習を全廃した。

婦人の地位

十四、五年前までのトルコ婦人には我が国の平安朝を想起させるものが多かった。街にはまだ「チャルシャフ」で覆面した婦人が大部分で、電車の中にも黒い幕で婦人席を隔ててあり、男子の乗客から見えぬ様にしてあった。その後、幕は取り除いたが、その欄間のハヌム（婦人）という字はそのままになっていた。当時は西洋風の劇場でさえトルコ人の行く処には平土間の周囲のロージュに丁度普通の家の女部屋の格子窓のようなものが取外しの出来るようにしつらえてあり、これを閉じると一般観衆からは、何人《なんぴと》が来ているか、見えない様になっていた。もっともこれと同じ設備はパリでもキャプシーヌ当りの小劇場で見たことはあるが。

＊

演劇にはトルコ劇だろうが、西洋物の翻訳翻案であろうが、十三、四年前までは絶対にトルコ人の女優は居なかった。トルコ女の役割をアルメニア、ギリシア、ユダヤで代用させていたのである。いくらトルコに生まれ育ってもその口跡には皆その人種特有の訛りがあるそうで、私などはトルコ人としか思えなかったが、後年真実のトルコ女の女優振りを見て成程と思った。これで想い出すのはピエル・ロティの『デザンシャンテー』やなかんずく『アジャーデ』に書いているトルコ婦人である。ロティのロマンスの主人公が、ギリシア人かアルメニア人であった事は今はほぼ明らかなようであるが、あの霊筆でトルコ婦人の内部生活を美しく描いているけれども、何れのモデルにも、多少、トルコ人の実生活とそぐわぬ箇所があって、彼がはたして純粋のトルコ婦人と交歓の機会を得たか否かは疑問であるそうだ。もっとも彼の書いたトルコはその日本についての場合と同じく、彼の夢の中なるトルコであったことは云うまでもない。

＊

婦人はこれ程までに男子とは別個の存在であった。家庭は王様のでも百姓のでも凡て二個の部分に区別され、男の住む「セラムルック」が友人や客を迎うるので、女部屋「ハレムリック」は絶対に女とその良人と子供との外、他人の窺知を許さぬ様になっている。これはペルシアでも全く同様だ。前にも述べた櫺子格子《れんじごうし》で中から外は見えるが外から内は見えぬので、婦人の世界は全く独自の天地、昔から妻妾同居のハレムリックから往々狂人を出したのは想像に余りあることである。

むかしは病人を診察する医者でさえ、ハレムリックの境域を侵すことは出来なかった。わずかに黒い幕をへだてて患者の手を取ることが唯一の診察方法であった。しかし十年程前でも流石に医者だけがその職業の故を以てハレムリックの内部に入ることが出来たのである。

*

家庭生活が窺えぬばかりか、公の場所では異教徒は絶対にトルコ婦人と挨拶することすら許されなかった。交際社会に出ている婦人達は、外交団の夜会や御茶の催しで、ヨーロッパ人に勝るとも劣らぬ軽快さを以て、タンゴを踊り、ブリユにうち興じているにも拘らず、翌日往来でこの婦人達に出逢えば、百年の旧知も路傍の異人で、厳密には目礼することすら禁ぜられていた。これが十三年前の実際であった。今では追々この古典的な伝統が破れて目をそばたつるに足るほどのいわゆるモガがペラの大通りを闊渉している。

トルコを知らぬ外国人は今でも一夫多妻が行われていると思っている。しかし事実はトルコ人はかなり前から一夫一婦である。婦人の自覚にもよるが、経済が許さぬこともその原因である。内地や豪族などには未だ多少多妻制の遺物が残っているが、現代の青年は現民法実施以前でさえ厳密に一妻以上を娶らぬのである。

トルコ人にはその固有の意義における「家庭」がない、家族的生活もない、第一トルコ人には家名がなかった。ケマル・パシァもラティフィエ・ハヌムと名を呼ぶが、姓を呼ばぬ、姓がないからである。もっとも欧洲でも日本でも人民に姓の出来たのは比数的新しいことであるが、トルコでは最近まで幾十万人のケマルやファッドがあり、その区別は出生地名や職業や父母の名でわずかに呑み込めるのである。婦人も独立の自分の名を呼び、良人の名などを注釈に用いるだけである——時としてはこの注釈が前の法成寺入道ほどに長くなる。大統領の先年離婚した夫人はラティフィエ・ハヌムでケマル夫人とは呼ばなかった。最近千九百三十四年の冬、市民は各々その姓を選定届出《い》でるようになった。ケマル大統領もアタ・チュルク（トルコ人の父）という姓を選んだ。明治の平民が家名を称うる様になったと同じ歴史を繰り返している。ペルシアでは早くから姓を名乗らせた。

*

トルコ人のトルコは実生活の上では、まだ完全に婦人の人格を認めたとは言われぬ。十二年前にも離婚について男女の平等が認められ、良人のみに属した「三くだり半」の権利が廃止された。そしてスイス民法に範を取った新民法が間もなく公布された。男女の権利は元から不平等なものではなかったが、アラビア語のコーラン原文の有権的解釈は、いつでも男子の手で行われたから婦人には片手落ちの沙汰が公認せられていたのだとも云う。婦人の権利を比較的認めているローマ法の発祥地が、新しいローマ即ち君府であった関係から、回教の諸法律は割合にこれを採り入れているはずで、例えば既婚婦人が理論上完全な独立の財産権を享有していたのは驚異に値いする。しかし何といっても、長く行われていた多妻主義の下で賤しめられて来た婦人の地位とその粗笨なる家庭生活とは徹底的の改善を要する。

トルコ人のトルコが偉大なる近世国家になるためのあらゆる努力の中で、婦人運動が急務中の急である。彼等の極東の姉妹達も自分の経験に鑑み、衷心からその達成を祈るべきであるまいか。

しかしいろいろの点で少なくとも形式から見れば、トルコ婦人の解放運動は日本よりも一足先きに進んでいる。婦人参政権を獲たことなどもその一例である。

ロシア貴族

元外交官でダダイストのポール・モーランは、日本でも知られている『夜ひらく』の「トルコの夜」の中で、君府におけるロシア貴婦人のなれの果を、うつくしい筆で描いている。

今から十三、四年前は近東一帯に亙って避難者《レフュジエ》といえば、労農政府に逐われたロシアの貴族有産階級の代名詞と思った位、おびただしいものであった。ヴランゲル将軍が最後の反革命軍を起した当時は、それが脆くも赤軍につぶされた最後の一瞬間までヴ軍を望みの綱と思って踏み停まっていた、帝政時代殊に南方ロシアの貴族富豪が、ヴ軍の将卒家族と共に本国をあとに、欧洲を指して脱出するもの引きも切らず、君府には一時二十万人のロシア人が避難者として這入って来て、めぼしい商店や料理屋ではロシア語が通ずる位になったそうである。

世界を流浪している多くの避難民は随処に強いロシアの持ち味を蒔いて行く。これ等の避難民の中には深浅とりどりの因縁を辿ってフランスへ行ったものも夥しい。パリのモン・マルトルはロシア化したとその道の通人が云うとおり、今日モン・マルトルやモン・パルナスの遊び場で、誰れがロシア趣味を看取せずにいられるだろう。いな、パリのみか、ロンドン、ベルリン、ニューヨークまで、これらのレフュジエが将来したロシア風が、だんだん強い根を張って今ではこれらの大都会の盛り場で欠くべからざる色彩《いろどり》の一になっている。

*

レフュジエ発生の地に近い君府はなお更のことである。そこには追々減りはしたがその頃万に余るロシア人がいた。今日の君府を語るのにロシア人とロシア趣味とを看逃すことは出来ぬ。革命前のロシアでは貴族の子弟は皆家長と同じ称号が与えらるるならわしで、伯爵の娘は伯爵婦人と同じくコンテスであり、長男も次男も皆コントであるから、一代毎に鼠算を以て貴族が殖えるわけである。ジョルジアは中でも貴族が多いので往来で出会う男の三人の中の一人はプリンスで、女はプリンセスであるとさえ言われる。だから当時の君府のレフュジエの中には、真偽とりまぜ数千の貴族が居って、これらの公侯伯やその家族が銀行会社の門番にもなり、道ばたの花売りや靴みがきにもなった。「働かざれば食わず」というソヴィエットの標語が端的に赤の敵である貴族にも適用せられているのは面白い。

*

世界の貴族富豪の中で帝政ロシア時代のそれほど思い切って豪奢を極めたものはあるまい。まことにこれらの子女は乳母日傘で育って羽扇より重いものを持った事のない人達である。初めは身につけた宝石類を一つ売り二つ売りして、それでもホテル住いなどをしていたのが、段々窮迫してそれぞれ身についている芸や教養で、あるいは職業婦人となり、音楽語学の教師となり、給仕女となり、花売りとなる。君府は一ころ世界の宝石の相場を攪乱したそうであるが、皆これらの人の持ち出したものが市場に出たためである。

鷹揚という事では人類中ロシア人に如くものはあるまい。宵越しの金を費わぬ江戸気質はこれをトルコ人とロシア人とに見ることが出来る。どちらも東洋風の宿命論者であるが、トルコ人のはアルラーハの神に万事お任せして、あとは野となれ山となれという回教の信仰から来ているが、ロシア人のは国民性の奥底に沁み込み焼きつけられている自然の暢気性からである。その頃君府在留のレフュジエの中には帝政時代に社交界の花とうたわれて世にときめいた貴族たちもかなりあった。彼等の今の職業が書記であろうがタイピストであろうが、君府の列国使臣はその称号に対する敬意を存続して、やはり社交界における交際をつづけていた。私の驚いたことは彼等が社交界の伝統をそのまま維持して、三度に一度はなけなしの財布を傾けてお義理を返すのを決して忘れぬことであった。G公爵夫人はオットマン銀行の書記をしていたが、私はしばしば自分の招待のお返しとして、苦しい中に鷹揚なお茶や晩餐の接待に預ったのを覚えている。初めは一日二円程の給料を貰いながら毎日タクシーで事務所へ通っていた。タクシー代が二、三円に上ったので、どうしても引き合わぬことを悟ったという話である。

さる程にこれらのロシアの避難民のお蔭でヨーロッパに初めて「芸者」というものが出現したのである。

白と赤

堤を切った水のように流れ込んだロシアの避難民が食うに困って君府の街をさすらうさまは、いたましい革命の側面史であるが、ほとんど一人も泥棒や乞食をしているものがないのは、まことに露国民の偉大さを語っている。

料理屋、踊場を経営して成功しているのも大抵はレフュジエである。ロシア人特有の装飾に或いはバクストやピカソ張りの図案もあり、軒場の提灯さえも豊かなる芸術味を湛えている。夏場のベベックは目の下にボスフォールの青い水が流れ、対岸のアジア側が手に取るように見える。君府からは丁度東京から品川位に当る距離の処で、ここに営まれている「黒薔薇《チョルナヤ・ローザ》」の如きは、大川端の浅酌低唱の趣があると、日本から来たさる通人もしばしば讃辞を惜しまなかった。踊場を中にして小さな机が周囲にしつらえてあるのは、フランス辺りの盛り場と同じであるがその演芸番組には時々素晴しいものがある。私はかしこでリプコヴスカヤの唄った民謡の数々を今でも喚起《よびおこ》すことが出来る。名もない歌姫（彼女にすら及ぶほどの日本歌手は私はまだ聞いたことがない）のサドコのインド歌や、オニェギンの中のリエンスキのアリアや、ヴォルガの欸乃《ふなうた》なども、感傷に充ちた張りのある艶っぽい声が今も耳に残る。ロシア特有のバレーや、バラライカの旋律、カウカスのあの刃を捧げながらの踊り、長靴で拍子をとる板の響き、とりどりに面白い。

京都の木屋町を想い出させるようなボスフォール端のモスコヴィトという踊場で――その後は街の方へ引っ越したが――私ははからずも、この演芸の幕合いとも云うべきあいまあいまに踊っている給仕女の中に多数の真正の貴族がいることを知った。この家の主人や番頭達も召使として扱わず、言葉も丁寧に公爵夫人とか男爵夫人とか一々称号をつけているのを耳にした。私ははたとこれ等の給仕女達が即ちヨーロッパに現われた最初の「芸者」であることを感じたのである。

客のテーブルには毎日の持番があって、註文を聞いて男の給仕に取り次ぐ。軽い飲み物や何かなら自分で給仕もし、酌もする。幕合いには客の望むに任せて踊りの相手をする。時としては演芸の番組にも出る。これらの貴族たち――中には偽者も沢山ある――は幼少から外国人の家庭教師がついていたためか、英仏伊独あたりの言語《ことば》なら四、五ヶ国は自由に話せて、中には仏人かと思う程流暢でくせのない仏語を喋る。客の覚束ない文法の誤りなどを正してくれて恐縮させられる場合もある。

*

家からは食事をさせて貰う外、別に給料は貰わず、客の心付けと売上の歩合とを収入としているらしい――勿論全部が「自前」であるから、この収入だけでは衣物や身のまわりを整えるに足りるか、その不足はどうして補うのであるか。私には不可解な問題である。彼等の姉妹であり、先達である日本の芸者に聞く方が近道かと思われる。

世にもあわれにやさしきレフュジエの女よ、トルコ人もこの異教徒の思わぬ珍客を優遇して、かつてトルコに――否ヨーロッパにすらなかった一つの職業を尊重している。トルコの新婦人たちが、彼女達から見ればあまり歓迎したくないこの客人が、トルコの風儀をわるくするというので、新聞で攻撃を始めたのに対して、レフュジエの婦人たちは芸で立っている自分たちの職業に同情を求め、多くはこれで家族を養っている尊ぶべき人達である、偶発の事故のために一般の風儀を害すると云えるならば、トルコ婦人もやはり同罪であろうと、きびしい駁論があって、警察の干渉すらありそうに見えた「芸者」は、その後も無事にタキシムやペラ通りの盛り場を賑わしている。

*

トルコは早く労農政府を認めていたから、これらの旧露国臣民がモスコーに膝を屈して「トヴァリッシュ」と呼ばれることを屑《いさぎよ》しとしないので、仕方なしにトルコ政府から政治的避難民という名義で旅券を貰っている。列国がだんだんモスコーを承認し出してから、彼等は表向き無国籍の取り扱いで、容易に外国へ入国が出来ないようになった。後に聯盟の肝煎でナンセン旅券というものを貰った。そして色々の手蔓で出ると見えて君府の芸者人種は追々減って行った。

ある物好きの某国公使が、ソヴィエットの大使夫妻を午餐に招待したとき、わざとレフュジエのさる公爵夫人を招いておいた。この夫人は西欧のある実業家の処へ再縁していたから、形式上は露国民ではないのであるが、この赤白二組の御客は遂に一語をも交わさずに、宴会の座はしらけたまま終りを告げたそうである。今は滅多にこんなことはない。

モスコーの廻し者がときどきレフュジエの貴婦人に化けて、君府の踊場やホテルで、トルコの役人や列国の外交官達と交際を始め、諜報や宣伝に利用していた事件も度々新聞に出た。反対にレフュジエの婦人がソヴィエット聯邦に帰依したような顔をしてその宣伝のからくりをトルコ官憲に密告した例も出ていた。

君府に在る労農の通商代表事務所の人々が四、五人づれでマキシムと云うキャバレーの様な踊り場兼料理屋にいたときのことを私は覚えている。給仕番に当る婦人が何かの事情で居なくなったので、代りの給仕が出るはずのところを、何と云ってもこれら帝政ロシアの粟を食んだ婦人達がソヴィエットの人達をもてなすことを承知しないので、主人がおずおず自分で飲み物を持って行って色々弁解をしていた。入口の下足番という位の外套を預かる処でもその当番の男が遁辞を設けて居なくなった。というのはこのヴェスチェエルの男は白軍の陸軍中将であったから、身分も信条も違う労農社会主義トヴァリッシュを御客とは心得兼ねたのである。

君府の「芸者」たちが降るアメリカならぬソヴィエットの客人と同席する様になったのは、何時からのことであろう。ともかくソヴィエット聯邦の存する限り——それは勿論続くに相違ないが——欧亜に跨る幸福の都では、永くそのうつくしい「芸者」が旅行者の眼を鮮かにすることであろう。

回教雑聞

一九四一年刊行（『青刷飛脚』）

サラーム・アレイクム

マホメット教の信者が二人寄ると、一人は右手を胸のところか、又は額につけて「サラーム・アレイクム」という。相手もまた同じ姿勢で、同じ言葉をいう。「平安御身にあれ」という意味で、異教徒に対する場合などは時として、「アレイクム・サラーム」と逆にして答える。この簡単なアラビア語で、イラン人も、トルコ人も、アフガン人も、インド人も、マレー人や支那人も、人種や言語の差別を超えて、相互に回教徒として挨拶を交すのである。

回教は世界教だ。これを信ずる三億七千万の教徒は人種や風俗や言語を異にするが、厳粛な戒律と、アラビア語で読むコーランの文句と、「サラーム・アレイクム」の挨拶だけは、世界共通だ。彼等はこの三つで団結を堅め、親和力を深めている。

先頃代々木の原に建てられた回教徒礼拝堂に、世界各国の信徒代表が集まり、お互いの言語の通ぜぬものが五、六十人も会同した。唯この「サラーム」の挨拶だけはほとんど共通の世界語で、一人も残らず言った。日本の信徒でメッカの巡礼などに行く青年には、これ一つしかアラビア語を知らないのが沢山居る。もっとも入信のとき発言する三つの文句はアラビア語でいうが、実用の会話ではこれ一つということになる。

*

世界共通の挨拶では、このサラームの外に握手と接吻とがある。日本ではこの二つを西洋人の発明と考えているものが多い。これはパパ・ママを英語と考えたと同じ誤りである。第一英語にパパという語はない。

握手も接吻も人間の自然で、世界中にあるが、早いところでは、やはりユダヤ、アラビアの文献であろう。聖書ではパウロの書翰の結びに度々出てくる。

アイノ研究の権威バチェラー博士の放送によると、五、六十年前の話で、アイノの老人が博士の親切に感謝して、その手に接吻したとのことである。日本人の公の挨拶にアイノの接吻が伝わらなかったのは、少し不思議な感じがする。

*

回教徒のサラームの身振りは、一つの信仰、一つの思想、一つのイデオロギーを現す形式で世界的であるが、ナチスやファッショの右手を挙げる挨拶も、左翼のこぶしをつき出すのと同様、世界的にイデオロギーの分野を身振りで示すようなものになった。挙手の礼はもと掌を示して相手に服従する意味であったろうが、今では唯の敬意として世界的になった。もっとも国によって多少形式は違う。物まねの好きな日本人が、普通の挙手や握手を採りながら、まだファッショの敬礼を採用せぬのは、日本人はその敬礼の方式を好まないのであろうか。

*

洋装婦人の帽子を脱ぐのが問題になったが、脱帽が敬意を意味する場合と、逆に欠礼になる場合とあるのを忘れた議論だ。洋装の脱帽は明らかに失礼であろう。現に回教徒は人に会うとき、寺院に入るとき、礼をするときなど、必ず帽をかぶっていなくてはならない。トルコ帽はもとハンガリーのものを採用した沿革があり、今ではトルコでは禁止されているが、アラビア、エジプトなどでは、今にこれを頂いている。真夏の暑さに堪えかねたとき、人の見ないところでそっと脱帽するほど、帽をとるのは失礼だ。夏の宴席などで、誠に失礼ですが、帽を脱がせて戴きますと断って、許しを得る例がいくらもある。

靴を脱ぐのも欧米では失礼で、日本をはじめ東洋諸国では時としては礼儀である。回教徒がお寺に入るときは必ず素足である。従って先頃来たようなお客を日本家屋へ招くのは実に自然で、黙っていてもお客様は玄関で靴をぬぐのである。先年故タフト氏が大統領をやめて日本へ来たとき、親交のあった故新渡戸博士に招かれて紅葉館へ行ったことがある。玄関で思いがけなく靴を脱がされたタフト氏の靴下に、大きな穴があいていた。氏は恥ずかしそうに博士にこの穴を示して、このままでも失礼には当らないだろうかと質ねた。タフト氏は久しく鰥《やもめ》であったのだ。

*

前世紀のビルマの歴史の最大事件の一つは、外国人特に英人が王宮に伺候するとき、靴を脱がすべきや、否やという問題であった。要するに礼儀というものは多分に地理的要素を備えているものだ。靴をとるのが敬意の場合と脱帽が敬意の場合とは、思想の問題でなく地理の問題である。何れも起源としてはタブーの要素を有《も》っているのは疑いを容れない。

脱帽ぐらいではなく、脱衣をして裸を見せるのが礼儀のところもある。エチオピアでは客人の上衣を脱がせて、主人はこれを腰に纏うのだ。クックの南洋紀行によれば、タヒチの酋長に謁するときは、腰から上は裸にならなければ甚だしい非礼になる。

*

挨拶のうちでも面白いのは、西蔵《チベット》の舌を出す礼儀であるが、黒人《ニグロ》同士が会うと按摩のやるように、指を引っ張ってカツンと音をたてるのもおかしな式だ。むかしのフランク人は挨拶のとき髪をひきむしって相手に捧げたとある。イギリスなどの旧い習慣にある、愛人に自分の髪を贈るのは、恐らくこの遺習であろう。ブラウニング夫人の詩にも、

わが贈る髪のひとふさ
この外にかつて贈りし主一人あらじ、わが君

とある。

今どきの女だったら、いつの間にか禿頭になってしまうだろう。

*

言葉でいう挨拶では回教徒のサラームほど、うつくしいものはない。日本の「お早よう」はいいが「今日は」はあまりきれいでない。英独仏などは皆きたない散文的の語だ。ロシア語の「ズドラストヴィチェ」はうつくしい。

欧洲語の挨拶に比べると、南阿のオランジ河の水源近くに棲むバスート人の挨拶は、「タマ・セヴァータ」(お早よう猛獣！)と叫ぶのだが、ずっと美しい音である。

その意味も現代にはふさわしいではないか。

回教徒の女性生活

回教の伝統で、最も特異性のあるのは、婦人の地位である。
回教と云えば、誰しもが、一夫多妻――男尊女卑を聯想するが、聖典コーランは、決して男尊女卑の取り扱いを予想して居らないのである。否むしろ、逆に当時のアラビア人の考え「妻を財産の一部とする」を矯正して、その正当の地位と平等とを、獲得させたのである。

その証拠に、回教法制ではいろいろの点で、後世のキリスト教国に勝るとも劣らぬ「男女の平等権」を認めて居る。結婚した婦人は、西欧や日本のように法律上の制限能力者とはならない。妻は、夫の奴隷ではないからである。

唯、何れの国でも、そうであるように、男を本位とする社会秩序である関係から、マホメットその人の遺訓は、男子の勝手な解釈により、多少歪められて、婦人の地位が聖典コーランの与えたものより低く、且つ不利なものとなって居るのは事実である。

*

イスラムの婦人は、家庭の内部の存在である。「内助」なる言葉は、イスラム婦人に端的にあてはまる。家でも、近親者以外の人々には接しない。まして、本来から云えば、他人の男子に顔を示すことは、絶対に禁ぜられている。

今日では、トルコとかイランやエジプトなどでは、革新政策と政教分離が行われて居る関係から、婦人の生活もまた、年とともに近代化の一路を辿り、今では、覆面や被衣《かつぎ》はほとんど跡を絶ったといっていい。しかし、爾余の回教諸国の多くは、依然として昔のままである。

頭髪も、女になると同時に、これを蔽うのが風習である。十年まえのトルコ婦人は、短いヴェールのようなもので頭を隠し、人が来ると、顔をも蔽うたものである。この覆いの下から隠見するほのかなる女の魅力は、デコルテで双肌をぬぎ、パーマネントで釈迦頭をふりまわす泰西美人よりも、遥かにゆかしく美しかった。

ピエル・ロティや、近頃来朝したクロード・ファレールが、トルコの女と日本の女との礼讃者であったのも、無理からぬことであろう。

これは、今から十五、六年もまえの話であるが、イスタンブールで、私の先任者であったU氏は、イスラム婦人の習慣を知らなかったものだから、散歩の途中、向うから来るトルコ婦人に時間を聞かれたので、立ち留って時計を見ながら、ゆるやかに時刻を教えてやったばかりに、遠くで見ていたトルコの男に叱られた。この男は、また自国の女をも、「戒律を破り御国振りの美風を破る痴者《たわけ》」と罵って、いずことなく立ち去ったそうである。

またイランでの出来事であるが、土地の女の写真を撮ったばかりに、殺されたアメリカ人もある位だから、時刻を教えて罵られる位は、先ずやむを得ぬことであったろう。

*

回教諸国にゆくと、家の構造が二部に区別されて居る。即ち、男子部と女子部とに明らかに区別されて居る。男子部をセラムルック（トルコ）またはアンデルン（イラン）と名付け、女子部をハレムリック（トルコ）或いはビルーン（イラン）と呼んで居る。内と外との意味である。

ハレムというと、世間では、なんだかなやましいもののように考えるが、事実はそうではない。なぜなら、ハレムというのは、後宮三千の宮廷から百姓庶民の伏屋《ふせや》まで、同じく、婦人部即ち男子禁制の意であって、別に多くの妻妾がいる意味ではないから。

ハレムに通ってもいいのは、近親――特に子女であり、他人は婦人と児童とに限り、夫以外の男は原則として絶対に入室を許されない。

回教諸国を旅し、土地の知人などの邸宅に客として泊めて貰う場合に嘗める最大の苦痛は、入浴の出来ないことである。というのは、浴室はすべて婦人部にあり、入浴したくても、絶対に足を踏み入れられないからである。

*

入浴の話が出たからついでに、トルコの風呂のことに触れよう。

元来が回教徒は潔癖で、沐浴垢離《こり》の「おきて」が厳しい。用便、房事、経水、すべて汚れは垢離をとって潔めなければ、神を礼拝することが出来ない。丁度日本の「大祓《おおはらい》」の精神に似た気分を、回教徒は過分に有《も》って居る。この関係から風呂が発達して来た。

「トルコ風呂」として欧米などで知られて居るのは、如何わしいものであるが、トルコの国内では、まともな浴場である。昔からトルコでは入浴が盛んである。ローマにおいてもまた、古くは入浴は非常に盛んであった。それがローマの末期になると、淫靡頽廃の風を生むに至った。かくてキリスト教は、淫風を一掃するため、入浴制限の方途に出《い》でた。西欧人が今日なお風呂に入らず、不潔なのはキリスト教のおかげと云っていい。

回教徒は清潔を重んじ、局部の毛を剃る。それは風呂に入ったとき、流し男に剃って貰うのである。

私の部下に、今は亡きKという訳官が居った。そのKが語った述懐にこんな珍談がある。

まだ彼が、当時のコンスタンチノープルに留学生であった時代のこと、風呂に入り、流し男に身体を洗わせて、いい気持になっていた。やがてゴシゴシと音がするので、ハッと気がつきよくよく見ると、重大な場所の毛が、既に半分ほど剃り落されていた。驚き且つ慌てて手を合わせて、あとの半分だけを助けて貰った。

Kが笑いつつ語ったこの珍談は、云うまでもなく、回教国の風習を知らないためまき起された悲喜劇で、これと同じ奇譚は他にもあろう。

*

ハレムの風呂に、婦人が入るときにはさまざまの儀式があった。

イランの記録によると、「婦人は浴室の最初の戸を開けるときに、靴の踵で胡桃を二つ三つ踏みつけて割らねばならぬ」とある。そこで、靴を脱いで入るのが、いわゆる「ワジップ」即ち「つとめ」である。また「この胡桃を燃した煙を、歯痛のとき患部にあてると立ちどころに癒る」との伝説がある。

池のようにしつらえてある浴場で、最初は種々の香料を混えてある湯の中に身を浸すのである。婦人は、入浴しては滋養物を摂り、母乳のよく出るようにするのが、「つとめ」である。

湯から上ると、卵の黄味と「ホル」とか「ファオファル」と名付けるインド産の胡桃や種を交ぜたものを食べる。

婚礼の祝宴で点《とも》した蠟燭は、必ず一つだけ、浴室につけて置く「おきて《スンナット》」もある。これは、「生児の生涯が、輝かしいものになるために必要」なのである。

婦人が入浴するときは、下帯をつけたままである。但し、キーサ（山羊の皮でつくった小さな嚢、これを手にかぶせて身体を洗う）と石鹸とを使うときには、下帯を去ってもいいのである。頭髪は石鹸で必ず三たび洗い、脇の下は必ず脱毛するのが風習である。これが脱毛剤としては、生石灰と砒素とを交ぜた薬品、「ヌーラ」があるが、若い娘は、脱毛剤を使ってはならぬ。またこの薬品を塗るときも、女友達にやって貰い、自分の指では絶対に塗ってはならないのである。塗るときは、女同志は円形に並んで、機嫌よく冗談を交しながら互いに塗り合いするのが、「おきて」である。

ハレム風呂では、女人は煙管を持って水煙草をのみ、萵苣《ちさ》や醋《す》、煮もの焼もの、季節の果実、甘水、氷果などを運んで来て馳走をする。すべて、若やいだ朗かな心になって湯を出るべきだとある。

「湯上り後は、特に派手な着物をつけて、友達なり愛人のところに赴くべし」と書いてある。このおり、途中で、好ましい美男子に会った場合には、さりげなく覆面の端を外して顔を見せ、「おお暑い、汗ばんで胸が高鳴る」といった表情で、男を悩殺すべきである。

以上のことどもは、イランの古典で、家庭訓女大学ともいうべき、「クルスム・ナーニ」に書いてある。

クルスムとは、いうまでもなく、予言者マホメットの娘の名で、イランではこの名を採って女の子に命名する例が多い。ナーニは、長老とか叔母さんの意である。この実在の老刀自を頭に五人の教養ある婦人が、イラン女性の処世訓と家庭の手引とを遺したのが、クルスム・ナーニである。

恋愛の心得まで書いてあるところに「クルスム・ナーニ」の妙味がある。

*

結婚初夜の女人の心得は、特に面白い。

花嫁が寝所に導かれ、花聟は姑《しば》らくの間、侍女たちと待たされる。もとより如何なることがあったにしろ、花聟たるものは、彼女たちと狃《な》れ狃れしげに振る舞ったり、またふざけてはならない。ましてフラートは最大禁物である。なお花嫁の母親も、新婚の夜は来て居るのが「おきて」である。花聟は部屋に入って、花嫁の側に座を占め、嫁の右脚を聟の左脚の上に、右手を聟の手の上にのせて、女が上手に出ることを示すのが必要である。このとき聟は祈禱のため、二たびひれ伏さねばならない。そして洗盤と水入れとが運ばれ、女の右脚と男の左脚とを並べて洗い浄め、手も同様にする。これが終って、聟は嫁に腕を貸して新婚の寝床に連れてゆき、彼女の頭から棉の種子を蒔き散らすのである。「この夜、雨が降れば、聟の前途は幸多い」と云われて居る。

新婚の両人は、香気のある種子を口に含んで置くこと、また鏡とコーランとを見ることが、「おきて」であり、必要である。棉の種子を蒔くのは運勢を卜《うらな》う上に役立つ。両人が寝室に入るときには、あらゆる楽器で音楽を奏で、女たちは祝詞の詩を大声で繰り返す。

この夜、美しい女が、花嫁の寝衣を運んでこれを投げつけるのは、夫に貞操を誓わせる「おきて」であるが、もっともこの女が醜女の場合は、これは断じて禁物とある。新婚の両人が一つの枕を用うるのは、幸運と云われて居る。

伝説によると、花嫁の実家より随いて来た女たちは、新婚の部屋に両人の入るのを見届けた上、一隅に集って、耳をすまして話声を聴き、それを夜が明けたら、知友の人たちに言い触らして歩き、噂の種を蒔くのが、この国の風習である。

＊

新婚の夜、祈禱にふさわしい機会がないときは、祈禱を略しても差支えはない。翌日は皆が集って、楽を奏でて踊るが、嫁の晩餐は母親の家で、しかも屛風のうしろで仕度するのが、「おきて」である。当日は樟脳と薔薇水とを焼種と一緒に花嫁に与えると、男児を生むとの伝説がある。

婚礼のとき、嫁の親戚は、必ず菓子の類を聟の家に贈る。

祈禱断食等、戒律のやかましい回教徒が、花嫁にだけは至極寛大である。即ち、四十日の間、毎日五回の正規の祈禱が免除される。もしラマダンの断食月に結婚すれば、特に祈禱も断食も怠っていいことになっている。シーア派のイランでは特にそうだ。何れにせよ、人間性を重んじたこの「おきて」は、まことに面白い。

＊

最後に、回教の一夫多妻主義に就いてであるが、ハレムを充実して、一夫多妻が行われたのは、遠い昔のこと、いまはわずかにその遺風が例外的にのこっているに過ぎない。

「普通人が四人まで、王者は七人まで」妻妾を有《も》つことが、回教国の若干では、いまもなお例外的に許されて居る。しかし、すべての妻を平等に扱うことが、その条件である。いまの世は、どこも同じ生活難が日増しに加わる時代だから、一夫多妻が如何にゆるされてあるにしろ、経済的に見るときは禁止されたも同じである。

農牧の原始社会では、人手の多いほど生活の発展を意味していたアラビアである。従ってそこには、五人七人はおろか、何十何百人の妻妾を蓄えたものもあったろう。マホメットは、この悪い伝統を打ち破るべく、数を制限し、条件を付けて、濫用を戒めたのである。

なお、回教法制には、私生児のないこと、更にシーア派のイランでは、「シツケ」と称する期限附きの妻を認めて居ること等、異色ある法規と慣習とがある。例えば、旅に出て、三年間滞在する場合、その間だけの妻を有《も》つ。考えただけでも猟奇的であるが、その妻との間に生まれた子供は私生児にならない。まことに彼等の誇る通り、ほんとの文明国がどこにあるか疑わしくなるのである。

イスラム伝説における妖怪変化について

アラビア夜話の読者は、しばしば悪霊、変化、天狗のたぐいに出逢う。もっとも多く出るのはジン（Jinn, 又 djinn, Jinni 女性となって Jinniya などとも云う）アフリート（‘Afrit）グール（Ghul）であるが、この外にもアラビアの寓話やお伽噺のなかにはなお無数に出て来る妖怪的存在がある。

日本や西欧の童話作者も語り手も、妖怪変化の存在を信じないで、話の中には盛り込むのであるが、アラビアあたりの童話の語り手は、極く少数を除くの外、ことごとくその実在を信じている。例えばジンと云う一種の妖怪は現実に生きて居り、極端に云えば社会生活の一員たる地位を占めて、さまざまの行動をするのである。

ジンというものは、恐らくアダム出現以前の存在であろう。即ち神と対立するから悪魔でもあるが、今日のイスラム世界の取扱いはむしろ天使と人間との中間の存在で、地位は両者よりも劣等であるが、火から生まれて人間でも動物でも怪物でも何の形でも取り得る。なお思うがままに忍術を行って姿を消す。飲食も生殖も人間と同じく、又人間と雑婚も出来、また死にもするのである。唯原則としては何百年でも生きるのであるから、あたかも日本の天狗と狐とに似たもので、ジンの伝説には天狗話に似たものが無数にある。

右によってジンの起源はイスラム以前のものたることは明らかであるが、今日イスラム世界の通念では、主たる住居はカーフという山脈、即ち全世界を蔽う連山の中に在って、或るものはイスラムを信じ、或るジンは信じない。この不信のジンたちがさまざまの悪魔なのであるという。ついでながらジンが火から生まれるのに対し、天使は光から生れて罪なきものと考えられている。

ジンには善玉悪玉がある。善玉の方はアラビアなどでは大いに尊敬されている。例えばジンは地球を通りぬけ、天空をも泳ぎ廻るから、どこに居るか油断が出来ない。地上に水をこぼすときなど、アラビアやイランでは「デストゥル」（お許しあれ）とつぶやく習慣がある。即ちジンに挨拶をするのである。

ジンはまた川底、廃家、井戸、竈、湯殿などにも居る。我が国の河童にも似て居り、便所にも住むというので、便所に入るとき同じ語を唱える。また井戸で水を汲むときもやる。便所のときはこれに更に祈禱の語を加えて、悪霊のいたずらに対し神の保護を求めるのである。我が国の田舎などで、井戸、竈、便所に、盆や正月に御灯明や小さな鏡餅を備える旧慣とどこか似たところがある。これも悪霊の存在を予想しての行事と考えられる。

かくの如く怪奇を極めた神秘的存在が多数にあるが、アラビアの童話や寓話には、死人の怨霊が出たり、幽霊や人魂というものに逢うことはほとんど絶対にない。これはイスラムの信仰がイスラム以前の幽霊思想を滅ぼしたものでもあろうか。即ち死人は死人の行くべきところに行って居る、現世に戻って来る理由は更にないというのが、今日の通念であり、イスラム教徒の童話に幽霊の出て来ない訳でもあろう。

この点は不思議といえば不思議である。スメリアやバビロンの文学には幽霊が盛んに出て来るのみならず、これを宥める方策なども考えられている。勿論今日のイスラムの通念には存在しないことながら、寓話や伝説に極く淡い形で多少の痕迹の残っているものは絶無ではない。

*

ジンの外にアラビア伝説で民謡や民俗の昔譚に出るものにシルーウァ（S'ilūwa）、デイユー（Deyu）、ダーミ（Dāmi）、セェイル（Seʿir）、タンタル（Tantal）、タービーア（Tābiʿa）、ウーム・エス・ザビヤーン（ūm es Sabyān）カリーナ（Qarīna）等がある。これらについて一々説明するのは煩しいから省略するが、著しいものだけを略説する。

シルーウァは西欧の妖精譚に出て来る魔女や食人鬼女に似ている。多くは水の精で川辺か洞穴に住む。長い髪と膝まで届く垂れた乳房とが特徴であり、幼児を背に負うて乳を飲ませるとき、肩から乳房を投げてこれを与える。身体は女人で、時には足がなく魚の尾のようになっている。

シルーウァは人肉を好み、中にも相思の男女を選んで喰べる。天使とは異なり生命は有限で、特に銭を恐れる性癖がある。ある学者の想像では、この妖精は恐らく古《いにしえ》の河の女神の信仰と、アフリカ黒人の大猿についての種々の伝説とが混入して成り立ったものであろうと云われる。アラビア人が大きな猿類を悪魔扱いするのは、前に述べたグールが、アラビア語でゴリラと同語であるのでも明らかである。

ダーミもまた半獣的妖精で、塵や芥を喰べ、又人肉を好む。昔話としては西欧の狼の役目をつとめる。バビロンやアッシリアの古伝説にある悪魔とほぼ同じもので、都会の近郊に住むと云われる。

カリーナというのはもっとも不思議な魔女で、人間の男を慕い、その妻や婚約の女から引き離そうとし、時にはこの男の子種を宿し、鬼を産むのである。独身の男は時にはカリーナを妻に娶ることもあると云う。アルメニアの民俗伝説に「アル」と呼ばれるものがこれである。男が愛慾の夢を見るのは、カリーナの所為《せい》と説く。極端な嫉妬心を持ち、カリーナの愛人の愛を奪うような女性が出ると、これを傷つけずには措《お》かない。又幼児を盗んだり殺したりする。或る学者の説では、これは正しくバビロン伝説のアルダット・リリーの直系の後裔であるとのことだ。

＊

イスラム伝説に出て来る妖精の物語は限りもない。中には詩味の豊かなものも多い。イラクやイランに行われている童話などは、アラビア夜話の材料にもなったと考えられる古いものがある。

十二世紀の詩人アル・サラージの愛慾長恨集（Masá riʿal ʿUshsháq）とも云うべき書の中にある一話を挙げてこの拙稿を終えることとする。

＊

アブダラー・アル・バジアリ語って曰く、

トゥスタールの街がイスラム教徒に征服された頃、私はこの街のさる通りに居て、信仰の言葉を唱えた。

「アルラーにおいての外に力もなく権勢もなし。アルラーの欲したまうことは起り、その欲したまわぬことは起ることなし」

そこへ通りかかったあるイラン人の族長がこれを耳にはさんで、「この言葉を聞いた最後は上天から直接に出た言葉として聞いた」と云う。私が説明を求めると、次の話をしてくれた。

我等の仲間に一人の男があった。（彼自身のことである）。ホルムーズ帝の息ホスロウの宮廷に官命を奉じて派遣された。彼の留守を見て悪魔が彼の形になり、いつの間にか彼の妻と同居してしまった。彼が家に帰ると、妻は長途の旅から帰った夫とは知らず、悪魔を元のままの夫と思っているので、彼を少しも歓迎しない。そこへ悪魔が現われ、二人交替に夫たる役目を果たすか、これを拒むなら彼を殺すと詰め寄せた。詮方つきて彼は悪魔の提案に同意した。

ある日また悪魔が来て、自分は上天にある天使の言葉を聞くのだが、もし望むなら同伴してやろうと云う。彼は夜になると悪魔の言うがままに、その背に乗り、頂《うなじ》に生えている猪のような鬣《たてがみ》にしっかりつかまって、放せば即時に命を殞《おと》すと彼の警めたのを守りながら長駆するに任せた。やがて天国の郊外に著《つ》いたらしく、声あって、

「アルラーにおいての外に力もなく権勢もなし。アルラーの欲したまうことは起り、その欲したまわぬことは起ることなし」

と唱えられた。悪魔は聞くと大いに狼狽してなすところを知らず、自分もろとも樹木の繁る林のただなかに墜落した。

朝になって自分は家に帰り、この語を胸に秘して、悪魔の来るたびにこれを唱えた。その都度彼は同じように狼狽した。更に年を累ね、この呪文をつづけていると、遂に彼は再び来ないようになった。

＊

妖精の恋、狐狸の愛慾、蛇性の淫などを取り扱った支那日本の物語も、或いはイスラム以前から、これらの国に行われていた伝説に胚胎するものであるかも知れない。西欧南欧に伝わる邪視（Jattatura）の伝説、これを防ぐ呪い（木製のものに手を触れるなど）又は呪文なども、この辺に根拠を持つものかと考えられる。

これらは民俗や伝説の研究者に面白い材料を提供すると同時に、今日の回教圏における主要民族の心理的研究ともな

るのである。

イスラム文学の展望

イスラムの発生以前に、アラビア沙漠の部落民が、何の文学をも持たなかったと考える根拠はない。現にこの時代に、アラビア人の好んで用いた文章の一形式に「サッジ」と称せられるものがあった。これは別に形式的の特殊の韻を踏んだものでもなく、その韻律もはなはだ不明瞭なものであるが、随処に興につれて韻をふむ、謂わば散文と詩との中間の文学であった。

この形式がイスラム以前に盛んに用いられ、時としては、濫用された証拠には、コーランにおいてマホメットはこの形を用いることを禁じ誡めているのである。後に説く通り、例えばコーランの中にマホメットの言葉として「異端のカーヒン族の様に『サッジ』を話すか」という文句があり、又祈禱にこれを使うことを禁じたりしている。しかし厳格に云えば、コーランそのものが顕著なる「サッジ」式の実例であって、ことに古い時代の「スーラ」は全く予言者のいましめたカーヒン族の使ったものと同じ形式である。

学者の説によると、ベドウィン族の中に伝統的にかくの如き若干の不規則な韻をふんだ散文体があったので、これが益々発達してイスラム文学にも盛んに用いられ、今日においてすら盛んにこの式が彼等の文学に混入している。西欧人がイスラムの文学を余りその趣味に合うものと考えないのは、恐らくこの誇張されたサッジ式文学を好まないためではあるまいかと思う。これはあたかも我が国の和歌にある枕詞のような、意味のほとんどない言葉が口調と音律のために使われた形式に甚だしく似ているが、後代のペルシア文学にも、正《まさ》しくこの式を用いている実例が多数ある。

アラビア人の古代文学として残っているものは大体韻文であるが、その古詩の最も古いものでも、西紀五百年を遡らないと云われている。イスラム以前に詩の存在したことは、アラビア人の秘かに誇りとするところであるが、その実例として残っているものは、如何にも伝説に囚われた型にはまったものであり、今日でもイスラム文学に多くある様な形式的な比喩に充ちている。

アラビア韻文の起源

イスラム文学の韻文は、アラビア語で一口に「シール」と呼ばれているが、これが前に述べた「サッジ」と密接な関聯をもっているのはいうまでもない。そしてこの韻文の起源はやはり駱駝使いか騎手の歌から出たものであろう。シールの意味についても興味のあるのは、この語は詩人を指して「シャ・イール」と呼ぶのに関聯して居り、この語の意味は常人の及ばない特別の知識をもった人間で、不可知の精神的勢力の集った集会に参加する超人の意である。これがアラビア人の詩についての観念を如実にあらわして居る。

この形式の文学に「ヒッジャ」と称するものがあり、通常「諷刺」と訳するのであるが、これは適訳ではない。この種類の文学は敵を精神的に攻撃して武力を補い、超自然的勢力を頼んで敵をほろぼす一つの詩形である。そしてこれを誦する場合には、象徴的な動作をともなうものであったといわれている。この点で、祈禱や呪文に「サッジ」を用いたと同じように、一つの超自然的な力を呼びおこす目的を持っていたようである。しかし時代の進むにつれて、詩の魔術的効力を段々信ずるものがなくなって行った。

アラビアの詩は形式から言えば韻律と押韻とである。一つの例外即ち「ラッジャーズ」を除けば、韻律はすべて二行ずつで、押韻は最後の言葉にあるだけである。韻律も数量的であって長短の語を流用することも許され、又長短何れにも用い得る語もある。又短音語が二つ続けば一語の長音と同じに扱われる習慣もある。イスラム以前の詩人は十五韻律を用いたが、後代になって更に加わるものが出て来た。しかし長詩には「ラッジャーズ」は用いない。大体この原則による規則正しい韻律以外には用いられなかった。押韻は三綴りにも及び得る規則であり、一般にアラビアの詩は二行毎にいつでも同じ押韻を用い、又最初の一行だけで同じ押韻をすることもある。詩の形は「カシイダア」――一つの音律と一つの押韻で出来ているもの――で三十行ないし百二十行位の詩であるが、この名称の起源は明らかでない。今も現存している「カシイダア」の断片は恐らく初めから断片にすぎなかったろうといわれている。「カシイダア」の内容は大抵、沙漠のただ中で、いわば野蛮のテントを張る漂泊民族の恋を語る場面が最も多くうたわれていて、その後に一日の駱駝の旅行が続いたり、又夜になって沙漠を渡ったり、猟をしたりする風景を書いたものが多い。そうして詩人の属している酋族の武勲を語ったり、又詩人自らの武勇伝等を題材にしている。

詩は生まれ出るのであって作るのではない。詩人が内にあふれる感情を、アラビアではこの形で表わしたにちがいないと考えている。後になって「カシイダア」は一定の規則が出来、又題材にもきまった様な形が出来、英雄礼讃をもって終るようになった。人生の見方が詩にあらわれたところでは二つしかない。一つは酒を飲んだり、賭をしたり、酒を注《つ》ぎ歌を謡う女に贈物を与えたり、そしてその酋族の寛厚な美徳をそなえている評判を歌ったりする方面であるが、今一つは、酋長がまずしきものに恵み、酋族の名誉を守るために憤然として武器をとるような方面である。アラビア人はいつでも戦う勇気をもっているが、必ずしも死を恐れるのではないが、死を急ぐものではない。このことは少しも恥じらうことなく歌われている。また人生の無常、死の必来を平凡に扱って道徳化する詩が相当に多いのである。

詩の一種に「ラーサー」即ち挽歌が、別に大した理由もなく特別のあつかいを受けて居り、形式は全然同じ詩であるが、他の詩のように起句に愛慾の題材を入れないのが異なっている。そして死者に対する悲しみを述べ、又もしその死が不慮のものであった場合は、復讐を叫ぶような内容をのぞけば、他の詩と何の異なるところもないのだ。そして婦人が挽歌を相当に多くつくって居り、又それで有名な女の詩人も残っている。イスラム前後のアラビア人の生活には、宗教は大いなる役割をもってはいなかったものらしく、微温的な宿命観がその宗教的感情の極限とも云ってよいのである。

アラビアの詩は一行毎に完全な一文章であり、これを集めて詩が重なり合って出来上る。従って思索的な分子、暗示的な留保はアラビア文学にはない。記述的なものであるが、その記述は簡素なものにすぎない。ただその結果は往々にして寓話的なものが多い。起った場所、出て来る動物等の詳細な点を、ことごとしく記述するので、時としてはアラビアの詩は韻をふんだ地質学であり、又は解剖学であることすらある。翻訳も難しく、又訳をしても興味がない。

又他方では物の云い方をつよめて、結果はかえってグロテスクな場合がある。例えば婦人の指を木の枝に譬えたりするのはその例である。当時の詩人は大抵ベドウィン族であったが、その他にも町の住民として知られる詩人があり、この非ベドウィン的の詩には、韻律も題材もちがう場合があるが、詩の形からはむしろ散文的なものが多かった。伝説によるとメディナの市民には寓話を書いたり、歴史的の伝説を歌ったりしたものが多かった。なおアラビア語で詩をつくったのには、ユダヤ教徒もヤソ教徒も居って、当時の祭礼で、詩人の歌合戦が行われたことも記録に残っている。

ベドウィン族の詩は口伝で残っているに過ぎない。詩人が自分でその作品をうたい、そのあとで職業的な読詩家（ラーウイ）がこれを読む。詩人がこの読詩家の職業から始まったものも多い。そのためにアラビアの詩というものが果して純粋な意味の作詩であったか疑問がある。イスラム以前百年位までには書き残されたものは恐らくなかったのであろう。


人間の記憶力には限りがあり、ことにアラビア語の特徴から見れば口伝が段々変って行ったのは疑いを入れない。断片的なものでは、章句がたびたび姿をかえ、又同じ詩でもいろいろの異本があるのは当然のことであるが、後世学者がイスラム以前の文学の残存したものを集めて、一定の定本を作っては居るが、恐らく何れの詩でも偽作もあり、想像による読み方もあるとみてよかろう。ただ不思議なことは、詩人の使った言葉はアラビア半島を通じて一個の国語であって、方言的な異同は極めてわずかに存しているだけである。学者はアラビア語にある単語の無数に豊富なわけは、限りない方言から様々の言葉をとったためであろうと云っている。日常語がだんだん詩に使っている言葉の屈折、高低を消滅させるようになり、今日のアラビア近代語になるまでに、かかる変化を多数に経たものと思われる。

イスラム以後のアラビア韻文学

イスラム時代になって、非常な変化がおこった。主な原因は勿論宗教である。コーランの教えでは、詩を悪魔の玩具と考えたのがその証拠である。しかしその他にも情勢の変化がはげしかったのである。イスラムの勃興と共にアラビア人の興味の中心はアラビア以外に動き、沙漠の生活がむかしと同じような感情をよびおこさなくなった。沙漠に住んだものでなければ沙漠の詩は解らない。勿論当時の詩の中には、昔の通り最後にカリフを讃え、又序説に恋愛の場面を入れたりしたものがあったが、この伝統的の形式は段々止んで、終いには詩は一個定まった目的の題材を取りあつかうようになった。愛とか哲学とか宗教とかいうものがそれであった。

一詩一押韻の主義は相変らず尊重され、或る詩の如きは同じ押韻で七百行も続いている。これが変るまでには数世紀もかかったのであった。伝説によると、ハルーン・アル・ラシッドの時代に、或る奴隷の娘が大衆の日常語で詩をつくることを始めたが、当初は学者等はこれを詩とは呼ばなかった。しかし段々それが時流にのるようになった。このスタイルを「ラフン」と呼び、スペインではサラセン時代には単詩で「ザジャル」という文学的の地位にまですすめられた。この式がさまざまに形を改めて、各詩に一つの韻律、一つの押韻の主義が変って、新しい形の詩が現われた。

不思議なことには、スペインでは土地の詩人がいつでも昔のままの詩形をとり、わずかに押韻を工夫したが、さすがに題材はアラビア人よりも、欧洲人に味のあるものをとった。当時のスペインでサラセン時代に作られた詩の、騎士道のロマンスを想わせるような恋愛の見方と、自然美に対する感受性は、ほとんど近代的ともいうべき域に達している。

イスラム伝説によると、アラビア人は当時でもまだ韻律の理論を知らず、これを発見したハリル・ビン・アハマッドは、たまたま鍛冶屋が金梃子をうつ音を聞いて、その理論を悟ったと云われている。しかし詩というものはなおしばらくは文句の問題、記述の細密にわたる技巧の問題等に終っていた。これを評するものも、その観点は同じであった。この意味では近代のアラビア文学にあらわれた詩でも旧套を脱していないのが多い。特にアラビア語の詩といえば、ほとんど今日は死語に類する文句を主としているのである。

ペルシア文学は、自《おのずか》らイラン人種の昔からもっていた芸術性に基いて、アラビア人から韻律を借りたけれども、その題材も詩形もイスラム当時のアラビア詩よりもずっと発達したものであった。イラン固有の詩形の中には「マットナウイ」とか「ルーバイ」とか「ドウバイ」等という詩形があって、それぞれその特質をもっているが、今日ペルシアの詩として残っている最も古いものは西紀約九百年頃のものであり、その用語も詩形も爾来格段な変化をうけていないのはまことに特異とすべきである。ペルシア詩人についてはなお後段に詳しく述べよう。

トルコ、ウルドゥの詩は概してイランの模倣であって、ただウルドゥはインド的の影響を若干うけて居り、特に後世になるほどこの影響は甚だしいのである。トルコについては後段に略説しよう。

コーランの文学的地位

イスラムのあらゆる源泉が、予言者の啓示を受けたコーラン（真の発音は「クーラン」に近いが、今は通称に従う）に在るのは、明白である。今日でも三億に近い人間が、これを神の言葉と崇めている。従ってイスラムの文学も、自ら《おのずか》コーランの思想、コーランの言語の絶大な影響を受けたことは論を俟《ま》たない。コーランを離れてイスラムの文学を語ることは不可能である。

マホメットは、天使ガブリエルを通して、直接に神の啓示を受けたことになっている。予言者としての二十三年の生涯の間に、この啓示を受くるに従って、弟子の前でこれを誦し、弟子がこれを記憶して文書に、残したものが即ちコーランである、「コーラン」の原義は、「声を出して読むこと」で、時に「アル・コーラン」という「アル」は定冠詞である。

マホメット時代のアラビア沙漠の文化の程度では、文字を書くことは相当の教養を示すのであり、史家の通説では予言者自らは恐らく読み書きは出来なかったらしい。従って文明人種よりも遥かに記憶力は強く、マホメットの生きていた時代にも、弟子のうちには、コーラン全部を暗誦したものが多数にある。今日でもこれの出来る人を信徒間の名誉称号として「ハフィーズ」と呼ぶのである。

コーランはマホメットの当時に、今の形を取ったのではなく、イスラム勃興の初代の戦乱で相当散佚したのを、予言者の書記官長格の「ザイド」が蒐めて、「棗の葉や白い石片や人間の胸に画かれてあったもの」を編纂したのである。その後にも二、三句整理を加え、今日の公定版はオスマンのカリフ時代、即ち西紀六百四十四年から六百五十六年の間に、出来上ったのである。

コーランが当時のもっとも完全なアラビア語で書かれてあるのは、古今を通じて認められた事実である。これはクレイシュ族の方言で、あたかも欽定版の英訳「バイブル」が英文学における全く同様の地位を占め、後代の文学に大きな影響を与えている。英訳聖書は勿論翻訳で、中には多数の誤訳があり、モーゼやイエスの喋った言葉ではないが、コーランはマホメット自らの語ったもの、そのままであるから、世界の経典のうちで全く独自の地位を占めている。

コーランの教義はここでは問題でないが、偶像を排して、唯一神を崇むる福音が、一種の押韻のある、前に述べた、イスラム以前からある「サッジ」の式の散文で書かれている。

表面から詩や文学を忌避したマホメットは、却って満腔の磊塊を注ぐに、叙情詩的の宏壮卓抜な文章を以てしている。これは炎の如く燃えた論理であり、魂から湧き出た真の詩であり、文学である。

バイブルに出る、世の終り即ち最後の審判についての記事は、いずれの国語でも相当に名文である。コーランは素よりその影響を受けたもので、更にすぐれており、アラビア語を解しないものでも、その力強さに打たれる。意味だけを示すと、

大空の引き裂かれんとき
星くずのうち砕かれんとき
海原の姿の破れんとき
墓石の発《あば》かれんとき
霊は知るべし、そのなせることなさざりしこと

人よ、などかその恵の主に叛く
汝を創り、汝を整え、汝を装いし
主はいずこにありや
その思うがままに像《かたど》りし主《しゅ》
いな、汝は審判の日を信ぜず
誠に知れ、汝の上には記録者あり
汝の言動一として免るるものなし

コーランの章句の旋律と音調とを味わうには、是非ともアラビア語の原文を正しく発音する人の口から聞くの外はない。（コーランについては岩波新書拙著『回教徒』参照）

アラビア文学の隆興

アラビアに真の文学が起ったのは、第八、九世紀からである。前に述べた詩と散文との中間文学がようやく分岐して、社会生活が複雑となり、沙漠の趣味からやや典雅を尚ぶ教養が拡まるにつれて文化も益々多様になり、文学としての散文も詩も判然たる存在になったのである。しかしイスラム隆興の初代は、被征服者たる――例えばペルシアの優越な文化に狃《な》れて競れ《（ママ）》てこれを翻訳したものが多く、後には歴史や童話として、後世に伝えた散文が現われ、爾来アラビア文学の古典として残っているものが多い。

当時行われた散文体には、前に述べた「サッジ」のいよいよ発達を遂げた形式で、押韻散文の標本とも云うべき、「マカーマット」（集会の意）というものが行われた。これは一種の座談会文学とも云うべきもので、智者学者の集会の形で、一人の風流人が現われて、その頓智と雄弁と学識と詩才とで、列席の文士たちを批判するような、記録の体裁を採った文学である。ハリーリの「マカーマット」が最も後世に伝えられて名がある。

つづいて大衆小説、歴史小説、コントの連鎖体のようなものも行われ、「夜話」の起源にもなった。恐らく遠くギリシアのイソップ物語なども関聯があるだろう。ラクマンの作として伝えられる寓話が今でも世に行われている。

時代別に云うと、ウマイヤッド王朝時代には、プラトニックな愛を題材としたものが、一世を風靡し、この流れを汲むものには婦人のうちにも一流の詩人が出た。ハンサーだのマジヌン・バーニなど世に現れた。又詩形としてはギリシアの「イヤンブス」に当るもの、即ち短長格又は抑揚格の形式がこの時代に起った。

アバシッド王朝がイスラム文化全盛時代であるが、なかんずく、第八世紀の末、ハルーン・アル・ラシッド大王に至って黄金時代に達したと云われる。しかしこの時代のバグダッド王宮の雰囲気は、いちじるしくペルシア的であり、文学も極端にその影響を受けたので、果して独自のイスラム文学と云うべきであるか、甚だしく疑問である。

大王の児、マムーンの治世には、世界最高の文化は、芸術、科学、文学、医術を問わず、あらゆる智的業績の部門がアラビア語を通じて学ばれ、中世の暗黒に失われたギリシアの芸術や哲学も、アラビアの光を通じて再検討されるの外なかった。ここに欧洲はアラビアに膝を屈して教えを乞うたのであり、「光は東より」来たおかげで、欧洲に科学も哲学も亡びなかったのである。当時の知識階級は、回教徒たると、ユダヤ人たると、キリスト教徒たるとに論なく、アラビアの教養を貪るが如くに渇き求め、カリフの宮廷では、汎《ひろ》く学者を迎え、あらゆる歴史や哲学の古典はことごとくアラビア語に翻訳されてあった。

イスラムの征服圏を増すと同時に、異民族にコーランを教えるための論理や文法や歴史が学問として発達し、次いで版図の拡げらるるに従って、地理の研究が進められた。イラン、中央アジア、インド、支那に及ぶアラビア人の旅行記や地理の叙述は、今日に至るまで世界の学者に貴重な資料を残している。他方アラビア夜話にあるシンドバッドの航海冒険の物語も、当時のイスラム教徒の地理慾を示すものとして、興味深いのである。

天文数理に通じていたため、暦の修正をしばしば行って居り、この時代の世界の数学は全くアラビアに独占されていたのは、今に顕著な事実である。

この時代に詩人としては、アブー・ヌウアスが全盛であり、詩韻も自由で、アナクレオン式の題材が専ら行われ、人生に徹する深さとか、独創の思想というよりも、韻律の華麗、比喩形容の面白さを尚ぶので、文学としては形式美を重んじたものであった。唯この時代の旧套を脱したアブル・アタヒーヤという詩人は、時代の俗語で人情の深味に触れた詩を作って、後世に残っている。

イスラム黄金時代の文化は、サラセンの西欧征服と共に、遠く西の方の旧ラテン文化国に及び、中にも七百年回教徒に国土を占領されたスペイン、ポルトガルに及ぶもの多かった。学問も芸術も、スペインでアラビア語を通じて保存され、文学は西欧の情趣を摂取し又同化されて、ようやく旧形式を脱し、自己を表現するものとなり、詩人も作家も一種の東西文化の融合を試みる結果となった。南欧プロヴァンサルの詩は多分にこの時代のイスラム文学の影響を受けており、同じくイスラムを信ずるエジプトには十二世紀の末に、ことごとくその文学的勢力が及んだのである。

第十世紀以降のペルシア文学

カリフの王朝政治がようやく衰えて、蒙古人来寇に至るまでの三百年ほどの間は、ガズナ、セルジュク・ホワリズム(花剌子摸《ホラズムー》)等のトルコ族が天下を取ったが、イラン人はこの異民族の下で、徐々に独立を取りかえし、ペルシアの文学芸術は、実にこの時代に一つの黄金時代に達したのである。それはカリフ時代のアラビア文学というものも、前述の通り、伝統的に優秀な文化を持っていたペルシアの文人芸術家に負うところが多く、征服者の言語であったアラビア語は、カリフ王朝の衰えるにつれて、イラン語の復興に席を譲り、イランの学芸界には無数の天才が輩出して、文運の極盛を見たのであった。

前記の異民族の王朝も、ことごとくすぐれたイラン文化を受け容れて、学芸は素より、庶政民生の詳細までがイラン化したものであった。

今日西南アジアは勿論、遠くパミール、トルケスタン、インド、アフガンの境に至るまで、文字あるものはことごとくイラン語と、その文学を愛好すること、欧洲におけるフランス語に優るとも劣ることなき現状であるのは、この時代のイラン文化の華の、いかにすぐれて咲き誇ったかを如実に語るものである。

イスラム伝来の千年も前に、イラン人は詩も文学をも持っていたことは疑いを容れない。唯不幸にも完全な形で残っていないのだ。

イスラム以後では、第十世紀の前半にルダーギあり、後半にアル・ビルーニやアヴィセンナがある。前者は「インディカ」や「古代国民史」を書いているが、如何なる欧洲人の作品と比べても、遜色のない傑作である。

アヴィセンナはアブー・アリ・ビン・シーナのラテン名で、ブハラに生まれたペルシアの文官の子であり、十七歳にして早くも名医として名を成した。ギリシアの医学哲学に精通し、その著述は東西両洋に永く古典として尚ばれた。その業績の多くはラテン訳で今に残っている。即ち西欧はことごとく彼に学んだことを示している。

イスラム文学に残る最大の詩人は、云うまでもなくペルシアのフィルドウシーであろう。彼は本名をアブル・カシムと呼び、西紀九三二年頃ホラサンのトウスに生まれた。これは今日のメシエド市の北方二十キロメートル程にあるファズである。

フィルドウシーの大作として今に残るのは、『シャーハ・ナーメ』である。『列王詩伝』とでも云うべきものだ。即ちイスラム以前のイラン皇帝の伝説的事蹟を、六万首に上る叙事詩の形で書いたものである。当時ガズナ王朝のマハムード帝にこれを献げたのが一〇一〇年である。帝室の待遇が面白くないので、彼は貰った賞金を風呂番と水売りとに分けてやって、翻然として西の方に赴いて余生を送った。伝説によると、後にインドに入ったマハムード帝が、この大詩人に酬いることの浅かったのを悟って、詫びの言葉と六万金《ディナル》（約金貨三十万円に当る）——即ち一首に一金《ディナル》を贈ったが、これを載せた帝室用の駱駝がフィルドウシーの郷里を通ると、あたかも世を去った彼の遺骸がその行列と出会った。彼の娘は父の遺志を守って、断じて大詩人の値を知らなかった王者の賜を受けなかったと伝えられている。

フィルドウシーの大作は、これより約三百年程前のササン王朝時代に、時のイラン語即ちハハラヴィ語で書かれた列王伝説に基いて、時代のイラン語に書き直したものである。イランで名のある密画は、多くは彼の詩の挿し絵のようなもので、文藻の豊かさと、音調の流麗なことはホーマーを凌ぐと云われる。

数年前、現帝レザ・シアは世界の東洋学者を招いて、フィルドウシーの千年祭をテヘランで催されたが、この千年の間にイラン国民は、如何ばかり彼の詩によって自国民の祖先が遺した史上の偉業に感激し、国民の優越性を自覚させられて鼓舞を受けたろう。今でも文学の素養のあるものも、ないものも、イランではフィルドウシーの名句を記憶していないものはない。筆者は、学者や芸術家のこれを論ずるのは勿論、自家の従僕や馬丁までがしばしば会話の間にこれを引用するのを聞いた。そしてその都度美辞麗句の音律に自ら酔えるが如き彼等を見出して、国民的大詩人の後世を動かすの偉大さを知ったのである。

フィルドウシーに続いて現われたのが、オマル・ハイヤムである。第十一世紀の初め、セルジュク・トルコ族が中央から西南アジアに君臨した時代の詩人である。彼はペルシアよりもむしろ西欧で知られ、特に英国文人にはフィツジェラルドの自由訳ではあるが、名詩として伝えられている。イランのニッシャプールで生まれ、父の業が天幕製造だったので、今でも彼は天幕と詩とを作ったなどと誤伝されているが、彼は学問を修め、特に天文学暦学に通じ、マリック王の名相ニザムル・モルクと同窓であった縁故から、王の建てたメルヴの天文台に勤務した。暦の改正には彼の業績が残っているので、今日でもイランでは、ハイヤムを詩人と云うよりは、天文家という方が解り易い位である。

筆者はロンドンで、イギリスの詩人文士の仲間に、オマル・ハイヤム・クラブへ招かれたことがある。これは酒を飲み女を語るクラブで、ハイヤムの詩の精神に合致しているのだが、今から六、七十年前にイランのナスレデイン帝に当時の英国公使が、ロンドンのこのクラブの話を申し上げると、ペルシアにはハイヤムより優れた詩人は無数にあるのに、何故千年も前のハイヤムを悦ぶのかと言われ、例えば余の如きも……と語を継いでそのまま黙されたと伝えられている。

それほど英米には影響を及ぼしたが、散文的な英国人の頭には、夢幻的神秘的でニヒリスティクでさえあるハイヤムの四行詩《ルバイット》は、驚異でもあり清涼剤でもあったのだろう。
ハイヤムの思想はイスラム的ではない。先ず人生の意義を疑い、その無常を悲しみ、人間のなすことの果敢なさを感じ、切々と胸を抉《えぐ》るのである。

我れ世に生るも、天地に何のもたらすものなし
我れ世を去るも、天地の美と大とに変りなし
何人も大なる謎を隠す幕のうしろを見る能わず
この形骸の下に生くるものを誰かは知るべき

この極端な懐疑と悲観と絶望とを、医《いや》すものは酒であり、愛慾であり、風月と花とであった。

甘酒《うまざけ》を飲めよ、酔いしれて塵の身ながら
楽しくも永く眠らん、友も女も親も子もなく
この秘言をとわに人には語らざれ
一たび褪せたるチュリップの再び花さくことはあらじ

オマル・ハイヤムは遺言して、自分の墓は一年に二度も花さくところで、花びらの落ちる地点を選べよと云ったが、今日ニシャプールにある彼の墓所は、正《まさ》しく古院の一廓の花園の中にあって、梨子《なし》や桃の花が、雪の如くに彼の骸《なきがら》を納めた白石膏の碑の上に降りかかっている。

ホワリズム（花刺子摸《ホラズムー》）王朝から蒙古侵入時代にかけてのイランには、ニザーミー、アッタール、サアディ、ジャラル・アル・ディン・ルーミーの四詩人がある。このうちイスラム文学史上の大きな名であるニザーミーとサアディとについて略述しよう。

ニザーミーは十二世紀の後半にアラブ・ペルシアのロマンチックな題材を詠じた詩人で、中にも「メジヌーン・レイラ」の恋物語を扱ったものが後世に賞せられている。これは譬えて云うと、ロメオとジュリエットの先駆をなすようなもので、種族の違いから悲恋の生涯を送る物語である。この外にホスロフ、シリンの恋物語もその麗筆で残っている。この詩の内容はかつて拙著『沙漠の国』に詳しく書いて置いた。

サアディはペルシア最大の詩人と称せられ、フィルドウシーよりも、又後に述べるハフィズよりも、数々の点で優位に置かれている。西紀一一八四年（一説に一一九三年ともいう）シラーズに生まれたイラン人で、本名をムシャリフ・ウ・ディンと云い、バグダッドに学び、シリア、アラビア、小アジアなどに足跡到らざるなく、約百歳でシラーズに死んだ。詩集の大著は、ブスタン（果樹園）グリスタン（薔薇の庭）であるが、イスラムのうちでも神秘的なスフィスムの信徒であるサアディは、この詩の中では、微笑みながら道を説く人道主義者である。しかしその哲学には権衡の取れた楽天主義に、絶望に達せぬ程度の憂鬱が適度に按排され、その基調は甚だしく人間味に富んだものである。この観点から西欧に類例を求めたら、ローマの詩人ホラチウスが最も近いであろう。

サアディはかくの如くイラン文学上のヒューマニズムを代表し、軽い皮肉と深い叡智とが交錯しながら、イラン人の人生を如実に現わしている。

君と我と、ある日、野辺に相見《あいまみえ》て
君と我と、ただ二人だけ、街に出で行く

君と我と二人の外、人しなければ
君と我と、共にありていかにうれしき　（四行詩より）

かほど楽しき折はあらじ
この夜、我が友を胸にいだきて
眠りに酔える彼女の眼に見入る
我は云う――
なよなよせるいとすぎ、愛するものよ
いまは眠るべき時にはあらじ
歌えよ、我がうぐいすよ
汝《なれ》が唇を開け、うばらの蕾の開くが如く
眠るな、わが心のときめきの主よ
我は欲す、汝《なれ》が唇より流るる愛の甘酒《うまざけ》　（ブスタンより）

久しく聞く、汝《なれ》が友（女）汝《なれ》に語る
彼女《かれ》は未だ何人にも許さざりきと
かくて彼女《かれ》はその生涯を語りつつ
汝《なれ》にこれを証《あか》す数々の人の名を告げぬ
汝《なれ》これを聞いて微笑む、そは汝《なれ》は
彼女《かれ》が他に許せしことあるを知れば

何のさまたげぞ
彼女《かれ》の唇、汝《なれ》の唇にあいて冷たからんや
彼女《かれ》の肩、汝《なれ》の胸に抱かれて、なよやかを失わんや　（ブスタンより）

蒙古時代の他の大詩人として知られたのは、ハフィズである。本名をシャムス・ウ・ディン・マホメットと呼び、第十四世紀の初めに同じくシラーズで生まれた。青年時代は酒色に身を持ち崩したが、やがてスフィスムの信徒となり、叙情詩人として、イランの一流に数えられる。しかし彼もまたイスラム教徒としては、あるまじく飲酒戒を犯し、却って酒を讃美する詩を作ったから、今でも清教的の回教徒は彼を非難するが、イランではフィルドウシーやサアディと共に、国民的詩人として崇められている。いわゆる『頌歌集《デイヴァン》』が彼の大作である。

うるわしのシラーズ娘よ
もし汝《な》が手に我が心を捉えなば
我は汝《な》が頬の黒子の一つに代えて
ブハラの都をも汝《な》に与えむ
サマルカンドをも、また

残んの酒を我に剰さず注げよ、
天に昇るも、ムサッラの薔薇の道も
ルクナバードの浪うつくしき泉の園も
再びは見ることを得べしやは

これが当時喧伝されていたハフィズの詩の一節の大意である。

タメルランが、イランを席巻して、ファルスを陥れ、首都シラーズにおいて、ムサファル朝の王、シャー・マンスールを平げたとき、上記のハフィズの詩句を知っていたタメルランは、わざわざハフィズを呼びにやった。この英雄は詩人を責めて、

「地上の最大王国は皆我が剣の塵となって、我が郷国の二大都サマルカンドとボハラとの勢威を加えるようになった。汝ハフィズは何の拠るところあって、我が誇りとする二大都を美人の黒子に代えんとするか」

と云った。ハフィズは静かに王に向って、

「我この贅沢三昧のためにこそ、今日かくの如く貧しき様にはなりけれ」

と答えたので、タメルランは大いに悦んで彼を許し、厚遇したとの伝説が残っている。

以上述べたところを綜合すれば、イスラム以後のイラン文学は、イスラムの影響を受けてはいるが、イラン人固有の芸術性審美性に基づくところ多く、そのイスラム信仰も、神秘的夢幻的な表現を取って、厳格な正統派の戒律を逸脱するものが多いのである。しかし文学としては、イラン民族の存していたために、他のイスラム国民、即ちアラビア族、トルコ族等は、一つの文学的の潮流に便乗して、幸いにもイスラムが涸渇した教義でなく、生きた人間の雅味のある文化として後世に多くの遺産を残した訳である。

イスラム以後のトルコ文学

イスラム以前にもトルコ系の各種族は、ある程度の文化を持って居り、文学として相当の作品も存在していたらしい。

しかしトルコ族が今日の小アジアに定着してからの文学は、イスラム以後に属して居り、その初期はアラビア、イランの影響を著しく受けたものばかりである。トルコ人の間の文化語は主としてイラン語であり、十三世紀になってようや

く公用にもトルコ語を用いる法令が出た位である。

かくの如く独立したトルコ語の詩文で後世に残ったほぼ最初のものは、十三世紀から十四世紀にかけて生きて居たユヌース・エムレのものである。彼は神秘的な詩を作り、ネオ・プラトン的な背景にイスラムを盛ったような思想であるが、後世に与えた影響は、彼が主として国語を以て書き、人々の耳に快い韻律を用いたためである。十四世紀以後になっても、その用語と韻律の模倣者がやまなかったのである。而してアラビア、イランを崇拝している民衆の間に、トルコ語の教養を弘布する意味において、大なる功績があった。

同時代で少し後れて出たシエイヒイという詩人も、当時のサルタン・メヒメッド一世及びムラード二世に寵せられたが、彼の詩は第十六世紀にまでも相当の影響を与えた。前述したイランの詩人ニザーミーのホスロフ・シリンの悲恋の歌を、トルコ語に訳したものは有名であるが、この翻訳は普通の訳文というよりも、独立の文芸作品として価値がある。後世彼を激賞してミヤイヒ・アル・シュアーラと云い、エジプトにまでも尊崇されている。

十四、五世紀のトルコには、宮廷初め上層階級が文芸学術を振興したため、詩宗文人相次いで世に現われた。ブルサのアハメッド・パシア、ネジャテイなどは詩人として今に読まれている。

散文の大家にもシナン・パシアとかサール・ケマルなど顕われた。

十六世紀はオトマン帝国が欧亜を跨にかけて、世界の富強を誇る勢威を示した時代で、歴代の皇帝もことごとく学芸を奨励し、詩文の外、史学、地理学も起り、欧洲の学術にしてトルコに知られざるものなき情勢になった。又この時代には古典的文体の外に、大衆の言語を以てする詩文が勃興し、史的題材や伝統の外に、市井の生活を歌ったものが流行した。あたかも我が国の江戸文学の時代に彷彿たるものがある。

この時代にはフズーリというキュルド種の詩人が宮廷にも重んぜられ、最も世に顕われて、その「ライラとマジヌーン」の詩は、十九世紀の前半まで読まれた。

第十七、八世紀はもはやオトマン・トルコ族の衰運を示す政治情勢にも拘らず、文運はますます隆興し、イラン、アラビアの影響を離れた独立のトルコ文学の色彩が、いよいよ濃厚になった。

第十七世紀で特筆に値するのは音楽詩人（サーズ・シアイルレリ）の輩出で、大衆の中は素より軍隊や宗教団のうちにも盛んに行われた。民謡や伝説を題材にしたものは、今日でもこの時代のものが読まれ歌われている。

第十八世紀の詩人としてはコッジヤ・ラーキップ・パシアやシャイク・ガーリップなど、又文章ではコッジヤ・セグバーン・バッシュなど顕われている。

十九世紀になってトルコはいわゆる「欧洲の病人」と称せられ、国運の傾くと共に、学芸も衰えたが、後半に近づくに従って、国内庶政の革新運動が起り、トルコ語で謂う「タンズィマット」時代に入って、欧洲文化の摂取と共に、文学上にも新潮流が現われ、文運復興の一時期を劃するに至った。

この時代の特色は学芸上の欧化運動であるが、文学の上では英仏の文芸作品の翻訳や翻案に始まり、自由思想、祖国や民族の観念、立憲主義等も行われ、後にアブドル・ハミッド帝が専制主義で抑圧するまでは、文運は大いに盛んとなった。

この時代の文学上の偉大な人物はシナーシ、ナミック・ケマル及びズイヤ・パシアなどであった。又文化的にはアハメッド・ウエフイク・パシアやアハメッド・ミドハット・エフエンデイが最も功績があった。

十九世紀の末葉には前記の専制時代に入り、青年文学者たちの一派は、「芸術のための芸術」をモットーとして、『セルヴェテイ・フユヌーン』の雑誌を中心とする新運動を始めた。トウフイク・フイクレットがこの一派の巨頭であったが、検閲に圧迫されて後は発展しなかった。

二十世紀に入って、立憲革命が成功したが、政治は内外とも混乱を極め、隣邦との戦争に悩まされた後、欧洲動乱にも捲き込まれ、ドイツと共に敗戦の憂き目を見た。この間の文学運動はケマル・パシア即ち後のケマル・アタチュルクの国民的独立の新興共和国になるまでは、ネオ・イスラミズムで、近代化された宗教文学運動から、ようやく非宗教的国民運動に便乗したものになった。「生活のための芸術」から、祖国のためトルコ人のための芸術たる文学になり、ローマ字の採用と共にいよいよアナトリア民衆の中に喰い入るものになった。

　この時代の作家及び詩人としてはハリデ・エディプ夫人やレフイク・ハーリッド、ファリーフ・リフキイ、ナアジム・ヒクメット、ヤクブ・カドリ、レサッド・ヌリなどが世にあらわれている。

　現代のトルコ文学は、かくの如く故アタチュルクの指導の下に、新しき祖国再建に協力し、ことごとく一つのトルコ精神とも云うべきもので動いている。ローマ字の採用とペルシア・アラビア語源の用語排斥とが、更にこの精神を激成したのは云うまでもない。

ダンテ神曲に及ぼせるイスラム思想の影響

　中世欧洲のいわゆる暗黒時代に、キリスト教の文化が光を東に仰いだことは、今日では明白になっている。中世イスラムと云えばいわゆる東洋即ちアラビアの思想や哲学と、七百年間の占領の下に在ったイベリア半島のそれとを指すのであるが、これらが欧洲のキリスト教文化に何を与えたかについては、近来各種の研究が続出し、例えばアヴェルローエスの神学がトマス・ダキノに及ぼした影響、「イホヴァンアス・サーファ」のアンセルモに及ぼした影響などはその著しいものとされている。

　これらの研究のうち、もっとも世人の注目を惹いたものは、ダンテの神曲におけるイスラム思想の影響である。イタリア、スペインなどのアラビア学者によるこの研究は、前世紀以来、多くの業績を残しているが、スペインでは夙にフリアン・リベーラ（Julian Ribera）及びその高弟ミゲル・アシン（Miguel Asin y Palacios）などの研究が秀でている。後者はカトリックの僧職に在って、マドリ大学のアラビックの教授であるが、彼の研究は二十年ほど前から発表せられて、学界の驚異となっている。

　ダンテ神曲の哲学がネオ・プラトーン的の傾向に影響されていることは、若干のダンテ学者の高調したところであり、有名なブルーノ・ナルディ（Bruno Nardi）の如きも夙に著想したところであるが、アシン教授に至ってもっとも詳細にして明晰な研覈《けんかく》に到達したのである。

彼がスペイン時代のコルドーヴァの回教哲学者イブン・マサルラ（Ibn Masarra）のネオ・プラトン的神秘思想に関する研究のうちに、この思想が、フランシスカン派や前トマス派の神学に摂取されていることを明らかにし、同時にダンテの思想にも入って居ると論じた。それは当時までダンテ思想の根柢は、アリストートルの哲学とトマスの神学であると信ぜられた通説に、正面から反対するものであった。

アシン教授の論拠には幾多の重点がある。しかし中にもダンテ神曲中のダンテとベアトリーチェとの天国諸圏を経て昇天する思想が甚だしくイスラムの天国思想に似て居り、特に前記イブン・マサルラの弟子と覚しきイブン・アラビー（Ibn Arabi）と云うムルシアのスフィー派の学者が、その著書フトゥーハット（Futuhat）に描いた神秘的な昇天思想から影響を受けたことを明らかにした。

この研究から出発してダンテ思想の典拠たるものを探るうちに、アシン教授はイブン・アラビーの昇天描写は、必ずしも独創の神秘思想ではなく、イスラム神学のうちに久しく伝えられている「ミラージ」（Miraj）の神秘的翻案とも云うべきものたることを発見したのであった。云うまでもなく「ミラージ」は予言者ムハマッドの昇天であり、彼がエルサレムから神の王座に到達する聖旅のことである。イスラム伝説においては、「ミラージ」に先だって「イスラ」（Isra）即ち「夜の旅」がある。これは予言者がさまざまの幽冥界の地域を通過する旅のことであり、正しくダンテ思想の淵源である。アシン教授はイスラム伝説とダンテ神曲とを組織的に比較研究して、冥域の構図や建築、即ちその風土的観念において軌を一にすることを証明したのであった。

ここに一つ問題として残るのは、神曲とイスラム伝説との相似が果して同一の淵源から出発しているのであろうかということである。即ちダンテがイスラムの天国構図を採用したと考えるよりも、中世キリスト教の伝説に基づいたものではないだろうか。或いは考えようによっては、イスラム伝説自身も何等かキリスト教の伝説又は口碑に負うところがあるのではあるまいか。これは重大な疑問である。

アシン教授はこの疑問に逢着して、更に研究を一歩前進させた。彼の結論は神曲において空前の独創と認められている天国構図には、これに先だつ類似のキリスト教伝説はなく、やや似通った伝説の多くは、却ってイスラムの死後生活についての伝説に由来していると主張して、ダンテ学者を驚かしたものである。

ダンテ学者の多くは詩聖ダンテを余りに神聖視して、その神曲は全く独自の天啓による創作であり、神学的にも歴史的にもイスラムの如き邪教異端の伝説に影響されたものでないと考えていた。少なくとも十八世紀の末葉頃までのダンテ研究者は、かくの如き態度を採っていた。

あたかも百年程前（一八二四年）に、イタリア僧のカンチェリエリ（Abbe Cancellieri）が十三世紀の修道僧アルベリックの地獄幻想なるもののラテン文を発表して、その構想がダンテ神曲の地獄篇に材料を与えたことを主張したときに、ダンテ学者は挙《こぞ》ってこれを誹謗したくらいである。この幻想なるものはアルベリックが幼年時代に病臥していた際、心頭に映じた死後の旅路を描いたものであるが、爾来学者はその描写の多くが、中世の学術思想の背後に在ったイスラム文化と関係のあることを立証している。例えば淫蕩に耽ったものは氷の中に埋められ、殺人犯は煮え血の池に投げ込まれ、悪母は乳を鈎にかけて宙に吊り下げられ、姦通女は業火の上に吊られている。これらはダンテにもイスラム伝説にもアルベリック幻想にもほぼ共通であるが、特に著しいのは天国に渡る橋のいかにも狭いことである。十九世紀になって、ダンテ学者は科学的客観的の調査を受け容れるようになり、ダンコーナ（D’Ancona）オザナム（Ozanam）ラビット（Labitte）グラーフ（Graf）等の学者の研究は、従来の解説に数歩を進めている。アシン教授の業績は更に百尺竿頭一歩を進め、ダンテ神曲とこれに先だつキリスト教伝説を比較し、更に時代としては先だっている死後生活についてのイスラム伝説との類似を突き止め、その淵源の大方をイスラムに遡るものと結論している。イスラムの死後生活についての伝説中、前記のムハマッドの夜間旅行及び昇天の伝説は、特に多くの影響を与えたものと思われるが、更に中世初期以来のイスラム神秘思想のうちに審判の日についての黙示的場面があり、天国や祝福幻想等の神学的観念にも、ダンテの精神主義に著しい影響を与えたと思われる理想主義も精神性も存在しているので、イスラムの文化を低位に置く浅見者派を除けば、この説はダンテを冒瀆するものでも、神曲の価値を傷つけるものでもないことは明白である。

*

アシン教授の研究を詳細に紹介するのは、この小文の尽すところでない。ここには一、二の要点中、我が国イスラム研究者の興味を感ずるものを挙げるに止める。「イスラ」思想は勿論「クラーン」第十七章第一節にある。

神は讃むべきかな、神その僕（ムハマッド）を召して、その聖殿（メッカ）より遥かなる我が祝福を受けたる神殿（エルサレム）にその栄光不可思議を彼に示さんがために夜の旅に赴かしめ給う。

この神秘思想は初代イスラム信者以来、数世紀に亙って限りなき好奇心を喚起したもので、幾万の伝説口碑がこれを繞《めぐ》って作られ、今日有権的な「ハディス」即ちムハマッド自らその体験を口授したと伝えられるものは、第九世紀に出来た六つの「ハディス」である。この「イスラ」の夜の旅をダンテ神曲と比べると、多数の類似が見出される。先ず未知の案内役がムハマッドを深き眠りから呼び醒まして、第一着に峻しい山を登らせる。それから煉獄、地獄、天国と相ついで経めぐるのも似ている。委曲については多少の差もあるが、六界の苦行があり、最後は異端の地獄であり、小児の天国、信者、聖者、殉教者、予言者の天国があり、最後に神の王座に導かれるところも共通である。なお各界の住者の功罪について案内役が一々説明すること、行くにつれてかつて面識のあるものの霊に会い、これと語を交わそうとすることなども両者に共通である。ダンテ神曲とイスラム伝説との相似は、特に天国描写において著しい。「ミラージ」は主として三個の伝説に基づくもので、八、九世紀を時代とし、ブハーリ、イブン・アッバス・マイサラ又はオマールをその作者とする。この三様の伝説は詳細の点では多少の相違もあるが、煉獄や地獄の各界を通らずに、直接ダンテ神曲の第三編天国の描写となる。その中に最も似ているものは、ダンテの昇天は浄化されたベアトリーチェに導かれて天空を通るのと、ムハマッドが同じ状態で天使ガブリエルの手をささえながら昇天することである。両者とも各種の天界を通るのであるが、その各天文的天空の記述では、博学なダンテの科学的知識は、五世紀の差のあるイスラムの神秘思想家よりもずっと的確である。その他の点ではムハマッドの七つの天も、ダンテがプトレマェゥスの体系により名づけた七つ星もあまりにも類似している。

ダンテ神曲における最大の問題はダンテと愛人ベアトリーチェとの関係である。キリストの天国には男性女性の区別もない、恋も愛も形を変え姿を浄めたものである。しかるにダンテとベアトリーチェは浄化した人間とは云いながら、現世愛慾の姿を示すもののようである。イスラムの天国は、キリスト教の批判では肉感的天国と呼ばれる。この点で、ダンテのベアトリーチェはイスラム神秘思想の影響を受けたものと観るべき理由は充分にある。地上の天国即ちエデンの園の思想も、そこにおける愛人の邂逅の描写も、恐らくイスラムに負うものであろう。その最高峰とも云うべきダンテ・ベアトリーチェの邂逅は何と云っても、固有のキリスト神学思想、特に中世の禁慾主義と相容れないものである。素よりその基調は、ダンテの性格から来る騎士道精神・神秘主義と、愛慾を美化するロマン思想を多分に調和したもので、正しく欧洲ロマン思想に先だつアラビアの神秘思想が、イスラムの神学に全く類似の資料を与えたものであり、イスラムに存する純愛思想の発生は、正しくこの点から観察すべきものである。而してイスラムにおける最後の場面、愛人が天国に入るとき、その精神愛の極致たる天の花嫁が、彼に向って地上の愛に沈淪したことを責め、霊の勝利を語る描写の如きは、そのままダンテの神曲に圧倒的な影響を及ぼしたものと断定すべきである。

以上が大体アシン教授の所論の要点であるが、この地上天国の思想のうちにはイスラム自身が仏教思想の影響を受けた形跡があり、我々に幾多の研究資料を提供して、近代の学者に仏・耶・回の三大宗教の相関影響を検討するの機会を与えて居るが、これには論及せず、単に、ダンテ神曲のイスラム神秘思想に負うところ多きことを論ずるアシン教授の論旨の外郭を紹介するに止めたのである。

参考書目

Miguel Asin y Palacios, La Escatologia musulmana en la Divina Comedia, 1919.

E. Blochet, Les Sources orientales de la Divine Comédie, 1901.

Ibn Arabi, Taljuman al'Ashwâq (Dakhair) 1312 Heg.

Ozanam Des Sources poétiques de la Divine Comédie, 1859.

大東亜の回教徒

一九四三年刊行

回教概説

東洋と回教

大東亜共栄圏を建設する一大要素である回教徒――彼等が信奉する回教、それは世界三大宗教の一つであるにも拘らず、本邦においては仏教やキリスト教が認められる程顧みられなかった。もっとも今日まで回教は、日本では公認されていなかったし、信者の数も微々たるものであった。わずかに昭和十四年の帝国議会において宗教団体法が附議され、国法上回教も宗教として認めるか否かを審議するに至った程度である。

大東亜戦争は既に一ヶ年を閲し、戦前日本包囲陣の一環たりし南方諸地域が、神速果敢なる皇軍の攻撃の前に、あっけなく戡定せられ、今や治安の恢復と建設の過程に進展した現在、その地域に住居する原住民が信奉する宗教の一つに回教があり、信者の数が夥しく多いことを知れば、帝国の南方政策の重要課題として種々論議され出したことは自明の理であるといわねばならぬ。因みに東洋人の総人口七億の中、少なくとも三億が回教徒であり、世界には三億七十万の回教徒が分布されているが、その八割以上を東洋の諸地域が占めているのである。

回教即ちマホメット教は東洋人の宗教である。不思議なことには、世界三大宗教は皆東洋に発生し、東洋人に依って生まれた。即ちキリスト教はユダヤ人、仏教はインド人、マホメット教はアラビア人に依って生まれたのである。西洋人が自分達文明人の世界的宗教であると信じているキリスト教は、実は吾々に血の近い人種――人種としてはセミチックで少し違うが、とにかく東洋人としてユダヤ人は吾々に血の近い人間であり、キリストはユダヤ民族から生まれたのである。マホメット教に至っては教祖マホメットがアラビア人であるとともに、その信者はほとんどが東洋人で、即ちアラビア人、トルコ人、タタール人、イラク人、イラン人、アフガニスタン人、インド人、東亜共栄圏内のインドネシア民族、フィリッピン南部諸島ミンダナオのモロ族（この種族は総人口五十万程度であるが全部回教徒である）、支那人、満洲人（満支合せて三千万ないし四千万）等、なのである。

回教と言う字の起源は、支那の西方に回鶻《ウイグル》と称する民族が居て、唐の時代などには回紇とも書いた民族であるが、これがイランから中央アジア、支那の境へ拡がっていた。回鶻民族はマホメット教を信じていたので、支那人が回鶻の回を取って回教或いは回々教と言ったのである。この説には多少の疑いがないでもないが今日一般の通説になっている。従って純粋のマホメット教徒は回教と呼ばれることを非常に厭がったのである。日本においても支那から拡がったこの言葉を採用して回教と称しているが、実際の信者は回教とはいっていない。即ち回教信者があまり好まないので、支那では清真《せいしん》教とか天方《てんぽう》教と呼ばれて居り、宿屋や、料理屋には回の字を多く用いているが、それは西域とか回々とか書かねばマホメット教徒が出入しないからである。その理由は後述する。

又マホメットと言う発音は間違いであって、アラビア語ではムハッマッドと発音する。西洋人が言いにくいためにマホメットといったのが一般に通用してしまったのである。従って信者をマホメダンというが、それも間違いである。厳格な意味からいえば、この宗教をマホメット教と呼称することは禁じられている。回教におけるマホメットの地位は、キリスト教におけるキリストの地位とは違う。キリスト自身の宣言によれば、キリストは神の子であり、マホメット自身の説くところによればマホメットは神の子ではなく普通の人間だといっている。しかしマホメット教においては予言者の御経であるコーランの中で、キリストも自分も同じ事であって普通の人間であり、唯だ神の天啓、神の教えを先覚者として受け取った予言者であるだけだと書かれてある。そこにキリスト教との面白い対蹠がある。こういう訳でマホメット教と称することすらマホメットは嫌ったのであった。マホメットの宗教はイスラムというのが妥当であろう。イスラムはアラビア語の「アスラーマ」即ち魂を内へ引っくり返してみるということで仏教でいえば帰依という言葉に相当する。大変よい言葉で何かに頼るという意味があるが、換言すれば自分の中に帰って、自分の精神の内側に入り、掘り下げて、魂のドン底へぶつかって見るという事である。キリスト教でいえば神に帰一する、即ち帰依して信仰に生きる事、仏教でもそうである。信仰生活の一番奥の奥は結局帰依である。イスラムは結局帰依するということである。

マホメットの奇蹟

マホメットは一千三百年前にメッカに生まれたアラビア人で、甚だ平凡な商売人であった。一体こういう古い時代の教祖の正確な伝記等は、はっきり残っていないのである。キリストにしても、四福音書に詳しく伝えられているが、四福音書各々の特徴があって、その間には矛盾もある。それが色々に解釈されて来たのである。マホメットの生涯はもっと分からない。伝記が残っていないからであって、ただ弟子の綴ったハディス（聖伝）があるだけである。これはコーランに次ぐマホメット教の重要なる書物であるが、コーランと共に教義の解釈に役立つだけで、マホメットの伝記としての価値は少ない。

平凡な一商人であったマホメットは、初め金持の寡婦ハディジァの手代に雇われ、次第に信用されてシリア地方へ出張を命ぜられるようになった。彼がキリスト教徒やユダヤ教徒と接触して、新鮮な宗教意識を知ったのは恐らくこの頃のことであろうと推測される。やがて彼はハディジァと結婚した。当時ハディジァは四十歳であり、彼は妻より年少であったと伝えられている。

彼はこの結婚によって愛妻と巨万の富を得てメッカの人々から注目されるようになったが、当時のアラビアの社会には義憤と反撥とを与えるような事柄が充満していた。メッカの支配階級は豪族アブ・スファーンを中心として一種の独占団体を構成し、貿易の巨利を壟断していた。そして彼等は自己の所有する富と権力とを濫用して、民衆を圧迫し豪奢と不徳の生活を享楽していた。物質的にも精神的にも恵まれぬ民衆の間には、自己生存のためには嬰児殺しを常習とするほど頽廃した空気が横溢し、頼るべきものは宗教的自慰があるばかりであった。しかし、その宗教も低級な迷信に彩られた奇怪な邪宗であって、神聖なるべきアラビア民族の中心たるカバーの神殿（メッカに在る）には嫌厭すべき偶像礼拝が盛んに行われていた。

名門に生まれながら幼時から貧苦と闘って来たマホメットがこれらの社会的、経済的、宗教的の不正に無関心でいられなかったことは想像に難くない。しかして彼は四十歳の時、天の啓示を享けていきなり偉大なる性格を発揮しだした。勿論それまでの間に、キリストの如く様々の試みに遭遇したり、釈尊の如く種々なる難行苦行を累ねたりした結果ではあったが、究極において一種の悟りを開いたのである。天啓に接し、神の声を直接聞いて、さしたる学問もなかったマホメットが偉大なる文学者となり、偉大なる宗教家となり、偉大なる詩人となり、同時に軍人となり、政治家ともなったのである。

かくの如く、マホメットは初め非常な迫害と試錬とに遭遇しつつ最後には立派な一つの宗教を開いたのであるが、マホメット自身としてはことさら特別の宗教を開いたのだとは思っていなかったらしい。唯、真の神様を信ずるだけであった。その頃のアラビア人が普通に信じていたものは、石にお辞儀をしたり、木を拝んだり、いわゆる心霊崇拝の古い邪宗であった。マホメットはかかる社会一般の風潮に敢然と反抗して邪宗の迷夢から民衆を救おうと心掛け、真の神様を信ずることを極力説いたのである。マホメット教はかくして誕生し、やがてはマホメットの理想と教理とに共鳴する者が続出し、繁栄の一途を辿ったのであって、現在世界三大宗教の一つとなり、主として東洋民族の間に君臨することとなった。この世界三大宗教を年代順にみれば、仏教が最も古く、次にキリスト教、それから六百年を経てマホメット教が生まれたのである。ユダヤ教を元祖とするキリスト教とマホメット教は、腹違いの兄弟の如き関係にあるのである。即ちキリスト教の聖地と言われるエルサレムはマホメット教の聖地でもあり、勿論ユダヤ教の聖地でもある。それを己のものだと争った結果が十字軍の戦となり、パレスチンにおける民族抗争となったのである。考えてみれば、随分馬鹿な戦争であるが、十三世紀に亘ってその喧嘩が絶えなかったのである。

コーラン

マホメットが、アラーの神の啓示を享けたことによって、非常に立派な言葉を喋るようになったことは前に書いたが、マホメット歿後、アブ・バクルが第一世教主《カリフ》となった時、第二世オマールの勧めに従って、マホメットの秘書であったゼイド・イブン・タービトに命じて、マホメットの立派な言葉が椰子葉、羊皮等に心覚えに記されていたものを、細大洩らさず手写せしめて編纂し、教祖歿後ようやく一つの聖経となった。即ちこれがコーランである。

その文藻をみて批評すれば、マホメットは同時に偉大なる詩人になっていた。コーランは韻を踏んでいないから、詩のようだというが、詩ではなく、散文である。丁度日本の太平記の道行《みちゆき》文学というようなものに近く、聞いていてすこぶる愉快な名調子であり、何ともいえない力のある魂の籠った文句で形成されている。これはアラビア語が解らないと聞いてもどうにもならぬが、とにかく立派な文章である。アラビア語では正しくは「クラーン」即ち「キダッブ」（共に書物の意）と発音され、それはキリスト教のバイブルに相当するものと思えば間違いはない。コーランの内容は章と句とから成り、章は百十四、句は章によりその数を異にするが、少ないもので三句、多いものは二百八十六句を一個の章の中に包含している。本書では煩雑であるから全章を列記して説明しないが、回教徒が重要視している章は、マホメットがメッカ在住当時残したものの中では、第一章の「開巻」、第六章の「家畜」、第十三章の「雷」、第十六章の「蜜蜂」、第十八章の「洞窟」、第二十章の「ター・ハー」、第二十二章の「巡礼」、第二十七章の「蟻」、第三十六章の「ヤー・シーン」、第五十章の「カーフ」、第五十六章の「出来事」、第百十二章の「唯一神」、第百十四章の「人々」の諸章であり、メジナへの移住後に残したものの中では、第二章の「牡牛」、第三章の「ムラーン」、第四章の「婦人」、第五章の「食卓」の諸章である。なかんずく、「開巻」の章は代表的であって最もよく読誦されている。

コーランの内容は、回教徒の義務、道徳的規範、回教法制、禁断、戒律等を含み、単に宗教的文献に終始するだけでなく、一般社会の規律の範疇でもある。

コーランに示されている回教々義の主体をなすものは二つあって、「信仰《イーマン》」と「勤行《アマル》」である。信仰は六信から成り、勤行は五行から成っている。六信とは「神」「天使」「経典」「予言者」「来世」「天命」に対する六つの信仰をいい、五行とは「告白」「礼拝」「断食」「喜捨」「巡礼」の五つの行事をいうのである。人によっては「神」と「天使」を一緒にして五信五行と唱える者もある。しかし普通は六信五行である。

この中で、キリスト教や仏教ユダヤ教と共通の事柄は偶像礼拝の厳禁、断食、慈善、喜捨等であって、キリスト教においては世の終りの時にはキリストが再来すると言う信仰があり、同時に復活の信仰があるが、マホメット教においても同様な事がある。即ち正導者《マハディ》の出現と称する信仰であって、救うべからざる悪条件に世の中が堕落し、行きづまった時に、マホメットの意を体した者が出現して、世の中を救うと言うことである。多少共通でない事柄は、神の送った天使を信ずる事、コーランを信ずる事、予言者を尊ぶ事、人間の持っている良心を発達させ鋭くさせる事、最後には天命に甘んじて来世を信ずる事などである。

以上要約した回教の根本的観念が、現在の世界の一切の諸相、日常社会生活、各個人の精神までアラーの神の支配下に在ると信ずる回教徒には、絶対不可欠の金科玉条なのである。

偶像排斥

六信の中の、第一の信仰は唯一神の教え、即ち神様は一人しか居ないと言う信仰である。マホメット教の神様もキリスト教の神様も、大体同じ宇宙を主宰する神様であるが、両方とも非常にやきもち焼きであって、マホメット教のアラーの神様は、他の神様を信じたり拝んだりすることを絶対に斥けるのである。勿論キリスト教の神様も同じであるが、マホメット教徒はそれを徹底的に守っている。それは偶像排斥と言う顕著なる形になって現れているのである。マホメット教の御寺には絵画も彫刻もなく飾りとなるべき何ものもない。御寺の柱にアラビア語でお経の文句を綺麗に書いて装飾的に掲げたものがあるが、マホメットの像などは勿論無い。キリスト教教会では十字架上のイエスを主とし、十二使徒の像とか、キリストを抱いたマリヤの像とか、或いはキリスト復活の時のお棺を掘って居る絵だとかが飾ってあるが、これ等は見方によっては偶像に近いものである。仏教も本来偶像排斥であるが、異教徒などが日本等の仏教のお寺を見てこれは偶像崇拝教だと誤解する者がある。日本人は決して「木」や「石」その物を拝んでいるのではない。西欧人のこんな観察は浅い見方であって、日本人は木や石を通じて本当の仏様を拝んで居るのである。表面に現れている形だけを見ればなる程偶像であるが、仏様を拝む日本人の心意を彼等は摑めぬのである。もし彼等が、なお仏教を偶像崇拝だと言うならば、キリスト教、特に旧教において、教徒の婦人が乳が出ない時には、マリヤの像の乳房に接吻すればよいとか、足が痛む時はキリストの像の足に接吻すれば痛みが止まるとかいう事は完全なる偶像崇拝であるはずである。

しかしマホメット教は極端な偶像排斥であって、マホメット自身の像すらどこへ行っても見当らないのである。又彫刻にも絵にもその姿がない。もしマホメットの像を画いたものがあるとすれば、それは後世教徒でない者が、好奇心に駆られて想像的に描いたものであると断言できるのである。後世のマホメット教徒はマホメットの姿を知らないし、教徒は又想像によって教祖の像を描いてはいけない事になっている。ガブリエルという天使がマホメットを伴れて、メッカからエルサレムまで空中飛行を行っている写絵を時々発見するが、これ等は教徒でない者が、芸術的興味から筆を執っていることが明らかである。マホメット教は或る意味においては音楽すら禁じている場合があった。従ってイスラムには回教音楽はない。アラビア民族の文化の中には音楽があり、その外、回教民族にはイラン人の如き音楽芸術の天分豊かなものもあるので、普通一般には回教音楽と称されているが、それは仏教音楽とか、キリスト教音楽とか称する意味のものではない。強いて言えば、回教は本来或る程度まで芸術には反対の宗教といえないことはないのである。キリスト教で言えば、教会に音楽を入れない「クエイカー」（友会）、いわゆる「フレンド」教徒と同様である。故に民族としては芸術心があり、芸術を持っているが、マホメット教としての現れ方においては芸術がないのである。しかし学問は非常に発達していて、むしろ回教は芸能を抑えて学問を奨励したのである。

偶像排斥についてはまことに面白い話があるので次に一例として挙げて置く。

筆者の知人である日本人回教信者の中に十数人の青年教徒があり、そのうちの或る青年がメッカへお詣りをしたのである。熱いインド洋や紅海を渡って、難行苦行をして回教の聖地であるメッカへ巡礼をしたのであるが、後述の如く、この巡礼は回教信者の生涯の渇仰であって、信仰の極致なのである。その巡礼の旅に出た青年達は、日本語のコーランを携行して行った。日本語のコーランには三種類ほどあって、一つは日本流のマホメット教を創始した有賀文八郎と言う八十近い老人の翻訳した『聖香蘭経』と称するもので、他にも二つぐらいはある。青年達の携行した翻訳書が『聖香蘭経』であったかどうかは判然しないが、とにかく翻訳のコーランを持って行った。一体コーランはアラビア語のものだけが本物とされていて、他の言語に訳すことは最近まで公には認められていなかったが、アラビア語が読めぬ地方においては各々の民族語に訳されている。彼等は、やがて紅海の中間にあるジッダの港に上陸した。聖地メッカは従来回教徒に非ざれば絶対に入れない処で、マホメット以来の最大のアラビア人と言われるサウディ・アラビア国王アブドル・イブン・サウドが君臨している。勿論メッカはアラビアの都であるが、各国の大公使も回教信者でない者はメッカに入れず、皆ジッダに駐剳《ちゅうさつ》しているのである。青年達は上陸後、熱い所を歩いてめざすメッカへ向った。その途中、自動車の中で、アラビア人の回教徒と伴れになり、一緒に巡礼することになった。その時青年達は日本語のコーランを出して読んでいると、隣りに坐っていたアラビア人が、その本は何だ、と質問した。日本語のコーランだ、と答えると彼は不思議な顔をして、一寸見せてくれ、と言うので、その翻訳書を渡してやったのであるが、その書の頁を開くと第一頁にマホメットの像が載っていたのである。この人は誰だ、とアラビア人は青年達に訊ねたそうであるが、青年達は何気なく、教祖マホメットの像だ、と答えた。しばらくじっとその肖像を見守っていたアラビア人は、その言葉を聞くと、非常に驚いて、お前達は本当にイスラム教を信じているのか、信じているのなれば、どうしてこんなものを持って居るのか、と厳しく難詰し、即座にその日本語のコーランを、汚れたものでも捨てるように地面へ投げつけたのである。それはマホメット自身すら厳禁しているのである。それにも拘らず、知らなかったとは言いながら、教徒たるものが、その禁を犯している書籍を堂々と携行してメッカへ巡礼に出掛けたことは、アラビア人にしてみれば、自分達の信奉する神聖な宗教を冒瀆されたとでも思ったに違いない。

それ以来向こうに出掛ける教徒は、マホメットの像は必ず取り去っていくことになったということである。

経典の純粋性

第三の信仰、即ち経典《キターブ》の信仰は全部で百四巻に上る経典の信仰で、モーゼへ与えられた五書、ダビテ《（ママ）》への詩篇、キリストへの聖書、マホメットへのコーラン等は経典の中でも最も神聖な経典とされている。従って、回教徒、ユダヤ教徒、キリスト教徒は「経典の民」と称せられている。ところがコーランの中には不思議にも、マホメット自身の伝記は一つも書いてない。キリスト教の新約聖書の四福音書に当るものは、アラビア語でハディース（Hadhith）（聖伝）と言うものであるが、これはコーランと対立しマホメットの弟子がマホメットの言行録を書いたものである。マホメット教ではハディースはコーランに次ぐ貴重な文献であるが、しかしこれは飽くまで第二次的なものである。

教養の低い無学とも言うべきマホメットが、あれだけ難しく、又素晴しい言葉を喋ったと言うことは一つの驚異である。且つ回教徒が自慢の種にしているのは、世界の宗教の中で、神様の言葉がそのまま現存しているのは、コーランだけではないかと言うことである。しかしコーランはアラビア語で書いてあるから、もしそれが神様の言葉であると断定すれば、神様はアラビア語を使用したことになる訳である。だが神様はアラビア人ではない。そこに疑問が残るが、これを聴いた人間は、アラビア人のマホメットである。それが例えば仏教の釈尊、キリスト教のキリストにしても、教祖の言葉が、言葉通りに現在まで伝わっているのは一つもない。コーランはマホメットが神様の啓示を享けて、その言葉通り書いてある処に著しい特徴があるのであって、コーランがマホメットの口から出たことは疑いのない事実である。しかもアラビアでは千二百年間、言語の変遷発達はあったが、当時の言語が現代においても大体そのまま通じ、今日のアラビアで普通の教養を身につけた者はほとんど昔の文章を現代の文章と同程度に理解出来るのである。我々が日本の千年前の言語で綴った源氏物語を読んでもなかなか理解出来ないことからみれば甚しい相違である。

　キリストの教訓は色々残っているが、キリストの口から出た通りの言葉で書いたものは今日では皆無と言っていい。キリストはユダヤ語の方言を喋ったと推察される。ユダヤのナザレの方言である。今日、当時のキリストが使用したユダヤ語で書いた新約聖書は一つもないのである。マタイ伝と称する四福音書の首篇はユダヤ語が原文だろうと言われているが、今日読まれている聖書はずっと後代に作られたもので、残っているのはギリシア語で書いたものだけである。それが段々各国語に翻訳されたのである。キリストの言葉でないことは、その一事でも判るわけで、キリストが十字架にかけられた時に、「エリ、エリ、ラマ、サバクタニ」（我が神、我が神、何ぞ我を捨てたまうや）とユダヤ語で叫んだが、これも果してこの通りに云ったかどうか疑問である。キリストがナザレの方言を喋ったことは、後年キリストが捕えられて、役人に訊問された時、ナザレの方言を使用したと書いてあるから間違いはあるまい。神様にも訛りがあることは面白い事実である。キリストにも郷里があったのである。仏教でも釈尊はパーリー語を喋り、今日パーリー語の御経が釈尊の口から出た通りの言葉として残っているが疑問の箇所が多い。日本では御経は漢文で書いたものだけしか知られていないが、漢文の御経にはサンスクリットの読み違いで、とんでもない誤訳が沢山あった。昔とは全然異った神様が現代伝わっているのである。日本では観音様を女性の神様と思っている人が多いが、観音様は男性であり、毘舎門様も誤訳から生まれた神様である。これに類したことは勿論キリスト教にも相当ある。例えば現在入信式に行う洗礼なども聖書の解釈を間違ったために、現在、入信式即ち洗礼と言ったような概念をもってしまった。キリスト自身の洗礼は、バイブルに書いてある通り、ヨルダン川に入って身体を浄めたのであるが、現在においては神学校を卒業した牧師でなければ洗礼を与えられないとか、按手礼を与えられないとかいうようになってしまった。キリストが知ったら随分驚くに違いない。純粋の洗礼とは、神様の力と栄とを感じた人間が自分の身体や精神の汚れを浄めるために、取りあえず附近にある河川へ飛びこんだことを言うのであって、入信式における行事ではなかったのである。これがギリシアの秘密結社の入社式の思想の影響を受けて、洗礼式といったような儀式になったのである。故に洗礼はその根本的理念においては日本の禊と同じようなところもある。

マホメット教に入信する場合は、三つの事、即ちアラーの神は偉大なり、アラーの外に神はない、マホメットはアラーの予言者《（ママ）》である、この三つを信じこれを宣明すれば良いのであって、マホメットを信ずるのではない。換言すれば、マホメットに依って伝えられたアラーの神を信ずるのである。本場である西南アジアで回教徒になる者も、外国でなる者も、アラビア語でこの三つを唱えればよいのである。外に行事としては割礼を行うだけである。

かくの如く、他宗教にあっては、宗教の根本的な教義を説く経典が時代と共に変遷したため、勤行や戒律の解釈が多岐に亙り宗門教派の別れとなり、複雑なるものになった。イスラム教は根本の教義を説くコーランが、むかしのまま現代まで厳存したために割合に誤ったことが少なく、回教徒がコーランの偉大な精神を遵奉すると同時に、コーランの純粋性を信じ、優越性を誇りとしていることは当然であるかも知れない。

正導者《マハディ》の再来

第四の「予言者《ナビー》」の信仰と、第五の「来世《アビラット》」の信仰は、第一、第三の信仰と共に回教の基礎的信念であって、マホメットを予言者と信じ、死者は霊体として来世の復活の日を待ち、アラーの神から正しい最後の審判を受けて、善人は浄土《ジアンナ》へ、悪人は地獄《ジアハンナム》へ堕されるのである。しかし、マホメットは来世と現世とを截然と区別している訳ではなく、来世は現世の継続であるから、来世においても現世同様精進と修業を行うべきであり、現世の悪業も、来世の功徳によって消滅し、地獄の苛責も決して永久的のものではないと説いている。

なおこの外に基礎的信念となるものに、マホメットの再来がある。マホメットの再来は、キリストの再来と同じように信じられ、白馬に跨って天上から降臨すると伝えられている予言者のことで、時々教徒の中に傑出した人物が現れると、マホメットの再来だと称したことが過去に度々あり、その度に信者が出来たりしたものである。キリスト教でもキリストの再来があったと考えられることが歴史的に二、三回はあった。現代においてはムッソリーニがこの回教信仰を利用したことがある。現在激戦地となっている北アフリカのリビアにおいて、かつてエチオピア討伐を行ったとき、ムッソリーニが白馬に跨って回教徒の民衆に、お前達はマホメットの再来を信じているであろう。それは必ず再来するが、再来するまでは不肖ムッソリーニが代りを勤めてやる、と啖呵を切ったので、アラビア人や、リビアに在住するベドウィン人は、ムッソリーニを回教徒と信じ、彼の手腕識見を信用したのである。前大戦にはカイゼル・ウィルヘルム二世が回教徒の服装をして、ハッジ・ウィルヘルムと称し、同盟国たるトルコ、アラビアの人民に同宗教の皇帝であると思わせたのである。

今次大戦において、回教徒の帰趨は枢軸国にとっても、聯合国にとっても重大な役割を演ずること必然であるために、英国、イタリア両国は鎬《しのぎ》を削って回教徒の人心を捉えることに狂奔し、熾んな宣伝を行っているが、現在のところでは枢軸国側に軍配が挙っているように観察される。

今日のドイツは回教の学問については著しく発達しているが、実際には回教徒が在住していない。しかしアラビア語の放送には絶大なる努力を傾けている。

ここに一つ驚異的な事実として特記すべきことがある。大東亜戦争において我が皇軍の陸海の荒鷲がセレベスのメナドやスマトラのパレンバンに、果敢なる落下傘降下を企てたとき、白薔薇の咲いたように空中から降りて来る我が将兵を、現住民の回教徒は文字通り白馬に跨って天上から降臨する予言者と信じ、旧い桎梏の下に搾取せられて来た住民達は新世界の救世主として皇軍の作戦行動に協力し、皇軍の勇士を神様の如く崇拝、敬仰したのである。

世界教と禁酒

回教とキリスト教とを比較してみると、その教義においては共通の点を見出すことが多いが、現れた事象においては対蹠的なものが少なくないのである。

マホメット教は世界教であって、アラビア人の宗教ではない。コーランを読んでもアラビア人の宗教であるとは書いていない。もっとも末梢的な戒律には当時のアラビア人の生活に即したものがないでもないが、宗教の信仰に就いては、アラビア人の宗教と限られてはいないのである。

キリスト教も世界教であるが、ユダヤ民族によって選民の国と言うものを作り、神に叶った国にしようという一つの国民運動的な要素が多分にある。現在の西欧的キリスト教はヘブライ思想がアリアン系の民族に入って、ヘレニズムと融化し、渾然たる思想文化の華を咲かせたのである。イスラム教にはそうしたヘレニズム的要素が少なく、セム思想の平等観社会観を基調としている。僧侶も寺院もないことになっている。キリスト教も元来、僧侶、寺院、宗派を認めていないのであって、聖書には坊主を予想していない。勿論ローマ法王のあることも、教会堂のあることも書いていない。教会（チャーチ、キルヒェ、エグリーズ）の語源ギリシア語エクレジヤも、集会とかミーティングとかいうことで、教会堂や寺院の意味ではない。

キリストが、ペテロを基礎にして我が教会を作れと言ったと伝えられているが、この説はまちまちであって、ペテロはピエル、ペトラス――で巌ということであるから、英語のロックである。ペトロの名前と巌とが同じ発音なので、キリストが洒落を言ったのである。お前のペトロを大きくして――と言うことはお前を土台にして、我が宗教の集まりを大きくし、その上にキリストの殿堂を作れと言ったのである。故にここでは殿堂とは建物を指すのではなく、精神的の意味の殿堂であろう。そのキリストの洒落が、到頭セントピーター寺院の如き大本山となり、ローマ法王のヴァチカン王宮の如きものになったのである。

先年内村鑑三先生が、無教会主義と称するキリスト教の一宗派一教会を作ったこともあったが、元来キリスト教の精神には教会は無く、無教会主義が本当のキリスト教でなければならないのである。従って、僧侶も存在せず、聖書の中には僧侶を攻撃している箇所すら散見される。キリストはパリサイ人、サドカイ人の偽善者の集団に飛び込んで行って、会衆を蹴散らされた位であって、それほど僧侶を嫌っていたのである。

回教になると徹底的に僧侶の存在を認めず、唯、客観的に見れば、僧侶と間違うような事務家が居り、「イマム」（以瑪）（導師）とか、「アホン」（阿衡）とか、「ホッジア」とか、「ムェッジン」とかがその類である。後代になってその僧侶に類した事務家が、政治の実権を握り、回教の本質上宗教と政治との一致からこれを悪用し、いわゆる祭政一致政策を生み、近代国家としての回教国が衰えた重大原因をなしてしまったのである。

僧侶の居ない証拠には、回教には礼拝する場所、つまり厳密なる意味のお寺がない。神を拝する場所をアラビア語では「マスジット」、欧洲語では「モスク」又は「モスケ」と呼び、一種の寺院であるが、回教は寺院がなくともどこででも神を拝せるのである。祈禱の時間が来たら、畑に働いている者は畑で、海で漁撈に従事している者は船上で、お禱りを捧げることになっている。西南アジア、アラビア、支那、南方諸地域などにおいて、実際そうしたお禱りの姿に接することが度々あるのである。ただ自分の職場に近接してお寺（回教徒の集会所の如きもの）がある場合などは、そこに集合してお禱りすることもある。勿論その時は僧侶は居らず、集合する人々の中での長老が司会者となり、一種の僧職の如き役目を果し、行事を統べるのであって、丁度隣組の組長のようなものである。但し社会生活が規律で固まり、文化的に向上して来ると、いつの間にか僧侶のような名称をつけたがるのが人間の通弊で、前に述べた如き事務家的僧侶が出現したのであるが、現今においてもその精神だけは貫いている。故にお寺には僧侶が絶対に必要なわけではないのである。

又、回教には、仏教キリスト教と共に禁酒の戒律がある。仏教においては飲酒戒《おんじゅかい》と称して飲酒を戒めているが、日本の僧侶の中には、般若湯などと称して公然この掟を破っている者も居るし、キリスト教においては、禁酒をしないのみならず、酒を醸造している寺がある程、公々然と飲酒している宗派もある。聖書には酒を飲んで乱れてはいけないと戒めてあるが、酒を飲んではいけないとは書いていない。酒を醸造する宗派は新教ではなく、旧教の僧団であって、例えばジェスイットと呼ばれるものなどである。日本の上智大学はその僧団、いわゆる「オーダー」に属するのである。又、ベネジクチンと呼ばれる酒はフランスにある旧教宗派の名称で、その僧園で醸造し、シャルトルーズと言う酒も、同じく同名の僧園で造っている。これ等の酒は僧侶自身の自家飲料に用いられる外、高価で販売されている。相当上等の酒で、多くは薬にもなる位である。

余談であるがローマ法王庁の使節は外交団では最上席に着席することになっている。如何なる国家でも外交使節の集いにおいては、ローマ法王の使節が首席を占め、他の大公使との着任の前後を問わずこの外交慣例は守られている。中でもアーチビショップとかパトリヤークなどと呼称される位をもった人は、旧教国では外交の慣例上、皇族宮様と同等の待遇を受けて皇族の列に加わる。筆者が、ポルトガルの公使として赴任した時、ローマ法王使節が、先ず外交団の団長として紹介役を引き受け、宴会に招んでくれた。僧侶が主人になって各国の大公使を招き立派な御馳走をしてくれたのである。ところがその時素晴しく良い酒が出た。西洋で最も良い酒、最も良い料理を出すのはローマ法王の使節の招宴であるとは、世界的に知られていることである。良い酒が飲みたければ、ローマ法王の使節の邸へ行けばいい訳である。これはキリスト教が酒を禁じていない好箇の一例である。

アメリカでは新教と社会運動とが合流して禁酒運動が熾んになり、一度禁酒国となったが、禁酒国となった直後は人間の妙な心理から、それまで飲酒していなかった連中までこっそり飲み出したり、偽造、密造の悪酒を飲むためにアメリカ人自身の体位が悪化の一路を辿り、又反面においては禁酒による直接間接の犯罪が増加して、結局禁酒が解かれてしまった。我々がキリスト教は禁酒教だと錯覚しているのは、アメリカの新教の宗教運動が、或る年代に偶然日本に弘まった結果である。

かくの如く他宗教にあっては一応禁酒の戒律を設けてあるものでも、公然と飲酒を行っているが、回教においては、禁酒は絶対の戒律であり、教徒はよくこの戒律を遵奉しているのである。勿論コーランには絶対に戒めてある。しかし回教徒中に多少の禁を犯している者がいないとは断言できないが、最大限全回教徒の一割ないし一割五分程度であろうと推測されるのである。

回教の礼拝

前に簡単に述べた五つの勤行の第一は告白で、第二の祈禱礼拝は全世界如何なる処においても、一日五回、即ち朝、昼、午後、夕景、就寝時に一分内外必ず行われ、回教の勤行中最も厳重なものとなっている。

回教勃興当初においては一日四回だったのではないかと思われる節もあるが、現代においては五回と決まっている。

筆者が西南アジアに居った頃、用があって召使をベルで呼ぶと、長い時間経っても現れて来ないことが度々あった。実に怪しからぬと思って、厨房などに見に行ってみると、きちんと小さなカーペットの上に端坐して、メッカの方向へお辞儀をしているのである。その時は邪魔をしてはいけないと知った。

先日筆者は、海軍兵学校の生徒の生活を撮った文化映画を見たが、その中に　明治天皇から賜った御勅諭に対し奉り、全生徒職員が一定の時間に講堂へ集って二、三分の間眼をつむり反省をしている場面があった。今日我々は、果して御勅諭の精神に副い奉った言動をなしたか、換言すれば忠節を重んじたか、質素を旨としたかという風に一日の反省をしているのだ。要はこの兵学校の毎日の日課と同じ事を、宗教的立場において回教徒は正確厳粛に行っているのである。

支那や南方へ征った日本の将兵が回教徒の勤行を知らなかったために、随分面倒な事柄が発生した実例があり、軍の幹部が急いで注意書を配ったことなどがあった。回教徒が祈禱礼拝している時は、彼等の安らかな心を乱さないように注意し、言う事をきかないからと言って、暴行などを加えることが今後もしあるとすれば、南方共栄圏だけでもインドネシア民族七千万の回教徒を指導する上に、甚しい障害を及ぼすことは瞭原の火の如く明らかである。

回教の礼拝所はアラビア建築が主であって、ドームがあり、ドームの横の細い高い建物、即ちミナレ（マナラ、欧語ではミナレット、光塔、尖塔）が蒼穹にそそり立っていて、偉観を呈している。礼拝はそのミナレの前方に長老たる役僧が先ず上り、アザーンと称する御文を唱えることによって初められる。アザーンとは、神は偉大なり、近き者は寺へ集り、遠き者は各自の職場において神を拝み祈り懺悔をせよという意味であって、非常に美しいアラビア語を、良い声で唱えるのである。筆者が、トルコで夕方散歩していると、夕映えの美しい景観の中へ、金鈴のような声が流れて来た。初めは歌かと錯覚したが、歌にしては厳粛すぎるので、アザーンの宣礼であると知った訳であるが、今思い出しても、宗教的清純な空気とは、こんなにも一切を美化するものかと、疑いたくなるくらいである。

又、世界中の回教礼拝所はメッカの方向が床の間になっていて、キブラと称している。日本では東京の代々木に回教礼拝所があるが、建物自体が正面を切って、メッカの方向に当るように建てられてあるから、真直ぐの向きに礼拝をすればよいのである。ジャワ、スマトラなどでは、インド式建築を利用した関係で、キブラは真西を向いているので純正のメッカとは少し違う。礼拝所に行かないものは、屋内でも屋外でも随所に跪坐するのである。ところが旧蘭印において作戦終了後、日本のある部隊が西を向いて拝んで居る回教徒に、無理に日本の方角即ち東を向かせて拝ませたために、そこに在住するインドネシア民族の回教徒をひどく怒らせた事件があった。これも司令部から原住民の宗教を尊重するようにと注意が出て納まったと聞くが、今後の南方工作上の一つの暗示であると思われるのである。

ラマダンの断食

回教暦の第九月はラマダン（ラマザン）と呼び、マホメットが神の啓示を享けて悟りを開いた神聖な月であって、それを記念するために一ヶ月の断食の行事が行われる。

断食は国によって徹底的に行う処と、案外寛大な処とがある。例えば今日のトルコは、ケマル・パシャ——後のケマル・アタチュルク大統領の政策として教祖《カリフ》（回教の法王）を廃し、宗政分離を試み、近代国家建設を志して、いわゆるアナトリア革命を完遂したために、昔の如く断食を行う者が少なくなって来た。インドネシア旧蘭印辺りでも、青年殊にオランダの学校に入った者の中には、時には戒律を破って豚も食い、酒も飲み、断食などをやらぬ者がある。しかしエジプト、イラン、アラビア、殊にアフガニスタン辺りでは現在でも徹底的に断食が行われている。

回教暦は大陰暦であり、九ヶ月目は新月が上空に出た日に始まるので、始終断食の季節が変化し、或る時は夏の真中であり、或る時は冬の厳寒中であったりする。断食の一ヶ月間は太陽の照っている間は絶対に食物を執らないことになっていて、日没後に初めて軽い食物を食べる。これはアラビアの沙漠から出た習慣である。一年に一ヶ月間腹を干す事は、熱帯ないし亜熱帯のあの地方においては衛生的には良いのかも知れない。しかし働き盛りの男などは、昼間腹が減って眼を廻すことも度々あるが、それでも我慢をしてお勤めを果すのである。エジプトの如きは総理大臣はじめ酒は飲まぬし、断食も励行している。断食の月には、西南アジアでは日出と日没を知らせる合図に、大砲で空砲をうつ。旧蘭印では太鼓をたたく。

断食の実験者に体の調子を聞いてみると、医学的、科学的に人体に与える影響は決して悪いものでなく、かえって気候風土の条件の整っている処では、好影響を与えると思惟される資料が提供されたのである。

キリスト教においても、「レント」と称して断食の行があり、仏教においても「お精進」などは一種の断食の行であるが、回教におけるラマダンの断食と比べると、その厳格さにおいて、問題にならない。

豚と回教

回教の戒律は、他の高等な宗教とほとんど大差はない。回教の罪悪は大小に分類されるが、大罪としては、アラーに対する不信、神恩の忘却、殺生、邪淫、窃盗、飲酒、偽証、偽誓、不孝、貪婪、魔法、変態的行為等が挙げられる。食物に関しては、ハラール、即ち如法と、ハラーム、即ち不如法（大禁）とが定められているが、鳥獣を屠殺する場合においても、一定の法式があり、これを破ったものはハラームなりとされて食用に供せられない。また豚肉は不浄なものとして食わないことになっている。このことはユダヤ教徒にも共通の禁断であり、セミチック民族が一般に、豚を汚れたるものと定めている伝統の為である。

回教徒は非回民たる支那人の経営する宿屋や料理屋へは絶対に出入しない。支那料理は豚が無ければ料理の献立が成りたたないからである。しかし反対に漢人は回民の宿屋などには悦んで泊るのである。それは食物や設備が清潔で回教徒の料理が美味であるからである。従って支那では、回教徒にだけ特別の料理を出す宿屋や料理屋があって、看板には回々とか清真とか一目して判るように書いある。牛は全然食わぬと言うほどではなく、羊が常食とされているが、しかし回教徒自身が正規の呪文を唱え、お祈りしながら屠殺したものでなければ食卓へのせない。

インドで回教徒と対立しているインド教徒は、牛は神聖なものとしてこれを食べずに、神聖ならざる豚を食し、回教徒は豚を卑穢なものとしてこれを食べずに牛を食す、好箇の対照である。

支那事変の始め、皇軍が北支に駐屯していたとき、民心収攬と、蔣介石包囲——というのは、丁度回教徒が蔣介石の背後に居たため、表面を皇軍の精鋭が抑え、裏面では回教徒をもって内部の攪乱を計るという二面作戦——とを皇軍の若い将校が計画し、回教徒懐柔策を樹てた。

支那においては、回教徒は西へ行くほど多く新疆省辺りは九割七、八分まで回教徒である。計画を実行するに当り、先ず回教徒を大事にしようということになって、回教徒の青年を一夕の御馳走することになった。ところが、その御馳走の初めに出したのが、ハムサラダであって、皇軍の将校は勿論悪気でやった訳ではないが、回教徒の青年は非常に驚き、且つ憤慨した。善意をもって御馳走したが、悪意を与えてしまったのである。ただ、回教徒の習俗を知らなかったばかりに、かかる齟齬が発生したのである。

この話などは一種の笑話として笑ってしまうには、まことに残念なことであるし、一寸した注意、一寸した研究によって、非常に有効なことが出来るのである。仮借なく批判すれば、日本人が他民族を統御してゆく素質を再教育せねばならないとも考えられ、小さな過誤が、案外、想像外の大きな結果を招来していることに気づかねばならぬし、等閑に附して良いことと、等閑に附してはいかぬことを、判《は》っきり見定める教養を絶対に涵養せねばならぬと思う。

高利貸根性と回教

喜捨、慈善はユダヤ民族などと同じく、セミチックの民族には共通のものであって、総て自分の収入或いは財産の十分の一を神様へ捧げなければならぬ事をいうのである。アラビア語の財政の言葉にヴァクフ Vakf という字があるが、これはかかる国々において神聖なる財産、即ち浄財を管理する官庁の意味で、これには大臣職もある。ヴァクフ大臣はエジプト、アラビアには勿論あり、回教徒は戦時における重税率に相当する収入の一割の喜捨金を、平生から普通の税の外に納めているのである。

ユダヤ民族はモーゼの律法にもある如く、金が利息を生むことを神様の意志に反する行為であると信じていたから、戒律として、貸金に利息を取ってはならぬことになっていた。丁度資本主義の反対のような結果になるので、ソ聯では、その領内のタタール人の回教徒を懐柔する意味から、レーニンとマホメットは兄弟分であるなどと宣伝をしたこともあった。しかし実際はそんな意味ではない。昔ユダヤ社会においては、高利貸が非常に社会へ害毒を流したために、その反動としてモーゼ以来のユダヤ民族の一つの律法箇条となったのである。その証拠には今日ユダヤ人はシャイロックで有名な通り、世界中の高利貸を一手に引き受けている。ユダヤ人は本質的に財政経済の天才で、金に子を生ませることの名人である。モーゼは、この弊風を除去するためには、宗教による外はないと考え、かかる鉄則を設けたものである。例えていえば、仁義礼智は孔孟の大道である。当時支那人には仁義礼智を守らない悪風が社会に蔓延していたのを一掃するために、孔子がその教えを説いたのである。言い換えると仁義礼智のない国だから、仁義礼智が説かれるのだ。日本には元来仁義礼智という言葉はない。仁義礼智は本然的に人々の心の中にしっかり備わっていたのである。仁忠孝も支那の言葉である。日本では、ただ、「まこと」と言う総括的な言葉が一切を代表していたのである。

ユダヤ民族が高利貸的な根性を持っていたために、この様な律法が生まれたものであると解釈し得るのである。同じセミチック人種であるアラビア民族にもユダヤ民族と共通の血が流れていたとみえて、ユダヤの古い戒律が自然にアラビア人にも溶け込んで、利息を取らないようになったのである。故にアラビア系の国にはむかしは銀行がなく、銀行はみな外国人が経営し、利益を吸収していたのである。これがアラビア民族を初め、回教民族の衰亡の一原因となったのである。

他人に金を貸して利息を取ることを不正である、と考えた根本的理念は悪いことではない。金を持ち、寝て居て金を殖やし、遊んで暮らすことは、神様の教えに背くという考えは立派ではあったが、それは余りにも理念に溺れ、複雑な人間社会の心理と法則を無視したものであるといわねばならない。近代になるとこの戒律は擬装貸借などで破られて来た。

かかる現実に醒めた国では、回教勢力の政治への影響性を抑制し、国家の財政を維持しようと努力した。エジプトでは、ミッスル（エジプトの国名、ペルシアのイランに当る）と呼ぶ大銀行も生まれ、そこでは船も持てば、紡績もやる、重工業工場も経営し、映画会社までやっている。その財閥は銀行を基礎として発展したのである。

メッカ巡礼と回教の聯盟総会

回教徒は回教暦の十一ヶ月目に、毎年世界の如何なる所からでも、回教の最大の聖地メッカへ参詣のための巡礼を行うことが信徒究極の功徳と信じている。メッカのカバーの神殿には、御神体と思われる石があるが、彼等はその石にお辞儀をする訳ではない。その石は古来アラビア民族に対する一つの標示であって、石を廻って神を讃美し、懺悔をしたりお祈りをしたりするのである。

メッカは沙漠の中央に位置し、辿りつくのには相当の困難を忍ばねばならぬが、その苦行こそ、巡礼の行における精華であり最後のお勤めであると彼等は信じている。もし巡礼の途中で死んだとしても、その信徒はたちどころに天国へ行かれるものとされている。

信徒がメッカへの巡礼を了えると、ハッジ Hadji という称号を授けられ、メッカへ参詣をした証明となるのである。例えばアフマドと言う名前の人間であれば、ハッジ・アフマドになるのである。全世界の回教徒は誰でも、メッカにお詣りをすれば、この名称を与えられ、仲間から非常な尊敬と信用を獲得する。旧蘭印でも、イランでも、アフガニスタンでも、アラビアでも、ハッジ何某と言えば、商売人は商売人として非常な信用を博している。

筆者が、イランに在勤している時、色々の商売人と接触したが、その中でハッジの称号を持っている者達は、確かに嘘がなく信用があり、安心して取引をすることが出来た。大体あの辺の商売人は世界中を相手に飛び廻っている連中が多く、相当腕の凄いのがいるから、一寸も油断が出来ないが、ハッジ何某であれば初対面であっても先ず信用してかかれるのである。

かかる誠実な人間は、勿論メッカへ巡礼する以前から性格的に誠実であったかも知れないが、ハッジがつくと、ハッジの称号の手前に対しても破廉恥な行為が出来なくなるらしく、そこに宗教の信念の与える力を示唆するものがある。

毎年の巡礼月には全世界各国から三、四十万人の回教徒がメッカに蝟集するが、今次の世界戦争が勃発してからは、漸減の傾向を示している。我が南方共栄圏内のインドネシア民族の中でも、多い時には年五万人の回教徒が遥々メッカを訪ねた記録がある。一般には旧蘭印の回教徒は割合回教に熱心でないと伝えられるが、巡礼の人数を検討してみると正反対である。旧蘭印からはインド洋、紅海と二つの海を渡らねばならず、地理的にも経済的にも非常な不便があるにも拘らず、これだけ熱心な参詣者があるのは、彼等の宗教心の強さを物語るものであろう。

メッカにおける毎年一回の巡礼は、或る意味から考えれば、世界の回教徒の聯盟総会の如き偉観である。アラビア諸国を初めエジプト、トルコ、イラン、イラク、ソヴィエット聯邦中のタタール族、アフガニスタン、インド、マライ、仏印、旧蘭印諸島、支那、満洲、蒙古など、独立国もあれば、半独立国もあり、植民地となっている国もあるが、それらの国の種々雑多な民族が集合して、政治、経済、軍事などの話を交わすのである。一種の回教聯盟総会である。この総会で、自分達の知らなかった世界の情勢を知ったり、急進過激の思想を受けたりして帰国するために、マライ辺りでは遂に英国の植民政策に反対する者も現れ、次第にその勢力は地下に潜って、潜勢力を拡大してゆく始末であった。旧蘭印でもそうしたことがあり、今次大戦では、英国及びオランダはあらゆる手段を尽して、回教徒のメッカ巡礼を防遏《ぼうあつ》せんと狂奔していたのである。一例を挙げれば、自国所有の船舶の船賃を一斉に高め、ジャワからサウディ・アラビアのジッダ港まで三等船賃四、五百円もとるといったような非常識まで敢行して、回教徒に経済的圧迫を試みたのである。しかし回教徒にとって、如何なる苦しみを克服しても、メッカ巡礼は終生の念願であり、毎日夢みている最大の理想であるために、貧苦と闘いながらも微細の金銭を貯えて、いつの日にか念願を果しに行くのである。

回教宗派の矛盾

回教には宗派がないことになっているが、マホメット自身、自分の生きている間に必ず七十三派の宗派が出来るであろうと予言した。しかし前述の如く回教の宗派は仏教やキリスト教とは自ら性質を異にし、厳密な意味から考えれば果して異った宗派といえるかどうか甚だ疑問である。仏教では、八万三千の宗門ことごとくが、宗派になって居り、浄土宗、真宗、日蓮宗、禅宗等々枚挙に遑《いとま》なく、しかして各派の教義経文は少しずつ異なり、又その本山なるものも各地に存在し、仏教全般の連繋がなく各々が独立している。キリスト教は大別して旧教と新教とに分かれ、旧教はギリシア教とローマ・カトリックとに区別され、新教は二、三千の宗派に再分されている。勿論、教義、戒律、勤行は異なり、カトリック教の本山はローマ法王庁ヴァチカンであり、ギリシア教の本山は、第一次世界大戦前はコンスタンチノープル（インスタンブール）のパトリアーク（教王）であり、ロシア帝国の皇帝も一種の法王のようなものであり、この二つが本山といえばいえる程度で、定まったものはなかった。かくの如く、同じ神様を信じながら、新教には本山として共通のものが無い。

回教は大別して、一つはスンニー派 Sunni（遜尼派）、一つはシーア派 Shea（十草派又は石荷派）となるが、スンニー派は謂わば正統派で、全世界の大多数の教徒がこの派の傘下に属し、シーア派は分離派であって、イラン及びその系統に属している。現在全回教徒三億二、三千ないし七、八千万の中、九割一分がスンニー派、八分がシーア派、残りの一分が他の宗派である。

スンニー派の民族は、トルコ、アフガニスタン、アラビアの大部、インド北部、南洋及び満支の回教徒であって、教義上の原則や解釈の点で宗派を再別すると、ハナフィーヤ（洽乃飛派）、シャフィーヤ（沙斐爾派）、マラキーヤ（馬里克派）、ハンバリヤ（罕百里派）の四派になる。支那ではハナフィーヤ派が大多数を占めている。

宗派がないことが、回教の一つの特色であるにも拘らず、何故現在の如く各派に分かれてしまったかといえば、マホメット歿後の教主《カリフ》の争奪が原因である。マホメットから出た教主が、オーマル、アブ・バクル、オマスン、アリーの四代に伝わり、モアヴィエ家に正統が相続されるものと信じていたが、第四代のアリー（マホメットの従弟で女婿）の二子ハッサンとホッセンとに教主権が伝わったので、ここにモアヴィエ家の一派と、ハッサン、ホッセンの一派とが出来、前者がスンニー派、後者がシーア派として残るようになったのである。当時両派は相抗争して血を流し、ためにイラン人は西トルコと争い、更にアフガンと戦った位であって、両派の分裂は実に教主の正位相続権に関する信仰の相違から生じたものである。

斯様に回教も七十三派の宗派に分かれているが、しかし信仰箇条や戒律はほとんど大差なく、教徒の民族性に基づく多少の相違はあるにしても、彼等が訪れる総本山は聖地メッカ以外になく、最高経典はコーラン、ハディス以外にはないのである。

アラビア語とタガロク語

マホメットの二十五年間の奮闘により、回教の勢力は全アラビアを風靡し、西南はパレスチチを境とし、東南はペルシア湾に至る半月形の沃土は、ことごとくアラー神の名を讃える回教の国となった。日本においてはアラビア人は沙漠に天幕を張って生活している野蛮人の如き人種であると考えている人々が多い。今でこそ大部分は衰亡した老国であるが、そのかみの文明の全盛期には驚くべき高い文化を持っていたのである。文字、言語は一国或いは一民族の文化の尺度であるといわれているが、アラビアにおいては千三百年前に使われた言語が今日もそのまま伝わっている程、過去の文化には研究に値する大きなものがあるのである。

漢民族が偉大な民族だといわれているのは、違った構成の文字言語を、何十万と使い分けていて、そのひとつびとつに思想の息吹きが現れていることが一大要因である。もし日本民族が漢字を全廃する時代が来ても、日本の学者は永久に漢字の勉強をするであろうと信じられる。丁度それは、大英帝国が崩潰しても、シェックスピアの芝居は永遠に生命を保つであろうと想像されることと同じである。支那文学でも漢字ならでは現し得ない微妙な特質をもっている。例えば青天白日の四文字に含まれている意味は日本語でも言い切れない含蓄をもっている。青い天、白い太陽と解釈しても青天白日の意味には通用しないのである。それと同じようなことがアラビア語には沢山ある。それだけのニュアンスというか、響き、持ち味を一字なり二字なりの中において現しているのであるから、アラビア人は文化を持った民族であると思う。ロシア語は相当難しいが、アラビア語の比ではない。例えばアラビア語では駱駝という字が二百八十もある。いかなる状態の時の駱駝、如何なる種類の駱駝、昼寝をした後の駱駝、起きた時の駱駝などと皆言葉が異っている。点と線と言う字にしても百以上もある。名詞の複数でも二つと三つとでは語が異なる。漢字に「己」と言う第一人称を現す字が幾つもあって、皆違った用法をもっているが、あれと同様である。

フランスの小説家のモーリス・デコブラが日本へ来た時、日本では第一人称である「己」を二十通りにも使って「僕」「我」「自分」等といい、「貴君」もやはり二十数通りに使い分け「貴方」「貴様」「お前」等といっているが、現代の忙しい社会において、斯様な煩雑な難しい言語を使用している国民は非文明人であり、いわんや日本語には単数も複数もなく、動詞の過去も現在も判っきりしないなどと放言して帰ったが、これは彼自身の無学を暴露していることで、日本人はかかる日本語の微妙さをも必要とする程高い文化を持ち、日本語の含蓄の如何に深いかを証明しているものである。日本人がそれらの言語を充分に使いこなしている現実を、おそらく彼は知らないであろう。これは国語の簡易化に反対する意味では勿論ない。

以上と同様な事がアラビア語にも沢山あり、アラビア文化が世界に与えた文化的貢献、換言すれば回教民族が世界に残した文化的遺産の、如何に偉大であったかが窺われるのである。

かかる高度の文化面の反対の例証を全世界に求めるなれば、非常に貧弱な言語しか持たぬ民族が数多くあるのである。

フィリッピンの土着語の中、ビサヤ語は五百万の原住民がこれを使い第二位のタガロク語を使用する原住民は百五十万内外である。一九四〇年ケソン大統領（タガロク人とスペイン人の混血）がタガロク語を、英語と共にフィリッピンの国語に選定しようとしたが、タガロク語には「破産」「強制執行」等という法律文案上絶対必要なる言語が無く、遂に諦めたことがある。

又マライ語は少し込みいった事柄になると、大抵はアラビア語かインド語を借用している始末である。例えば新聞を「スーラット・ハバール」と、アラビア語を使っていることなどは、正にその適例であろう。

「光は東方より」

文化的に高尚な言語をもったアラビア民族が、マホメットを中心としてアラビアの隣邦へ勢力を拡大して行ったことは容易に頷かれる。しかし、マホメットが現世に別れを告げると、国内の一部の種族が叛乱を起し、回教も一時は危殆に瀕したことがあった。この危機を救ったのが、アブ・バクルとオマル（ウマル）であって、二人の教祖の努力によって回教の基礎は確立し、再び勢力を諸外国へ向けるところとなったのである。先ずイラン国軍をネハワンドの戦に撃破し、ヤルムック河畔の一戦でヘラクリス王を一敗地に葬り、シリアを奪い、西紀六三五年にはダマスクを陥れた。かくして中央アジアはことごとくアラビア民族の掌中に帰し、進んで、四千年の文化を誇るイランの文明を、新興のアラビア文明と融合させることに成功し、遂にインド西部から中央アジアの南部を合せて、支那の唐と境を接するに至った。

又西はビザンツを制圧して後に十字軍の戦が起ったが、余勢を駆って、ヨーロッパのイスパニヤからフランク王国の辺境に至るまでの大版図を征服し、大サラセン帝国を建設したのである。歴史的にみれば、かくの如くアジアからヨーロッパに跨る大帝国を建設したのは、ジンギス汗帝国、アレキサンダーの大帝国、オットマン帝国、サラセン帝国の四つである。殊にアラビア民族によって完成されたサラセン帝国の文化は、当時のヨーロッパ諸国の文化に優越し、使用した兵器から考えても、如何に高度の文化を誇っていたか、はっきり知ることが出来るのである。

そして、ここに絢爛たるサラセン文化の開花となったのである。サラセン文化は回教の拡まると共にもの凄い勢いで諸民族の生活の中へ流れ込んで行った。唯、ジャワ、スマトラのインドネシア民族の間には、回教そのものが拡って、ほとんど、大部分の原住民が回教徒になったにも拘らず、古くから仏教、インド教の文化が根を強く張っていたために、回教文化の浸潤する余地がなかった。現在彼地に残る文化は、主として支那文化、仏教文化、インド文化であることが、回教文化の滲透しなかった結果を示している。しかし、その他の回教諸国はことごとくサラセン文化の遺産をもち、イラン、小アジア、エジプト、北アフリカの文化はサラセン文化の精華であり、中世における西洋の暗黒時代にはギリシア、ローマの文明が一旦亡び、ギリシア語で書かれた科学、哲学はヨーロッパから影を潜めていたが、この時代にアラビア人、イラン人などに依って盛んにアラビア語やイラン語に直されてしまった。

かくの如く古今の間に西欧文明の中継をして、これに自分のものを加えたのがサラセン文化である。アラビア数字は勿論アラビア人の文明であり、学問上の言葉にも、例えば、代数学のアルジェブラのような語が今日まで多数残っている。アルがアラビア語の冠詞で、ジェブラは数の結合である。ケミストリ（化学）もアラビア語であり、海軍の提督アドミラルもアミル（エミル）（頭目、族長の意）、から来て居るアラビア語である。アルコールは、アルは冠詞であり、アルクフールといい、クフールはアンチモニーを細分して、この最微極限の分子、そういう総てのもののエッセンスになるものがアルクフールである。今から千年以前にアルコールを使ったことは、アラビアの科学の発達を証明し、科学の外に医学も大いに進んでいた。アラビアンナイト（千一夜物語）の中で頭脳を手術する話があるが、今日の世界でも、この手術が外科の最も進歩した手術であると聞けば、驚くの外はない。外科と言えば、ドイツ語ではヒルルギー、英語ではサージェリーであり、これもアラビア語である。

その外天文学、地理学の発達もめざましく、ために航海術も盛んになり、スペイン人、ポルトガル人がアメリカやインドの航路を発見したことも、間接にはサラセン文化に負うところが多い。

かく観ずれば、今日西洋に科学、哲学の発達を促した遠因は、アラビア人が古代の文化をサラセン文化に融合して後代に中継したためであり、日本人は往々「科学」は西欧人の所産であるかの如く考えているが、東洋の一角にその淵源があったことを知るべきである。故に欧洲人が「光は東方より」（Lux ex Oriente）と言い出したのは、全くアラビアを指した言葉であって、中世の光はアラビアから全世界に向って、その光芒を輝かせたのである。

祭政一致と婦人の地位

サラセンの偉大なる文化を誇ったアラビアは、その後二つの主な原因によって崩壊の一途を辿ったが、その原因については、我々も充分考慮せねばならぬ要素をもっていると思う。

第一の原因は　祭政一致の結果。

第二の原因は　回教民族における婦人の地位。

先ず第一の原因を考察すれば、アラビアにおいては宗教、政治、行政、経済、軍事、裁判ことごとくがコーランに示された教示に左右されて来た。かくの如く回教は単純な宗教ではなく、社会生活の一切の事象を包括する生活原理である。これは、もっとも極端なる全体主義だ。回教徒がこの一つの生活原理に支配されているは、回教の強みでもあり、弱みでもあったのである。回教徒の精神的団結力はその長所であり、この理念を極端に信奉するために、ややともすると独善の弊に陥りがちであって、これが弱味となった。近代国家の性格として、その独善は、次第に時代の要求に合致しないものを多く醸し出した。祭政一致は、国家の最終の理想であるかも知れないが、回教徒の陥った固陋頑迷は、回教の理念を時代錯誤と同義語にしてしまったのである。

第二の原因は、コーランに示された婦人の地位を、後世の教徒が恐らく曲解したために起ったものと定説されている。この事はアラビア、トルコを初め回教諸国の一大癌となった。回教が創始された当時の婦人に対する道徳は極端に乱れていたのであって、マホメットはその紊乱した道徳を浄めるために大いに努力したのである。回教は俗に多妻主義であるといわれているが、マホメットは乱れた道徳を正常に戻すために、多妻主義を規制して乱妻主義を防遏《ぼうあつ》したのである。如何に当時の婦人に対する道徳が目茶苦茶であったかが想像されるのである。しかしマホメットは出来るだけ一夫一婦を主張し、もし特別の事情ある者で多妻を必要とする時は、普通の人間で四人まで、王族で七人までと規定し、但し妻は絶対平等に取り扱い、第一夫人、第二夫人といったような差別待遇をつけてはいけないという鉄則を設けた。経済的その他の事情で平等に取り扱えない者は、多妻を行う資格がないのである。

当時の回教諸国民の生業は、農耕牧畜であり、多妻は一家の経済力を拡張するための労務の「手」であった。しかし多妻主義は必ずしも多産主義ではない。トルコなどでは多妻主義であった時代には人口が漸減の傾向を示したことさえあった。

斯様にマホメットは婦人の地位の引上げを行ったのである。「天国は母の脚下にある」と彼は言っている程母性――婦人を尊敬し重視していた。将来の国民の母たるべき婦人を軽んじては国が興隆出来ないと信じ、婦人の地位を考慮したのである。又一面彼は回教婦人は家庭の内部に在って家庭的の仕事、例えば料理、裁縫、育見、教育等に専念すべきであると説いている。しかし婦人の地位は飽くまで家庭に在るからといっても、決して低いものではなく、或る意味から言えば、女性崇拝のキリスト教より高いとみられる。例えば法律の問題をとり上げれば、相続において男と女と区別がない。殊に旧蘭印などでは母系主義も認められて居り、女の方が相続上の地位が男より高い場合もある。回教徒であると同時に、固有の慣習法に由るので、結婚した女が一家の主人になる。生まれた子供も母に属し、子供は母の財産を継ぐが、父の財産は継がないことになっている。かかる母系主義はセレベスのマカッサルやスマトラのミナンガバウの如き最も回教化された地域にもある。

ケマルパシャは逸早く多妻主義を廃した。トルコでは最も早く婦人に参政権を与え、代議士、弁護士などの如き、むかしの男子の職業を、堂々と女が遂行しているのである。ただサラセン文化が亡び、近代文化の光に恵まれなかったアラビアや、アフガニスタンなどでは、現在でも多妻主義が多少残っている。

今日でこそ、トルコの如く民法上の完全人格権を婦人に与えるようになり、又旧蘭印の如く一婦人を尊重した地方もあるが、コーランの教えはあまねく回教諸国を風靡しながら、回教法制の解釈が男子の手にあったため、回教諸国の行っていた婚姻制度、相続制度、離婚の請求権などはことごとく男子偏重、男尊女卑の制度であった。これらは近代に至る前までコーランの教えを曲解した回教徒自身の罪であって、これが自らの国々を衰退させてしまった重大な原因の一つとなったのである。唯かくの如き制度の下でさえ、回教国民の間の婦人の純潔は、今日に至るまで世界のいかなる国民にも劣っていない。エジプトの如きは現在でも、品行上不始末の廉のあった娘を父親が手討にする例があるほどで、これを何人《なんびと》も怪しまない当然の制裁と考えている。

かくの如く、回教国の衰亡は、一つにはその婦人の地位に基くのである。

回教徒に接する心得

以上述べた回教の戒律や行事から観察して、特に東インド諸島の回教徒を対象とする場合の注意を列記すれば次の諸点である。

一、寺院、礼拝堂の神聖

礼拝堂に出入するに際しては潔斎沐浴をなし、靴のままの土足は絶対禁止であり、礼拝以外の目的では出入せぬことである。

寺院境内では放歌喫煙等は許されず、唾を吐くのも禁ぜられている。なお礼拝中は特に言動を慎しむことである。例えば、寺院内はもとより、境内で異教徒の集会を催したり、映画を見せたり、放送を行ったりすることは慎しまねばならない。

二、食物の禁断

豚は一切禁止。この語（例えばマライ語でバビ）を発音することも絶対不可である。豚の毛の毛筆も教徒には見せてはいけない。猪も同様である。厳格な教徒は骨や鱗のない海老、蟹、烏賊、鱒、なまこの類、又病死、餓死した鳥類の肉を食べないことも注意すべく、肉類は食べるが、戒律から云うと、回教徒が神の名を称えて経文を誦しながら屠ったものでなければいけない。もっとも、後者は東インド諸島ではやや寛容されている。唯豚を切ったりした「ナイフ」で調理してないことを示す必要はある。酒は禁酒を絶対とするが、東インド諸島ではそうまで厳しくない、しかし泥酔や口論は断じて避くべきである。

三、動物の好悪

犬は不浄な動物とされている。猫はこれに反し、予言者が猫好きであったと伝えられ、愛せられている。旧蘭印では蘭人等の犬を飼うものが多く、土着民も慣れてはいるが、訪問や同行の際は、犬を連れて行かないことが必要である。鳩は家の護りとして愛せられる。鶏は回教渡来以前から好もしいものとされている。

四、回教行事

葬儀は土葬に限るから、日本人の火葬を見せたりしてはならない。墓場は一切神聖でこれを汚さないことである。礼葬は一日五回、絶対に妨げてはならない。メッカの方向を向いて跪坐することを嘲笑しては不可である。使用人に対しても、この短い祈禱の間は許容して、みだりに仕事を命じてはならない。金曜礼拝を厳修する教徒にも同じ心構えが必要である。経典も神聖で紊《みだ》りに手を触れたりしてはならない。断食の励行は人と所とにより寛厳の差はあるが、重く見てこれを尊重する方が安全である。断食中の強制労働、宴会、その他宗教心を刺戟することは避けねばならない。

五、社会的習俗

回教徒の女に異教徒が接近することは、死を以て酬いられる事柄であり、実例が多い。また婦人の水浴を傍観することも厳禁で、東インド諸島では裁判で罰せられた例もある。裸体を避け、立小便を禁ずることも注意を要する。なお左手は汚れたるものとされていて、左手で物を与えたり、握手をしたりすることは、絶対に避けねばならない。インドネシアでも、土着の回教徒は裸体を忌み、又脚部を露出することも忌避するのである。

大東亜戦争と各地の回教徒

日本の回教徒

キリスト教は、徳川幕府が厳重な鎖国政策を行っていたにも拘らず、永年執拗なる手段をもって日本民族に接触を企てていた。このことは青史に明らかであるが、回教は何故か日本の歴史の上では交渉が極めて乏しい。

上代の日本人は、西域の文化を支那から摂取していて、例えば雅楽に大食調（大食《タージー》はアラビアの支那名）などがあるように、その影響が残っているにも拘らず、回教関係の接触はほとんどなかった。しかし南北朝から足利初期にかけて、南洋方面に来たアラビア人と日本人との間に交渉があったことは確実である。例えば大江匡房が幼にしてイラン語に通じたとあるが、彼の残した若干の単語は、ことごとくインドネシア語である。

大乗院寺社雑事記中の文明十二年十二月（西紀一四八〇年）の条に楠葉入道西忍という者の記事がある。西忍は当時日本と支那との貿易品の価格について、その相場の開きを一々挙げている。現在の通商顧問といったような役目を行っていた者であろう。西忍は、ムスルと称したアラビア人と大和の国楠葉の婦人との間に出来た子であって、母の出生地に因んで楠葉西忍と名づけられた。父は回教徒であるが、彼自身は転向して仏教に帰依した。

この記録の外には、日本における回教の歴史はないといっていい。最近の支那事変頃までの日本と回教との接触は寂寥々たる有様であった。

現在の日本人回教徒は、多くは支那において清真教徒と交りを結び、支那人を通じて回教の何たるかを知り、回教に入信した人々である。一つの異例として、前に述べた有賀文八郎氏がいる。氏は明治二十五年頃南洋に渡航し、当時はキリスト教徒であったが、インド貿易に従事中、イスラムの信者と交り、その教義の簡明さや、教徒の純真な生活に動かされて、回教こそ現代宗教の優秀なるものと信じ、昭和初期に神戸でインド人の教徒から入信式を行ってもらい、爾来回教の日本化を志し、熱心に伝道しているのである。有賀氏の日本イスラム教は、日本人としての愛国精神を基幹となし、イスラムの本義を提唱するにあって、戒律は必ずしもアラビア人やトルコ人の奉ずるものに盲従しないのである。経文も祈禱も日本語であり、皇室を奉敬し、父母兄姉同胞の相愛を説き、日本精神を中心とした進歩的回教である。勿論入信の式に割礼などは行わない。

日本人で初めて聖地メッカへ巡礼した人には、明治四十二年に山岡光太郎氏があり、その後我が国回教徒の先覚者田中逸平翁がある。が、その他六、七人を数えるだけである。田中翁の如きは第二回巡礼の途次、病を得て斃《たお》れている。

今や南方の皇軍占領地は、治安も恢復し、適切なる軍政下にあって建設の過程に進展しているが、我が日本人回教徒は、南方諸地域の回教徒たる夥しいインドネシア民族の中に挺身没入して、日本の正義を説き、大愛慈悲の精神に生きて、軍政の一翼を担当し、彼等原住民をして真に東亜共栄圏の一人たる覚悟と誇りとを持たしむべく努力しつつある。そのわずかな日本人回教関係者こそ、今後の南方建設の上に重大な寄与をなし得るものと信ぜられる。

以上の日本人の回教徒の外、日本に在住する外人の回教徒の大部分は、トルコ、タタール系の民族であって、ソヴィエット革命後、白系ロシア人として満洲、支那、日本に亡命して来た者である。日本居住者は六百名程度であり、主に羅紗の行商などを行って生活し、日本の各地に散在している。この外、インド、アラビア、シリアなどの回教徒が若干在留している。

従来、日本における回教徒の礼拝堂は、在留トルコ、タタール人の手に成った東京回教学校内の小礼拝堂の外は、英領インド人が出資して昭和十年神戸に完成した回教寺院があるばかりであったが、マホメット生誕千六百四十七年、即ち昭和十三年五月十二日に、東京の一角、代々木の櫟林の中に、初めて日本人の喜捨によって回教寺院が建立されたのである。

満洲の回教徒

満洲国の回教は、満洲国内に拡まっている他宗教と比較すると最も劣勢である。教徒の人口の最も少ない例を挙げれば、国務院統計処の年報に二十五万と報ぜられている。我が国の支那回教学者の推定によれば、二百万ないし二百五十万と称されている。その九割までは支那内地の漢回系の移住者であり、他にはソヴィエット領から革命後流入した白系トルコ、タタール人の回教徒が一割を占めているものと推察される。

このトルコ系タタール人回教徒は、一九一七年ロシア第二次革命の際、民族運動の復興を志し、在ロシア回教徒の統合を劃策したが、ソヴィエットの無宗教主義が確立されたのをみて欧亜の各地に遁れたのである。この運動は今日でもイディル・ウラル・トルコ文化協会として、作家アヤス・イスハキに指導され、各地に流離しているトルコ系信徒に呼びかけ、満洲では奉天にその支部がある。日本に居住しているほとんど全部の回教徒もこれに属している。

満洲へ回教が伝来してきたのは比較的新しいことで、元明の時代にも少数の移住者があったが、大量に移住したのは乾隆帝の初期、西紀一七四〇年頃からである。これは漢人の自由移入主義を認め出した結果に外ならない。

満洲国の回教徒の分布を清真寺の所在等から点検すると、旧奉天省即ち奉天、安東、錦州等に最も多く、元の吉林省や熱河省がこれに次ぎ、旧黒竜江省は最も少ない。しかして漢人化した漢回が最も多く、混血の濃い東干族には稀で、多くは北満に小集団をなしている。

満洲の回教徒で記憶すべきは、日清役の勇将であった忠壮公左宝貴が熱心なる信者で、満洲回教の発展に輝かしい貢献をしていることである。将軍の一族は今でも奉天の有力な教徒である。

その外昭和十三年五月東京の回教寺院落慶式に臨まれた溥侊氏は、現満洲皇帝の従弟であり、夫人と共に敬虔な教徒である。同じく来朝した張徳純氏は、文化人として在満教徒中の一勢力であることを忘れてはならない。

又、蒙疆にも約十万の回教徒が散在して居り、西南の回民と関聯を保っている。

支那の回教徒

支那における回教徒の数は推算の方法がまちまちで、信憑すべき基礎が無いが、各省清真寺の檀家戸数から割り出して四千五百万人と数える専門家の数字が恐らく真相に近いと思う。

支那の教徒は、北支から南支へかけては約三千万人とみてよく、陝西、甘粛、青海から昔の西域即ち新疆省へかけて、西へ行く程その数が多く、いわゆる西北地方の回教対策なるの（ママ）は歴代の中央政府を悩ました問題である。

回教が支那へ渡来した伝説には色々あるが、諸説紛々として信じ難く、甚しいのは広州にある懐聖寺という支那最初の回教寺が、唐の太宗時代即ちマホメット在世中に、既に海路から広東へ渡った大食人（アラビア人）のために建立されたと称する伝説もあるが、史家はこれを否定している。

史料の確かなところでは、即ち唐代において、回教は教祖入寂後四、五十年の後に、海陸両路を通じて支那に入り、陸より来るものは前述の如く回鶻人を通じて甘粛、陝西に伝わったものと考えられる。

支那回教徒は一般に漢回と纏頭回《ツエントウホイ》とに二大別される。漢回とは漢人で回教徒たるものという意味であるが、元来西域の回教たる異民族と漢人との混血であり、時代を経てほとんど漢人化し、言語風俗習慣が漢人と大差のないものを指すのである。漢回はかくの如く人種的には純粋の支那人ではなく、トルコ、イラン、アラビア等の混血であり、時として東干と呼ばれることがある。これは「ドュンメック」（転ずる、転向する）というトルコ語から出たもので、回教に改宗した漢人の意味である。

第二の纏頭回は又纏回ともいわれ、漢化の程度が少なく、頭部に布を巻くこと中亜、西亜の回教徒と同じものを指すが、これも主としてトルコ、イラン種の混血で、古いトルコ語を用ゆるものが多い。新疆省では纏頭回のトルコ族が実に二百万人にも上るといわれる。唯現在では、寺務を執る阿衡《アホン》だけが布を巻き、教徒全部は概ね布を巻かない。

支那回教徒が西北地区に多く、洮河、黄河、大通河の線から東が漢民族の居住地域で、それから西が漢回蒙蔵の四族の混住地域となっている。その回民には前記の漢回纏回の外にトルコ系の撒拉《サラール》回、キルギス族、ノガイ族、蒙古系などもある。

支那の回民は大抵農耕に従事しているが、牛羊皮革類を取扱うものも多く、又隊商の駱駝に富む関係から西北では運輸貿易業を営んでいる者もあり、辺境の異民族間の交易は回民の手を経るものが多い。なお甘粛、青海等では、飲食店や旅館を経営している。しかし住民の雑居する村落では漢人と回民とは通常は相融和せず、又回民の中でも漢回と纏回とは仲がよくないのである。

かくの如く漢人と回民との間には職業上の分化が或る程度に行われて居り、社会的依存関係にあるが、不幸にして多年の民族的摩擦と政治的軋轢のために、恒久なる親善関係を結ぶことが出来なかった。支那回民においては戒律は必ずしも厳格では無い。支那のメッカといわれる、西北回民の中心地たる臨夏に遠からぬ洮州でも、農繁期に漢人の農場に出稼ぎに行く撒拉回や蒙古回が漢人の作った食物を平気で食い、鍋に豚脂が附いていても意に介しないような例もある。

歴代の王朝は回教徒に対して或いは圧迫、或いは懐柔など、時代により種々の政策を執っていたが、大体において漢はこれを抑え、元は協力し、清は弾圧した史実が多い。過去百年間に回教叛乱の大なるものが三回あり、一八六二年―七四年、一八九五年―九六年、一九二八年―三〇年が歴史に残っている。この最後のものは民国以来初めて新疆回民を弾圧した血腥《なまぐさ》い事件であるが、この時に、いわゆる西北の四馬又は五馬と称する回教頭目の将領の実権が確立された。その後、新疆においてはソヴィエットの勢力が漸次布強されて現在に至っている。馬は支那回民に最も多い姓で、マホメットのマ音を採り、その他左、白（白崇禧）、等もある。

支那政府の民族政策は三民主義を唱える口頭禅に終始して、あくまでも漢人中心主義であるが、満洲事変を契機として、民族統一の強化のためと、西北開発の要求に迫られて、非回民によって、回民の経済的、文化的優遇が講ぜられた。辺境回民を少数民族問題とせず、宗教問題の対象として扱ったのは、旧国民政府が中央集権主義を執っていたために当然のことであった。日支事変以来、重慶では回教文化協会を設け、回民、非回民を網羅する知友の士を発起人としている。又雲南大学では支那最初の回教講座が創められた。なお追述の如く回教法の使節団が蘭印に赴き、華僑の回民と土着人との摩擦を緩和すると共に抗日意識を煽ったのが、大東亜戦争に至るまでの概略の経緯である。

新国民政府も、民族協和の見地から、北京にも蒙疆にも回教総聯合会を組織し各機関紙を出しているが、重慶でもこの新生教化運動、日本の回教対策等に刺戟されて、西北民族の根本問題解決に直面するようになった。そのうちでも、陝西を本拠とする共産党政権の下にある回民は、新疆のソ聯勢力と呼応して、別に民族独立の目標を掲げるものあり、中共合作の背景の下で注目をひいている。

支那においては回教問題は、かくの如く単なる宗教問題というよりも、一つの民族問題として抜本的な解決を要するのであるが、東亜共栄圏の一環として西北辺疆の回民は前記の如く複雑な民族的要素を加味している点を重視して、慎重なる検討を加うることを忘れてはならない。

フィリッピンのモロ族回教徒

フィリッピンにおける宗教的少数民族たるものはモロ族である。フィリッピンの全人口は一千六百万にして、その九割八分はキリスト教徒、約六十五万がモロ族であって、その居住地域は（一）ミンダナオ島、（二）バシラン島――ザンボアンガの西南、（三）スールー群島――特に西南部、ジョロ本島及び約三百の小島嶼を含んでいるから領域はすべてで一万五千平方マイルほどである。もっともこの人口のうちの若干は原始心霊崇拝的の信仰を墨守し、基回いずれにも属せざるものもある。

ミンダナオにおいてはコタバト洲に約十五万のマギンダナオ人（湖沼の水の溢れた意味にしてミンダナオはその転訛）、ラナオ湖附近に約十万のマラナオ人、ダヴァオ州に約千人のサンギル人、バシラン島に約二万のヤカン人がいる。右はモロ族の政治的の一単位をなし、残りのモロ族は第二単位をなして、ラワン島とスールー群島に住し、タオ・スグ人、サマル人、パジャオ人等を含み、人種としては他のフィリッピン人と同じくマライ・インドネシアに属し、言語習俗等に多少の差のあるモロ族の支族であるが、この二単位はそれぞれの王統をもっていながら、社会機構に大差なくほぼ同一の起源であり、且つほとんど全部回教徒である。

フィリッピンに回教の伝来した史実は明らかでないが、第七世紀の末から始まったアラビア人の東漸の浪におされて、インドからマライへ伝わり、第十四世紀の末には更にスールー島を経てフィリッピン諸島へ回教が拡まったのである。

モロ族はかくの如く夙に回教化され、イスラムの信仰と団結力とに由り、政治的にも軍事的にも強力なる民族となり、アラビア文学《ママ》を採用し、その文化に浴し、土語をもって記述された王統系譜を中心とする歴史を有する民族として、顕著なる存在を続けて来たのである。

右の如く第十五世紀には、遠くはアラビアから、近くはスマトラ、ジャワ等から回教文化が入り、武器（小銃）や新しい芸術、科学、政治組織が回教の簡易な教義と共に伝来し、一四八〇年ジョホールの冒険家でアラビア人の血を享けたカブンスワンが来航してから、更にミンダナオの回教化を激成し、短い間に北方へもその勢力を及ぼしたのである。このカブンスワンはミンダナオ回教の開祖として扱われているが、この名はマライ語のブングー又はボンスウ（末弟の義）に出て、モロの口碑によると、三人兄弟の英傑の末弟であった。その教孫は現代に至るまで二十一代スルタンと称している。一五二一年マジェランが太平洋を横断してフィリッピン群島を発見した当時には、ミンダナオ、スールーの諸回教王領の勢力は北方の嶋々にも及び、スペイン人は彼等の宗教も人種も故国のイベリア半島を七百年も支配したモール人（ムーア人 Maur, Moor）と同じものと思い、これをモロ族（Moros モロッコのモロ）と呼んだのである。かくて一五七一年スペインの名将レガスピーが、モロ族をマニラの基地から南方に追い込んで以来、米西戦争の結果、一八九八年アメリカ軍のフィリッピン占領に至るまで三百数年の間、スペイン軍は、慓悍で狂信的なモロ族と抗争をつづけ、その惨憺たる抗争が小康状態にあるときだけ、協約の成立をみたに過ぎない。モロ族は結局スペインの主権下に入らなかったとみていいのである。スペイン統治の末期（一八七八年）になって、モロ族のスルタンに年金二千四百ペソを与え、宗教の自由を認め、完全な自治を許すという条件で、スペインの名義上の主権を、認めさせたものの、実際の支配はわずかにホロー島に設けられたスペイン兵営内に止まったに過ぎない。アメリカの統治に入ってからも、この年金は続けられていた。

アメリカ統治の当初、大統領マッキンレーはモロ族懐柔の政策をとり、一八九九年十月二十七日スールーの藩王との間に条約を調印し、そのアメリカ主権に服すること、海賊行為と奴隷売買を禁遏《きんあつ》することを約せしめ、代価としてアメリカはスルタンとダトウ（地方の小領主で封建的な部落行政を掌りスルタンに貢納するもの）の権限を認め、信仰と習俗に干渉しない旨を約束した。この協約は口頭でミンダナオとバシランのモロ族に対してもなされた。

初代の総督ウッド将軍は一種の分割統治政策を採り、モロ族居住州を創定して、却ってその反抗を招き、一九〇四年スルタンは前記協約の廃棄を宣言し、爾来妥協と反抗との交錯した時代を累ねたが、アメリカ人もようやくモロ回教族の軽視すべからざることを悟り、一九一一年駐屯軍司令官パーシング将軍の在職中、巧みにモロ族の保護を約して、その武器を抛棄させ、一九一三年末までにようやく武器解除を行った。同年末に就任した総督カーペンターの収攬政策《ポリシー・オブ・アトラクション》に基いて一九一五年三月の協約により、スルタンはスールー群島の回教寺院に対する名義上の精神的首長たる地位まで引き下げられ、モロ族と米国との最後の妥協が成り、年金はなお続けられたが、その後これを廃し、スルタン及び一族を回教徒代表としてフィリッピンの上院における官選議員に任命し、歳費各四千二百ペソを与えている。この状態が大東亜戦で皇軍がフィリッピンを占領するまで続いたのである。

モロ族は右の如く歴史的には進んだ民族生活を営んだにも拘らず、その排他的精神から文化の水準は誠に低いところに止まり、主として水田耕作、焼畑耕作並びに漁撈を生業とし、スールー・モロが様々の造船技術を心得ており、ラナオ・モロが優れた工芸技術をもち、マギンダナオ・モロこれに亜《つ》ぐのはむしろ例外である。彼等が自ら青銅製の大砲を作ってスペイン人を悩ましたことは史上周知の事実である。何れにしても、現在においても多少の猛暴な習俗を持っているが、単なる野蛮未開の民族と考えるのは、歴史と伝統に多数の文書記録をもつ点から見ても、甚しき誤りである。他のフィリッピンの民族は何の歴史も記録も持っていないものばかりである。

モロ族の有力なる一部は皇軍に対し敬意を表し、フィリッピンを東亜共栄圏の一角とする事に熱誠なる協力を示している。しかし未だ帰服しないものもある。フィリッピンのうちでも回教徒たるモロ族は特別地域として、将来の統治組織にも慎重の考慮を要するものと考えられる。

旧蘭印の回教徒

東亜共栄圏の南方地区たるインドネシア中の旧蘭領東インドは人口七千万のうち約九割が回教徒であり、インドの少数民族たる約八千万の回教徒と共に、全世界回教圏の最大集団を形成している。南方地区ではこの旧蘭印を筆頭にして、フィリッピンの外、マライ半島の二百五十万、仏印、タイ、ビルマの各五十万の回教徒が数えられる。従って南方地区の回教圏は約七千万に近い回教信徒を包有しているから、全世界回教徒の約二割を占めているわけである。

東インドへ回教の伝来した経緯は必ずしも明らかでないが、唯明白なのは西暦第十三、四世紀のころからインドを通して渡来したことである。中にもインドのグジャラートの貿易商が先ずスマトラの北端アチェに来て、住民を回教化し、第十四世紀の後半にはジャワも改宗されたと伝えられる。

この時代の東インドの回教化は武力によらず、主として平和的転向であるのが著しい特徴である。「右手に剣、左手にコーラン」という文句が、教祖の遺訓か聖経の伝説かと考えられているが、この文句は欧米人が回教徒を誣いるために創作したもので、回教には何等根拠のないスローガンである。回教はあくまで平和主義で、コーランには、異教徒の侵略に対しては、武力を以て却《しりぞ》けることを説いているに過ぎないのである。十字軍やアラビア人の慓悍な民族性に基づく若干の史実から、欧米人の誤解又は作為に由り伝わった標語であるが、歴史の事実としては、マホメットの言「剣は天国と地獄との鍵」を、武力で改宗を強制する意味に取ってもいいほど、戦勝による転向を証している。しかるにインドネシアでは平和なる商人が平和のうちにインド教の信者を著々転向させて回教徒にしたのである。インドやアラビアの商人が定着して土着人と結婚した例も多く、インドネシアでは仏教は王侯貴族の間に流行し、インド教は一般大衆の間に流行したが、いずれも回教弘通の時代には、外形の儀式に流れたり、階級制度《カースト》の弊に堪えないような実情があり、かくの如く頽廃に瀕したインド教に慊《あきた》らない住民が、回教の精神性を認めて改宗したものも多い。

かくの如く平和のうちに回教化が行われた結果、住民の既成信仰であったインド教や、更にそれに先だつ自然教等の雑信が、回教々義や戒律に矛盾するものでも、必ずしも一掃されずに今日までも残っているのである。而してこれが東インド回教の特殊性とも認められている。

平和的でなく武力によった転向もないことはない。ジャワ、スマトラでは夙にインド文化として、仏教（大乗仏教のあったことも明らかである）、インド教が伝播されたことは、第四、五世紀の交にシリヴィジァヤ（室利仏逝）王朝の今に残る記念物や、特にボロブドウルの燦然たる仏蹟に現われている。回教渡来の初期はマジャパイト王朝がここに君臨し、旧蘭領の諸地域からマラッカ及び旧英領ボルネオを含む宏大な版図に、インド的ジャウ的文化の華を咲かせていたが、一五一八年にこの王朝は回教藩王のドゥマックに滅ぼされ、このドゥマック王国の創立と共にジャワにおける回教政権が確立されたので、ボルネオ、セレベスその他小スンダ列島への回教伝播が助成されたのである。この経緯は迅速に進んだものらしい。例えばボルネオは十五世紀から十六世紀にかけて、パンジェルマシンの王朝で、西岸一帯にはスマトラのパレンバンから回教が入り、南岸地方にはジャワから伝来し、奥地のダヤック（ダイヤ）族までも漸次回教徒となるに至った。それからセレベスの南、小スンダ列島中のスムバワ、フロレスの諸嶋に普及し、同時に香料貿易の中心であったモルッカ諸嶋にも及んだのである。

右の如き径路から伝来した回教は当初はインド、イラン的色彩を帯びたもので、多分にイランのシーア派の影響、神秘主義的思想の顕著なものがあった。今日でもジャワには八聖又は九聖の崇拝があり、その墓は聖地として巡礼の目標になっているが、その聖人にはインド人もある。又文学に現われた神秘思想は近代インドでは甚しく流行している。しかして十七世紀以後にはこれらの地域にアラビアのハドラマウト地方との直接交渉が始まり、スンニーの正統派回教が入って来てシーア派的傾向は幾分是正されたが、それでもなお随処にその影響が残ってインドネシアの回教を複雑なものにしている。ついでながら旧蘭印には多数のアラビア人が現住民と混住混血をなしているが、その大部分はハドラマウトのアラビア人であり、純正アラビア人は非常に少数である。

かくの如き回教進展の経過から、旧蘭印の回教がその実践的信条においてさまざまの不統一のあることが理解出来る。第一に、太平洋周辺の諸民族にほとんど通有の原始信仰的の遺習がしばしば残っている。例えば老木などを動かすとき、その木霊の祟りを懼れて注連《しめ》を張り祈禱をする。又雨乞いの祭のような稲作、特に水田文化と密接な関係がある行事もあり、巫女や占易の呪術的な慣行を回教徒が平気でやっている。第二はインド的慣習で、最近までは回教で禁制の火葬を行ったり、インド的の寡婦殉死の風習すら存在していた。又スラムタン（聖餐）などに死者に物を食べさせる行事もある。これらのことは社会的文化的に根の深い影響を与えていたから、回教の伝来によって一時に払拭することが出来なかったのみならず、時には回教の学者たちもこれと回教々義とを融合させることに努力している。即ち長い間には我が国の本地垂跡というような理念がいろいろ現われたのである。

法制などにも反回教的なものが旧蘭印には多分に存して居り、回教法の解釈はいわゆるシャフィー派で統一されているに拘らず、オランダ政府が回教法を統一して身分法を制定したときでも、慣行《アダット》として旧慣を認めないわけにはゆかなかった。例えばスマトラのミンナガバウや、セレベスのブギーの回教法は母権的家族制度を維持している。結婚しても妻は夫の家に入らない。生れた子供も母に属するので父には無関係である。財産の相続も母の財産を継ぐという訳である。これは固有の回教法の父権中心主義とは正反対である。

右のような回教の実践的信条における不統一は、地域によって非常な相違がある。一般に云えば土侯国のような、古来からの制度が強く残っている地方では最も明らかであり、住民のインド教化が極く皮相にしか行われなかったスンダ地方、スマトラの諸地方では比較的不統一が無いのである。

インドネシアの特異性として、これらの回教徒の戒律や実践教義の観点から、西南アジアの本場と違っている著しい例で、興味のあるものを若干挙げてみよう。

一日五回の礼拝《サラート》は一般民衆はあまり熱心でなく、後述の断食明けの小祭にだけ参加するものが多い。礼拝には、寺院の光塔《マナーラ》から役僧《ムアッジン》がいわゆる宣礼《アザーン》を呼びかけるのに、旧蘭印では屋根で大太鼓《ブドウグ》をうちならしてから、宣礼の誦唱をやる。東亜でも特に太平洋周辺の民族には夙に打楽器として鼓が発達し、音楽舞踊に欠くべからざるものとなっている。それは殊に南方では恐らく金属材料発見以前に、獣皮や樹皮と木竹とで簡単に造り得たためであろう。これは他の回教圏では類例のないことで、戒律上違法の疑いがあったが、習俗と芸術との深い根柢を考えたとき、回教々制解釈の権威なるエジプトのアズハール大学の学者たちも、これを許容事項のうちに加えたと伝えられている。（太平洋図書館第二輯『南方の音楽・舞踊』参照）

回教寺院では毎金曜の礼葬に先だつ説教僧《クテイブ》のアラビア語の説話《シュトバ》があるが、旧蘭印では一般民衆はアラビア語を解しないので、ただの儀式のようになっている。なおスマトラのアチェでは通常四十人を単位とする青年教徒《ムキーム》を一団とするものが、小さい地域的の法人団体をなして、これを「ムキーム」と呼び、一人の指導者《イマーム》に率いられている。

旧蘭印では寺院の建築様式もアラビア式の石造大会堂でなく、インド教時代の集会所や闘鶏所を改築してこれに充てたものが多く、従って建築の方式上メッカの方向即ち「キブラ」が真西に当るものがある。これは近世に出来た寺院では是正されている。また素封家などには、自宅の庭にランガル（サンガル）と称する自家用の礼拝堂を作り、ここで近親の宗教教育をやるものもある。大抵は小さな小屋で、回教渡来以前の南方建築方式たる杭の上に立っている。サンガルとはインド教寺院の庭にある小祠の名称であった。

断食《サウム》は相当に厳修されているが、場所により、又民衆の欧化程度により多少の差がある。旧蘭印の雇主が従業者の教徒に断食期間は一日二時間半の休暇を与えた例もある。ジャワでは断食の行事をブワサと呼ぶが、これは梵語のウパワーサの転訛であり、断食月《ラマダーン》明けのいわゆる小祭《サギール》を重んずることは前に述べた。面白いのは土侯国ではこの祭典《ルバラン》をガルブグ・ブワサと呼び、非常に賑やかなお祭をすることである。これは古代インドの祭典の名残で、ガルブグは元来軍事的な王政礼賛のインド教の記念祭である。西欧人がこの祭を誤ってジャワ正月などと呼ぶのは、民衆が新衣をつけて訪問を交換し、久闊を詫びる習慣などから考えついたことである。ついでにいうと、ラマダーン最終の奇数日のいわゆる「マルマン」には、ジャワでは夜は提灯をともして外に懸けるが、これも仏教徒の習慣たる灯明に一致しているのである。

喜捨《ザカート》はインドネシアではあまり熱心に行われていない。スンダ地方では、寺院の役人が精励してこれを集めるが、任意な寄附よりも功徳のあるものと考えられている。特別の場合に多額の喜捨を徴した例もある。アチェではかつて戦費をジャカト（ザカート）として徴収した。これもインド教時代からの習俗で、乞食の割合少ない旧蘭印で、回教聖者の墓地などに、供養をあての乞食が群がるのである。

巡礼《ハッジ》は遠隔でもあり幾多の障害があるから、なおさら重視されるので、旧蘭印のメッカ詣での「ハッジ」の多いことは前に述べた。自分で行けぬものは代行しても、巡礼（バダル・ハッジ）をしてもらうのである。これも旧蘭印には非常に多い。「ハッジ」は又カジと呼び、アラビア服を着て他の人々と区別し、当初は神聖な資格と考えられて濫用するものもあった位だが、近来は数が増したのでその濫用も減じた。

不思議なことには、回教の大祭即ち巡礼月の第八日からメッカで行われる行事には、旧蘭印では重きを置いていない。唯例外はジャワの土侯国で、この行事に市が開かれたり、有名なガムラン音楽が奏されたり、行列や供犠が行われたり、華々しい祭礼が古ジャワ式で且つインド教的な色彩を帯びて挙行されている。

かくの如くインドネシアの回教が原始文化やインド文化の名残のために、反回教的要素を示すことを強調して、ややもすればインドネシアの回教を軽く扱う傾向がある。これは甚しい誤謬である。右に述べた通り、形の上で若干の相違を示しても、本質的には回教そのものであり、その勤行と信条の基礎たる六信五行又は五信五行というようなものは、他の回教圏とほぼ同様に厳修されて居り、又彼等の回教徒としての自覚も、その団結も決して軽視してはならない。メダンにおいて、蘭人が華僑から買った魚や塩を、コーランの文章を書いた回教雑誌の古紙で包んだために、回教徒が怒って騒擾が勃発したこともあり、回教寺院にバイブルが置いてあったために、国民参議会の問題となり政府を問責した事件もあり、靴のまま回教寺院へ上り込んだ蘭人がその地方から追放された事件などもあり、又旧蘭印からのメッカ巡礼の圧倒的多数なこともこれを証明している。

かれらを支配し指導する日本人が、その宗教を軽視すれば、他の回教圏の同信民族と緊密な関聯のある点からも、西南アジアの回教徒から、延《ひ》いては全世界の回教徒が日本を敵視するに至るであろう。これあたかもフィリッピンのカトリック教徒を虐待すれば、ローマ法王庁を初め全世界の旧教徒に敵視さるると同様である。

東インドにおける回教徒の結社を語るには、民族主義運動との関聯を説くことを要する。

十九世紀中葉からしばしばジャワを中心とするオランダ政権の駆逐を目的とした宗教的民族運動に近いものが起り、その都度抑圧を受けたが、土着民の解放を目標としたものは一九〇八年の、ブディ・ウトモ党（慧智の義）の創立であった。これは主として医学生が中心となり、当初は教育向上を目的としたが、遂に政治性を帯びるようになった。続いて一九二一年、サリカット・イスラーム（回教協会）が成立し、初めはソロ市の更紗業者を中心とする経済団体から出発して、前大戦の末期から、インドネシア人の自治を目標とするに至った。他方ほとんど同時代からオランダの植民政策にも一大変更が加えられ、全国の代表機関たる国民議会《フォルクスラード》が開かれたが、未だ民衆の熾烈な要求を充たすに足りず、サリカット・イスラームもその反動たる急進的要素が加わり、いつの間にか左右両翼に分かれ、左派はモスコウの指令を仰ぐインドネシア共産党の一部となった。一九二六年に西ジャワ及びスマトラで起った暴動は、彼等の使嗾に由るもので、一万三千人が逮捕され、流刑に処せられた。

サリカット・イスラームはこの間に汎回教主義、汎アジア主義、民族自由主義を標榜して二百二十五万の団員を集めたが、急進派の脱退後即ち一九二六、七年の頃から却って党勢凋落して、一九二九年パルタイ・サリカット・イスラーム・インドネシア（インドネシア回教党）として更生し、現在に至っている。

これに代って指導的地位に即いたものには、一九二七年結成されたインドネシア国民党と、一九三五年の大インドネシア党とがある。前者はスカルノ博士を首領として急進左翼的傾向を帯びていたが、旧蘭印政府の弾圧を蒙り、一九三六年漸進主義のインドネシア人民運動党となって、換骨奪胎するに至った。後者はストモ博士を中心とし、民族協会が前記のブディ・ウトモ党と統合して結成されたもので、約一万の知識人を糾合している。

今次の大戦でオランダ本国が瓦解し、旧蘭印の政情も前途の逆睹《ぎゃくと》すべからざるものがあり、自ら民族主義政党の統合を促進する情勢となったので、前記の諸党を主として七政党の聯合、ガピ（ガブンガン・ポリティク・インドネシアの略称）が成り、一九三九年十二月、ジャカルタで最初のインドネシア国民会議を開き、三千五百名の代表が出席して国民議会の設立を目標とする運動が始まった。つづいて昨年（一九四一年）九月十三、四の両日、ジャワのマタラム市で第二回が開かれ、名称も「イシドネシア国民聯盟」と改められて今日に至っている。

これらの結社は必ずしも宗教的ではないが、インドネシア住民の支配宗教が回教である以上、民族運動とイスラムとの関聯は注目を怠ってはならない。

インドの回教徒

一九三一年の国勢調査に依れば、インド全人口三億五千二百八十三万のうち、これを宗教別に分類すると、インド教徒二億三千九百十九万、仏教徒千二百七十八万、キリスト教徒六百二万に対し、回教徒は七千七百六十七万であって、インドの回教徒の数はインド教徒に劣るけれど、インド全人口の二十二パーセントを占め、インドは世界で最も多くの回教徒が集った地域である。インドにおける英国の統治の方策は、いわゆる分割統治政策（divida et impera）の原則によって巧みに多数党のインド教徒党に少数党の回教徒を対立させ、多くは後者を懐柔し、双方合同して英国に刃むかうことの出来ないような手段を講じて来たのであるが、その間複雑な過程を経て来ている。

このインドにおける回教徒は、アリアン民族のインド侵略後、アリアン系王朝の政策にかかるカースト・システム（階級制度）の複雑化の結果、アリアン民族の社会的団結力が衰弱している七世紀前後からアラビアより侵入したのであって、十世紀から十五世紀にかけて第一回の多数の回教徒が侵入を企てたが、文化的に当時遥かに優秀であったインド教徒の社会力に、却って征服される結果となったが、十四世紀末の第二回の侵入の時は、或る程度までインド教文化と回教文化とが融合し、インド教徒にして回教徒に転宗する者も多く、相当の成功を納めたのである。かくして一八五七年モゴール帝国が英国のインド侵略の魔手にかかって没落するまで、インドにおける回教文化の栄華を維持することが出来たのである。

インドの回教徒は大部分がスンニー派に属し、教徒としての完全な資格を持つ者は割合に少なく、地方によって言語を異にし、或いはその祀る神をインド教と同じゅうし、祭典にはバラモンの僧を招く者もあり、インド教徒同様、牛を一切食わぬ者すらあるのであって、インド回教徒の中六割は、その風俗習慣が、ほとんどインド教徒と同一に見做し得る有様である。これらの現象の由って来るところは、インドが一般回教国から地理的に孤立していたことにもよるが、回教の侵入以前のインド文化の根強さと、社会環境の同化力が強いためであって、完全なるインドの回教化を許さなかったと観てよいのである。しかしモゴール帝国治下の数百年の間は、回教徒はインド教徒の上に君臨し回教文化を謳歌していたが、十八世紀における英国侵略後は、インド教徒と共に、この新しい白人の支配者に叩頭せねばならぬ運命に立ち至った。その上、回教徒に圧迫されていたインド教徒は、英国のインド統治に順応する態度を徐々に示したため、狡猾な英国は早速この風潮を利用し、英国人の下にインド教徒を官吏に採用し、又商社の書記に活躍せしめ経済的発展を助成したため、益々回教徒の地位は転落してしまったのである。しかるに、英国がその飽くなき欲望を満足せしむるためにモゴール帝国治世よりも厳しい政策を現住民に施し、彼等の自治の権利をも剥奪せんと企てつつあるのを見て、インド教徒は、期待していたインド教文化再現の夢も破れ、ただ回教徒の勢力を低下せしめたに過ぎず、やがては自己も回教徒と同じ運命を辿るものであると洞察したのである。その情勢の赴くところ、遂にインド教徒は上流階級を先に立てて、古代アリアンへの復古を叫ぶ国民運動を展開したのである。しかもこのインド教徒の外国排斥運動は、回教排斥をも含んでいたため、それまで英国政府から異端視されていた回教徒は、インド教徒の圧迫を避けるために、一切を捨てて英国政府の陣営へ逃げ込む結果となったのである。ここに形勢は逆転して英国は再びこの機会を利用し、今度は回教徒を保護して、インド教徒を弾圧する態度を示すに至った。昔から対立していた両教徒は、ここにおいて全く水と油の如く相剋するようになったのである。

一八八五年、インド教徒は、インド国民会議を結成し、回教徒はこれより少し遅れて一八九三年防護協会を創設し、その後幾変遷を経て一九〇六年全印回教徒聯盟を結成するに至った。インド国民会議は、ガンジー、ネールこれを指導し、全印回教徒聯盟はアガ・ハーンこれを統率しているのである。

現今において英国は現住民に対し前大戦の際とほぼ同様の抑圧政策を採り、反英運動には厳しい弾圧を加えているが、現住民の中にあって積極的に武力を以て英国勢力を駆逐しようという者は少数であり、大多数はガンジーの率いる会議派の主張の如く、インドを戦乱の巷たらしめないために、英国兵の撤退を要求し、平和の裡に自治を獲得せんとしている。しかし回教徒聯盟の中にも直接行動派がある。彼等は前にインド教徒から圧迫された時も、耐え忍んで居たのであって、英国の陣営へ走った同宗の人々を蔑視していたし、一九四〇年九月にはカザール党の如く、何等の裁判も手続もなしに、一挙に二万六千人もの教徒が英国の弾圧に遭って投獄の悲惨な運命を辿ったこともある。

しかして回教徒は英国と妥協しつつ独立運動を展開するに至り、回教徒聯盟の統領たるマハメッド・アリ・ジンナがいわゆるパーキスタン運動というものを提案したのである。これは必ずしも反英では無く、回教民族独立案とでもいうべきもので、地域的にインド教徒の多数住んでいる地方と、回教徒の居る地方とを別々に独立国とする提案である。パーキスタンの「パーク」とは、インド、イラン語で「清い」意味であるから、回教徒の清い国、即ち神聖回教国を作る意味であろう。この回教徒の地域独立案には回教聯盟中にも反対があり、英国も会議派も賛成する者少なく、あまり頑強に主張すれば、却って聯盟の将来も危いとみられている。

畢竟するに、今後の西南アジアから北阿にかけての英ソ対独伊の戦争の情勢に由って、インド回教徒の反英態度は強くなり、その究極の意志を実現し得るようにもなるであろう。今日のところ、戦後の世界新秩序の下で、インド独立問題が如何なる形態を採るにせよ、インドの回教徒は独自の立場から回教徒だけの宗教国家を作る目的に邁進するであろうし、インド教徒も回教徒とは別にガンジーの統率の下に自治実現を志すであろう。

英米蘭の回教徒対策

アメリカがフィリッピンを領有してから、モロ族の回教徒に悩まされて、懐柔政策を採るに至った経緯は前に述べたが、この転換は幾分は英国のマライにおける政策に刺戟されたためである。

英国人は当初から回教をマライ人の事実上の宗教として認め、英国の主権も直轄領でさえ回教法制には立ち入らぬことを規定したのである。一八九五年に結ばれたマライ諸邦との協約には、英国の保護権は宗教を除くあらゆる行政事項について明文を設けている。同年のマライ聯邦中のジョホール州の憲法は一人の回教藩王を設定しているが、その後修正されて回教に国教の地位を与えることとなった。同じく聯邦中のケラントン、トレンガヌでは身分法上の事項、例えば結婚、離婚等の宗教的関係あるものは、特別の回教法廷で処理されることになっている。従って英国のマライにおける回教政策は飽くまで非干渉を旨としていた。これは英国が久しくインド、西亜、アフリカ等において回教徒につき認識を持っていたからである。

　オランダの旧蘭印における回教政策は、大体その統治の原則に即応するもので、行政上の上位に在るものを蘭人とし、村落の酋長、群長などは現住民がこれに当るのである。従って蘭印政府は蘭人の学者を動員して、回教徒の慣習法などを研究し、回教徒の指導対策を樹立したのであるが、それがためにその学者の中から回教徒研究の世界的権威者を輩出するに至った。爾来回教徒間の事件は統治に直接関係ある謀叛のような場合の外は、一切回教裁判所で回教法制及び慣習法に拠り処断することとなった。唯民族運動の中に回教を織り込んで和蘭統治に反抗するような傾向のある場合は、容赦なく弾圧を加えたのである。

　オランダ統治の初期はいわゆる愚民政策で、回教徒の現状維持を主とし、さまでその文化的向上を計らなかった。

　オランダは他方キリスト教のミッションの普及を助成して、回教徒の改宗に努力したが、思ったほど効果は無く、近代ではスマトラのバタク族が、回教地区たるアチェとミナンガバウとに南北から挟まれながら、原始的なる心霊崇拝（バタク族は祖父の時代には人肉食の習慣があった）に止まっていたのを教化して、ことごとくキリスト教徒たらしめた例があるに過ぎない。もっともセレベスの北方ミナハサ地方の現住民は、日本人の子孫と自称するほど我々に似ているが、この現住民達はほとんどキリスト教徒になって居り、文化的にも進歩を示している。

　旧蘭印の原住民には熱心な回教徒が多く、中には狂信的なものも多いことは前章で述べた通りである。

　原住民の回教社会では、固有の回教法の要求よりも遥かに女権を強くし、家族を安定せしむるようになりつつあるために、回教裁判所では身分法上の訴訟を処断する場合は、この精神から出た措置をする。例えば、結婚する場合は、村落に常設の宗教官吏（ジャワでは「ルベ」「カウム」「モディン」と呼ぶ）の許へ行くと、この官吏は、結婚の儀式に要する犠牲用の家畜の屠殺、祭の祈禱の誦唱を世話してくれたり、結婚係の官吏（郡《ディストリクト》にも分郡《オンデル・ディストリクト》にも政府の認可を得て常住する）のところへ花婿、花嫁を引率して行ってくれるなど、宗教法を適用するに必要なあらゆる援助を与えてくれるのである。

又この官吏は、結婚直後に男が条件的離婚の宣言を記録する場合には公証人の役目をするのであって、この宣言を行うと、妻の地位は固有の回教法の適用よりも強化される。もし離婚する場合でも、妻が結婚中に得た財産を有利に分配して貰うために、宗教裁判所の支持を求め得るようになっている。これは前に述べた回教法上の妻の地位よりも遥かに強い権利を与えていることになる。

インドネシア民族の教育の普及、文化の向上により、かかる方向へ回教法を自然的に修正進化せしめることが、大東亜戦争直前までのオランダの政策であり、オランダ政府が過去に行った愚民政策は徐々に是正されて来ていたのである。

この経緯は、我が国のインドネシア統治に当っても深く顧慮すべきことであると思惟する。

笠間杲雄（かさま・あきお）

1885年生、1945年歿。特命全権公使。法学博士。

東京に生まれ、金沢で育つ。一高を経て1909年東京帝大法科卒業。鉄道省に入り、1918年外務省に移る。1923年在伊大使館書記官として赴任、トルコのコンスタンチノープルに日本外交代表として駐在。続いてルーマニア代理公使としてブカレストに駐在。1925年帰朝、在仏大使館参事官に任命され、国際連盟の国際労働機関日本代表としてジュネーブに駐在。1928年ペルシア（イラン）初代全権公使としてテヘランに駐箚。1932年ポルトガル初代公使としてリスボンに駐箚。1934年帰朝。翌年日埃通商条約日本全権としてカイロ出張、1936年帰朝。東京帝大に提出した『国際河川航行論』（仏文）により学位取得。1938年退官。1938年発足の国策調査研究機関太平洋協会理事在職中に開戦となり、陸軍司政長官としてボルネオに赴任。1945年4月1日シンガポールから輸送船阿波丸で帰国の途中、阿波丸が米潜水艦に撃沈されて落命。

〈戦前戦中〉外交官の見た回教世界　笠間杲雄著作選集

刊　行　2018年11月
著　者　笠間 杲雄
刊行者　清 藤 洋
刊行所　書 肆 心 水

135-0016 東京都江東区東陽 6-2-27-1308
www.shoshi-shinsui.com
電話 03-6677-0101

ISBN978-4-906917-85-3 C0022

増補新版　イスラームの構造　タウヒード・シャリーア・ウンマ　黒田壽郎著　四六上製三八四頁　本体三六〇〇円＋税

イスラーム法理論の歴史　スンニー派法学入門　W・B・ハッラーク著　A５上製四三二頁　本体六六〇〇円＋税

現代イスラーム哲学　ムハンマド・アッ＝タバータバーイー著　A５上製二七二頁　本体五五〇〇円＋税

イスラーム概説　ムハンマド・ハミードッ＝ラー著　四六並製四四八頁　本体二八〇〇円＋税

イラク戦争への百年　中東民主化の条件とは何か　黒田壽郎編　四六上製三二〇頁　本体二八〇〇円＋税

イラン・イスラーム体制とは何か　革命・戦争・改革の歴史から　吉村慎太郎著　四六上製三八四頁　本体三八〇〇円＋税

雄弁の道　アリー説教集　アリー・イブン・アビー・ターリブ著　A５上製二八八頁　本体三三〇〇円＋税

格差と文明　イスラーム・仏教・現代の危機　黒田壽郎著　四六上製二八八頁　本体三三〇〇円＋税

中国回教史論叢　金吉堂・傅統先著　A５上製三五二頁　本体六九〇〇円＋税

文語訳　古　蘭（コーラン）　大川周明訳・註釈　上下二分冊　各A５上製三五二頁　本体五二〇〇円＋税

マホメット伝　大川周明著　四六上製四七八頁　本体三八〇〇円＋税

カリフ制再興　未完のプロジェクト、その歴史・理念・未来　中田考著　四六並製二五六頁　本体一八〇〇円＋税

ムスリム女性に救援は必要か　ライラ・アブー＝ルゴド著　四六上製三五二頁　本体三六〇〇円＋税

他力の自由　浄土門仏教論集成　柳宗悦著　A５上製三五二頁　本体六九〇〇円＋税

柳宗悦宗教思想集成　「一」の探究　柳宗悦著　A５上製四三二頁　本体七二〇〇円＋税

現代意訳　華厳経　新装版　原田霊道訳著　A５上製三〇四頁　本体六四〇〇円＋税

現代意訳　大般涅槃経　原田霊道訳著　A５上製三〇四頁　本体六四〇〇円＋税

維摩経入門釈義　加藤咄堂著
A5上製三五二頁　本体六九〇〇円＋税

仏教哲学の根本問題　大活字11ポイント版　宇井伯寿著
A5上製二八八頁　本体五四〇〇円＋税

仏教経典史　大活字11ポイント版　宇井伯寿著
A5上製二八八頁　本体六三〇〇円＋税

東洋の論理　空と因明　宇井伯寿著（竜樹・陳那・商羯羅塞縛弥著）
A5上製三二〇頁　本体五九〇〇円＋税

仏教思潮論　仏法僧三宝の構造による仏教思想史　宇井伯寿著
A5上製三五二頁　本体六三〇〇円＋税

禅者列伝　僧侶と武士、栄西から西郷隆盛まで　宇井伯寿著
A5上製二八八頁　本体六三〇〇円＋税

インド哲学史　宇井伯寿著
A5上製二八八頁　本体六七〇〇円＋税

インド思想から仏教へ　仏教の根本問題とその真髄　高楠順次郎著
A5上製三五二頁　本体六九〇〇円＋税

清沢満之入門　絶対他力とは何か　暁烏敏・清沢満之著
A5上製三八四頁　本体六九〇〇円＋税

華厳哲学小論攷　仏教の根本難問への哲学的アプローチ　土田杏村著
A5上製一六〇頁　本体二七〇〇円＋税

仏　陀　その生涯、教理、教団　H・オルデンベルク著　木村泰賢・景山哲雄訳
A5上製三八四頁　本体六五〇〇円＋税

仏教統一論　第一編大綱論全文　第二編原理論序論　第三編仏陀論序論　村上専精著
A5上製三五二頁　本体五七〇〇円＋税

綜合日本仏教史　橋川正著
A5上製三八四頁　本体六八〇〇円＋税

日本仏教文化史入門　辻善之助著
A5上製二八八頁　本体六四〇〇円＋税

明治仏教史概説　廃仏毀釈とその後の再生　土屋詮教・辻善之助著
A5上製二五六頁　本体六三〇〇円＋税

上世日本の仏教文化と政治　導入・展開・形式化　辻善之助著
A5上製三八四頁　本体七四〇〇円＋税

廃仏毀釈とその前史　檀家制度・民間信仰・排仏論　圭室諦成著
A5上製二五六頁　本体六三〇〇円＋税

道元伝　第一作第二作合冊版　圭室諦成著　A5上製　三五二頁　本体六九〇〇円＋税

和辻哲郎仏教哲学読本1・2　1 A5上製　三八四頁　本体四七〇〇円＋税　2 A5上製　三八四頁　本体五七〇〇円＋税

語る大拙1・2　鈴木大拙講演集　1禅者の他力論　2大智と大悲　各 A5上製　三二〇頁　本体六四〇〇円＋税

異貌の日本近代思想1　西田幾多郎・三木清・岸田劉生・山田孝雄ほか著　四六上製　三二〇頁　本体二七〇〇円＋税

異貌の日本近代思想2　大川周明・権藤成卿・北一輝・内村鑑三ほか著　四六上製　三二〇頁　本体二七〇〇円＋税

維新の思想史　津田左右吉著　四六上製　三二〇頁　本体三六〇〇円＋税

近代日本官僚政治史　田中惣五郎著　A5上製　四一六頁　本体六三〇〇円＋税

立憲主義の日本的困難　尾崎行雄批評文集 1914-1947　A5上製　三二〇頁　本体五九〇〇円＋税

行き詰まりの時代経験と自治の思想　権藤成卿著　A5上製　二二四頁　本体三六〇〇円＋税

北一輝思想集成　増補新版　北一輝著　A5上製　六〇八頁　本体六九〇〇円＋税

奪われたるアジア　満川亀太郎著　C・W・A・スピルマン＋長谷川雄一解説　A5上製　三八四頁　本体五五〇〇円＋税

特許植民会社制度研究　大航海時代から二十世紀まで　大川周明著　A5上製　二七二頁　本体五五〇〇円＋税

敗　戦　後　大川周明戦後文集　大川周明著　四六上製　一七六頁　本体二二〇〇円＋税

安楽の門　大活字愛蔵版　大川周明著　A5上製　二八八頁　本体五四〇〇円＋税

大川周明世界宗教思想史論集　大川周明著　A5上製　二五六頁　本体五四〇〇円＋税

大川周明道徳哲学講話集　道　大川周明著　A5上製　一九二頁　本体二八〇〇円＋税

楽読原文　三酔人経綸問答　中江兆民著　（中江兆民奇行談　岩崎徂堂著）　A5上製　二四〇頁　本体三三〇〇円＋税

愛国心をめぐって　内村鑑三小選集　A5上製　二二四頁　本体二五〇〇円＋税

東亜協同体の哲学　世界史的立場と近代東アジア　三木清著　A5上製　四八〇頁　本体五五〇〇円＋税

西田幾多郎の声　手紙と日記が語るその人生　前篇・後篇　西田幾多郎著　各　四六上製　三五二頁　本体三五〇〇円＋税

エッセンシャル・ニシダ〈即の巻〉　西田幾多郎キーワード論集　西田幾多郎著　A5並製　五一二頁　本体二八〇〇円＋税

エッセンシャル・ニシダ〈命の巻〉　西田幾多郎生命論集　西田幾多郎著　A5並製　一九二頁　本体一九〇〇円＋税

エッセンシャル・ニシダ〈国の巻〉　西田幾多郎日本論集　西田幾多郎著　A5並製　二二四頁　本体二五〇〇円＋税

語る西田哲学　西田幾多郎 談話・対談・講演集　A5上製　三二〇頁　本体五九〇〇円＋税

種々の哲学に対する私の立場　西田幾多郎論文選　A5上製　二八八頁　本体三七〇〇円＋税

実践哲学について　西田幾多郎論文選　A5上製　二八八頁　本体三七〇〇円＋税

真　善　美　西田幾多郎論文選　A5上製　二二四頁　本体三五〇〇円＋税

意識と意志　西田幾多郎論文選　A5上製　三二〇頁　本体五七〇〇円＋税

三木清歴史哲学コレクション　三木清著　A5上製　三五二頁　本体五九〇〇円＋税

偶然と驚きの哲学（増補新版）　九鬼哲学入門文選　九鬼周造著　四六上製　二五六頁　本体三三〇〇円＋税

媒介的自立の哲学　田辺哲学イントロダクション　田辺元著　四六上製　三二〇頁　本体三五〇〇円＋税

波多野精一宗教哲学体系　宗教哲学序論　宗教哲学　時と永遠　A5上製　四八〇頁　本体六五〇〇円＋税

西欧化する日本　西欧化できない日本　三枝博音著　A5上製　三二〇頁　本体五九〇〇円＋税

新編・梅園哲学入門　三枝博音・三浦梅園著　A5上製　三二〇頁　本体五四〇〇円＋税

近代日本哲学史　三枝博音著　A5上製二八八頁　本体五九〇〇円＋税

天皇制の国民主権とノモス主権論　政治の究極は力か理念か　尾高朝雄著　A5上製二八八頁　本体六三〇〇円＋税

ノモス主権への法哲学　尾高朝雄著　A5上製四三二頁　本体七二〇〇円＋税

自由・相対主義・自然法　現代法哲学における人権思想と国際民主主義　尾高朝雄著　A5上製二八八頁　本体六三〇〇円＋税

津田史学の思想　津田左右吉セレクション1　A5上製三二〇頁　本体六三〇〇円＋税

日本文化と外来思想　津田左右吉セレクション2　A5上製三二〇頁　本体六三〇〇円＋税

記紀の構造・思想・記法　津田左右吉セレクション3　A5上製三二〇頁　本体六三〇〇円＋税

山田国語学入門選書１　日本文法学要論　山田孝雄著　A5上製二八八頁　本体三八〇〇円＋税

山田国語学入門選書２　国語学史要　山田孝雄著　A5上製二七二頁　本体三八〇〇円＋税

山田国語学入門選書３　日本文字の歴史　山田孝雄著　A5上製二四〇頁　本体三八〇〇円＋税

山田国語学入門選書４　敬語法の研究　山田孝雄著　A5上製三二〇頁　本体四八〇〇円＋税

垣内松三著作選　国民言語文化とは何か１　国語の力（全）　A5上製三三六頁　本体五七〇〇円＋税

垣内松三著作選　国民言語文化とは何か２　形象理論の道　A5上製二五六頁　本体五七〇〇円＋税

国文学への哲学的アプローチ　土田杏村著　A5上製二五六頁　本体五四〇〇円＋税

時枝言語学入門　国語学への道　附　現代の国語学　ほか　時枝誠記著　A5上製三八四頁　本体六九〇〇円＋税

時枝誠記論文選　言語過程説とは何か　時枝誠記著　A5上製三八四頁　本体七二〇〇円＋税

夢野久作の能世界　批評・戯文・小説　夢野久作著　A5上製二五六頁　本体三三〇〇円＋税

野上豊一郎批評集成　能とは何か　上〈入門篇〉　A5上製　三五二頁　本体四七〇〇円＋税

野上豊一郎批評集成　能とは何か　下〈専門篇〉　A5上製　三八四頁　本体五七〇〇円＋税

野上豊一郎批評集成〈人物篇〉観阿弥清次　世阿弥元清　A5上製　二八八頁　本体五五〇〇円＋税

野上豊一郎批評集成〈文献篇〉精解・風姿花伝　A5上製　二五六頁　本体六四〇〇円＋税

朝鮮の美　沖縄の美　柳宗悦セレクション　A5上製　二八八頁　本体五二〇〇円＋税

仏教美学の提唱　柳宗悦セレクション　A5上製　三二〇頁　本体五二〇〇円＋税

高村光太郎秀作批評文集　美と生命　前篇（一九一〇年二十七歳より一九三九年五十六歳まで）　四六上製　二五六頁　本体二八〇〇円＋税

高村光太郎秀作批評文集　美と生命　後篇（一九三九年五十六歳より一九五六年七十三歳まで）　四六上製　二五六頁　本体二八〇〇円＋税

岸田劉生美術思想集成　うごく劉生、西へ東へ　前篇・異端の天才　A5上製　三二〇頁　本体五五〇〇円＋税

岸田劉生美術思想集成　うごく劉生、西へ東へ　後篇・「でろり」の味へ　A5上製　三二〇頁　本体五五〇〇円＋税

大西克礼美学コレクション1　幽玄・あはれ・さび　A5上製　三二〇頁　本体五二〇〇円＋税

大西克礼美学コレクション2　自然感情の美学　万葉集論と類型論　A5上製　三五二頁　本体五四〇〇円＋税

大西克礼美学コレクション3　東洋的芸術精神　A5上製　四一六頁　本体六四〇〇円＋税